Johann Stolz

Vollständiges Rheinisches Kochbuch von 1840

Johann Stolz

Vollständiges Rheinisches Kochbuch von 1840

ISBN/EAN: 9783944350653

Auflage: 1

Erscheinungsjahr: 2017

Erscheinungsort: Bremen, Deutschland

Vollständiges Rheinisches Kochbuch

oder

Anleitung zur Bereitung

der ausgesuchtesten, geschmackvollsten und größtentheils noch nicht bekannten Speisen, als Suppen, Saftbrühen, Fleisch- und Mehlspeisen aller Art, Gemüsen, Backereien, Compots, Gelées, Crèmes, Salaten ꝛc.

Ferner

wie man die beliebtesten Gemüse gut und mit Beibehaltung ihres natürlichen Ansehens sowohl einmachen als aufbewahren kann;

nebst Angabe des Vorzüglichsten

aus der

französischen, englischen, italienischen und russischen Küche.

Aus eigener Erfahrung

zusammengetragen und herausgegeben von

J. Stölz,

Küchenmeister Sr. Königlichen Hoheit des Großherzogs von Baden.

Zweite, vermehrte und verbesserte Auflage.

Karlsruhe

Verlag von A. Bielefeld.

1840.

Vorrede zur zweiten Auflage.

Mancherlei Hindernisse traten dem Erscheinen der zweiten Auflage dieses seit langer Zeit fehlenden Kochbuches hemmend in den Weg, um aber den vielen dringenden Aufforderungen zu entsprechen, wurde endlich die Herausgabe veranstaltet, und trotz der vielen vorhandenen Kochbücher wird doch dieses seinen Rang unter den vorzüglichsten behaupten. —

Die getroffene Auswahl der Speisen, die deutliche Angabe der Zubereitung, nach welcher selbst jeder in der Kochkunst nur Angehende sich finden und darnach richten kann, so wie der niedere Preis werden nichts zu wünschen übrig lassen.

Außer einer Sammlung der besten in Deutschland üblichen Gerichte enthält diese zweite Auflage noch das Vorzüglichste der französischen, englischen, italienischen und russischen Küche.

Carlsruhe im September 1840.

Die Verlagshandlung.

Inhalt.

Saucen.

	Seite
Jus oder Saftbrühe	1
Suppenconsommé	1
Aspic oder saure Sulze	2
Coulis oder braune Sauce	2
Weiße Sauce	3
Rahmsauce	3
Sauce ravigote oder Kräutersauce	4
Fastenbouillon	4
Ein guter Fastenjus	4
Fastencoulis oder braune Fastensauce	5

Suppen.

Reissuppe mit altem Huhn	5
Braune Reissuppe	6
Gerstensuppe mit Hühnern und Kalbsstoßen	6
Gehackte Eiergerste	7
Sagosuppe	7
Krebssuppe mit Reis	7
Selleriesuppe	8
Feldhühnersuppe	9
Rothwildsuppe	10
Maccaronisuppe	11
Banadelsuppe	11
Königinsuppe	12
Suppe à la jardinière mit Klößen von Hühnern	13
Grüne Erbsenpurée mit Reis	13
Gestoßene Wurzelsuppe	14
Juliennesuppe	14

	Seite
Soupe à la Crecy	15
Wiener Einlaufsuppe	15
Verlorne Hühnersuppe	16
Durchgetriebene Schwarzbrodsuppe mit Eiern	16
Wiener Schöberlsuppe	17
Soupe au vermicelle (italienische Nudeln)	17
Saupe à la Xavier	17
Soupe à la Desclignac	18
Suppe mit verlornen Eiern	18
Fastenkräutersuppe	18
Fastensuppe von Endivien	18
Fastensuppe von Kraut	19
Fasten-Reissuppe mit Zwiebeln	19
Fastenpurée von dürren Erbsen	19
Fastenpurée von Linsen	19
Fasten-Reissuppe mit Erbsenpurée	20
Braune Fastensuppe mit Fischknödel	20
Hechtsuppe	20
Ebersteinburger Suppe	21
Flammändische Suppe	22
Reissuppe à la Faubonne mit Wasser	22
Russische Suppe	22
Suppe mit pot d'espagne	23
Soupe à la chaufferette	23
Soupe à la Viennet	24
Milchsuppe à la Monaco	24
Reissuppe mit Mandelmilch	24
Garbure à la Villeroy (französische Provinzialsuppe)	25
Eine andere französische Provinzialsuppe	25
Hagebuttensuppe mit Mandelknöpflein	26
Sagosuppe mit rothem Wein	27
Suppe von dürren oder frischen schwarzen Kirschen	27
Biersuppe	27
Weinsuppe	28
Kalte Schaale oder Suppe von Erdbeeren	28
Kalte Schaale von Kirschen	28
Kalte Schaale von Abrikosen	29
Kalte Schaale von Reis	29
Kalte Schaale von Schwarzbrod	29

Garnituren und Beilagen zu den Gemüsen.

	Seite
Kalbscotelette	30
Grillirte Hammelsrippen	30
Glacirte und gespickte Hammelsrippen	30
Grillirte Schweinsrippen	31
Grillirte Gansleber	31
Grillirte Rindszunge	31
Grillirte Kalbsfüße	31
Kalbsfüße in Schmalz gebacken	32
Gebackene junge Hahnen auf Wiener Art	32
Gebackenes Lammfleisch	33
Gebackene Kalbsnierenschnitten	33
Gebackenes Kalbshirn	33
Rissolen von Gansleber	34
Rissolen von Bratwurst	35
Rissolen von Brieslen	35
Gebackene Sardellen	36
Gebackene Kalbsrippen à la reine	36
Gebackene Kalbsbrieslen	37
Gebackene Rindszunge	37
Rissolen von Krebsen und Fischen	38
Schinkenrissolen	38
Verlorne Eier	39
Fünf-Minuten-Eier	39

Gemüse.

Grüne Bohnen mit Kalbsrippen	40
Grüne Bohnen in Rahmsauce mit gespickten Brieslen	40
Grüne Bohnen mit Eiern legirt	40
Grüne Bohnen au beurre noir	41
Grüne Bohnen auf englische Art	41
Grüner Bohnensalat	41
Grüne Bohnen mit Kräutern und Häring geschmelzt	42
Junge Gelberüben in Butter gedämpft	42
Gelberüben mit Brockelerbsen	42
Braune Gelberüben	43
Brockelerbsen mit Krebsbutter	43
Brockelerbsen auf englische Art	44

	Seite
Brockelerbsen auf französische Art	44
Grüne Erbsen auf italienische Art	44
Spargeln mit deutscher Buttersauce	45
Spargelerbsen	45
Spargeln mit jungen Gelberüben	46
Macédoine mit Rahmsauce	47
Hospodgemüse auf böhmische Art	47
Chartreuse oder Karthäusergemüs	48
Blumenkohl	49
Blumenkohl im Ofen gebacken	50
Blumenkohl mit Sauce ravigote	50
Blumenkohl in Schmalz gebacken	50
Kohlrabi mit Hammelscotelettes	51
Gefüllter Kohlrabi	51
Gefüllte Kartoffeln	52
Gefüllter Kopfsalat	53
Gefülltes Weißkraut mit Kastanien	53
Gefüllte Kukummern	54
Gefüllter Spinat oder Laubfrösche	54
Sauerkraut mit Fasanen	55
Sauerkraut mit Hecht und Krebsen in Rahmsauce	55
Baierisches Kraut	56
Rothkraut mit Gans oder Ente	56
Blaukohl mit Kastanien	57
Wirsingkraut mit Feldhühnern	57
Wirsing auf italienische Art	58
Artischocken in gelber Sauce	58
Artichauts à la Provençale	59
Artischocken auf hessische Art	59
Artichauts à la Barigoule	60
Gebackene Artischocken	61
Kartoffeln à la maitre d'hôtel	61
Kartoffelfricassee	61
Kartoffeln mit Senfsauce	62
Kartoffeln à la Provençale	62
Kartoffeln à la crème	63
Kartoffeln mit Häring und Bratwürsten	63
Kartoffelklöße	63
Kartoffelbrei	64

	Seite
Rosenkohl mit Bratwurst auf holländische Art	64
Schwarzwurzeln auf hessische Art	65
Schwarzwurzeln auf holländische Art	65
Wirsing à la crème	66
Spinat à la crème	66
Spinatgemüs	66
Spinat auf englische Art	66
Endiviengemüs	66
Kopfsalatgemüs	67
Selleriegemüs	67
Kukummernfricassee	67
Braune Kukummern	68
Glacirte Weißerüben	68
Gedämpfte Zwiebeln mit Kümmel	68
Linsen à la maitre d'hôtel	69
Linsenfricassee	69
Weiße Bohnen mit Zwiebelpurée	69
Feves de marine oder Saubohnen	70
Hopfen mit verlornen Eiern	70

Mehlspeisen.

Reispudding	71
Reiskuchen mit glacirten Aepfeln	71
Reisauflauf mit Vanille	72
Reis à la Malta mit eingemachten Früchten	73
Reis in Schmalz gebacken	74
Gebackener Reis mit Parmesankäse	74
Hessischer Reisbrei	74
Italienischer Reis	75
Griesauflauf	75
In Dampf gebackener Grieskuchen mit eingemachten Früchten in Sauce	76
Wiener Franzelkuchen	76
Berliner Kuchen oder Mehlspeise	77
Schwedischer Pudding	78
Gewöhnlicher deutscher Pudding mit Weinchaudeau	79
Kartoffelpudding mit Sagosauce	79
Wiener Nudeln	80
Nudelkuchen mit Vanillensauce	80

	Seite
Hessische Schinkennudeln	81
Geröstete Milchnudeln mit Krebsbutter	81
Wiener Dukatennudeln	81
Baierische Nudeln mit Krebsen	82
Mehlspeisen à la diplomatie	83
Profiterole en chaudeau auf hessische Art	84
Gebackene Eiergerste	84
Kartoffelbiscuit mit Aprikosensauce	85
Süßer Kartoffelauflauf	85
Kartoffelauflauf mit Häringen	86
Aprikosenauflauf	86
Auflauf von Kaffee	87
Auflauf von süßen Orangen	87
Auflauf von Mandeln und Pistazien	88
Auflauf von Confect	88
Badener Nockerl	88
Darmstädter Nockerl	89
Italienische Käsnockerl	89
Wiener Krebsstrudel	90
Wiener Soufflee	90
Wiener Soufflee mit Maraskino oder anderem feinen Liquer	91
Krebseier	91
Omeletten mit Creme gefüllt	92
Gefüllte Omeletten in Fleischbrühe	92
Omeletten mit Aepfeln gefüllt	92
Omeletten mit Aepfeln gefüllt auf hessische Art	93
Darmstädter Omeletten au gratin	93
Gebackene Mandelknöpfchen mit Weinsauce	94
Wiener Weinschnitten	94
Kirschenbrod	94
Burgunder Brod	95
Eierbrei	95
Aufgezogener Eierbrei	95
Aufgezogener Quittenbrei	95
Wiener Butterbrei	96

Verschiedene Klöße.

Hessische Klöße	96
Kartoffelklöße	97

	Seite
Frankfurter Speckklöße	97
Grießklöße	98
Krebsklöße	98
Hechtfarce oder Klöße auf französische Art	98
Farce oder Klöße von Geflügel	99
Kalbsfarce oder Klöße	99
Ochsenmarkklöße	99

Eierspeisen.

Verlorne Eier in portugiesischer Sauce	100
Verlorne Eier in Krebssauce	100
Verlorne Eier in Trüffelsauce	101
Fünf-Minuten-Eier mit Tomate- oder Liebesäpfelsauce	101
Fünf-Minuten-Eier mit Maraskino	101
Eier à la Provençale	102
Verlorne Eier mit gutem jus oder brauner Saftbrühe	102
Eier mit Aspic	103
Oeufs à la neige oder Eierschnee	103
Rühreier mit Brockelspargeln	103
Omelettes soufflées	104
Omelettes soufflées mit Parmesankäse	104
Fünf-Minuten-Eier mit Sauerampfer	105
Französische Omelette	105
Omelette mit Trüffeln	106
Schweizer Omelette	106
Omelette mit Champignons	106
Polenda Napolitana	107
Fondis oder französische Käs-Mehlspeise	107
Farcirte oder gefüllte Eier	108
Eier à la Crème	108
Eier à la tripe	109
Eier mit Essigkukummern	109
Fricassirte Eier	109
Eier mit Krebsen	110
Eingesetzte Eier auf Schweizer Art	110

Auswahl der besten Backereien und aller Sorten von Butterteig.

	Seite
Bereitung von Butterteig.	111
Teig zu warmen oder kalten aufgesetzten Pasteten	111
Geriebener Butterteig zu verschiedenen Obstkuchen	112
Ostfriesländer Backerei	112
Portugisischer Biscuit	112
Backerei à la Comtesse	113
Genueser Backerei	113
Pâté à la Madeleine.	114
Sandtörtchen.	114
Biscuit de Savoie	114
Biscuit von Reismehl	115
Mandeltorte.	115
Linzer Torte	115
Torte von Schwarzbrod	116
Reistorte auf hessische Art	116
Wiener Zimmet-Torte	117
Prinz-Friedrich-Torte	118
Glasirte Gußtorte	118
Tyroler Zimmttorte	119
Torte à la Crème	119
Französische Torte à la frangipane (Jasmin)	120
Spanische Torte	121
Preußischer Zimmtkuchen	121
Aufgelaufene Citronentorte	121
Johannisbeerentorte	122
Kirschenkuchen mit Schwarzbrod	122
Kirschenkuchen von geriebenem Butterteig	122
Aepfelkuchen à la Crème	123
Pommes en Chemise	123
Biscuitroulade	124
Rahmtörtchen à la Stutensee	124
Mandelkuchen	125
Patisserie à l'Empereur (Kaiserkuchen)	125
Punschtorte	126
Torteletten mit Rahm und Erdbeeren	127
Schwazberger Brod.	127

	Seite
Mandelroulade . . .	128
Prinz-Friedrich-Bäckerei	128
Spießkuchen .	129
Russische Waffeln	129
Waffeln mit Mandeln	130
Wiener Hippen .	130

Hefen-Gebackenes.

Eine Brioche	130
Pâté à Baba, oder französischer Gugelhopf	131
Deutscher Gugelhopf .	132
Holländischer Gugelhopf	132
Sächsischer Kuchen . .	132
Herrenhuter Käskuchen	133
Wiener Krapfen	134
Basler Krapfen .	134
Pâté aux Chous	135
Schmalz-Gebackenes von Mandeln	135
Ungarische Tabacksrollen .	135
Gebackener Crème à la Wenz .	136
Zuckertrauben oder goldene Hauben	136

Verschiedene kleine Pastetchen.

Basler Pastetchen	137
Pariser Pastetchen	137
Koblenzer Pastetchen	138
Krebs-Pastetchen	139
Gansleber-Pastetchen mit Trüffeln	139
Pariser Austern-Pastetchen . .	140
Holländische Austern-Pastetchen	141
Bratwurst-Pastetchen . .	141
Kleine Feldhühner-Pastetchen	142
Kleine Pastetchen à la Baba mit Feldhühner-Puré	143
Krebspastetchen à la Bechamelle	143
Fischpastetchen à la Financiere	144
Kleine Volauvent-Pastetchen mit Fisch-Salbicon	145
Russische Pastetchen oder Piroki	145
Piroki von Reis	146
Volauvent mit Laberdan à la Bechamelle .	146

	Seite
Berliner Pastete.	147
Englische Pastete	149
Tresirte warme Pastete von Feldhühnern	150
Fasten-Pastetchen mit Fisch-Salbicon	152
Italienische Pastete von Macaroni	152
Pastete à la Baba mit Hecht-Klößen	153
Russische Fischpastete	153
Pastete von Schellfisch	154
Pastete von Hausen	155
Schweizer Nudelpastete	155
Straßburger kalte Gansleber-Pastete	155
Kalte Pastete von Feldhühnern à la Perigot	156
Kalte Pastete von welschem Hahn à la Perigot	157
Rastatter kalte Pastete von Rindfleisch	157
Kalte Pastete von Rothwild	159

Zubereitung von Rindfleisch.

d'Aloyau gedämpft (Rückenstück)	159
Boeuf à la Cuilliere	160
Rindsrippen au jus	161
Rindsrippen mit warmer Sauce ravigote	162
Rindsrippen mit Sauce tomaté à l'indienne	162
Rindsrippen mit Olivensauce	162
Rindsrippen à la Provençale	163
Rindsrippen braisée	163
Russische Rindsrippen	164
Filet d'Aloyau à la Gotha	165
Filet d'Aloyau au vin de Malaga	166
Rindsrippen à la Napolitaine mit Macaroni	166
Prager Kolaschfleisch von Rindsfilet	167
Beefsteacks mit Sardellenbutter	168
Beefsteacks mit Olivensauce	168
Ochsengaumen mit Hacheesauce	169
Ochsengaumen mit Sauce-Tomaté à l'indienne	170
Ochsengaumen mit kleinen Spießchen	170
Ochsengaumen mit Champignons	171
Ochsenhirn au beurre noir	171
Rindshirn en Matelotte	172
Rindshirn au Sauce tomaté	172

	Seite
Rindszunge mit Cornichons	173
Rindszunge en Papillote	173
Rindszunge mit Champignons	174
Rindszunge mit Sauce à l'Anglaise	174
Ochsenzunge à l'Ecarlate	175
Rindszunge mit gefülltem Kopfsalat	175
Rindszunge à la Sauce Rimoulade Indienne	176
Ochsenschwänze aux Champignons	176
Ochsenschwänze mit glasirten Zwiebeln	177
Ochsenschwänze mit Tomaté- oder Liebesäpfelsauce	177
Ochsenschwänze mit Linsen-Puré	178

Zubereitung von Kalbfleisch.

Kalbskopf au naturel	178
Kalbskopf à la détiller	179
Pariser Kalbskopf en tortue	180
Gefüllter Kalbskopf à la Fouquet	181
Kalbskopf à la Poulette	183
Kalbsohren à la l'italienne	183
Kalbsohren mit Krebsbutter-Sauce	184
Kalbsohren mit Trüffelsauce	184
Kalbsohren au Sauce de Kari	185
Kalbsohren in Champignons-Ragout	185
Kalbshirn en Maitre-d'Hotel lieu	185
Kalbshirn mit Sauce ravigot	185
Kalbshirn in Aspic	186
Kalbshirn mit Krebsbutter	186
Kalbschwänze en terrine	187
Kalbsbugstofati mit italienischem Reis	187
Kalbsbug mit Trüffeln	188
Kalbsbug mit Tomatésauce	189
Kalbsbug en Galantine	189
Gespickte Kalbsbrust en Bechamelle	190
Gefüllte Kalbsbrust	191
Kalbs-Tendons à la poélés	192
Tendons de veau à la Chartreuse (Kalbs-Sehne)	193
Tendons de veau en terrine	194
Kari de tandon de veau à française	194
Kalbsrippe à la Drue	195

	Seite
Gespickte Kalbsrippen	196
Kalbsrippen à la Santé mit Sauce d'olive	197
Kalbsrippen auf Wiener Art	197
Kalbsrippen en Papillote	198
Ratro von Kalbfleisch	198
Sautée de veau au vins Champagne	199
Italienische Sautée von Kalbfleisch	200
Sautée von Kalbfleisch mit feinen Kräutern	201
Gewöhnliche Kalbschale	201
Etauffée von Nierenbraten à la Perigot	202
Blanquet von Kalbfleisch	203
Kleine Pupitons von Kalbfleisch	204
Klöße à la Richelieu	204
Kalbsbrieslen à la Conté	205
Melirtes Ragout von Brieslen à la Henri IV.	206
Gedämpfte Kalbsleber à la Sauce poivrade	207
Kalbsleber am Spieß gebraten	208
Escalope von Kalbfleisch	208

Zubereitung von Hammelfleisch.

Hammelszungen en Braisées mit Sauce Hachée	209
Hammelszungen mit weißen Rüben	210
Hammelszungen mit Zwiebelpurée	210
Hammelszungen au gratin mit Sardellensauce	211
Hammelshals à la Sainte Menehould	211
Hammelshals mit grüner Erbsenpurée	212
Hammelshals mit Cornichons	212
Hammelshirn	213
Hammelsbug mit glasirten Zwiebeln	213
Hammelsbrust en haricot	214
Haricot von Hammelsbrust	214
Hammelsbrust à la Sainte Menehould	215
Hammelsbrust farcé à la jardinière	215
Hammelsrücken en Braisées mit Tomatesauce	216
Englischer Hammelsrücken	217
Hammelschlägel à la Bourgeoise	218
Emincée von Hammelfleisch mit Kapern	218
Emincée von Hammelfleisch mit Kopfsalat	219
Emincée mit Pilave à la Turk	219

	Seite
Emincée von Hammelfleisch mit Oliven à la Provençale	220
Haché von Hammelfleisch aux fines herbes	220
Hammelsschwänze en Braisée mit Sauce d'Orleans	221
Hammelsschwänze en Matelote	221
Hammelsschwänze mit italienischem Reis	222
Englische Hammelsschwänze	222
Hammelsrippen à la Soubise	223
Hammelsrippen au petites racines	224
Hammelsrippen à la Minute	224

Zubereitung von Lammfleisch.

Lammsbug à la Polonaise	225
Coteletten von Lammfleisch à la Constance	226
Epigramme von Lammfleisch	226

Zubereitung von Schweinefleisch.

Boudin noir oder schwarze Würste	228
Weiße Würste	228
Französische Bratwürste	229
Hure von Schweinefleisch	229
Schweinsfüße à la Perigot	230
Foie de Cochon en frommage	231
Bratwürste en Tortue	232
Filets mignon aux Truffes	232
Kleine Granaten von Schweinefleisch	233
Schweinsnieren au vin de Champagne	234
Schweins-Coteletten	234
Cochon de lait farci	235

Zubereitung von Schwarzwild.

Schwarzwild à la Bourgois	236
Rippen von Schwarzwild aux Truffes	237
Filets von Schwarzwild	237

Zubereitung von Rothwild.

Filets von Reh	238
Ratro von Hirschfleisch mit Tomatesauce	239
Coteletten von Reh	240
Hasen-Sivet	240

   Seite

L'etouffade von Hasen auf Italienisch	241
Matelot von Hasen	241
Escalop von Hasen auf Wiener Art	242
Gespickte Hasen-Filets mit Olivensauce	243
Hasen-Cotelettes mit Kapern	244
Sauté von jungen Hasen mit Trüffeln und Champagner	244
Boudin à la Richelieu von Hasen	245
Hasenkuchen	245
Filets von jungen Hasen in einer Papierkapsel	246

Zubereitung von Geflügel.

Faisan à l'etouffade	247
Fasan mit Kraut	247
Filets von Fasan à la Chevalier	248
Fasanenschlägel mit Linsenpuré, oder durchgetriebenen Linsen	249
Fasanen à la Perigot	250
Feldhühner à l'étouffade	251
Feldhühner aux truffes	251
Sauté von jungen Feldhühnern	252
Salmis von Feldhühnern	253
Filets von Feldhühnern à la bigarades	253
Junge Feldhühner à la Saint-Laurent	254
Junge Feldhühner à la tartare	254
Puré von Feldhühnern en Mayonnaise	255
Croustade von jungen Feldhühnern-Filets	256
Pot-D'espanien von Feldhühnern	257
Salmis von Schnepfen	258
Filets-Sauté von Schnepfen en Canapé	258
Salmis von Schnepfen à la chasseur	259
Puré von Schnepfen en Crouton	260
Becassine à la Minute	260
Wachteln mit Trüffeln	261
Wachteln au gratin	261
Wildenten en poélé Sauce Bigarade	262
Enten mit Oliven	263
Enten en aiguilletes	263
Ente mit weißen Rüben	264
Welscher Hahn en daube	264
Galantine von welschem Hahn	265

	Seite
Welsche Hahnenflügel en harigot	267
Welsche Hahnenflügel à la Chipolata	267
Welscher Hahnenflügel en Soleil	268
Blanquette von welschem Hahn	269
Poulard oder Kapaun en Poélé	269
Poulard oder Kapaun à la Saint-gara	270
Poulard oder Kapaun mit Austern	271
Kapaun mit Reis	271
Poulard oder Kapaun à la Provençale	272
Poulard en bigarrure	273
Poulard oder Kapaun à la Chevalière	274
Poularden oder Kapaunenschlägel au Sauté de Champignons	275
Gespickte Filets von Poularden mit Tomatésauce	276
Haches von Poularden à la Turque	277
Majonnaise von Kapaunen oder Poularden	277
Galantine von Poularden	278
Kari von Poularden oder Kapaunen	278
Junge gedämpfte Hahnen en Poélés	278
Junge Hahnen mit Reis auf Petersburger Art	279
Junge Hahnen à la Montmorency	281
Junge Hahnen en Paquet	281
Fricassée von jungen Hahnen à la chevalière	282
Hotli von jungen Hahnen	283
Junge Hahnen en Majonnaise auf Wiener Art	284
Junge Hahnen à la Perigot	284
Junge Hahnen à la Marengo	285
Tauben en chipolata	285
Tauben à la Portugaise	286
Coteletten von Tauben-Sautées	287
Junge Tauben à l'aurore	288
Tauben auf dem Rost gebraten	288
Tauben à la Chasseur mit Trüffeln	289
Tauben mit Krebsen und Champignons	290

Zubereitung von verschiedenen Fischarten.

Blaugesottener Salmen	291
Salmen à la genoise	291
Salmen mit Kapern	292
Salmen à la Provençale	292

	Seite
Salmen à la Majonnaise	293
Salmen en Russie	293
Fricandos von Salmen mit saurem Rahm	294
Salmen en Salade	295
Forellen blau, au court-bouillon	295
Forellen à la Cardinal	296
Forellen à la genoise	296
Forellen mit französischem Salat	297
Aal à la poulette	298
Aal au beurre noir	298
Aal au vin rouge	299
Aal à la Majonnaise	300
Aal mit feinen Kräutern	301
Aal à la tartare	301
Hecht à l'arlequin	302
Hecht mit Sauce à la portugaise	303
Hecht à l'allemande	303
Sauté von Hechtfilets	304
Gespickte Hechtfilets mit Tomatosauce	304
Hecht à la bon eau mit Senfbutter	305
Blauer Karpfen auf französische Art	306
Karpfen, grillirt mit Kapernsauce	306
Karpfen à la Chambord	306
Karpfen en Matelote vierge	307
Karpfen en Matelote à la Marinière	308
Böhmischer Karpfen	308
Gemischtes Fisch-Ragout mit Madeirawein	309
Bersching à la bonne eau	210
Schleien auf dem Rost	310
Schleien à la Poulette	311
Barbe, grillirt mit Kapernsauce	311
Häringe gut zu mariniren	312
Laberdan à la Maitre d'hôtel	212
Laberdan à la Provençale	313
Laberdan à la Bechamelle	313
Laberdan in Buttersauce	314
Laberdan à la Flamande	314
Stockfisch en Bechamelle	314
Kabeljau mit Kräuterbutter und Kartoffeln	315

	Seite
Soles auf der Platte	315
Gebackene Soles	316
Soles en Majonnaise	316
Lombrin à la Provençale	317
Hausen auf Wiener Art	317
Hausen grillirt	318
Fischotter à la Provençale	318
Turbot au court bouillon	319
Makrelen	320
Sauté de filets von Makrelen	320
Merlen à la bonne au	321
Filets von Merlen	321
Austern en coquilles	322
Meerkrebs oder Hummer auf Wiener Art	322

Zubereitung von verschiedenen Compotes.

Miroton von Aepfeln	323
Weißes Compot von Birnen	323
Weißes Pariser Compot von Aepfeln	324
Gemischtes Aepfel-Compot mit Gelee	324
Compot von süßen Orangen auf Wiener Art	325
Glasirtes Aepfelcompot	326
Pariser Aepfelscharlot	326
Compot d'Orange auf Pariser Art	327

Zubereitung von Gelee.

Gelee von Erdbeeren	327
Gelee von süßen Orangen	328
Gelee mit Rheinwein	328
Gelee von Vanille	329
Punsch-Gelee	329
Gelee von Johannisbeeren	330
Gelee von Maraskino	330
Früchte-Gelee mit Malaga	330

Zubereitung von Creme.

Russische Creme	331
Gestürzte Chocolade-Creme auf hessische Art	332
Gestürzte Erdbeeren-Creme	332

	Seite
Gestürzte Creme mit Maraskino	333
Gestürztes Blanc-manger à la Vanille	333
Cremebecher mit Orangenblüthen	334
Kaffe-Creme in Bechern	335
Creme von Pistazien in Bechern	335
Italienische Creme	336
Gestürzte englische Creme	336
Geschlagene Creme	337
Creme von Himbeeren	337
Türkische Creme	337
Kaiser-Creme	338

Früchte und Gemüse für den Winter einzumachen und aufzubewahren.

Mirabellen, Weichselkirschen und Reineclauden als Compot	338
Weichselkirschen in Essig zum Rindfleisch	339
Aprikosen, Mirabellen und grüne Reineclauden zum Rindfleisch	339
Melonen in Essig zum Rindfleisch	340
Preiselbeeren in Essig zum Rindfleisch	341
Eingemachtes Gelee von Himbeeren, Johannisbeeren, Trauben und Kirschen	342
Kirschensaft zu gutem Weichselwein	342
Himbeersaft auf Wiener Art	342
Cornichons oder kleine Essiggurken auf den Winter	343
Salzgurken einzumachen	343
Champignons in Essig aufzubewahren	344
Zwiebeln in Essig zum Rindfleisch auf den Winter	344
Grüne Bohnen in Essig zum Rindfleisch auf den Winter	345
Pot-pourri auf den Winter zum Rindfleisch	345
Eingemachte Endivie	346
Grüne Bohnen auf den Winter	347
Grüne Erbsen auf den Winter	347
Artischocken auf den Winter	348
Trüffeln auf den Winter	349
Tomaté- oder Liebesäpfel in Essig, auf den Winter zum Rindfleisch	349

Seite

Puré von Tomaté- oder Liebesäpfeln auf den Winter zu Saucen	350
Schalottenzwiebeln in Essig eingemacht zum Rindfleisch	350
Blumenkohl in Essig	351
Quittenschnitze	351
Quittenmarmelade	352
Marmelade von Aprikosen	353
Marmelade von Kirschen	353
Marmelade von Himbeeren	354
Aprikosen in Weingeist	354
Kirschen in Weingeist	355
Reineclauden in Weingeist	355
Gelee von Quitten	356
Gelee von Johannes- und Himbeeren	357
Gelee von Aepfeln	357

Marinirte Fische zum Aufbewahren.

Aal	358
Salmen	359
Italienischer Salat auf Neapolitaner Art	359
Gutes Pöckelfleisch und gesalzene Rindszunge	360
Schwarzwild zum Aufbewahren	361
Gefüllte Schnecken	362

Bereitung von Liquenreu.

Liqueur von vielerlei Früchten	363
Ratavia von Himbeeren	363
Ratavia von Pfirsichen	363
Ratavia von Quitten	364
Ratavia von Wachholderbeeren	364
Ratavia von schwarzen Johannisbeeren	364

Saucen.

1. Jus oder Saftbrühe.

Zu einer guten Sauce (jus oder Saftbrühe) ist Folgendes erforderlich: Man belege ein dazu schickliches Geschirr mit einigen dünn geschnittenen Speckblättchen, etlichen Zwiebeln in Scheiben geschnitten und ebenso einigen gelben Rüben; sodann 2 bis 3 ℔ Rindfleisch, 2 ℔ Kalbfleisch, welches auch in dünne Scheiben geschnitten und sammt etwas Salz darauf gelegt wird; dann gieße man 3 Suppenlöffel voll Wasser darüber, decke es zu und lasse es auf starkem Feuer einkochen. Wird man gewahr, daß es ganz eingekocht ist, so stelle man solches auf schwache Glut und lasse es ganz langsam eine hochbraune Farbe annehmen; stelle nun das Geschirr vom Feuer oder der Glut zurück und lasse es einige Minuten ruhen; alsdann fülle man es mit guter Fleischbrühe auf, lasse es wieder langsam kochen und schäume es gut und reinlich ab; hat es dann wieder 3 Stunden langsam gekocht, so gieße man es durch eine reine Serviette und gebrauche sie nach Bedarf.

2. Suppen-Consommé.

Gebe in ein dazu schickliches Geschirr oder Marmite (je nachdem der Bedarf ist) 3 ℔ Rindfleisch in Stücke oder Tranches geschnitten, ebenso einen guten Kalbsbug sammt 2 Kalbsstotzen, so wie auch ein gutes altes Huhn; fülle es dann mit 4 Suppenlöffel voll guter Fleischbrühe auf, setze es auf einen Windofen, lasse es so lange einkochen, bis es eine ganz hellblonde Farbe erhalten hat und nicht in dem Geschirre anhängt; nachdem fülle es gleichfalls mit guter Fleischbrühe voll auf und füge etliche gelbe Rüben, Zwiebeln sammt einigen weißen Rüben und etwas Salz hinzu; dann, wenn es gut abgeschäumt ist, lasse es 3 Stunden langsam kochen, gieße es durch eine Serviette und gebrauche solches zu verschiedenen vorkommenden Suppen und Saucen.

3. Aspic oder saure Sulze.

Nehme in eine Casserole oder sonst ein dazu schickliches Geschirr 2 ℔ Rindfleisch, einen Kalbsbug, 1 ℔ Schinken, 4 Kalbsfüße und etliche Speckschwarten, und fülle es mit 3 Suppenlöffel voll Wasser auf; dann lasse es ganz einkochen, bis es zu einer hochgelben Farbe angezogen und einen guten Geruch erhalten hat; sodann fülle es mit Fleischbrühe oder, in Ermangelung der Brühe, mit kaltem Wasser auf, setze es wieder auf das Feuer, und wenn es zu schäumen anfängt, schäume es gut ab. Alsdann gieße eine Bouteille guten Wein dazu; gebe auch etliche Gelberüben, Zwiebeln, einen Büschel Petersilie, einen Knoblauchzinken, zwei Lorbeerblätter, acht Gewürznägelein nebst einigen Pfefferkörnern und das gehörige Salz dazu, sodann lasse es langsam 7 Stunden kochen; nach diesem gieße es durch eine Serviette oder ein feines Haarsieb gut durch, lasse es gehörig verkühlen und nehme das darauf befindliche Fett sauber ab. Sodann schlage zwei Eier sammt der Schaale in die Brühe und rühre sie mit einem Kochlöffel auf dem Feuer ganz sachte herum, bis es drei- bis viermal aufgekocht hat; nun stelle es zurück, setze einen mit glühenden Kohlen belegten Deckel darauf und lasse es auf diese Art eine Viertelstunde ruhen; dann decke es wieder auf und gieße alles ganz langsam durch eine über einen umgekehrten Stuhl gebundene Serviette in das dazu bestimmte Gefäß, so wird die Aspic ganz hell und klar durchlaufen. Dann wird es an einem kühlen Orte zu beliebigem Gebrauch aufbewahrt.

4. Coulis oder braune Sauce.

Dazu nehme 1½ ℔ Kalbfleisch, 1½ ℔ Rindfleisch und ¼ ℔ rohen Schinken, alles in Scheiben geschnitten, ebenso 3 Zwiebeln, etliche Petersilienwurzeln, wie auch einige Gewürznägelein und Pfefferkörner, richte dieß alles in ein dazu passendes Geschirr sammt ¼ ℔ Butter; dann gieße zwei Suppenlöffel voll Fleischbrühe dazu, lasse es sachte einkochen, bis es eine schöne hellbraune Farbe erhalten hat; sodann nehme alles Fleisch aus dem Geschirr, bestreue das Uebrige mit zwei Hände voll Weißmehl und schüttle es wohl unter einander; sodann gieße 6—8 Suppenlöffel voll guten jus oder Saftbrühe nach und nach dazu, doch so, daß alles wohl unter einander gemengt ist; nun setze es auf's Feuer und lasse es unter beständigem Umrühren zum Kochen kommen; dann lege das herausgenommene Fleisch wieder hinein und lasse es abermals anderthalb Stunden langsam kochen; dann gieße alles durch einen Seiher auf eine Serviette, winde die Sauce gut durch und bewahre sie alsdann zum Gebrauch auf.

5. Weiße Sauce.

Dazu nehme 1 ℔ Kalbfleisch ohne Haut, auch ¼ ℔ rohen Schinken und schneide beides klein gewürfelt; sodann 3 Zwiebeln und Petersilienwurzeln in Scheiben geschnitten, dann füge noch etliche Gewürznägelein, Pfefferkörner, ein Lorbeerblatt und einen kleinen Büschel grüne Petersilie hinzu, thue dieß alles in ein dazu passendes Geschirr sammt ¼ ℔ Butter, lasse es langsam eine Viertelstunde auf schwachem Feuer dämpfen und rühre es zu Zeiten herum, damit es nicht in dem Geschirr anhängen kann; alsdann bestreue es mit zwei bis drei Händen voll Weißmehl und rühre es wohl unter einander, fülle es unter beständigem Umrühren mit 6 Suppenlöffel voll guter weißer Fleischbrühe auf, dann rühre es auf dem Feuer gut, bis es kocht, und lasse es langsam anderthalb Stunden gut verkochen. Man kann auch, um der Sauce einen guten Geschmack zu geben, eine Hand voll Champignon dazu thun. Alsdann winde die Sauce durch ein Haartuch oder ein Sieb und sie ist zum Gebrauch fertig.

6. Rahmsauce.

Nehme 1 Pfund Kalbfleisch ohne Haut, ¼ ℔ rohen Schinken und schneide es in kleine Würfel, dann füge noch etliche ganz kleine Zwiebeln, einige Carotten, 2 Lorbeerblätter, 3 Gewürznägelein, ein kleines Büschel grüne Petersilie sammt ¼ ℔ Butter hinzu, dieß alles in ein dazu schickliches Geschirr gethan und auf schwachem Feuer langsam eine Viertelstunde dämpfen lassen, rühre es öfters mit einem Kochlöffel unter einander, damit es nicht anhängt; sodann bestreue es mit 6 Eßlöffel voll Weißmehl und rühre es noch einige Minuten auf dem Feuer wohl unter einander, fülle es unter beständigem Umrühren mit zwei Schoppen Milch oder Rahm auf und rühre es auf dem Feuer, bis es kocht; dann lasse es auf schwachem Feuer anderthalb Stunden langsam kochen, gebe aber wohl Acht, daß es nicht anhängt; sodann winde es durch ein Haartuch und benutze es in allen vorkommenden Fällen.

7. Sauce ravigote.

Dazu nehme eine starke Hand voll grüne Peterſilie, eben ſo viel Eſtragonblätter, auch ſo viel geſchälte Schalottenzwiebeln, eine kleine Hand voll Pimpinell, eine Hand voll Körbelkraut, 6 Stück rein gewaſchene und von den Gräten befreite Sardellen, eine Hand voll Kapern und das Gelbe von 6 hartgeſottenen Eiern; dieß alles wird ſehr fein gehackt, ſodann in einem Mörſer zu einem Teig geſtoßen und dann durch ein feines Sieb alles durchgetrieben; nun in einer kleinen irdenen Schüſſel mit 3 Eßlöffel voll Senf wohl gerührt, dann 6 Eßlöffel voll Provenceröl auch gut darunter gerührt, hernach 4 Eßlöffel voll Eſſig ſammt etwas fein geſtoßenem Pfeffer und Salz gut darunter gemengt. Dann gebrauche ſie nach Belieben.

8. Faſtenbouillon.

Dazu nehme nach Erforderniß eine gute Portion dürre Erbſen in ein dazu paſſendes Geſchirr, fülle es mit Waſſer auf, doch ſo, daß das Waſſer 3 Fauſt hoch über die Erbſen gehet, und wenn dieſelbe zu kochen anfangen, ſo rücke ſie auf die Seite, damit ſie langſam fortkochen können; hernach thue von allen Sorten Wurzeln hinzu, nämlich Sellerie, Lauch, Peterſilienwurzeln, etliche Gelberüben, einen halben Wirſingkopf und Körbelkraut. Sind nun die Erbſen weich, ſo ſetze den Keſſel vom Feuer und laſſe ihn einige Minuten ruhen, bis ſich das Dicke der Erbſen auf den Boden geſetzt hat; alsdann gieße die Bouillon durch eine Serviette oder ein Haarſieb und gebrauche ſie zu allen vorkommenden Faſtenſuppen oder Saucen.

9. Ein guter Faſtenjus.

Gebe in ein dazu paſſendes Geſchirr ungefähr ½ ℔ Butter und laſſe ſie zergehen; ſodann ſchneide in Scheiben 3 große Gelberüben, 6 bis 8 Zwiebeln, wie auch etliche dicke Peterſilienwurzeln, ferner 3 Lorbeerblätter, etwas Thymian und 3 Gewürznägelein; alsdann zerſchneide in Stücken 2 ℔ geringe Karpfen, 1 ℔ Hecht, und lege ſie auch in das Geſchirr auf die Wurzeln; dann gieße eine Bouteille weißen Wein, wie auch 2 Suppenlöffel voll Faſtenbouillon darüber, dann ſetze es auf das Feuer und laſſe es gut einkochen, ſodann laſſe es auf ſchwacher Glut ganz langſam eine braune Farbe annehmen; iſt dies geſchehen, ſo gieße 1 Schoppen weißen Wein sammt 8 bis 10 großen Suppenlöffel voll Fastenbouillon darauf (in Ermangelung der Fastenbouillon kann man auch Wasser dazu gebrauchen); sodann lasse es anderthalb Stunden langsam kochen, damit sie schön hell und klar wird; gebe auch etwas Salz hinzu, seihe sie durch eine Serviette oder Haarsieb und sie ist zum Gebrauch fertig.

10. Fastencoulis oder braune Fastensauce.

Thue in ein passendes Geschirr ¼ ℔ Butter, etliche Gelberüben, 4 Zwiebeln, auch einige dicke Petersilienwurzeln, welches alles in dünne Scheiben geschnitten seyn muß, ferner 2 Lorbeerblätter, etwas Thymian, wie auch etliche Gewürznägelein und Pfefferkörner, und lasse es sachte eine Viertelstunde unter öfterem Herumrühren gut dämpfen; dann gebe 6 Eßlöffel voll Weißmehl dazu und dämpfe es wieder einige Minuten unter öfterem Herumrühren; sodann rühre von dem oben beschriebenen Fastenjus vier Suppenlöffel voll nach und nach darunter, doch so, daß die Sauce gut gerührt wird; dann lasse sie langsam eine Stunde verkochen. **NB.** Man muß in der Sauce so lange auf dem Feuer rühren, bis sie zu kochen anfängt. Hernach winde sie durch ein Haartuch oder feines Sieb und gebrauche sie in vorkommenden Fällen.

Suppen.

11. Reissuppe mit altem Huhn.

Dazu nehme ein gutes altes Huhn, säubere und wasche es sorgfältig aus, lege es in ein dazu passendes Geschirr mit einer Gelberübe, einem halben Selleriekopf, einer Petersilienwurzel und etwas Lauch, fülle es mit so viel guter Fleischbrühe auf, als man zur Suppe nöthig hat (in Ermangelung der Fleischbrühe füge noch einen Kalbsstotzen von 1½ ℔ hinzu und fülle es mit Wasser auf); sodann setze es auf's Feuer und lasse es wohl verschäumen, dann lasse es langsam kochen, bis das Huhn weich ist, und gieße alsdann die Brühe durch eine Serviette sauber durch; hernach gebe in ein Geschirr ein Ei groß frische Butter, laſſe ſie auf dem Feuer zergehen, thue 3 Kochlöffel voll Weißmehl dazu und dämpfe es einige Minuten unter beſtändigem Umrühren; alsdann fülle es mit der beſagten Hühnerbrühe auf und rühre darin, bis es kocht. Hat es eine halbe Stunde gekocht, dann laſſe es durch ein Sieb laufen; nehme ½ ℔ Reis, waſche und reinige ihn, laſſe ihn eine Viertelſtunde in 3 Maß Waſſer kochen; dann gieße das Waſſer gut davon ab und ſchütte kaltes Waſſer darüber, damit der Reis gut abgekühlt wird; dann bringe ihn auf ein Sieb, damit er gut abtrocknen kann, thue ihn hernach in die dazu verfertigte Brühe und laſſe ihn noch drei Viertelſtunden langſam kochen, auch ſalze ihn gut ab. Sodann nehme das alte Huhn und ziehe die Haut ſauber davon ab, nehme das weiße Fleiſch von der Bruſt und ſchneide es in dünne Scheiben, auch von dem Kalbsſtotzen das beſte Fleiſch in gleiche Scheiben dazu geſchnitten, lege das Geſchnittene mit etwas geriebener Muskatnuß in den Suppentopf und richte die Suppe recht heiß darüber.

12. Braune Reisſuppe.

Koche von dem vorher gut gereinigten und gewaſchenen Reis ſo viel, als man zur Suppe nöthig hat, in 3 bis 4 Maß Waſſer eine gute Viertelſtunde, laſſe ihn wieder in kaltem Waſſer abkühlen und dann auf einer Serviette oder einem Haarſieb gut abtrocknen; ſodann nehme ſo viel, als zu dieſer Suppe nöthig iſt, guten Consommé (ſ. Consommé), ſetze es auf das Feuer und wenn es kocht, ſo thue den Reis hinein und laſſe ihn eine halbe Stunde langſam kochen, gebe aber wohl Acht, daß der Reis ſchön ganz bleibe, thue Salz und geriebene Muskatnuß dazu und richte ſie in den Suppentopf an. Man gibt auch auf einem beſonderen Teller geriebenen Parmeſankäs dazu.

13. Gerſtenſuppe mit Hühnern und Kalbsſtotzen.

Die Bereitung der Brühe mit dem alten Huhn und Kalbsſtotzen iſt dieſelbe wie bei der Reisſuppe, die Gerſte aber wird mit etwas Waſſer und einem Stück guter friſcher Butter auf's Feuer geſetzt und beſtändig umgerührt, damit ſie nicht anhängen kann, bis ſie kocht; dann laſſe ſie noch eine Weile langſam fortkochen, bis ſie recht dick und ſchleimig geworden iſt, fülle ſie mit der beſagten Hühnerbrühe nach und nach auf und laſſe die Gerſte wieder langſam kochen, bis ſolche wieder recht ſchleimig und weiß geworden ist. Ist die Gerste gut weich gekocht, dann richte sie durch ein Sieb in den Suppentopf an, thue Salz und geriebene Muskatnuß und einen Suppenlöffel voll von den Gerstenkörnern hinein, das alte Huhn und den Kalbsstoßen aber zerlege schön und gebe es aparte auf einem Teller dazu.

14. Gehackte Eiergerste.

Mache von zwei Eigelb und einem ganzen Ei einen ganz festen Nudelteig, damit man ihn auf dem Reibeisen gut reiben kann; der Teig muß aber so fest seyn, daß er sich nicht zusammenballt, wenn er gerieben ist; das Geriebene muß wohl auseinander gelegt werden, damit es etwas trocken wird. Sodann setze in einem dazu passenden Geschirr so viel gute weiße Fleischbrühe, als man zur Suppe nöthig hat, auf das Feuer und lasse sie kochen, dann streue die geriebene Gerste nach und nach so hinein, daß sie nicht zusammenballen kann, und lasse sie eine halbe Stunde kochen; alsdann verrühre das Gelbe von zwei Eiern in den Suppentopf sammt etwas Salz und geriebener Muskatnuß und richte die Suppe darüber an.

15. Sagosuppe.

Nehme ¼ ℔ braunen oder auch weißen Sago und rühre denselben in 3 Maß kochendes Wasser und lasse ihn eine Stunde lang kochen, bis er ganz durchsichtig geworden ist; sodann schütte ihn auf ein Sieb gut ab und lege ihn wieder in kaltes Wasser, damit er gut abkühlen kann, dann gieße ihn wieder auf ein Sieb ab. Nun nehme so viel gute weiße Fleischbrühe, als man zur Suppe nöthig hat, und lasse sie aufkochen, dann thue den Sago hinein und lasse ihn noch eine halbe Stunde kochen; sodann verrühre das Gelbe von 3 Eiern in den Suppentopf sammt etwas feinem Salz und geriebener Muskatnuß und richte die Suppe darüber an.

16. Krebssuppe mit Reis.

Dazu nehme 50 Stück schöne Suppenkrebse, wasche sie gut und koche sie mit etwas Salz eine Viertelstunde in Wasser ab; bann gieße das Wasser davon und lasse sie verkühlen, breche sie sorgfältig aus, die Schwänze werden besonders aufgehoben, die Schaalen aber sehr fein wie Teig zerstoßen; dann gebe ½ ℔ Butter zu den gestoßenen Schaalen und stoße sie auch noch etliche Minuten damit. Nun bringe Alles in ein Geschirr, setze solches auf das Feuer (welches aber nicht zu stark seyn darf), und lasse es unter öfterem Umrühren gut dämpfen, bis die Butter recht hochroth geworden ist; sodann winde sie durch ein gutes Haartuch auf einen Teller. Ist auf diese Art alle Butter durchgepreßt, so thue an die zurückgebliebenen Schaalen etliche Suppenlöffel voll Fleischbrühe und lasse sie damit aufkochen, dann gieße sie auch durch eine Serviette und gebrauche sie, wie folgt:

Schneide 2 Gelberüben, 1 halben Selleriekopf und 1 dicke Petersilienwurzel sammt 3 Zwiebeln in dünne Scheiben, lege sie nebst der Hälfte von der Krebsbutter in ein dazu passendes Geschirr und lasse es langsam auf schwachem Feuer 1 Viertelstunde gut dämpfen; alsdann rühre 4 Kochlöffel voll Weißmehl gut darunter und dämpfe es auch einige Minuten unter beständigem Umrühren damit; dann fülle mit guter Fleischbrühe und jener, worin die Krebsschaalen aufgekocht worden, nach Bedarf der Krebssuppe auf und rühre Alles auf dem Feuer, bis es zu kochen anfängt; dann lasse es eine Stunde langsam kochen, streiche es durch ein Haartuch oder Sieb gut durch und thue die übrige Hälfte der Krebsbutter darunter und rühre es auf dem Feuer wohl unter einander.

Der Reis dazu wird auf folgende Art zubereitet: nämlich ⅛ ℔ Reis wird, wenn er wohl gewaschen und eine Viertelstunde in 1 Maaß Wasser gekocht hat und wieder abgekühlt ist, in einem kleineren dazu schicklichen Geschirr mit einem ½ Ei großen Stück Butter, einer Zwiebel mit 2 Gewürznägelein gespickt, einer Schnitte rohen Schinken nebst etwas Salz und Muskatnuß sammt einem Suppenlöffel voll guter Fleischbrühe aufgefüllt, dann ein darüber passendes rundes Papier darauf gelegt, mit einem Deckel zugedeckt und so langsam dämpfen lassen, bis keine Brühe mehr daran zu sehen ist. Diesen Reis mischt man unter die Krebssuppe und richtet sie recht heiß in den Suppentopf an. Die Krebsschwänze, welche sorgfältig gereinigt und der Länge nach in zwei Theile zerschnitten wurden, werden mit etwas Salz und geriebener Muskatnuß nun ebenfalls in die Suppe gethan.

17. Selleriesuppe.

Hiezu nehme 6—8 schöne Selleriewurzeln, schneide eine jede in 12 gleichgeformte Theile, koche solche in Salzwasser weich und kühle sie in kaltem Wasser wieder ab; sodann schneide den Abgang von den Wurzeln nebst noch einer ganzen, 3 Zwiebeln und etwas rohen Schinken in Würfel oder dünne Scheiben, bringe es mit ¼ ℔ Butter in einem für diese Suppe schicklichen Geschirre auf's Feuer und lasse es langsam eine Viertelstunde dämpfen (damit es aber nicht anhängt, muß es öfter herumgerührt werden); nach diesem rühre 4 Kochlöffel voll Weißmehl gut darunter und lasse es noch einige Minuten unter fleißigem Umrühren dämpfen, dann fülle es nach und nach mit 6 großen Suppenlöffel voll guter weißer Fleischbrühe auf und bringe es auf dem Feuer unter beständigem Rühren in's Kochen, lasse es eine Stunde langsam fortkochen, treibe sie sodann durch ein Sieb, thue die in Salzwasser abgekochten Sellerieschnitze hinein und stelle die Suppe gut heiß. Bei dem Anrichten verrühre das Gelbe von 3 Eiern mit etwas kalter Fleischbrühe, schneide etliche grüne Sellerieblätter ganz fein wie Nudeln und koche sie in Salzwasser weich, kühle sie in kaltem Wasser wieder ab, drücke sie gut aus und lege sie in den Suppentopf; die Suppe wird dann darüber angerichtet und mit dem Suppenlöffel gut aufgezogen, damit sie mit dem Eiergelb nicht gerinnen kann; alsdann gebe eine Hand voll klein gewürfelt und in Butter geröstetes Weißbrod sammt etwas Salz und Muskatnuß dazu.

18. Feldhühnersuppe.

Dazu sind 2—3 alte Feldhühner erforderlich, je nachdem es viel oder wenig Suppe geben soll. Wenn die Feldhühner sorgfältig gereinigt und ausgewaschen sind, so thue sie mit ¼ ℔ Butter, einigen Scheiben rohem Schinken, ½ ℔ Kalbfleisch, etlichen Zwiebeln, Thymian, 1 Lorbeerblatt, einigen Pfefferkörnern, 3 Gewürznägelein und etwas Salz in ein dazu schickliches Geschirr, dessen Boden mit dünn geschnittenen Speckbatten belegt ist, gieße einen Suppenlöffel voll jus (siehe Jus) darüber und lasse es zugedeckt auf starker Glut so lange dämpfen, bis alles ganz eingedämpft und weich, wie auch von allen Seiten schön farbig gebraten ist; dann ziehe die Feldhühner sammt dem Fleisch aus dem Geschirr, streue zu dem Uebrigen 4 Kochlöffel voll Mehl und rühre es wohl untereinander, dann fülle es nach und nach mit 4—5 Suppenlöffel voll guter jus auf und rühre es auf dem Feuer, bis es zu kochen anfängt, sodann thue das vorher herausgezogene Kalbfleisch auch wieder dazu und lasse es eine Stunde langsam kochen, hernach lasse sie durch ein Haarsieb laufen. Nun schneide von den Feldhühnern die Brust sorgfältig vom Körper, dieser nebst den Schenkeln wird zusammengehackt und in einem Mörser zu Teig zerstoßen, das Zerstoßene in ein dazu schickliches Geschirr gethan und mit aller durchgelaufenen Suppencoulis verrührt. Ist dieses geschehen, dann streiche alles recht sauber durch ein Haartuch, gieße die Suppe in ein passendes Geschirr und setze dieses in kochendes Wasser, damit die Suppe recht heiß bleibt, aber nicht mehr in's Kochen kommt, gebe aber wohl Acht, daß kein Wasser hinein läuft. Alsdann bringe in den Suppentopf die in dünne Scheiben geschnittenen Feldhühnerbrüste sammt einer Hand voll klein gewürfelt und in Butter geröstetem Weck nebst etwas Salz und Muskatnuß, richte die Suppe recht heiß darüber und ziehe sie mit dem Löffel gut auf.

19. Rothwildsuppe.

Es ist nothwendig, hiezu vorher einen guten Wildjus oder eine Wildsaftbrühe zu machen. Dieß geschieht folgendermaßen: Man nehme zwei Rehbüge, zerhaue jeden in vier Theile, belege den Boden eines der Quantität der Suppe angemessenen Geschirres mit einigen dünn geschnittenen Speckbatten, einigen in Scheiben zerschnittenen Zwiebeln und Gelberüben nebst $1/4$ ℔ Butter, lege die in Viertel geschnittenen Rehbüge sammt 2 ℔ Kalbsbug und $1/4$ ℔ rohen Schinken darauf und füge noch etwas Thymian, etliche Gewürznägelein und Pfefferkörner, 2 Lorbeerblätter und etwas Salz hinzu; dann gieße einen Suppenlöffel voll Wasser darüber und lasse es auf starker Glut einkochen, bis keine Brühe mehr daran zu sehen ist. Nun stelle es auf schwache Glut, bis es auf dem Boden eine schöne hochbraune Farbe und auch einen guten Geruch erhalten hat; dann fülle es mit so viel kaltem Wasser auf, als zur Suppe nöthig ist, lasse es wieder in's Kochen kommen, schäume es gut ab und lasse es langsam zwei Stunden kochen; dann ziehe das Fleisch heraus und lasse die Brühe durch eine reine Serviette laufen.

Jetzt thue in ein dazu schickliches Geschirr $1/4$ ℔ Butter, lasse sie zergehen, rühre 4—5 Kochlöffel voll Weißmehl darunter und lasse es auf glühender Asche eine halbe Stunde dämpfen, bis es einen guten Geschmack und eine hellblonde Farbe erhalten hat; dann gieße allen Wildjus nach und nach unter beständigem Umrühren hinzu, sehe darauf, daß alles recht glatt verrührt ist, lasse es unter fleißigem Rühren in's Kochen kommen und anderthalb Stunden langsam fortkochen, befreie es auch von dem Fett, das sich nach und nach oben darauf zeigt; dann gieße Alles durch ein Haarsieb in ein dazu passendes Geschirr und setze es zur Seite des Feuers Von dem gekochten Rehfleisch aber schneide, wenn es erkaltet ist, das Beste ohne Haut und Nerven in kleine Stückchen, hacke es fein wie Mehl und thue es in den Suppentopf, so wie auch eine Hand voll klein gewürfelt und in Butter gelb geröstetes Weißbrod sammt Salz und geriebener Muskatnuß; alsdann gieße die Suppe recht heiß darüber und ziehe sie gut mit dem Suppenlöffel auf, damit sich das Feingehackte mit der Brühe vollkommen vereinigt.

20. Maccaronisuppe.

Dazu mache vorerst einen leichten weißen Coulis auf folgende Weise: Thue in ein zu dieser Suppe hinlänglich großes Geschirr ¼ ℔ frische Butter, etliche kleine Zwiebeln, ein zusammengebundenes Petersilienbüschel und eine Schnitte rohen Schinken in Würfel geschnitten, lasse dieß auf dem Feuer einige Minuten dämpfen, rühre dann 2 Kochlöffel voll Weißmehl darunter und dämpfe es noch einige Minuten unter beständigem Umrühren; dann fülle es nach und nach mit so viel guter weißer Fleischbrühe auf, als zu dieser Suppe nöthig ist, und rühre darin auf dem Feuer, bis die Suppe wieder kocht; setze sie alsdann auf die Seite des Feuers, lasse sie langsam eine Stunde verkochen und treibe sie hernach durch ein Haarsieb gut durch.

Nun nehme ¼ ℔ neapolitaner Maccaroninudeln und breche sie in fingergleich lange Stückchen, koche sie dann in zwei Maaß Wasser mit Salz, bis sie hinlänglich weich sind, kühle sie dann mit frischem Wasser gut ab und gieße dasselbe wieder davon, damit sie recht abtrocknen; dann lege sie in die Suppe und lasse sie noch eine Viertelstunde damit kochen. Jetzt verrühre das Gelbe von 2 Eiern sammt 2 Prisen gestoßenem Pfeffer, geriebener Muskatnuß und 2 Händen voll geriebenem Parmesankäs in den Suppentopf, befreie die Suppe von dem darauf befindlichen Fett und gieße sie recht heiß unter beständigem Umrühren in den Suppentopf und ziehe sie noch einigemal mit dem Löffel gut auf.

21. Panadelsuppe.

Dazu nehme 4 Kreuzerwecke, reibe die Kruste gut davon, lege sie so lange in frisches Wasser, bis sie hinlänglich erweicht sind, und drücke sie dann recht trocken aus. Hernach thue ein

Viertelpfund gute frische Butter in ein dazu schickliches Geschirr, lasse sie darin zergehen, lege die ausgedrückten Wecke hinein und dämpfe sie mit einem Kochlöffel auf dem Feuer ab, bis dieselben so glatt wie ein Teig und ganz glänzend von Fett aussehen; sodann verrühre sie nach und nach mit so viel guter Fleischbrühe, als zur Suppe nöthig ist, und rühre die Suppe so fort, bis sie zu kochen anfängt; dann setze sie auf eine Ecke des Feuers, lege einen zusammengebundenen Büschel grüne Petersilie hinein und lasse sie noch eine Viertelstunde langsam verkochen, dann treibe sie durch ein grobes Sieb oder einen feinen Seiher gut durch und stelle sie hinlänglich heiß. Sobann rühre in den Suppentopf das Gelbe von 2—3 Eiern, 3—4 Eßlöffel voll guten sauern Rahm sammt etwas Muskatnuß und Salz, richte die Suppe recht heiß darüber an und ziehe sie mit dem Suppenlöffel auf.

22. Königinsuppe.

Zwei alte Hühner werden, wenn sie sorgfältig gereinigt sind, sammt 2 ℔ Kalbsstotzen in einem dazu schicklichen Geschirre mit Wasser beigesetzt und gut verschäumt; sodann thue einen Selleriekopf und etliche Petersilienwurzeln, auch etwas Lauch und einige Gelberüben dazu, lasse alles 3 Stunden langsam kochen, bis die alten Hühner vollkommen weich geworden sind; hernach werden einige Zwiebeln, Sellerie und Petersilienwurzeln in dünne Scheiben geschnitten und mit einem eigroßen Stück Butter etliche Minuten auf dem Feuer langsam gedämpft, sodann, wenn sie weich sind, mit so viel Hühnerbrühe aufgefüllt, als zur Suppe erforderlich ist; dann schneide noch für 2 Kreuzer Weck dazu und lasse es zusammen eine halbe Stunde verkochen. Nun nehme alles weiße Fleisch ohne Haut von den Hühnern ab, und wenn es kalt ist, so schneide es recht fein, stoße es sammt dem Gelben von 6 hartgesottenen Eiern in einem Mörser zu einem feinen Teig, dann koche einen Schoppen süßen Rahm zur Hälfte ein, nehme das gestoßene Hühnerfleisch aus dem Mörser und rühre es unter den eingekochten Rahm; sodann rühre auch die verkochte Wecksuppe gut darunter, streiche alles durch ein Haartuch oder Sieb gut durch in ein dazu schickliches Geschirr, doch setze es nicht mehr auf das Feuer, sondern in ein mit kochendem Wasser angefülltes Gefäß, welches an die Ecke des Feuers gestellt wird, damit das Wasser immer siedend bleibt, bis man anrichtet. Nun thue in den Suppentopf etwas Salz und geriebene Muskatnuß sammt einer starken halb voll gewürfelt und in Butter geröstetem Weck und richte die Suppe heiß darüber an. Man kann auch dickgekochten Reis darunter geben.

23. Suppe à la jardinière mit Klößen von Hühnern.

Dazu sind erforderlich junge Gelberüben, Selleriewurzeln und Weißerüben, von jeder eine Hand voll, welche fingergleich lang geschnitten und in schöne Zäpfchen abgedreht werden, ferner eine Hand voll Lauch, von welchem nur der untere weiße Theil genommen und in Viertel von gleicher Länge wie Obiges geschnitten wird, eben so viel ganz kleine Zwiebeln, ein halber Blumenkohl, auch in gleich lange Stückchen geschnitten, und eine Hand voll Brockelerbsen. Dieses alles wird, wenn es auf die angegebene Art zubereitet ist, in Salzwasser weich gekocht und wieder gut abgekühlt. Alsdann wird so viel guter Consommé (s. Consommé), als zur Suppe nöthig ist, in ein dazu schickliches Geschirr gethan, dasselbe auf's Feuer gesetzt, die abgekochten Theile hinein gelegt und noch eine Viertelstunde langsam kochen lassen.

Unterdessen werden die Klöße folgendermaßen bereitet: Nehme die Brust von einem alten Huhn und schabe alles Fleisch davon so rein, daß keine Haut daran bleibt, dann hacke es noch ganz fein wie Teig und drücke alles durch ein Sieb; alsdann bringe es mit einem halb Ei großen Stückchen frischer Butter, dem Weichen von einem Kreuzerweck (welches vorher in Milch eingeweicht und mit einem Tuch wieder gut ausgedrückt worden), dem Gelben von 3 Eiern sammt etwas Salz und Muskatnuß in einen Mörser und stoße es zusammen eine Viertelstunde lang zu einem guten Teig; dann nehme ihn wieder sauber aus dem Mörser und lege ihn mit einem Kaffee- oder Eßlöffel in dazu besonders aufgesetzte kochende Fleischbrühe wie schöne Klöße ein; nach diesem richte die Suppe recht heiß in den Suppentopf, ziehe die Klöße schön trocken aus der Brühe und lege sie in die Suppe sammt Salz und geriebener Muskatnuß.

24. Grüne Erbsenpurée mit Reis.

Gebe in ein für die Suppe passendes Geschirr 1 Viertelpfund Butter, 3 in Scheiben geschnittene Zwiebeln, ebenso 2 Gelberüben, 1 Selleriekopf und einige Petersilienwurzeln, wie auch 2 Schnitten rohen Schinken in Würfel geschnitten, lasse es eine halbe Stunde auf schwachem Feuer mit einander langsam dämpfen, fülle es dann mit 2 Suppenlöffel voll guter weißer Fleischbrühe auf und lasse es eine halbe Stunde verkochen. Hernach thue einen Schoppen grüne Erbsen (von der großen Sorte) sammt einem Büschel grüner Petersilie in kochendes Salzwasser und lasse es recht weich kochen, gieße das Wasser davon ab und stoße die Erbsen mit der Petersilie in einem Mörser zu Teig, rühre sie mit Obigem recht gut unter einander und treibe dann alles gut durch ein Haartuch oder Sieb. Ist es rein durchgetrieben, so verrühre es sorgfältig mit so viel reiner durchgeseiheter Fleischbrühe, als zur Suppenportion erforderlich ist, setze sie auf's Feuer und rühre darin, bis sie zu kochen anfängt; dann lasse sie noch eine halbe Stunde langsam an der Seite kochen, thue Salz und Mußkatnuß in den Suppentopf, richte die Suppe recht heiß darüber und gebe recht dick gekochten Reis, so viel nöthig ist, darunter.

NB. Man kann auch anstatt Reis klein gewürfelt und in Butter gelb geröstetes Weißbrod in diese Suppe thun.

25. Gestoßene Wurzelsuppe.

Es werden 2 Pfund Kalbfleisch und 1 Viertelpfund roher Schinken in dünne Scheiben geschnitten und sammt einigen ebenfalls in Scheiben geschnittenen Zwiebeln mit 1 Viertelpfund Butter langsam gedämpft, bis es etwas braungelb geworden; alsdann füge eine Hand voll junge Gelberüben, eben soviel geputzten Blumenkohl, 2 Hände voll Brockelerbsen sammt einem Stock Endivien (klein geschnitten) und etwas grüne Petersilie hinzu, fülle es mit so viel guter Fleischbrühe auf, als zur Suppe nöthig ist, und lasse es anderthalb Stunden langsam kochen, bis alles recht weich ist; dann ziehe das Fleisch heraus, rühre das Gelbe von 6 hartgesottenen Eiern, welches vorher zu einem Teig gestoßen worden, gut unter das Gekochte, treibe alles sorgfältig durch ein Haartuch oder Sieb, thue noch etwas Salz und Muskatnuß daran und setze die Suppe in einem passenden Geschirre auf schwaches Feuer damit sie recht heiß bleibt; rühre dann das Gelbe von 2 Eiern in den Suppentopf, richte die Suppe recht heiß darüber und gebe etwas ausgeröstetes Weißbrod dazu.

26. Juliennesuppe.

Diese Suppe wird zusammengesetzt von Gelberüben, Lauch, Zwiebeln, Sellerie, Kopfsalat, Körbelkraut, Sauerampfer und Wirsing, welches alles in feine Filets geschnitten wird, nämlich:

die Wurzeln in fingergleich lange feine nudelartige Stückchen, der Lauch eben so; Körbelkraut, Sauerampfer, 3 Salatherze und das Innere von einem halben Wirsing fein nudelartig, die Zwiebeln aber werden in die Hälfte und dann in feine Scheiben geschnitten. Dies alles zusammen wird in 1 Viertelpfund Butter ganz langsam eine Viertelstunde gedämpft, jedoch öfters unter einander gerüttelt, damit es nicht anziehen und keine Farbe nehmen kann; sind dann die Wurzeln alle weich, dann fülle es mit 3 Suppenlöffel voll guter Fleischbrühe auf und lasse es noch eine halbe Stunde langsam kochen; dann gieße noch so viel, als zur Suppe erforderlich ist, guten Consommé (f. Consommé) dazu und lasse es aufkochen: alsdann thue das gehörige Salz und geriebene Muskatnuß in den Suppentopf, die gebähten Weckschnitten dazu und richte die Suppe heiß darüber an.

27. Soupe à la Crecy.

Dazu nehme 4 Weißerüben und 12 Gelberüben, alles in dünne Blättchen geschnitten, ferner 1 Viertelpfund rohen Schinken in kleine Würfel geschnitten und dämpfe dieses mit 1 Viertelpfund frischer Butter auf dem Feuer in einer Casserol oder einem Stollhafen schön hochgelb und recht weich; alsdann fülle es mit soviel guter Fleischbrühe auf, als zu dieser Suppe erforderlich ist, und lasse es noch eine Stunde langsam kochen, dann treibe oder streiche alles durch ein Haarsieb gut durch; nun fülle es in ein dazu schickliches Suppengeschirr, thue noch 2 Eßlöffel voll gestoßenen Zucker, etwas Salz und geriebene Muskatnuß dazu, stelle sie dann an die Seite des Feuers, lasse sie noch eine halbe Stunde langsam kochen und nehme nach und nach das darauf befindliche Fett recht sorgfältig ab; alsdann schneide Weck oder Weißbrod in fingerlange nudelartige Stückchen, röste sie in Butter hochgelb, lege sie in den Suppentopf und gieße die Suppe heiß darüber.

28. Wiener Einlaufsuppe.

Dazu nehme 4 ganze Eier, eben so viel Kochlöffel voll Weißmehl und etwas fein geschnittenen Schnittlauch, verrühre es recht gut, bis der Teig ganz dünn und läufig geworden ist, lasse auch ein halb Ei groß Butter zergehen und rühre sie sorgfältig darunter. Hierauf setze so viel gute Fleischbrühe (halb weiße und halb guten jus), als zur Suppe nöthig ist, auf's Feuer, und wenn sie kocht, so lasse den schon verfertigten Teig ganz langsam mit einem Löffel in die kochende Brühe einlaufen, so daß es Nudeln gleichet; dann füge Salz und Muskatnuß hinzu, lasse sie noch eine Viertelstunde langsam kochen und richte sie in den Suppentopf an.

29. Verlorne Hühnersuppe.

Zwei Wecke werden klein gewürfelt geschnitten und mit einem viertels Glas Milch angefeuchtet, dann 4 Loth Butter, 4 ganze Eier, etwas Salz und Muskatnuß sammt einem Eßlöffel voll fein gehackter Petersilie gut mit einander verrührt, alsdann der gewürfelte Weck wohl darunter gemengt; nun lasse es eine Viertelstunde gut ruhen, setze dann so viel gute weiße Fleischbrühe, als zu dieser Suppe nöthig ist, auch einen halben Suppenlöffel voll jus oder consommé hinzu, stelle sie auf das Feuer, und wenn sie kocht, so bringe das oben Beschriebene auf einem Klumpen in die Fleischbrühe und lasse es langsam eine halbe Stunde kochen; dann thue Salz und Muskatnuß hinzu und richte sie in den Suppentopf an.

30. Durchgetriebene Schwarzbrodsuppe mit Eier.

Dazu nehme 1 Pfund Schwarzbrod, schneide dasselbe, nachdem die äußere Kruste auf dem Reibeisen gut und sauber abgerieben ist, in ganz dünne Scheiben und lasse sie dann auf einem flachen Geschirre in einem heißen Ofen oder, in größere Stücke geschnitten, auf dem Rost etwas stark bähen; sodann thue in ein Geschirr 1 Viertelpfund Butter sammt etlichen in Scheiben geschnittenen Zwiebeln, Sellerie und Petersilienwurzeln, auch 2 in Würfel geschnittene Kartoffeln, und lasse es auf dem Feuer eine Viertelstunde langsam dämpfen; bann gebe das gebähete Schwarzbrod nebst so viel gutem jus oder Saftbrühe, als zur Suppe nöthig ist, dazu, lasse alles eine Stunde langsam verkochen (sollte aber die Suppe zu dick werden, so gieße nach Maßgabe noch mehr Brühe hinzu). Ist sie nun gut verkocht, so drücke oder streiche sie recht sorgfältig durch einen Seiher in ein dazu passendes Geschirr, rühre sie wohl unter einander und thue etwas fein gestoßenen Kümmel, unter eine Nuß groß Butter gemischt, sammt einer Prise gestoßenem Pfeffer und geriebener Muskatnuß, auch etwas feines Salz dazu, setze sie in ein mit kochendem Wasser angefülltes Gefäß und stelle dieß so an's Feuer, daß das Wasser immer siedend erhalten wird und die Suppe recht heiß bleibt, ohne jedoch zu kochen; alsbann richte sie recht heiß in den Suppentopf und thue nach Verhältniß der Personen verlorne Eier (s. verlorne Eier) hinein.

31. Wiener Schöberlsuppe.

Dazu wird genommen 1 Viertelpfund Butter, 4 Eßlöffel voll Weißmehl, 3 ganze Eier und etwas Salz und Muskatnuß; dieß alles wird recht schaumig durcheinander gerührt, sodann auf einen mit Butter bestrichenen tiefen Teller oder ein Tortenblech aufgestrichen, unten und oben glühende Kohlen gegeben, bis es durchgebacken ist und eine schöne hellbraune Farbe erhalten hat; dann gieße kaltes Wasser darüber, damit es gut auflaufen kann und kalt wird. Ist dieß geschehen, dann stürze es auf den Tisch und schneide kleine Carreau daraus, lege sie in kochenden Consommé (s. **Consommé**), so viel als zur Suppe nöthig ist, lasse sie noch eine halbe Stunde langsam kochen, richte sie dann in den Suppentopf an und gebe Salz und Muskatnuß dazu.

32. Soupe au vermicelle.

Dazu nehme gute italienische Vermicelli (½ Pfund reicht für 10 Personen hin) und so viel, als zur Suppe nöthig ist, gute weiße Fleischbrühe, welche vorher sauber durch eine Serviette gelaufen ist, und lasse sie aufkochen; dann breche die Ringe der Nudeln durch, damit kein Büschel beisammen bleibt, lege sie nach und nach in die kochende Brühe und lasse sie 3 Viertelstunden kochen; sodann verrühre das Gelbe von 3 Eiern mit etwas Salz, einer Prise feinem Pfeffer und geriebener Muskatnuß in den Suppentopf und richte die Suppe unter beständigem Umrühren recht heiß darüber. **NB.** Man kann auch statt der weißen Fleischbrühe guten **Consommé** nehmen, dann wird aber kein Ei dazu gerührt.

33. Soupe à la Xavier.

Dazu nehme 3 starke Hände voll Weißmehl, 2 ganze Eier und von 4 nur das Gelbe, sammt 1 Eßlöffel voll fein gehackter Petersilie, verrühre es recht gut mit etwas kalter Fleischbrühe zu einem flüssigen Teig, doch so, daß er durch einen Suppenseiher laufen kann; alsdann nehme so viel gute weiße Fleischbrühe, als zur Suppe erforderlich ist, lasse sie durch ein Tuch rein durchlaufen, setze sie auf's Feuer und wenn sie kocht, dann lasse den Teig durch einen Suppenseiher hineinlaufen, sehe aber zu, daß die Brühe während dessen beständig kocht; dann schäume sie etwas ab, damit die Suppe recht rein bleibt, lasse sie eine Viertelstunde kochen, salze sie gut, richte sie in den Suppentopf an und gebe etwas Muskatnuß hinzu.

NB. Man kann diese Suppe auch als Fastenspeise geben; dann wird aber statt der Fleischbrühe Fastenbrühe (s. Fastenbrühe) genommen.

34. Soupe à la Desclignac.

Diese Suppe wird eben so wie die vorhergehende bereitet, nur mit dem Unterschied, daß man zu dem Teig eine Hand voll Mehl mehr nimmt, um ihn dicker zu machen; dann lege denselben mit einem Kaffeelöffel in die kochende Fleischbrühe, lasse sie eben so lange wie oben, und wenn sie eingekocht ist, noch eine Viertelstunde langsam fortkochen, richte sie dann an und gebe etwas Salz und Muskatnuß dazu.

35. Suppe mit verlornen Eiern.

Mache so viel verlorne Eier (s. verlorne Eier), als zur Suppe erforderlich sind (auf die Person werden nämlich 3 Stück gerechnet), und wenn die Eier von den anhängenden Fasern sorgfältig befreit sind, dann lege sie sammt etwas fein gestoßenem Pfeffer und Salz in den Suppentopf, gieße so viel guten kräftigen Consommé (siehe Consommé), als zur Suppe nöthig ist, kochend heiß darüber und richte sie an.

36. Fasten=Kräutersuppe.

Dazu nehme eine Hand voll Sauerampfer, die Herze von 3 Stock Kopfsalat und eine Hand voll Körbelkraut, schneide alles fein nudelartig, thue es sammt 1 Viertelpfund Butter in ein hierzu schickliches Geschirr und lasse es auf schwachem Feuer so lange dämpfen, bis die Butter ganz klar geworden ist. Nun gieße so viel heißes Wasser, als zur Suppe nöthig ist, sammt etwas gestoßenem Pfeffer und Salz hinzu und lasse es eine halbe Stunde langsam kochen; sodann verrühre in den Suppentopf das Gelbe von 3 Eiern mit 2 Eßlöffel voll sauerem Rahm, gieße die Suppe recht heiß darüber und gebe gebähete Weckschnitte dazu.

37. Fastensuppe von Endivien.

Dazu nehme das innere Gelbe von 5—6 krausen Endivienstöcken und schneide es fein von der Hand, lege es sammt 1. Viertelpfund frischer Butter in ein dazu schickliches Geschirr und dämpfe es einige Minuten auf dem Feuer, fülle es alsdann mit so viel kochendem Wasser, als zur Suppe nöthig ist, thue etwas Salz, geriebene Muskatnuß und grobgestoßenen Pfeffer hinein und lasse es eine Stunde langsam kochen; dann verrühre das Gelbe von 3 Eiern mit 3 Eßlöffel voll saurerem Rahm in den Suppentopf, gebe etwas gebähete Weckschnitte hinzu und gieße die Suppe recht heiß darüber.

38. Fastensuppe von Kraut.

Schneide ein halbes Weißkrauthaupt, nachdem die äußeren Blätter davon genommen sind, ganz fein nudelartig und dämpfe es mit 1 Viertelpfund Butter eine Viertelstunde, alsdann fülle es mit so viel heißem Wasser auf, als zur Suppe nöthig ist, thue etwas grob gestoßenen Pfeffer, Muskatnuß und Salz daran, lasse es eine Stunde kochen und richte dann die Suppe über gebähetes Weißbrod an.

39. Fasten-Reissuppe mit Zwiebeln.

Dazu schneide 8—10 Zwiebeln von mittlerer Größe, welche unten und oben gut abgeschnitten sind, in der Mitte durch und dämpfe sie mit 1 Viertelpfund frischer Butter, bis sie eine schöne blonde Farbe erhalten haben; dann fülle sie mit so viel Wasser auf, als zur Suppe nöthig ist, und thue etwas fein gestoßenen Pfeffer, Salz und 1 Viertelpfund gut gewaschenen und 1 Viertelstunde in Wasser abgekochten Reis hinein, lasse es anderthalb Stunden kochen und richte sie in den Suppentopf an.

'40. Fastenpurée von dürren Erbsen.

Dazu nehme ein halbes Mäßlein dürre Erbsen, wasche sie gut aus, bringe sie in ein dazu schickliches Geschirr und fülle es mit Wasser auf; thue dann 3 Zwiebeln mit einigen Gewürznägelein gespickt, 2 Selleriewurzeln, 1 Viertelpfund Butter und Salz dazu, lasse es gut kochen, bis die Erbsen recht weich geworden sind; dann nehme die Zwiebeln und Selleriewurzeln wieder heraus, treibe die Erbsen durch einen feinen Seiher oder ein Haarsieb gut durch und gebrauche sie zu allerlei Suppen.

41. Fastenpurée von Linsen

wird auf die nämliche Art wie die von Erbsen gemacht und bei Reis-, Vermicelli- oder Brodsuppe angewendet.

2.

42. Fasten-Reißsuppe mit Erbsenpurée.

Nachdem ⅛ Pfund Reis wohl gewaschen, eine Viertelstunde in Wasser gekocht und wieder kalt geworden und abgetrocknet ist, gieße man so viel Fastenbrühe hinzu, als zur Suppe nöthig ist, thue etwas Salz daran und lasse ihn eine Stunde langsam kochen, bis er weich geworden ist. Vor dem Anrichten mische so viel von der obenbeschriebenen Erbsenpurée darunter, als nöthig ist; wenn die Suppe zu dick wird, kann man noch etwas heiße Fastenbrühe dazu gießen; ziehe sie mit dem Suppenlöffel gut auf und thue noch etwas Salz und Muskatnuß hinein.

43. Braune Fastensuppe mit Fischknödel.

Mache einen guten Fastencoulis (s. Fastencoulis), aber nicht zu dick und so viel, als zur Suppe erforderlich ist. Nachdem diese Suppenportion durch ein Sieb gelaufen ist, thue eine Hand voll in kleine Würfel geschnittene Selleriewurzel, wie auch eine Hand voll Körbel und Sauerampfer, welche auch fein geschnitten und mit ein halb Ei groß Butter einige Minuten gedämpft worden, in die schon bereitete Suppe und lasse sie langsam an der Ecke des Feuers eine halbe Stunde sieden.

Unterdessen bereite die Fischknödel auf folgende Weise: Man befreie 1 Pfund Fische (Hechte oder Karpfen) von Haut und Gräten, schneide dann das Fleisch sehr fein gewürfelt, thue 1 Eßlöffel voll fein gehackte Schalottenzwiebeln und eben so viel fein gehackte Petersilie dazu, rühre 3 Eier mit 2 Nüsse groß Butter ganz dick auf dem Feuer ab, gebe eine starke Hand voll geriebenes Weißbrod sammt etwas fein gestoßenem Thymian, Salz und Muskatnuß hinzu, rühre alles mit dem Gelben von noch 2 Eiern sorgfältig unter einander und lasse es einige Minuten ruhen; alsdann forme kleine runde Knödel daraus und backe sie in heißem Schmalz schön hochgelb, lege sie dann in die kochende Suppe und lasse sie noch eine Viertelstunde damit kochen, füge etwas Salz und Muskatnuß und richte sie in den Suppentopf.

44. Hechtsuppe.

Wenn 2 Pfund Hecht sauber gepuzt und ausgenommen sind, so löse das Fleisch der Länge nach von Haut und Gräten ab, schneide es in zollange und fingerbreite Stückchen, salze sie und lasse sie so eine halbe Stunde stehen; dann trockne sie wieder ab, verkläppere ein ganzes Ei und wende die Fischstückchen darin herum; hernach werden sie in fein geriebenem Weißbrod nochmals umgewendet, in heißem Schmalz schön hochgelb gebacken und in den Suppentopf gelegt. Alsdann schneide 1 Viertelpfund rohen Schinken, einige Zwiebeln, Sellerie- und Petersilienwurzeln in dünne Scheiben und dämpfe es etliche Minuten in 1 Viertelpfund Butter, rühre dann 3—4 Kochlöffel voll Weißmehl gut darunter und lasse es damit abermals einige Minuten unter beständigem Umrühren dämpfen; alsdann fülle es nach und nach mit so viel guter Fleischbrühe auf, als zur Suppe nöthig ist, thue den Abgang vom Hecht nebst Kopf und Gräten, 1 Lorbeerblatt, etwas Thymian und einige Gewürznägelein sammt Salz hinzu, lasse sie unter beständigem Herumrühren zum Kochen kommen und eine Stunde langsam kochen; dann lasse sie durch ein Haarsieb in ein passendes Geschirr laufen und stelle dieß an die Seite des Feuers, bis die Suppe recht heiß geworden ist. Nun verrühre das Gelbe von 3 Eiern mit einer Nuß groß frischer Butter, etwas Salz und Muskatnuß, einiger fein gehackter Petersilie sammt 2 Eßlöffel voll süßem Rahm, gieße es in die heiße Suppe und ziehe sie gut mit dem Suppenlöffel auf, damit sie nicht gerinnt; dann gieße sie in den Suppentopf über den gebackenen Hecht und gebe etwas in Würfel geschnittenes und ausgeröstetes Weißbrod dazu.

45. Ebersteinburger Suppe.

Dazu nehme 2 Selleriewurzeln und 2 junge Kohlrabi, schneide sie in fingergleich lange wohlgeformte Schnitze, auch etliche Gelberüben und eben so viel Lauch fein nudelartig dazu geschnitten, lasse dieß alles in Salzwasser weich kochen und bringe es dann trocken in ein für diese Suppe schickliches Geschirr. Nun füge noch einen halben Stock Blumenkohl, in kleine Stückchen geschnitten, so wie auch 4 geschälte und in kleine Würfel geschnittene Kartoffeln, eine Handvoll klein geschnittenes Körbelkraut und Sauerampfer sammt 1 Viertelpfund Butter hinzu, lasse alles zusammen einige Minuten auf schwachem Feuer dämpfen, fülle es dann mit so viel guter Fleischbrühe auf, als zu der Suppe nöthig ist, und lasse sie eine Stunde langsam kochen. Nun verrühre das Gelbe von 8 Eiern mit einem halben Schoppen gutem sauern Rahm sammt Salz und Muskatnuß in den Suppentopf, gieße die Suppe recht heiß, aber nach und nach darüber, damit sie nicht gerinnt, und ziehe sie gut mit dem Suppenlöffel auf.

46. Flammändische Suppe.

Schneide 2 feste Wirsing- und 1 Weißkrautkopf in schöne Viertel und, nachdem sie gut gewaschen sind, koche sie in Salzwasser halb weich und lasse sie dann gehörig verkühlen und abtrocknen; alsdann nehme 6 Gelberüben, Pastinak- und 4 Selleriewurzeln, schneide solche in Fingergleich lange und eben so dicke schön geformte Theile, lasse sie ebenfalls eine Viertelstunde in Salzwasser kochen und wieder gut abtrocknen; dann richte Alles sorgfältig in ein schickliches Geschirr, nebst ¼ ℔ Butter, einigen großen Zwiebeln mit 4 Gewürznägelein gespickt, etwas gestoßenem Pfeffer, geriebener Muskatnuß und Salz; dann gieße 2 Suppenlöffel voll guten Consommé (s. Consommé) darüber und lasse es eine halbe Stunde langsam dämpfen, fülle dann so viel Consommé nach, als zur Suppe nöthig ist, und lasse es noch eine halbe Stunde langsam kochen, bis alles weich ist. Will man sie anrichten, so wird vorher alles darauf befindliche Fett abgeschöpft, die Suppe in den Suppentopf angerichtet, ohne Brod dazu zu geben, das Gemüße aber besonders auf eine Platte gelegt.

47. Reissuppe à la Faubonne mit Wasser.

Dazu nehme 4 Carotten, 4 Weißerüben, 6 Lauch, 6 Zwiebeln und einige Petersilienwurzeln, schneide die Wurzeln in Fingergleich lange wohlgeformte Stückchen, die Zwiebeln aber in dünne Halbscheiben; dann dämpfe alles mit 1 Viertelpfund Butter langsam eine halbe Stunde, sehe jedoch darauf, daß sie nicht anhängen oder Farbe annehmen; dann fülle es mit so viel Wasser auf, als zur Suppe nöthig ist, thue 1 Viertelpfund Reis, nachdem er wohl gewaschen und abgebrüht ist, nebst grob gestoßenem Pfeffer, geriebener Muskatnuß und Salz dazu, und lasse es anderthalb Stunden langsam kochen, bis der Reis und das Uebrige weich ist; dann wird die darauf befindliche Butter abgeschöpft und die Suppe in den Suppentopf angerichtet.

48. Russische Suppe.

Dazu nehme einen halben festen Weißkrautkopf und schneide ihn fein wie Sauerkraut, thue in ein dazu passendes Geschirr 1 Viertelpfund Butter, lasse sie zergehen und gebe das geschnittene Weißkraut sammt etwas grob gestoßenem Pfeffer dazu; dann lasse es eine halbe Stunde langsam dämpfen, ohne daß es jedoch Farbe annimmt. Nun nehme 1 halbes Pfund Bratwürste, welche mit einem Bindfaden in fingerlange Stückchen gut unterbunden sind, lege sie einige Minuten in kochendes Wasser, lasse sie wieder verkühlen und schneide dann eins nach dem andern ab, lege sie alle zu dem gedämpften Kraut und lasse sie wieder einige Minuten damit dämpfen. Eben so werden auch 1 oder 2 junge Hühner (je nachdem man viel oder wenig Suppe braucht), wenn sie gut gereinigt sind, in schöne Stückchen geschnitten, zu den Würstchen in das Kraut gelegt und auch eine Viertel- oder halbe Stunde damit gedämpft. Alsdann streue 2 Eßlöffel voll Weißmehl gut darüber, fülle es mit so viel guter Fleischbrühe auf, als zur Suppe nöthig ist, gebe Salz und 1 Eßlöffel voll guten Essig dazu und lasse sie noch eine halbe Stunde langsam kochen; sodann rühre 1 Schoppen guten sauern Rahm darunter, ziehe die Suppe gut auf und richte sie in den Suppentopf an.

49. Suppe mit pot d'espagne.

Dazu nehme 6 ganze Eier und von eben so viel das Gelbe rühre dieß sammt etwas Salz, Muskatnuß und 2 Trinkgläsern voll guter Fleischbrühe sorgfältig unter einander und lasse es durch ein Haarsieb laufen; dann fülle es in kleine runde mit Butter ausgestrichene Förmchen oder in einen mit Butter ausgestrichenen tiefen Teller, setze sie in ein mit kochendem Wasser halb angefülltes Gefäß (das Wasser darf aber nur bis an die Hälfte der Formen oder des Tellers gehen, damit es beim Kochen nicht in dieselben eindringen kann); dann stelle das Gefäß auf die Glut und lege einen Deckel mit glühenden Kohlen darauf; in einer Viertel- oder halben Stunde sind sie gut und festgestellt. Wenn sie aus dem Wasser genommen sind, lasse sie einige Minuten stehen, dann stürze sie schön aus den Formen, zerschneide jedes in zwei oder vier Theile, lege sie sammt etwas Salz und Muskatnuß in den Suppentopf; sodann gieße eine gute kräftige Consommé darüber.

50. Soupe à la chaufferette.

Dazu nehme 8—10 Kartoffeln, brate sie recht gut in heißer Asche und, wenn sie gar sind, nehme die äußere Haut und alles Harte davon; dann stoße sie ganz trocken in einem Mörser, füge die Brust eines guten Huhns, nachdem das Fleisch sorgfältig von Haut und Sehnen befreit und fein gehackt ist, sammt zwei Eier groß frischer Butter hinzu und stoße es gut mit einander zu einem

Teig; sodann thue das Gelbe von 6 Eiern sammt etwas Salz, Muskatnuß und grob gestoßenem Pfeffer daran, und stoße es ebenfalls recht fein darunter; sollte es aber zu dick werden, dann stoße noch einige Eßlöffel voll Doppelrahm dazu und nehme es alsdann aus dem Mörser. Nun setze Fleischbrühe mit etwas Salz in einem dazu passenden Geschirr auf's Feuer, und wenn sie im Kochen ist, lege das Gestoßene mit einem Eßlöffel wie schöne Klöße in die kochende Brühe und lasse sie langsam eine halbe Stunde kochen, ohne sie jedoch zuzudecken; dann gieße so viel gute kochende Fleischbrühe, als zur Suppe nöthig ist, in den Suppentopf, ziehe die Klöße aus der Brühe, lege sie wohl abgetrocknet in denselben und gebe noch etwas Salz und Muskatnuß hinzu.

51. Soupe à la Viennet.

Schneide das Weiche von einem Weißbrod in Federkiel dicke Scheiben und steche sie mit einem runden Ausstecher von der Größe eines Thalers gut aus (so viel nämlich, als man zur Suppe nöthig hat), röste sie in Butter, bis sie eine gleiche hochgelbe Farbe erhalten; dann lege sie auf ein reines Tuch, damit sie vom Fett gut abtrocknen, lege sie in den Suppentopf und gieße zehn Minuten vor dem Anrichten eine klare kochende Purée (sei es eine von Rüben, Gelberüben, Erbsen oder Linsen) darüber, thue auch etwas gestoßenen Zucker und Salz daran. Man kann diese Suppe auch auf dieselbe Art zur Fastensuppe machen.

52. Milchsuppe à la Monaco.

Dazu schneide das Weiche von einem Weißbrod in fingerlange, fingergleich breite und Federkiel dicke Scheiben, so viel als zur Suppe erforderlich sind, lege sie auf ein reines Blech oder einen Deckel neben einander und bestreue sie mit feinem weißem Zucker, sodann stelle sie in einen heißen Ofen und lasse sie Farbe nehmen, bis der Zucker darauf geschmolzen und schön hochgelb geworden; dann lege sie in den Suppentopf und gieße so viel heiße, mit Eiergelb legirte Milch darüber, als zur Suppe nöthig ist, und damit sie nicht zu süße wird, thue einige Körner Salz daran. Es kann auch etwas Vanille in die Milch gethan werden.

53. Reissuppe mit Mandelmilch.

Nachdem 1 Viertelpfund Reis wohl gewaschen und eine Viertelstunde in vielem Wasser gekocht, in frischem Wasser abgekühlt und gut abgetrocknet ist, schütte ihn in ein halbes Maaß kochende Milch und lasse ihn langsam eine Stunde bei schwachem Feuer kochen. Sodann nehme 1 halbes Pfund süße und 6 bittere Mandeln, schäle sie sorgfältig und stoße sie fein wie Teig; dann thue sie in ein Geschirr, gieße 1 halbes Maaß kalte Milch dazu, rühre es wohl unter einander und presse alles recht gut durch eine Serviette; dann gieße diese Milch recht heiß zu der Reissuppe, gebe etwas Zucker und Honig dazu und richte sie recht heiß in den Suppentopf.

54. Garbure à la Villeroy.

Dazu nehme 12 Carotten, 10 kleine Weißerüben, 10 Zwiebeln, 6 Selleriewurzeln, 10 Stöcke Lauch, 6 Stöcke festen Kopfsalat und eine Handvoll Körbelkraut, schneide die Carotten in der Mitte durch, die Rüben in vier Theile, den Lauch, so weit er weiß ist, in fingerlange Stücke, ohne ihn zu spalten, der Kopfsalat und das Körbelkraut wird grob von der Hand geschnitten. Sodann dämpfe die Gelberüben mit ¾ ℔ Butter eine Viertelstunde, thue die Weißerüben dazu und lasse sie wieder eine Viertelstunde dämpfen; hernach gebe den Sellerie, Lauch und die Zwiebeln, welche ganz bleiben, dazu und dämpfe es noch einige Minuten mit Obigem; dann fülle es mit 3 Suppenlöffel voll guter Fleischbrühe auf und lasse es langsam kochen, bis die Gemüße weich sind (jedoch dürfen sie nicht verkocht seyn), gebe auch 4 Eßlöffel voll gestoßenen Zucker, etwas Salz und geriebene Muskatnuß hinzu. Alsdann wird es folgendermaßen auf eine tiefe Platte gelegt: erst eine Lage gebähete Weckschnitten, dann eine Lage Gemüße sammt etwas grob gestoßenem Pfeffer, und so fort, bis alles sortenweise schön aufgerichtet ist; dann gieße etwas von der Brühe, die daran war (jedoch ohne vorher das Fett abzunehmen), darüber und lasse es auf heißer Asche eine halbe Stunde dämpfen; sodann gieße drei große Suppenlöffel voll guter Fleischbrühe oder Consommé zu der übrigen Gemüßbrühe, lasse sie durch ein Haarsieb laufen und gebe sie recht heiß in einem kleinen Suppentopf sammt dem Gemüße auf die Tafel.

55. Eine andere französische Provinzialsuppe.

In ein dazu schickliches Geschirr lege ein gutes Stück Rindfleisch von 3 Pfund, einen gut ausgebeinten Kalbsbug, 2 wohlgerupfte und sauber ausgewaschene Feldhühner, eben so 2 junge

Tauben, binde jedes sorgfältig mit Bindfaden zusammen, damit es ganz bleibt, fülle es mit guter Fleischbrühe so weit auf, bis es zwei Faust hoch darüber geht, lasse es langsam kochen und schäume es rein ab; sodann lege hinein 8 Gelberüben, 4 Weißerüben, 3 Selleriewurzeln, 6 Lauch und eine Hand voll Körbelkraut nebst 8 Zwiebeln, dann ein halb Ei großes Stück Zucker, etwas Salz, 2 Gewürznägelein und einige Pfefferkörner, lasse es langsam kochen, bis alles weich ist (**NB.** wenn etwas vom Geflügel oder Fleisch weich ist, so ziehe es heraus, damit es nicht verkoche). Wenn nun alles weich und herausgezogen ist, dann befreie es von den Bindfäden und lege es schön in ein besonderes Geschirr, lasse ein wenig Brühe durch ein Sieb darüber laufen und stelle es heiß; sodann lasse alle übrige Brühe rein durch ein Tuch laufen, nehme das darauf befindliche Fett gut ab und lasse es so weit einkochen, daß es gerade zur Suppenportion hinreicht.

Unterdessen wird ein melirtes Wurzelgemüße folgendermaßen bereitet: 30 Carotten werden in halb-fingerlange und fingerdicke Stückchen abgedreht, eben so 10 Weißerüben und 4 Selleriewurzeln, 6 Lauch werden in halb-fingerlange Stücken geschnitten und 20 kleine Zwiebeln hinzugefügt, alles dieses wird mit 1 halben Pfund Butter weich gedämpft, mit der eingekochten Brühe etwas aufgefüllt und damit ganz einkochen lassen, daß nichts mehr daran zu sehen ist. Sodann richte das Geflügel und den Kalbsbug recht heiß und ganz auf die Platte und garnire das Wurzelgemüß nebst den Zwiebeln, welche besonders gedämpft worden sind, recht schön darum, die eingekochte Brühe aber wird in einem kleinen Suppentopf recht heiß dazu gegeben.

56. Hagebuttensuppe mit Mandelknöpflein.

Wasche 4 bis 5 Hände voll dürre Hagebutten recht rein, fülle sie mit 1 Maaß Wasser auf und lasse sie gut weich kochen, dann gieße das Wasser davon und streiche sie durch ein Haartuch oder Sieb sorgfältig durch, damit das Mark gehörig durchkommt; sodann verrühre dasselbe mit etwas von dem abgegossenen Wasser recht fleißig und fülle 1 oder 2 Bouteillen weißen Wein dazu, je nach der erforderlichen Suppenportion, dazu ein Bouquet von der Schaale einer halben Citrone, etwas ganzen Zimmt und Zucker nach Geschmack, lasse es langsam eine halbe Stunde kochen und schäume es von Zeit zu Zeit gut ab.

Indessen mache die Knöpflein auf folgende Art: Nehme ein

Viertelpfund geschälte und fein gestoßene Mandeln, 1 Kreuzerweck, welcher vorher in Milch eingeweicht und wieder gut ausgedrückt worden, rühre ein Ei groß Butter recht schaumig, thue den ausgedrückten Weck sammt den Mandeln und 2 ganzen Eiern nebst dem Gelben von einem dritten dazu und verrühre alles recht gut mit einander; mache dann kleine Klöße daraus, backe sie gelb in heißem Schmalz und wenn die Suppe angerichtet wird, so lege sie hinein.

57. Sagosuppe mit rothem Wein.

Nachdem ¼ Pfund oder mehr Sago (je nachdem es viel oder wenig Suppe seyn soll) wohl gewaschen und in einer großen Menge Wasser ganz weich und klar gekocht ist, schütte ihn auf ein Sieb, gieße kaltes Wasser darüber, damit er recht abkühlen kann, und bringe ihn zum Abtrocknen auf eine Serviette; dann thue ihn in ein für die Suppe passendes Geschirr, gieße 2 Bouteillen rothen Wein hinzu, thue die Schaale von einer halben Citrone, etwas Zimmt und nach Belieben oder Geschmack Zucker daran, lasse es langsam eine halbe Stunden kochen und richte sie dann in den Suppentopf an.

58. Suppe von dürren oder frischen schwarzen Kirschen.

Nehme 4 Hände voll dürre oder 2 Pfund frische schwarze Kirschen, stoße sie mit den Steinen recht fein, lasse sie in einer halben Maaß Wasser nebst der Schaale von einer halben Citrone und etwas Zimmt eine halbe Stunde kochen, streiche sie dann sorgfältig durch ein Haarsieb, fülle sie mit 2 Bouteillen weißem Wein auf und, nachdem sie gut verrührt worden, füge noch nach Geschmack oder Belieben Zucker hinzu, lasse sie noch eine halbe Stunde langsam kochen und richte sie dann recht heiß in den Suppentopf über in Butter gelb geröstete Weckschnitte an.

59. Biersuppe.

Gieße in ein dazu schickliches Geschirr 1 — 2 Maaß, oder so viel zur Suppe nöthig ist, Weißbier, thue etwas ganzen Zimmt und Citronenschaale hinzu, lasse es aufkochen und schäume es gut ab; sodann gebe Zucker nach Geschmack hinzu und lasse es eine Viertelstunde kochen, verrühre das Gelbe von 8 Eiern mit eben so viel Eßlöffel voll sauerm Rahm in den Suppentopf, gieße das Bier recht heiß darüber und ziehe es mit dem Suppenlöffel gut auf, damit es nicht gerinnt; dann gebe 2 Hände voll klein gewürfelt und in Butter gelb ausgeröstetes Weißbrod dazu.

60. Weinsuppe.

Ein Stückchen frische Butter, etwa ein halbes Ei groß, wird mit 1 Kochlöffel voll Weißmehl etwas blond und langsam geröstet, sodann 2 Bouteillen weißer Wein nach und nach hineingegossen und bis zum Kochen fleißig gerührt, damit es keine Knollen geben kann; dann thue etwas Zimmt und Citronenschaale sammt so viel Zucker daran, als es nach Geschmack bedarf, und lasse sie eine Viertelstunde langsam kochen. Nun verrühre das Gelbe von 8 Eiern mit einigen Eßlöffeln voll Wein in den Suppentopf, richte die Suppe recht heiß darüber an und gebe 2 Hände voll in Würfel geschnittenes und in Butter gelb geröstetes Weißbrod dazu.

61. Kalte Schaale oder Suppe von Erdbeeren.

Dazu nehme einen Suppenteller voll rein belesene und wohl ausgewaschene schöne Erdbeeren, welche auf einem Sieb gut abgetrocknet sind, schütte sie in ein dazu passendes reines Geschirr, drücke den Saft einer guten Citrone durch ein Sieb dazu, thue 1 Viertelpfund Zucker, worauf etwas Citronenschaale abgerieben und der dann fein gestoßen worden, sammt etwas feingestoßenem Zimmt daran, gieße dann eine Bouteille guten alten Wein darüber und stelle sie gut zugedeckt in Eis, bis man sie braucht.

62. Kalte Schaale von Kirschen.

Dazu nehme 1 Pfund schwarze süße und eben so viel sauere Kirschen, befreie sie von den Steinen und koche sie in ½ Maaß Wasser mit etwas Zimmt und der Schaale einer halben Citrone eine halbe Stunde; alsdann drücke alles recht gut durch ein Haartuch oder Sieb, rühre eine Bouteille alten weißen Wein darunter, gieße sie in ein dazu passendes Geschirr, ein viertel Trinkglas voll gutes altes Kirschwasser und hinlänglich Zucker dazu und stelle es gut zugedeckt in Eis. Nun wird 1 Pfund ausgesteinte Sauerkirschen mit 1 Viertelpfund Zucker gut eingekocht und, wenn sie gehörig erkaltet sind, nebst einer Hand voll in Würfel geschnittenes und in Butter gelb ausgeröstetes Weißbrod in den Suppentopf gethan und die Suppe recht kalt darüber angerichtet.

63. Kalte Schaale von Abrikosen.

Dazu nehme 12 recht zeitige Abrikosen, schneide sie in der Mitte durch und drücke sie sorgfältig durch ein Sieb; dann thue sie in ein dazu passendes reines Geschirr, gieße eine Bouteille guten alten weißen Wein sammt ¼ ℔ feingestoßenem Zucker, auch ein viertel Glas gutes altes Kirschwasser und den Saft einer Citrone durch ein Sieb dazu und stelle es gut zugedeckt in Eis. Alsdann nehme 8 Abrikosen und lege sie etliche Minuten in kochendes Wasser, damit die Haut gut davon abgehet; nachher schneide sie in der Mitte durch, lege sie in 1 Viertelpfund gut geläutertem Zucker und lasse sie darin liegen, bis der Zucker erkaltet ist; dann nehme sie heraus und koche den Saft ganz ein, lege nun die Abrikosen wieder dazu und lasse es ganz erkalten; richte sodann die im Eis gestandene kalte Schaale in den Suppentopf an und gebe die verkühlten Abrikosen dazu.

64. Kalte Schaale von Reis.

Wenn 1 Viertelpfund Reis gut gereinigt, ausgewaschen, eine Viertelstunde in Wasser weich gekocht und wieder gehörig verkühlt und abgetrocknet ist, so setze ihn mit einem Maaß kochender Milch auf schwaches Feuer, gebe etwas ganzen Zimmt und die dünn abgeschnittene Schaale einer halben Citrone, in einen Büschel zusammengebunden, dazu und lasse es langsam anderthalb Stunden kochen; dann gieße einen Schoppen süßen Rahm kochend hinzu und lasse es noch etliche Minuten damit kochen; dann gebe 1 Viertelpfund fein gestoßenen Zucker dazu und setze ihn 2 Stunden in Eis, dann ist sie fertig.

65. Kalte Schaale von Schwarzbrod.

Dazu nehme 1 Pfund gut geriebenes Schwarzbrod, eben so viel gereinigte und in warmem Wasser gut ausgewaschene Rosinen oder Korinthen, welche mit einem Trinkglas voll weißen Wein gut eingekocht werden; thue dann 1 Viertelpfund feingestoßenen Zucker und Zimmt, die auf dem Reibeisen abgeriebene Schaale einer halben und den durch ein Sieb gedrückten Saft der ganzen Citrone hinzu, gieße 2 Bouteillen alten weißen Wein dazu, stelle sie in Eis und wenn sie gehörig kalt ist, dann richte sie in den Suppentopf an.

Garnituren und Beilagen zu den Gemüßen.

66. Kalbscotelette.

Wenn von einer Kalbsrippseite der Rückgrat und das obere Bugblatt sammt der darauf befindlichen Haut gut abgeschnitten ist, dann schneide die Rippen in schöne gleiche Schnitte, schabe an der vordern Spitze jeder Rippe ein Fingergleich lang Haut und Fleisch sauber von dem Bein ab, klopfe jede Rippe mit dem breiten Theil des Hackmessers etwas breit, bringe sie dann mit dem Messer wieder in schöne Form, bestreue jede Rippe mit fein gestoßenem Pfeffer und Salz auf beiden Seiten und lasse sie einige Minuten ruhen. Unterdessen bereite einen Eßlöffel voll feingehackte Petersilie und eben so viel feingehackte Zwiebel oder feingeschnittenen Schnittlauch, zerklopfe dann 2 ganze Eier und rühre das Gehackte darunter, wende die Rippchen nach einander darin fleißig herum, bringe sie dann in fein geriebenes Weißbrod und wende sie ebenfalls darin herum. Wenn man sie nun gebrauchen will, dann werden sie in ein dazu passendes flaches Geschirr gelegt, in dem vorher Butter heiß gemacht wurde, und auf beiden Seiten schön hellbraun gebraten.

67. Grillirte Hammelsrippen.

Diese werden auf obige Art zubereitet, nur mit dem Unterschiede, daß, wenn sie in gleiche Theile und etwas dicker als die Kalbsrippen geschnitten sind, sie nur leicht etwas breit geklopft, dann aber wie obige Rippen gut zubereitet und nach Verhältniß zu den Gemüßen gegeben werden.

68. Glacirte und gespickte Hammelsrippen.

Dazu nehme eine Seite schöner Hammelsrippen, befreie sie vom Rückgrat und der darauf befindlichen Haut und schneide auch die Haut von dem unteren Fleischtheil sorgfältig herunter, damit die ganze untere Reihe der Länge nach gespickt werden kann. Ist nun alles schön gespickt, dann lege sie ganz auf ein dazu schickliches flaches Geschirr, thue darunter einige in Scheiben geschnittene Zwiebeln und ein in Würfel geschnittenes Stückchen rohen Schinken; dann lasse 1 Viertelpfund Butter klar werden und gieße sie darüber (**NB.** die gespickte Seite muß oben seyn), streue auch etwas grobgestoßenen Pfeffer und Salz darüber, gebe einen Suppenlöffel voll guten jus darunter und decke ein mit Butter bestrichenes Papier darüber. Nun bringe es in einen heißen Ofen, lasse es anderthalb Stunden darin dämpfen, begieße es mehrmals mit dem darunter befindlichen Fett oder Saft über das darauf gedeckte Papier, damit das Rippenstück durch das Papier Farbe erhält, und fahre so fort, bis es recht weich und schön glacirt ist. Alsdann wird es herausgenommen, in gleiche Rippentheile geschnitten und zum Gebrauch verwendet.

69. Grillirte Schweinsrippen.

Wenn die Rippen sorgfältig von dem darauf befindlichen Speck befreit sind, so schneide sie, wie oben beschrieben, in schöne Rippentheile, klopfe sie auch mit dem breiten Theile des Hackmessers und bestreue sie gut mit feinem Pfeffer und Salz; dann richte sie wie die Kalbsrippen mit feinen Kräutern zu und brate sie auf gleiche Weise.

70. Grillirte Gansleber.

Dazu nehme eine schöne Gansleber, welche schon zwei Tage alt ist (eine ganz frische ist nämlich nicht satt genug), schneide sie in fingerdicke Scheiben und bestreue sie gut mit Pfeffer und Salz; sodann nehme feingehackte Petersilie und Schalottenzwiebeln, von jedem 1 Eßlöffel voll, zerklopfe 2 ganze Eier und rühre das Gehackte recht gut darunter, wende dann die Gansleberstückchen nach einander darin herum, bringe sie in fein geriebenes Weißbrod und wende sie ebenfalls darin um, so daß das Brod gut angedrückt ist; eine Viertelstunde vor dem Anrichten lege sie auf ein flaches Geschirr mit heißer Butter und lasse sie auf beiden Seiten schön braungelb braten.

71. Grillirte Rindszunge.

Eine frische, abgekochte und dann wieder erkaltete Rindszunge wird in fingerdicke Scheiben geschnitten, auf die oben bei der Gansleber angegebene Weise zubereitet und in derselben Zeit auf gleiche Art gebraten.

72. Grillirte Kalbsfüße.

Nehme so viel frische schöne Kalbsfüße, als nöthig sind, ziehe sie in zwei Theilen von den Knochen ab und wässere sie einigemal in warmem Wasser gut aus, damit sie schön weiß werden; dann lasse sie eine Viertelstunde kochen und in kaltem Wasser wieder gut abkühlen, lege sie dann in ein dazu schickliches Geschirr, sammt etwas Salz, etlichen Zwiebeln, 2 Gelbrüben und einigen Petersilienwurzeln, fülle sie mit kaltem Wasser gehörig auf und lasse sie zwei Stunden langsam kochen, bis sie recht weich geworden sind; dann ziehe sie aus der Brühe auf eine Platte, lasse sie erkalten und schneide die daran befindlichen kleinen Knochen davon; sodann hacke die bereits oben angegebenen Kräuter, rühre sie mit einigen zerklopften Eiern und behandle nun die Füße gerade so, wie bei der Gansleber angegeben, backe sie auch in derselben Zeit.

73. Kalbsfüße in Schmalz gebacken.

Es werden so viel Kalbsfüße, als erforderlich sind, auf eben die Weise behandelt, wie bereits oben beschrieben, nur mit dem Unterschiede, daß sie, wenn sie weich gekocht und wieder erkaltet sind, in der Hälfte durchgeschnitten und mit etwas Pfeffer, Salz und Essig in ein Geschirr gethan und gut untereinander gemengt werden. Sodann wird folgender Teig dazu gemacht: 8 Kochlöffel voll Weißmehl werden mit Weißbier zu einem halbdünnen Knöpflenteig gut angerührt, dann etwas Salz und 2—3 Eßlöffel voll heißes Schmalz gut darunter gerührt, auch das Weiße von einem Ei zu Schnee geschlagen und ebenfalls darunter gemengt. Eine Viertelstunde vor dem Gebrauch werden die Kalbsfußstückchen mit einer Gabel in dem Teig umgewendet, in das heiße Schmalz gelegt, bis die Pfanne voll ist, und dann schön hellbraun ausgebacken.

74. Gebackene junge Hahnen auf Wiener Art.

Es werden so viel junge Hahnen, als man nöthig hat, geputzt, gebrüht, ausgenommen, in schickliche Stücke geschnitten, eine halbe Stunde gesalzen stehen lassen und dann in Weißmehl gut umgewendet und angedrückt; sodann einzeln schnell in frisches Wasser und eben so schnell in fein geriebenes Weißbrod getaucht, darin umgewendet und gut angedrückt, hernach auf eine mit Reibbrod bestreute Platte oder einen Deckel gelegt. Eine Viertelstunde vor dem Essen werden sie rasch in heißem Schmalz schön hellbraun gebacken.

75. Gebackenes Lammfleisch.

Schneide vom Bug oder den Rippen, welches zum Backen die besten Stücke sind, in so viel verhältnißmäßige Portionen, als erfordert werden, wasche sie gut aus, trockne sie wieder ab, thue Salz und etwas grob gestoßenen Pfeffer dazu und lasse sie eine halbe Stunde ruhen; sodann verfahre mit Mehl und geriebenem Brod, wie bei den jungen Hahnen, und backe sie eben so.

76. Gebackene Kalbsnierenschnitten.

Dazu nehme einen 3 Pfund schweren Nierenbraten, brate ihn auf gewöhnliche Art und lasse ihn wieder gut verkalten; alsdann ziehe die braune Haut sorgfältig davon ab, schneide die Nieren und alles Fleisch herunter und hacke es mit einander recht fein. Nun mache eine dicke Zwiebel=Rahmsauce auf folgende Weise: Hacke 10—12 Zwiebeln recht fein, dämpfe sie mit 1 Viertelpfund Butter eine Viertelstunde, rühre dann 3 Kochlöffel voll Weißmehl gut darunter und lasse es noch einige Minuten damit dämpfen, dann rühre 2 Trinkgläser voll heißen süßen Rahm dazu und lasse es wieder eine Viertelstunde dämpfen; nun rühre das Gelbe von 6 Eiern sammt etwas Salz und Muskatnuß recht heiß unter einander, dann rühre auch das feingehackte Fleisch sorgfältig darunter und lasse es gut verkalten. Jetzt schneide von einem guten satten Weißbrod so viel federkieldicke Scheiben, als erfordert werden, und steche sie mit einem runden Ausstecher von der Größe eines Kronenthalers aus, streiche die Fleischmasse zolldick auf jedes Brodstückchen und sehe darauf, daß alle recht schön gleichgeformt sind. Ist dieß geschehen, dann wende sie in fein geriebenem Weißbrod sorgfältig um und drücke dasselbe gut an; dann verkläppere eine hinlängliche Anzahl Eier und tauche die Schnitten nach einander in dieselben, wende sie nochmals in dem Reibbrod um und drücke es wieder gut an. Eine halbe Stunde vor dem Anrichten werden sie in heißem Schmalz schön braungelb ausgebacken.

77. Gebackenes Kalbshirn.

Dazu nehme so viele Kalbshirn, als erfordert werden, lege sie in warmes Wasser, damit sie von Blut und der darum befindlichen Haut leicht befreit werden können; ist dieß geschehen, dann lege sie in ein dazu schickliches Geschirr und gieße so viel Wasser zu, daß es darüber geht, thue auch ein Trinkglas voll guten

Essig, ein Lorbeerblatt, einige in Scheiben geschnittene Zwiebeln, Gewürznägelein und ganzen Pfeffer, eine Petersilienwurzel, zwei Citronenscheiben, eine Nuß groß Butter und Salz dazu, lasse es langsam eine halbe Stunde kochen, schäume es gut ab und lasse es erkalten; dann ziehe es heraus auf ein Tuch oder eine Serviette und lasse es gut abtrocknen. Alsdann thue in ein kleineres Geschirr ein halb Ei groß Butter sammt 2 Kochlöffel voll Weißmehl und röste es einige Minuten auf schwachem Feuer, gieße einen Suppenlöffel voll wohl durchgeseihete Hirnbrühe dazu, verrühre es gehörig und lasse es eine Viertelstunde gut verkochen; sodann rühre das Gelbe von 4—6 Eiern recht heiß darunter, bis es zu einem dicken Brei wird, und thue etwas Muskatnuß daran. Nun schneide jedes Hirn in zwei Theile, lege sie in die Sauce und lasse sie recht gut verkühlen; sodann lege sie einzeln, mit der Sauce gut umstrichen, in fein geriebenes Weißbrod und drücke es gut darum an. Ist dieß geschehen, so verklopfe eine hinlängliche Anzahl Eier und wende die Hirnstücke darin ebenfalls gut um, tauche sie wieder in das Reibbrod und drücke dasselbe gut an; dann lege sie auf einen mit Reibbrod bestreuten Deckel oder eine Platte und backe sie eine halbe Stunde vor dem Anrichten in heißem Schmalz schön braungelb.

78. Rissolen von Gansleber.

Nachdem eine Gansleber in fingerdicke Scheiben zerschnitten und mit Pfeffer und Salz bestreut ist, lasse sie auf einem flachen Geschirr mit etwas Butter auf beiden Seiten braten und wieder erkalten; dann schneide sie in kleine Würfel, thue in ein dazu passendes Geschirr ein Ei groß gute Butter, einen Eßlöffel voll fein gehackte Schalottenzwiebeln, ein Lorbeerblatt und eine Handvoll in kleine Würfel geschnittene Trüffeln und lasse es einige Minuten mit einander auf schwacher Glut dämpfen, dann gebe zwei Kochlöffel voll Weißmehl hinzu und dämpfe es auch eine Minute damit, rühre nun zwei Trinkgläser voll gute klare Fleischbrühe darunter und lasse es langsam eine Viertelstunde verkochen. Jetzt rühre das Gelbe von 6 Eiern sammt 2 feingehackten Sardellen, etwas Salz, feinen Pfeffer und den Saft einer halben Citrone sorgfältig darunter und verrühre dann alles noch eine halbe Minute auf dem Feuer, ohne daß es jedoch kocht; dann rühre die Ganslebermürfel leicht darunter und lasse es gehörig erkalten. Nun formire runde fingerlange Würstchen daraus und behandle sie mit

Reibbrod und Eiern, wie oben bei Kalbshirn angegeben, backe sie auch in derselben Zeit schön hellbraun.

79. Rissolen von Bratwurst.

Sechs Bratwürste werden, wenn sie in Butter gebraten und wieder gehörig erkaltet sind, von der Haut befreit und in kleine Würfel geschnitten; dann wird eine ähnliche Sauce, wie die oben beschriebene, gemacht, jedoch mit dem Unterschied, daß keine Trüffeln dazu kommen, aber dafür ein halber Eßlöffel voll fein gehackte Petersilie und etwas fein gehackte Citronenschaale dazu genommen werden. Wenn die Sauce fertig ist, werden die Bratwurstwürfel sammt etwas grob gestoßenem Pfeffer darunter gemengt, wenn es gehörig erkaltet ist, auf obige Art Würstchen daraus geformt, diese mit Reibbrod und Eiern eben so behandelt und auf dieselbe Weise gebacken, wie bereits angegeben.

80. Rissolen von Brieslen.

Dazu nehme 3—4 Paar schöne Kalbsbrieslen, lege sie eine halbe Stunde in warmes Wasser, damit sie gehörig von Blut gereinigt werden, gieße dann kaltes Wasser daran, lasse sie einhalbe Stunde kochen und in frischem Wasser gut erkalten; hernach thue in ein dazu schickliches Geschirr 1 Viertelpfund Butter, eine Schnitte rohen Schinken in Würfel geschnitten, einige in Scheiben geschnittene Zwiebeln, eine zerschnittene Petersilienwurzel, ein Lorbeerblatt und einige Gewürznägelein und Pfefferkörner, lasse alles etliche Minuten auf schwacher Glut dämpfen, gebe die Kalbsbrieslen sammt 2 Suppenlöffel voll guter Fleischbrühe dazu, lasse es zugedeckt eine halbe Stunde langsam kochen und wieder gehörig erkalten. Nun schneide die Brieslen in kleine Würfel und mache folgende Sauce dazu: in ein dazu schickliches Geschirr thue 1 halb Viertelpfund Butter sammt einem Eßlöffel voll fein gehackte Schalottenzwiebeln und Petersilie, lasse es einige Minuten langsam dämpfen, dann gebe 2 Hände voll gut gepuzte und in Würfel geschnittene Champignons dazu und lasse sie ebenfalls eine Viertelstunde damit dämpfen, streue 2 Kochlöffel voll Weißmehl darüber dämpfe es noch einige Minuten, gieße von der Brühe, worin die Brieslen gekocht worden, wohl durchgeseihet daran und lasse es eine Viertelstunde langsam zu einer dicken Sauce einkochen. Dann rühre das Gelbe von 5—6 Eiern sammt dem Saft von einer Citrone nebst etwas Salz und Muskatnuß sorgfältig darunter, und

3.

verrühre alles noch einige Zeit auf dem Feuer, damit die Sauce recht dick wird, ohne jedoch in's Kochen zu kommen; nun rühre die geschnittenen Brieslen darunter, und wenn sie gehörig erkaltet sind, dann forme, behandle und backe sie, wie bereits angegeben.

81. Gebackene Sardellen.

Dazu nehme 16 (auch mehr oder weniger) schöne Genueser Sardellen, wasche sie recht sauber, theile sie sorgfältig in der Mitte von einander, befreie sie von den Gräten, ohne sie zu zerreißen, und lege diese Hälften neben einander auf den Tisch oder ein flaches Geschirr. Nun nehme 1 Eßlöffel voll fein gehackte Petersilie, 2 Eßlöffel voll fein gehackte Schalottenzwiebeln, eben so viel fein gehackte Kapern und ein gleiches Quantum fein gehackte Trüffeln, dämpfe dieß alles in 1 Viertelpfund Butter einige Minuten auf schwachem Feuer, rühre sodann das Gelbe von 5 Eiern, den Saft von einer Citrone, etwas Salz, feinen Pfeffer und geriebene Muskatnuß recht heiß unter die Kräuter; dann streiche alles auf die ausgebreiteten Sardellen, lasse es gut verkalten und rolle jede einzelne Sardelle sorgfältig und schön auf. Mache nun folgenden Teig dazu: 3 starke Hände voll Weißmehl werden mit Weißbier zu einem dünnen Teig (wie zu gebackenen Aepfelküchlein) gerührt, etwas Salz und 3 Eßlöffel voll heißes Schmalz gut darunter gemengt, das Weiße von einem Ei zu Schnee geschlagen, auch dazu gerührt und dann der Teig etwas warm gestellt. Eine Viertelstunde vor dem Anrichten wird jede der aufgerollten Sardellen mit der Gabel in dem Teig herumgewendet und dann in heißem Schmalz schön hochgelb ausgebacken.

82. Gebackene Kalbsrippen à la reine.

Dazu nehme 1½ Pfund Kalbfleisch ohne Haut und Flechsen, schneide es klein gewürfelt und hacke es mit dem Schneidmesser zu einem recht feinen Teig, dann hacke noch 1 Viertelpfund Nierenoder frisches Ochsenfett ohne Haut recht fein darunter, forme daraus kleine fingerlange Kalbsrippchen und stecke fingergleich lange Beinchen hinein, welche von dem Kalbsbrustbein geschnitten worden, und gebe ihnen dadurch das Ansehen von kleinen Cotelettes, bestreue sie auf beiden Seiten mit feinem Pfeffer und Salz und lasse sie eine Viertelstunde ruhen. Sodann thue in ein flaches Geschirr 1 Viertelpfund Butter, lasse sie auf dem Feuer zergehen und klar werden, lege die Cotelettes schön nebeneinander darauf, lasse sie auf jeder Seite eine halbe Minute schnell braten, sehe aber darauf, daß sie auf keiner Seite Farbe nehmen, und lasse sie erkalten. Unterdessen thue in ein Geschirr zwei Hände voll fein gehackte Zwiebeln und dämpfe sie mit 1 Viertelpfund Butter eine Viertelstunde auf schwacher Glut, alsdann gebe einen Kochlöffel voll Weißmehl dazu und lasse es auch einige Minuten damit verdämpfen, dann rühre 2 Trinkgläser voll süßen Rahm darunter und lasse es noch eine Viertelstunde damit verkochen; hernach rühre das Gelbe von 4 Eiern sammt etwas feinem Salz und Muskatnuß recht heiß darunter, streiche alles über die Cotelettes und lasse es gut verkühlen; dann bestreiche jede Cotelette von allen Seiten damit und wende eins um's andere sorgfältig in dem dazu geriebenen Weisbrod herum und drücke das Brod gut an; wende sie in den dazu verklopften Eiern und dann in dem Reibbrod nochmals einzeln fleißig herum und drücke es wieder gut an; nun lege sie auf ein mit Reibbrod bestreutes Blech oder eine Platte und eine Viertelstunde vor dem Anrichten backe sie in heißem Schmalz langsam schön hochgelb.

83. Gebackene Kalbsbrießlen.

Dazu nehme so viel schöne große Kalbsbrießlen, als nöthig sind, und wenn sie eine halbe Stunde in warmem Wasser gelegen und gut ausgewässert sind, dann koche sie eine Viertelstunde in frischem Wasser, kühle sie wieder gehörig in kaltem Wasser ab und schneide sie in fingerdicke Scheiben; dann nehme einen Eßlöffel voll fein gehackte Petersilie, eben so viel fein gehackte Schalottenzwiebeln und 1 oder 2 ganze Eier sammt etwas Salz und Pfeffer, verkläppere alles wohl unter einander und wende die Kalbsbrießlen recht gut darin herum, sodann wende sie in fein geriebenem Weisbrod fleißig um und drücke es gut an; nun werden sie auf ein flaches Geschirr in heiße Butter gelegt und auf beiden Seiten gelb gebacken.

84. Gebackene Rindszunge.

Dazu nehme eine frische Rindszunge, koche sie ab und lasse sie gehörig erkalten, schäle dann die weiße Haut sauber herunter und schneide sie in fingerlange und zwei Fingergleich breite möglichst dünne Blättchen oder Scheiben; dann lege sie auf ein flaches Blech neben einander und mache dieselben Kräuter auf gleiche Art zurecht, wie oben bei den gebackenen Sardellen angegeben ist, nur mit dem Unterschiede, daß keine Trüffel und Kapern, dafür aber 3 Stück fein mit Butter gehackte Sardellen dazu genommen werden, bestreiche die Scheiben damit und rolle sie eben so auf, mache auch denselben Teig zum Backen, wie dort angegeben ist.

85. Rissolen von Krebsen und Fischen.

Dazu nehme 1—2 Pfund Hechte oder Karpfen, befreie das Fleisch von Haut und Gräten, schneide es in kleine Würfel und koche es einige Minuten in Salzwasser ab, dann gieße es auf ein Sieb und lasse es gut abtrocknen; nun koche auch 50 Stück Suppenkrebse ab, mache die Schwänze heraus, schneide solche in Würfel und lege sie auch zu den Fischen; von den Schaalen aber wird eine gute Krebsbutter gemacht. Dann koche zwei Hände voll schöne junge Brockelerbsen in Salzwasser weich und thue sie auch zu dem in Würfel Geschnittenen. Alsdann backe 2—3 ganz dünne Omelettchen oder Flätchen, und wenn sie erkaltet sind, so schneide sie ebenfalls klein gewürfelt und gebe sie zu dem Uebrigen. Jetzt bringe in einem Geschirr ein Ei groß Butter sammt 2 Kochlöffel voll Weißmehl auf schwaches Feuer und lasse es einige Minuten dämpfen, dann gieße 2—3 Trinkgläser voll Milch oder süßen Rahm dazu und lasse es eine Viertelstunde zu einem dicken Brei verkochen; sodann rühre das Gelbe von 6 Eiern sammt der Krebsbutter, auch einer Baumnuß groß gestoßenen Zucker, etwas Salz und geriebene Muskatnuß recht heiß darunter; endlich rühre auch die Fische, Krebsschwänze, Brockelerbsen und Flätchen recht gut darunter, vermenge alles gehörig und lasse es dann erkalten. Von dieser Masse forme nun fingerlange und daumendicke Würstchen, wende sie zuerst in fein geriebenem Weißbrod herum und drücke es gut an, dann in einigen verklopften ganzen Eiern und wieder in Reibbrod und drücke es abermals gut an, lege sie auf einen mit Reibbrod bestreuten Deckel und eine Viertelstunde vor dem Anrichten backe sie schön hochgelb.

86. Schinkenrissolen.

Dazu nehme 1 Pfund guten magern Schinken, hacke solchen recht fein, rühre 1 Viertelpfund Butter recht schaumig, das Gehackte und nach und nach das Gelbe von 3 Eiern nebst 1 ganzen darunter, ferner 1 Viertelschoppen guten dicken sauern Rahm nebst 1 Eßlöffel voll fein geschnittenem Schnittlauch, etwas Salz und fein gestoßenem Pfeffer auch dazu. Nun backe 6—8 ganz dünne

Omelette oder Flätchen, breite sie auf einem Tischtuch neben einander aus, bestreiche sie Messerrücken dick mit der gut verrührten Schinkenmasse, rolle dann die Flätchen einzeln so gut als möglich auf und schneide die beiden Enden ein wenig ab; schneide hernach fingerlange Stückchen aus jeder Rolle, drücke oben und unten Reibbrod gut an, tauche sie hierauf in zerklopfte Eier, wende sie nochmals in Reibbrod um und drücke es gut an; dann lege sie auf einen mit Reibbrod bestreuten Deckel und backe sie in Schmalz schön braungelb.

87. Verlorne Eier.

Stelle eine hinlänglich große Pfanne oder Casserole, zu drei Viertheilen mit Wasser angefüllt, auf's Feuer, gieße ein halbes Trinkglas voll Essig und etwas Salz dazu, und wenn das Wasser kocht, dann klopfe 3 Eier auf, halte solche ganz dicht über das Wasser, lasse sie hineingleiten und an der Seite des Feuers drei Minuten etwas langsam kochen, nehme sie dann mit dem Schaumlöffel vorsichtig heraus und lege sie in kaltes Wasser; auf diese Weise fahre fort, bis der ganze Eierbedarf so zubereitet ist. Nun nehme ein Ei nach dem andern behutsam aus dem Wasser auf die Hand und schneide die daran hängenden Fetzen sorgfältig ab, so daß das Ei eine schöne runde Form erhält. (Hiebei muß man sich besonders hüten, daß man mit dem Messer dem im Ei enthaltenen Gelben nicht zu nahe kommt, sonst läuft es heraus, da diese Eier wie weichgesottene sind.) Hernach lege sie wieder in frisches Wasser, bis sie zu etwas verwendet werden sollen.

88. Fünf=Minuten=Eier.

Dazu nehme nach Bedarf frische ausgesuchte Eier, lege sie auf ein= oder zweimal auf einem großen Schaumlöffel in recht kochendes Wasser, welches eine Hand hoch über die Eier gehen muß, und lasse sie nach der Uhr 5 Minuten kochen; dann ziehe sie heraus und lege sie sogleich in kaltes Wasser, nehme eins nach dem andern wieder aus demselben, zerschlage mit dem Messerrücken ganz sachte die Schaale ringsherum und löse sie behutsam ab, damit das Ei schön ganz bleibt. Dann lege sie wieder in reines kaltes Wasser und gebrauche sie in allen vorkommenden Fällen.

Gemüse.

89. Grüne Bohnen mit Kalbsrippen.

Schneide so viel junge grüne Bohnen, als zu einem Gemüse erfordert werden, wenn sie gut geputzt und gewaschen sind, der Länge nach und auch in der Mitte durch, bringe sie in ein dazu schickliches Geschirr, thue (je nach der Menge der Bohnen) 1 oder 2 Suppenlöffel voll Wasser, 1 Viertelpfund Butter, 2 Eßlöffel voll fein gehackte Petersilie, etwas Salz und 3 Eßlöffel voll gestoßenen Zucker dazu, decke sie zu und lasse sie gut durchkochen, bis das Wasser eingekocht und die Bohnen recht weich geworden sind; sodann menge ein Ei groß Butter mit 2 Kochlöffel voll Weißmehl recht gut unter einander und vertheile es unter die Bohnen, gebe noch 1 Eßlöffel voll fein gehackte Petersilie dazu, schüttle sie recht gut untereinander und lasse sie noch einige Minuten langsam auf schwachem Feuer dämpfen, gebe aber Acht, daß sie nicht anhängen. Dann richte sie auf eine Platte an und lege Kalbsrippen (s. Kalbsrippen) darum; es können auch frische Häringe dazu gegeben werden.

90. Grüne Bohnen in Rahmsauce mit gespickten Brieslen.

So viel grüne Bohnen, als man nöthig hat, werden, wenn sie geputzt und gewaschen sind, der Länge nach fein geschnitzelt, in kochendem Salzwasser weich gekocht, dann mit frischem Wasser abgekühlt, dieses wieder abgegossen und die Bohnen gehörig abgetrocknet; alsdann werden sie in ein dazu schickliches Geschirr gethan, 1 Viertelpfund gute Butter, etwas Salz und gestoßenen Pfeffer dazu und damit schnell einige Minuten auf dem Feuer gedämpft, auch öfter gut unter einander geschüttelt. Dann wird ein starker Suppenlöffel voll gute Rahmsauce (s. Rahmsauce) dazu gethan und die Bohnen damit noch einige Minuten eingekocht; hernach werden sie auf eine Platte gerichtet und mit gespickten Brieslen garnirt.

91. Grüne Bohnen mit Eiern legirt.

So viel grüne Bohnen, als man für eine Platte nöthig hat, werden geputzt, geschnitten, in kochendem Salzwasser weich gekocht, in frischem Wasser abgekühlt und wieder gut abgetrocknet; dann wird in einem dazu passenden Geschirr 1 Viertelpfund Butter, 1

Eßlöffel voll fein gehackte Petersilie und eben so viel fein gehackte Zwiebeln einige Minuten gedämpft, dann 2 Kaffeelöffel voll Weißmehl dazu gethan und damit verrührt; alsdann werden 1 bis 2 Gläser voll gute Fleischbrühe sammt etwas Salz und grob gestoßenem Pfeffer gut darunter gerührt, und wenn die Sauce kocht, werden die wohl abgetrockneten Bohnen darunter gethan und damit einige Minuten gut durchgekocht. Bei dem Anrichten wird das Gelbe von 3 Eiern mit dem Saft einer Citrone recht heiß darunter gerührt, dieselben wohl durch einander geschüttelt, auf eine Platte gerichtet und gebackene Kalbsbrieslen darum gelegt.

92. Grüne Bohnen au beurre noir.

Nachdem die Bohnen gut geputzt und geschnitten sind, werden sie in kochendem Salzwasser weich gekocht, sogleich gut abgegossen, heiß auf eine Platte geschüttet und mit etwas fein gehackter Petersilie und grob gestoßenem Pfeffer bestreuet; sodann wird ein Viertelpfund Butter wie zum Schmelzen heiß gemacht, die Hälfte davon über die Bohnen gegossen, in die andere Hälfte aber wird ein halbes Trinkglas Essig sammt etwas Salz und gestoßenem Pfeffer gethan, damit aufgekocht und dieß auch zu den Bohnen gegossen.

93. Grüne Bohnen auf englische Art.

Diese werden auf die nämliche Weise, wie oben angegeben, zubereitet, nur mit dem Unterschied, daß, wenn sie recht heiß auf die Platte gerichtet sind, sie mit etwas Salz und grob gestoßenem Pfeffer bestreut werden, dann wird 1 Viertelpfund gute frische Butter in kleine Stückchen geschnitten und auf den Bohnen herum gelegt.

94. Grüner Bohnensalat.

So viel Bohnen, als man zu einem Salat nöthig hat, werden, nachdem sie geputzt, geschnitten, gewaschen, in kochendem Wasser weich gekocht, in kaltem Wasser abgekühlt und wieder abgetrocknet sind, in eine irdene Schüssel gethan, eine Hand voll fein gehackte Petersilie, eben so viel fein gehackte Schalottenzwiebeln, ein halber Zinken fein gehackter Knoblauch, etwas fein geschnittenes Dill- oder Fenchelkraut, eine Messerspitze voll Pfeffer und das gehörige Salz hinzugefügt; sodann das gehörige gute

Oel und etwas guter Essig daran gegossen und alles recht fleißig untereinander gemengt.

95. Grüne Bohnen mit Kräutern und Häring geschmälzt.

Nachdem so viel Bohnen, als man zu einer Platte nöthig hat, wohl geputzt, geschnitten, in kochendem Salzwasser gut weich gekocht, wieder abgegossen und recht heiß auf die Platte gerichtet sind, wird ein Eßlöffel voll feingehackte Petersilie sammt etwas feinem Pfeffer darüber gestreut; alsdann wird ein Eßlöffel voll fein gehackter Zwiebeln mit 1 Viertelpfund Butter heiß gedämpft, ein sauber geputzter und sorgfältig von den Gräten befreiter Häring in kleine Würfel geschnitten, zu den Zwiebeln gethan, eine Minute damit gedämpft und dann alles recht heiß über die Bohnen gegossen.

96. Junge Gelberüben in Butter gedämpft.

Eine hinlängliche Anzahl junger Gelberüben werden, wenn sie gehörig geputzt sind, je nach ihrer Größe in zwei oder mehre Theile geschnitten, dann in einem dazu passenden Geschirr mit 1 Viertelpfund frischer Butter nebst etwas fein gehackter Petersilie, Salz, Muskatnuß und 3 Eßlöffeln voll gestoßenem Zucker langsam auf schwachem Feuer gedämpft, bis sie weich sind; sodann wird ein Kochlöffel voll Weißmehl darunter gestreut, etwas gute Fleischbrühe dazu gegossen, und wenn diese noch etwas eingekocht hat, sind die Rüben fertig.

97. Gelberüben mit Brockelerbsen.

Dazu nehme große Gelberüben oder Carotten, schneide sie in stark Fingergleich lange und Kleinfinger dicke Stückchen, an denen noch ringsherum die Ecken abgeschnitten werden, damit sie eine schöne runde Gestalt erhalten. Sind auf diese Art 5—6 Hände voll zubereitet, dann koche sie in Salzwasser weich und, wenn sie abgegossen sind, so thue sie sammt einem Ei groß Butter, etwas Salz, Muskatnuß und 3 Eßlöffeln voll gestoßenem Zucker in ein dazu passendes Geschirr und lasse sie einige Minuten auf schwachem Feuer dämpfen; dann gebe auch 5—6 Hände voll in Wasser weich gekochte Brockelerbsen darunter und dämpfe sie auch einige Minuten damit; nun gieße einen Suppenlöffel voll weiße Sauce (s. weiße Sauce) oder eben so viel Buttersauce dazu und lasse sie noch eine halbe Stunde damit verkochen, dann sind sie gut.

Man kann auch, nachdem die Gelberüben in gleicher Gestalt auf obige Art behandelt und gut gedämpft sind, anstatt der Brokkelerbsen ganz dünne Spargeln, in Fingergleich lange Stückchen geschnitten, in Salzwasser halbweich gekocht und gut abgetrocknet, dazu geben; dann wird ein Suppenlöffel voll weiße Buttersauce daran gethan und eine Viertelstunde damit langsam gekocht, das Gelbe von 2 Eiern ganz leicht darunter gerührt, das Ganze auf eine Platte gerichtet und mit gebackenen Kalbsrippen garnirt.

98. Braune Gelberüben.

Dazu nehme so viel große Gelberüben oder Carotten, als zu einem Gericht nöthig sind, schneide sie in zwei Fingergleich lange Stückchen, welche der Länge nach mitten durch gespalten und die rauhen Theile wie abgedreht davon geschnitten werden, und wenn alle so zubereitet sind, koche sie in Salzwasser gut weich. Alsdann thue in ein dazu schickliches Geschirr ein halb Ei groß Zucker mit einem halben Glas Wasser und lasse es ganz einkochen, rühre mit dem Kochlöffel darin, bis der Zucker schmelzt und eine hellbraune Farbe erhalten hat; dann thue ein Ei großes Stück Butter und die Gelberüben, wenn sie gehörig weich und abgegossen sind, dazu und dämpfe sie noch einige Minuten damit, hernach bestreue sie mit einem Kochlöffel voll Weißmehl und schüttle sie gut untereinander; nun gebe noch 2 — 3 Trinkgläser voll gute Fleischbrühe sammt etwas Salz und einer Nuß groß Zucker dazu und lasse sie eine halbe Stunde langsam kochen, so sind sie fertig. Man kann sie zum Rindfleisch oder zu einem gedämpften Hammelsschlägel geben.

99. Brockelerbsen mit Krebsbutter.

Dazu nehme so viel junge Brockelerbsen, als zu einer Platte nöthig sind, und wenn sie gut gereinigt und ausgewaschen sind, so nehme 1 Viertelpfund Butter sammt etwas Wasser und verknete die Butter recht gut mit den Erbsen, gieße das Wasser dann ab und wieder so viel frisches daran, daß es etwas über die Erbsen geht, thue auch einen kleinen zusammengebundenen Büschel Petersilie sammt etwas Salz, Muskatnuß und ein halbes Ei groß Zucker dazu; dann lasse sie kochen, bis sie weich sind und nur wenig Wasser mehr dabei zu sehen ist; nun verknete ein halbes Ei groß Butter recht gut mit einem Kochlöffel voll Mehl und menge es unter die Erbsen, schüttle sie gut untereinander und, wenn sie zu dick seyn sollten, gieße etwas heißes Wasser nach und lasse sie noch einige Minuten langsam dämpfen.

Unterdessen bereite von 25—30 Stück schönen Krebsen die Krebsbutter, putze die Schwänze gehörig und lege sie in dieselbe, dazu auch einige schön ausgebrochene ganze Krebsschaalen, welche mit leichtem Weckfüllsel gefüllt und in einem Ofen oder geeigneten Geschirr gebraten worden; dann richte die Erbsen recht heiß auf eine Platte, die Krebsschwänze sammt der Butter oben darüber und lege die gefüllten Krebse ringsherum.

100. Brockelerbsen auf englische Art.

So viel Erbsen, als man zu einer Platte nöthig hat, werden 3 Viertelstunden vor dem Anrichten in eine starke Portion gut gesalzenes kochendes Wasser gethan, darin weich gekocht, ganz trocken abgegossen und recht heiß auf die Platte angerichtet, sodann 1 Viertelpfund sehr gute frische Butter in kleine Stückchen geschnitten, auf den Erbsen herum gelegt und diese aufgetragen.

101. Brockelerbsen auf französische Art.

Wenn eine hinreichende Portion junge Brockelerbsen gut gereinigt und mit 1 Viertelpfund frischer Butter und etwas Wasser mit der Hand gehörig untereinander gemengt sind, so gieße das Wasser wieder sorgfältig ab, thue sie sammt einem Eßlöffel voll fein gehackter Petersilie, etwas grob gestoßenem Pfeffer, Salz und einem halb Ei großen Stück Zucker in ein dazu passendes Geschirr, stelle sie auf schwaches Feuer und lasse sie einige Minuten dämpfen; dann gieße so viel kochendes Wasser zu, daß es stark fingerdick über die Erbsen geht, lasse sie dann kochen, bis sie gehörig weich sind und das Wasser beinahe eingekocht ist. In dem Augenblick, wo sie angerichtet werden sollen, menge ein Ei groß Butter mit einem halben Kochlöffel voll Mehl gut darunter und schüttle sie gehörig untereinander, ohne sie jedoch wieder in's Kochen kommen zu lassen, dann richte sie recht heiß auf eine Platte und gebe in beliebige Form geschnittene und mit Butter gelb ausgebackene Weckschnitten, welche oben mit fein gestoßenem Zucker bestreuet und in dem heißen Ofen oder mit einer heißen eisernen Schaufel glasirt worden, dazu.

102. Grüne Erbsen auf italienische Art.

Wenn ein hinlängliches Quantum Brockelerbsen gut gereinigt, ausgewaschen und abgetrocknet ist, dann thue in ein dazu passendes Geschirr einen Eßlöffel voll fein gehackte Zwiebeln, eben so viel fein gehackte Petersilie, einen halben Kaffeelöffel voll fein gehackten Thymian und ein Trinkglas voll feines Provenceröl dazu und lasse alles einige Minuten miteinander dämpfen; dann gebe die Erbsen sammt etwas Salz und gestoßenem Pfeffer dazu und lasse es wieder einige Minuten dämpfen, gieße dann zwei Suppenlöffel voll heißes Wasser zu und lasse es ganz einkochen, bis die Erbsen weich sind. Nun bestreue sie mit einem Kochlöffel voll Mehl, schüttle sie gut untereinander, lasse sie noch einige Minuten dämpfen, richte sie auf eine Platte und lege in Schmalz gelb ausgebackene Weckschnitten darum.

103. Spargeln mit deutscher Buttersauce.

Nachdem so viel Spargeln, als zu einem Gericht nöthig sind, gut von den Nebenblättchen und der Haut gereinigt und sortenweis in gleiche Büschel gebunden sind, so lege sie eine halbe Stunde vor dem Anrichten in ein hinlänglich großes Geschirr mit gut gesalzenem kochendem Wasser angefüllt, und lasse sie so lange kochen, bis sie sich noch gut greifen lassen, aber gehörig weich sind; dann stelle sie vom Feuer zurück und gieße einige Suppenlöffel voll kaltes Wasser hinzu, damit sie nicht verweichen und die grüne Farbe verlieren. Ist es Zeit zum Anrichten, dann ziehe sie auf ein reines Tuch, damit sie gut abtrocknen; dann richte sie in eine Reihe aufgehäuft schön egal auf die Platte und sehe darauf, daß sie recht heiß aufgetragen werden.

Folgende Sauce wird aparte in einem Saucengeschirr dazu gegeben: Nehme 1 Viertelpfund gute süße Butter sammt 2 Kochlöffel voll Weißmehl, etwas geriebene Muskatnuß und 1 Eßlöffel voll Essig, verknete es mit dem Kochlöffel recht gut, rühre von dem Spargelwasser 2—3 Trinkgläser voll dazu und rühre es langsam auf dem Feuer, bis es kocht, lasse es an der Seite des Feuers eine Viertelstunde kochen, verrühre dann das Gelbe von 3 Eiern mit 3 Eßlöffel voll sauerem Rahm und rühre es unter die Sauce, die jedoch nicht mehr kochen darf.

104. Spargelerbsen.

Dazu nehme eine hinreichende Menge nicht gar zu dicker Spargeln, und wenn sie, wie oben angegeben, gut gereinigt sind, dann schneide sie, so weit sie nicht zähe sind, in erbsengroße Stückchen, siede sie in kochendem Salzwasser 8 Minuten lang gut ab und lasse sie in kaltem Wasser wieder abkühlen. Eine halbe Stunde vor dem Anrichten gieße das kalte Wasser wieder davon, thue sie nebst 1 Viertelpfund guter frischer Butter, etwas grob gestoßenem Pfeffer, Salz und Muskatnuß in ein dazu passendes Geschirr und lasse es einige Minuten auf dem Feuer langsam dämpfen; dann bestreue es mit zwei Kochlöffel voll Weißmehl und rüttle es gut durcheinander, gieße drei Trinkgläser voll Fleischbrühe oder Wasser sammt einem Kaffeelöffel voll gestoßenem Zucker dazu und lasse es einige Minuten schnell durchkochen; sobann verrühre das Gelbe von 3 Eiern mit 2 Eßlöffel voll saurerem Rahm und rühre es sorgfältig darunter (es darf jedoch nicht mehr kochen); dann richte es auf die Platte und lege schöne, gleichgeformte und in Schmalz gelb ausgebackene Weckschnitten darum.

105. Spargeln mit jungen Gelberüben.

Dazu schneide ohngefähr einen Suppenteller voll schöne Spargeln in fingergleich lange Stückchen, koche sie eine Viertelstunde in Salzwasser, gieße das Wasser wieder ab und schütte kaltes darüber. Nehme alsdann eben so viel junge Gelberüben, schneide sie auf gleiche Weise wie die Spargeln, drehe die äußere rauhe Haut davon und schneide die dickeren in der Mitte durch. Ist auf diese Art ein Suppenteller voll geschnitten, dann thue sie in ein dazu passendes Geschirr, 1 Viertelpfund Butter, eine Zwiebel, ein kleines Büschel grüne Petersilie, Salz, Muskatnuß und einen Eßlöffel voll gestoßenen Zucker dazu, setze sie zugedeckt auf schwache Glut, lasse sie dämpfen und gieße von Zeit zu Zeit einige Eßlöffel voll gute Fleischbrühe hinzu, bis sie gehörig weich geworden; dann nehme die Zwiebel und das Petersilienbouquet wieder davon, bestreue die Gelberüben mit einem Kochlöffel voll Mehl und schüttle sie wohl untereinander, gieße 2—3 Trinkgläser voll Fleischbrühe daran und lasse sie einige Minuten schnell durchkochen. Haben die Rüben nun eine schöne und leichte Sauce erhalten, dann gieße das Wasser sorgfältig von den Spargeln, lasse sie gut abtrocknen, thue sie zu den Gelberüben und rüttle sie wohl untereinander. Wenn sie mit den Gelberüben noch einmal aufgekocht haben, dann richte sie recht heiß auf eine Platte und belege sie ringsherum mit gebratenen Kalbsrippen.

106. Macédoine mit Rahmsauce.

Dazu werden alle Sorten feine Gemüße auf folgende Weise zubereitet: eine gute Hand voll junge Gelbrüben werden Fingergleich lang geschnitten und die rauhe Haut ein wenig davon abgedreht, eben so viel Fingergleich lange und fingerdick ausgestochene Weißerüben, gleiche Portionen kleine Zwiebeln und grüne Erbsen, eben so viel Spargeln, auch in Fingergleich lange Stückchen geschnitten, dann eine Hand voll weiße Bohnen und eben so viel grüne Bohnen in Stückchen von obiger Größe geschnitten, 4—6 Artischockenköpfe, ein Stock Blumenkohl, welcher in nußgroße Stückchen geschnitten wird, und zwei Kukummern, auf gleiche Art geschnitten. Jedes dieser Gemüse wird besonders in Salzwasser mit ewas Butter weich gekocht, in kaltem Wasser abgekühlt, dasselbe wieder abgegossen und das Gemüs auf ein reines Tuch zum Abtrocknen gelegt. Nun thue ein halbes Pfund gute süße Butter in ein dazu passendes Geschirr und lasse solche auf dem Feuer zergehen, alle obengenannten Gemüse sammt Salz, Muskatnuß, etwas gestoßenen Pfeffer und einen Eßlöffel voll gestoßenen Zucker dazu und lasse es zugedeckt auf schwacher Glut eine Viertelstunde dämpfen; sodann mache eine gute Rahmsauce (s. Rahmsauce), die aber nicht zu dick, sondern wie dicke Buttersauce seyn muß, und gieße zwei Suppenlöffel voll davon zu dem Gemüse, lasse es noch einige Minuten recht heiß dämpfen, und wenn es gehörig gesalzen ist, dann richte es auf eine tiefe Platte und gebe gebackene Cotelettes à la reine dazu (s. Cotelettes à la reine bei den Gemüsgarnituren).

107. Hospodgemüse auf böhmische Art.

Dazu nehme drei Hände voll mit einem Ausstecher fingerdick und zwei Fingergleich lang ausgestochene junge Kohlrabi, eben so viel auf gleiche Art ausgestochene Weißerüben, eine gleiche Portion in derselben Länge und Dicke abgedrehte Gelbrüben, ferner vier große Selleriewurzeln, in schöne Schnitze von obiger Größe geschnitten; sodann koche jedes einzeln etliche Minuten in Salzwasser (die Kohlrabi aber werden bis zum Greifen weich gekocht) und lasse es in kaltem Wasser abkühlen. Indessen schneide 1 Viertelpfund rohen Schinken und 1 Pfund Kalbfleisch in kleine Würfel, einige Zwiebeln, Petersilien- und Selleriewurzeln in Scheiben, thue dieß sammt 1 Viertelpfund Butter, einigen Gewürznägelein

und Pfefferkörnern in ein passendes Geschirr, stelle es auf schwache
Glut und lasse es dämpfen, bis alles eine hochgelbe Farbe erhalten hat; dann gieße 3 Suppenlöffel voll gute Fleischbrühe hinzu,
lasse es anderthalb Stunden langsam kochen und gieße es dann
durch ein Sieb oder eine Serviette. Nun gieße das Wasser von
den Gemüsen und lasse sie gut abtrocknen, thue sie dann zusammen in ein dazu passendes Geschirr und gieße die durchgeseihete
gute Brühe darüber, etwas Salz und Muskatnuß dazu, schneide
ein passendes rundes Papier darauf, belege es mit einigen dünn
geschnittenen Speckbatten, decke den Deckel darauf und lasse es
auf der Glut eine halbe Stunde kochen, trage aber Sorge, daß
keines der Gemüse verkoche, sondern alle schön ganz bleiben. Hernach schütte das Gemüse auf ein Sieb oder einen Seiher und
lasse die Brühe gehörig ablaufen, nehme dann das auf derselben
befindliche Fett sauber ab und koche sie bis zu einem Trinkglas
voll ein, gieße nun 2 Suppenlöffel voll Coulis (s. Coulis) hinzu
und lasse sie einige Minuten miteinander kochen, siehe aber zu,
daß die Sauce weder zu dünn noch zu dick wird, thue dann das
Gemüse wieder dazu und rüttle es ein wenig untereinander.

Bereite nun noch Folgendes dazu: sechs schöne fette Hammelschwänze schneide in zwei fingergleich lange Stückchen, reibe sie
gehörig trocken ab, thue sie in ein passendes Geschirr, einige ganze
Zwiebeln, einige Gelberüben, etwas Thymian, einen Knoblauchzinken, etwas Salz und einige Pfefferkörner dazu, gieße einige
Suppenlöffel voll Wasser darüber und lasse es kochen und gut
verschäumen; dann lege etliche Speckbatten darüber, ein rund geschnittenes Papier darauf, decke es zu und lasse es britthalb Stunden langsam kochen, bis die Schwanzstückchen hinlänglich weich
geworden sind. Ziehe sie alsdann heraus, menge sie unter das
Gemüse nebst noch zwei Händen voll kleinen Zwiebeln, welche in
Butter gut gedämpft worden, aber dennoch ganz seyn müssen,
stelle es recht heiß auf glühende Asche bis zum Anrichten und
gebe es dann auf eine tiefe Platte.

108. Chartreuse oder Karthäusergemüs.

Dazu schneide vier feste Wirsingköpfe in Viertel und koche sie
in Salzwasser weich, kühle sie wieder ab, drücke sie gut aus und
thue sie in ein dazu passendes Geschirr, dessen Boden mit Speckbatten belegt ist; dann füge hinzu 4 gereinigte ganze Selleriewurzeln, 8 große und etwas rund abgedrehte Gelberüben, 3 in

der Mitte durchgeschnittene Weißerüben, 1 Viertelpfund rohen Schinken in einige Theile geschnitten, etwas Salz und gestoßenen Pfeffer; dann belege alles mit dünn geschnittenen Speckbatten, ein rund geschnittenes Papier darauf, fülle es mit fetter Fleischbrühe so weit auf, daß sie fingergleich hoch darüber geht und lasse es zugedeckt zwei Stunden langsam kochen. Zu gleicher Zeit wird eine zahme Ente in einem besonderen Geschirr mit etwas Butter, einigen ganzen Zwiebeln und Gelberüben und etwas Salz langsam auf schwacher Glut gedämpft, bis sie gut und von allen Seiten gelb gebraten ist. Wenn sie wieder erkaltet ist, wird das Uebrige, worin die Ente gebraten worden, mit einem Suppenlöffel voll Brühe aufgekocht, durch ein Sieb gegossen und auch zu dem Gemüse gegeben; ist dann alles gut und weich gekocht, so nehme ein dazu geeignetes hohes Geschirr oder eine Form, belege den Rand des Bodens mit den Gelbenrüben, Weißenrüben und dem Sellerie, welche vorher mit einem stark daumendicken Ausstecher ausgestochen und in thalerdicke Blättchen geschnitten worden, zerlege nun die Ente in gleiche schöne Stückchen und lege solche innerhalb jenes Randes auf den Boden, darauf eine Lage Wirsing, welcher vorher auf einem reinen Tuche etwas abgetrocknet worden, und fahre so fort, bis die Form von den Gemüsen lagenweise gefüllt und gehörig eingedrückt ist; dann setze sie in ein mit kochendem Wasser angefülltes Gefäß, doch so, daß kein Wasser in die Form eindringen kann, und stelle dieß auf leichte Glut, damit das Gemüs bis zum Anrichten recht durch und durch heiß bleibt. Nun gieße alle Brühe, welche von dem Gemüse übrig blieb, durch ein Sieb und koche sie, nachdem das darauf befindliche Fett weggenommen ist, ganz dick ein, gieße etwas Coulis oder braune Sauce und etwas Buttersauce dazu, lasse es damit aufkochen, nehme dann die Form mit dem Gemüse aus dem Wasser, stürze es auf eine dazu schickliche Blatte und lasse es ein wenig ruhen; alsdann hebe die Form davon ab und gieße die Sauce recht heiß darüber.

109. Blumenkohl.

Drei bis vier Stöcke schöner fester Blumenkohl, oder so viel, als man zu einer Blatte nöthig hat, wird, nachdem er gut geputzt und gewaschen ist, in einem großen Geschirr mit kochendem Salzwasser eine halbe Stunde (im Frühjahr aber nur eine Viertelstunde) gekocht, dann vom Feuer weggesetzt, ein kleines Stückchen Butter dazu gethan und zugedeckt, bis man ihn gebraucht.

Nun wird folgende Sauce dazu gemacht: thue in ein kleines Geschirr ein Ei groß Butter, einen Kochlöffel voll Weißmehl, einen Eßlöffel voll Essig und Muskatnuß, knete es mit dem Kochlöffel recht gut untereinander, gieße 2 Trinkgläser voll von dem Blumenkohlwasser dazu und rühre die Sauce auf dem Feuer, bis sie kocht; dann lasse sie an der Seite des Feuers noch eine Viertelstunde kochen, verrühre das Gelbe von 3 Eiern mit eben so viel sauerem Rahm und rühre es sorgfältig unter die Sauce; ziehe unterdessen den Blumenkohl aus dem Wasser auf ein reines Tuch, damit er gehörig abtrocknet, richte ihn in schöner Ordnung auf eine Blatte und gieße die Sauce recht heiß darüber.

110. Blumenkohl im Ofen gebacken.

Der Blumenkohl wird auf die oben angegebene Art behandelt, bis er weich geworden, dann gut abgetrocknet und auf die Blatte gerichtet; auch dieselbe Sauce wird dazu bereitet, nur daß einige Eiergelb mehr darunter gerührt werden, damit sie etwas dicker wird. Sodann gebe auch 3 Hände voll Parmesankäs und etwas grob gestoßenen Pfeffer dazu, rühre sie wohl untereinander und gieße sie kalt über den Blumenkohl. Nun vermenge eine Hand voll geriebenes Weißbrod mit zwei Händen voll geriebenem Parmesankäs sammt etwas gestoßenem Pfeffer und streue es darüber; dann lege mehrere kleine Stückchen Butter oben darauf und stelle ihn auf einem Blech, welches daumendick mit Salz bestreuet ist, damit die Blatte nicht zerspringt, in einen heißen Ofen, bis er hellbraune Farbe genommen hat, dann ist er gut.

111. Blumenkohl mit Sauce ravigote.

Wenn der Blumenkohl auf oben angegebene Art gut geputzt, gewaschen, weich gekocht und wieder gehörig erkaltet ist, dann ziehe ihn auf ein Tuch, damit er gut abtrocknet; alsdann richte ihn auf eine tiefe Blatte oder eine Salatschüssel und gebe eine Ravigotensauce (s. Sauce ravigote) darüber.

112. Blumenkohl in Schmalz gebacken.

So viel Blumenkohl, als zu einem Gericht nöthig ist, wird, wenn er geputzt, gewaschen, in mittelgroße Stücke geschnitten und in Salzwasser noch nicht ganz weich gekocht ist, auf ein Tuch gezogen, damit er gut abtrocknen und verkühlen kann. Unterdessen thue in eine Schüssel etwas Essig, Salz und grobgestoßenen Pfef=

fer, rühre es gut untereinander, thue den erkalteten Blumenkohl dazu und lasse ihn eine Viertelstunde darin liegen. Rühre indessen 4 starke Hände voll Weißmehl mit 3 Trinkgläsern voll Weißbier zu einem halbdicken Teig, rühre 3 Eßlöffel voll heißes Schmalz sammt etwas Salz und ein zu Schnee geschlagenes Eiweiß gut darunter und lasse den Teig bei gelinder Wärme eine halbe Stunde stehen. Eine Viertelstunde vor dem Anrichten thue den abgetrockneten Blumenkohl in den Teig und wende ihn darin gut herum; dann backe ihn in heißem Schmalz schön hellbraun und lege ihn auf eine Platte.

113. Kohlrabi mit Hammelscotelettes.

Nehme so viel jungen Kohlrabi, als für eine Platte hinreicht, schneide jeden je nach der Größe in 6—8 Schnitze und an diesen die Ecken hinweg, damit sie gleiche Größe und ein schönes Aeußere erhalten; sodann lasse sie in Salzwasser gehörig weich kochen, in frischem Wasser wieder abkühlen und gut abtrocknen. Jetzt thue in ein Geschirr 1 Viertelpfund gute Butter nebst einigen kleinen Zwiebeln, ein Stückchen rohen Schinken und eben so viel Kalbfleisch, beides in Würfel geschnitten, ein kleines Bouquet grüne Petersilie, ein Lorbeerblatt und einige Pfefferkörner, dämpfe alles miteinander eine Viertelstunde auf schwacher Glut, rühre sodann 3 Kochlöffel voll Weißmehl gut darunter, gieße nach und nach 3 Suppenlöffel voll guter Fleischbrühe daran und rühre es auf dem Feuer, bis es kocht; dann lasse es auf schwachem Feuer 3 Viertelstunden langsam kochen und gieße es hernach durch ein Sieb über den wohl abgetrockneten Kohlrabi, gebe ein Stückchen frische Butter, etwas Salz und Muskatnuß hinzu, lasse alles eine Viertelstunde schnell durchkochen, thue einen Kaffeelöffel voll feingehackte Petersilie daran, richte sie dann recht heiß auf die Platte und lege schön gespickte Hammelscotelettes darum (s. Hammelscotelettes).

114. Gefüllter Kohlrabi.

Dazu nehme 18 Stück mittelgroßen Kohlrabi, welche aber nicht holzig seyn dürfen, schäle solche, lasse aber die grüne Krone oder das Herz mit den ganz kurzen Blättern daran, welches zum Deckel abgeschnitten wird, steche sie mit einem Ausstecher von der Weite eines Kronenthalers aus und bohre sie mit einem blechernen Eßlöffel gehörig aus, damit man sie füllen kann. Ist dieß geschehen, dann koche sie sammt den Deckeln in Salzwasser weich, lasse sie in frischem Wasser gehörig verkühlen und lege sie hernach umgestürzt auf ein reines Tuch, damit sie gut abtrocknen. Unterdessen hacke 1 Pfund Kalbfleisch mit 1 Viertelpfund Nieren- oder Ochsenfett ohne Haut miteinander recht fein wie Teig, stoße es einige Minuten sorgfältig im Mörser, gebe einen in Wasser eingeweichten und wieder gut ausgedrückten Kreuzerweck dazu und stoße ihn einige Minuten mit dem Fleisch; sodann thue das Gelbe von 4 Eiern sammt etwas Salz und Muskatnuß hinzu, stoße es wieder etliche Minuten zu einem feinen Teig, nehme es hernach aus dem Mörser und fülle den Kohlrabi voll damit. Nun lege ihn in ein dazu passendes Geschirr nebeneinander, 1 Viertelpfund Butter nebst etwas Salz und Muskatnuß dazu, fülle es mit guter Fleischbrühe so weit auf, daß sie gerade über den Kohlrabi geht, lege ein rundgeschnittenes Papier darüber, decke einen mit glühenden Kohlen belegten Deckel darauf und lasse es auf schwachem Feuer anderthalb Stunden langsam kochen. Dann ziehe ihn schön trocken und ganz auf eine Platte und setze die oben beschriebenen Deckel darauf; mache dann eine leichte Buttersauce oder lasse etwas Coulissauce mit einem Stückchen frischer Butter gut verkochen, thue etwas Salz und Muskatnuß nebst einem Kaffeelöffel voll fein gehackter Petersilie dazu und gieße sie dann recht heiß über den Kohlrabi.

115. Gefüllte Kartoffeln.

Eine hinreichende Anzahl großer Kartoffeln werden auf dieselbe Art, wie oben bei dem Kohlrabi angegeben, mit einem beliebigen Ausstecher ausgestochen und eben so ausgehöhlt; auch wird dieselbe Fülle oder Farce gemacht und in die Kartoffeln gefüllt, dieselben in ein dazu passendes niederes Geschirr nebeneinander gesetzt, gute Fleischbrühe daran gegossen, die aber nicht über die Kartoffeln gehen darf, auch 1 Viertelpfund gute Butter, etwas Salz und Muskatnuß dazu gethan, ein rundgeschnittenes Papier darüber gelegt und mit einem mit glühenden Kohlen belegten Deckel zugedeckt; dann stelle sie auf das Feuer und lasse sie langsam kochen, bis sie gut sind, gebe aber Acht, daß die Kartoffeln nicht zerspringen; richte sie dann schön auf eine Platte, mache eine Buttersauce, rühre das Gelbe von 3 Eiern sammt ein wenig feingehackter Petersilie, Salz und Muskatnuß darunter und gieße sie recht heiß darüber.

116. Gefüllter Kopfsalat.

So viel schöne Salathäupter, als man zu einer Platte nöthig hat, werden von den schlechten äußeren Blättern gereinigt, dann sehr gut ausgewaschen, aber behutsam damit umgegangen, damit sie schön ganz bleiben; nun wird er in einer großen Quantität kochenden Wassers gekocht, doch so, daß er nicht zu weich wird, dann vom Feuer genommen, ein Haupt nach dem andern in kaltes Wasser gelegt und gut verkühlen lassen; hernach lege sie, einzeln leicht abgetrocknet, auf ein weißes Tuch nebeneinander und jedes etwas auseinander, ohne sie jedoch zu zerreißen. Sind alle auf diese Art zubereitet, dann decke ein reines Tuch darüber und lasse sie recht gut abtrocknen; hernach vertheile das Kalbfleischfüllsel oder die Farce, welche schon oben bei dem gefüllten Kohlrabi beschrieben worden, auf den Salat und wickle jedes Blatt schön geformt in das Salathaupt, damit dieß seine ursprüngliche Form wieder erhält. Sodann lege sie in ein dazu passendes Geschirr, dessen Boden mit dünnen Speckbatten belegt ist, ganz fest nebeneinander und wieder dünngeschnittene Speckbatten darüber, thue einige Zwiebeln, Salz und Muskatnuß dazu, gieße gute fette Fleischbrühe darüber, decke einen Deckel mit glühenden Kohlen darauf und lasse es auf schwachem Feuer anderthalb Stunden langsam kochen, bis die Brühe gehörig eingekocht ist, dann ist er gut. Nun ziehe ein Salathaupt nach dem andern auf ein reines Tuch, damit das Fett davon kömmt, richte ihn dann kranzartig auf die Platte, gebe eine gutverkochte leichte Coulissauce oder auch eine mit einem Eiergelb verrührte Buttersauce darüber und lege Kalbsrippen oder gespickte Kalbsbrießlen darum.

117. Gefülltes Weißkraut mit Kastanien.

Zu einer Platte sind 2 schöne Weißkrauthäupter hinreichend. Schneide die äußeren schlechten Blätter davon, lege die Häupter in kochendes Wasser, lasse sie eine Viertelstunde kochen, ziehe sie dann vom Feuer zurück und lasse sie stehen, bis sie ganz verkühlt sind; sodann schneide alle gute starke Blätter daran herunter, lege sie nebeneinander ausgebreitet auf ein reines Tuch und trockne sie mit einem andern Tuch gut ab. Unterdessen mache das oben angegebene Kalbfleischfüllsel und vertheile es gehörig auf die Blätter, lege auch auf jedes Farcehäufchen 4—6 geschälte und von der Haut befreite Kastanien und wickle das Ganze sorgfältig in die

Blätter, damit sie eine schön runde oder längliche Form erhalten. Ist dieß geschehen, dann belege den Boden eines dazu passenden Geschirres mit dünnen Speckbatten, das gefüllte Kraut dicht nebeneinander darauf und gieße so viel guten fetten jus oder Fleischbrühe darüber, daß sie daumendick darüber geht, ferner thue 1 Viertelpfund Butter, etwas in Scheiben geschnittenen rohen Schinken, Salz, gestoßenen Pfeffer, einige Gelberüben und Zwiebeln, letztere mit 2 Gewürznägelein gespickt, dazu, stelle es auf's Feuer, decke einen mit glühenden Kohlen belegten Deckel darauf und lasse es anderthalb Stunden langsam kochen, bis die Brühe ganz eingekocht ist und das Kraut oben eine schön gelbe Farbe erhalten hat; nun lasse es vom Feuer entfernt einige Minuten ruhen, richte es dann kranzartig auf die Blatte, gebe eine dünne kräftige braune Sauce darüber und in die Mitte einige Hände voll Kastanien, die vorher gehörig gereinigt und mit etwas guter Brühe, einigen Eßlöffeln voll gestoßenem Zucker, einer Nuß groß Butter und etwas Salz eingekocht wurden.

118. Gefüllte Kukummern.

Von 4—6 schönen Kukummern werden beide Enden fingergleich lang abgeschnitten, die Kukummern mit einem Kochlöffelstiel durchgestoßen und so ausgehöhlt, daß keine Kerne darin zurückbleiben; alsdann werden sie mit Wasser gut ausgeschwenkt, hernach geschält und einige Minuten in kochendem Salzwasser gesotten, in kaltem Wasser gehörig abgekühlt und auf einem Tuch gut abgetrocknet. Unterdessen mache die oben beschriebene Kalbfleischfarce und fülle die ausgehöhlten Kukummern fest damit aus, rolle dann jede einzeln in ein weißes Blatt Papier, mache es oben und unten gut zu und umwinde es mit einem Bindfaden; dann lege sie in ein dazu passendes Geschirr und fülle sie mit guter Fleischbrühe so weit auf, daß sie gerade darüber geht, thue auch ¼ ℔ gute Butter sammt etwas Salz und Muskatnuß dazu und lasse sie zugedeckt auf schwachem Feuer eine halbe Stunde kochen. Ist es Zeit zum Anrichten, dann ziehe sie auf ein reines Tuch, befreie sie sorgfältig von dem Papier, schneide sie quer durch in zolldicke Stücke, richte sie schön auf eine Blatte, gebe eine Sauce wie bei den Spargeln darüber und gebackene Kalbsrippen darum.

119. Gefüllter Spinat oder Laubfrösche.

So viel große Spinatblätter, als man zum Füllen nöthig hat,

werden mit kochendem Waſſer gehörig angebrüht und zugedeckt eine halbe Stunde ſtehen laſſen, bis der Spinat erkaltet iſt; alsdann wird Blatt für Blatt herausgenommen und gut ausgebreitet auf ein Tuch nebeneinander gelegt, dann mit einer Serviette ſorgfältig abgetrocknet, jedes Blatt mit dem bereits erwähnten Kalbfleiſchfüllſel gefüllt und ordentlich aufgerollt oder viereckig zuſammengelegt. Nun lege ſie in ein dazu paſſendes Geſchirr aufeinander, etwas Salz und Muskatnuß dazu, bedecke ſie mit dünn geſchnittenen Speckbatten, eine ganze Zwiebel, mit 2 Gewürznägelein geſpickt, und 1 Viertelpfund friſche Butter dazu, fülle ſie mit guter Fleiſchbrühe auf und laſſe es langſam eine Stunde auf ſchwachem Feuer kochen, alsdann ziehe ſie auf ein Tuch, damit ſie gut abtrocknen. Indeſſen laſſe die übrige Brühe durch ein Sieb laufen, nehme das Fett gut davon, gebe einen Suppenlöffel voll braune Sauce ſammt etwas Salz und Muskatnuß dazu und laſſe es einige Minuten verkochen; dann richte die Laubfröſche ſchön auf die Blatte und gieße die Sauce recht heiß darüber.

120. Sauerkraut mit Faſanen.

So viel Sauerkraut, als zu einem Gericht nöthig iſt, wird gehörig ausgedrückt; dann werden gut 3 Hände voll feingehackte Zwiebeln in 1 halben Pfund Gansfett etwas gelb gedämpft, das Sauerkraut dazugethan und unter öfterem Umwenden anderthalb Stunden langſam gedämpft, auch von Zeit zu Zeit ein Glas Wein dazu gegoſſen, bis es vollkommen weich iſt. Während dem lege einen Faſanen, nachdem er gut gereinigt und mit Bindfaden ſchön aufgezäumt iſt, mit einigen Zwiebeln, einem Stückchen rohen Schinken, 1 Viertelpfund Butter, etwas Thymian und Salz in ein beſonderes Geſchirr, bedecke ihn mit dünnen Speckbatten und laſſe ihn eine Stunde langſam dämpfen, bis er auf allen Seiten eine hochgelbe Farbe erhalten und weich geworden iſt; dann ziehe ihn aus dem Geſchirr, gieße an das Zurückgelaſſene zwei Gläſer voll weißen Wein, laſſe es gut auffochen und durch ein Sieb über das Sauerkraut laufen; dann lege den Faſanen auch zu dem Sauerkraut und laſſe es noch eine Viertelſtunde dämpfen; hernach richte das Kraut an und lege den Faſanen darauf.

121. Sauerkraut mit Hecht und Krebſen in Rahmſauce.

Es werden 2 ℔ Hecht, wenn er gepuzt und ausgewaſchen iſt, in Salzwaſſer abgekocht, dann von Haut und Gräten befreit und das Fleisch in ordentliche Stückchen verzupft. Zu gleicher Zeit werden auch 25—50 Krebse in Salzwasser abgekocht, dann die Schwänze ausgeputzt und zu dem Hechtfleisch gelegt, die Schaalen aber werden mit ½ ℔ Butter zu einem feinen Teig gestoßen, in einem Geschirr auf schwachem Feuer unter beständigem Umrühren gedämpft, bis die Butter einen rothgelben Schaum gibt, bringe es auf ein Haartuch und winde es auf einen Teller gut durch, gieße es sammt 2 Suppenlöffeln voll guter Rahmsauce (s. Rahmsauce) unter die Fische und Krebsschwänze, mische es gehörig untereinander und koche es einmal auf; sodann menge es sorgfältig unter das Sauerkraut, welches vorher nach oben angegebener Art weich gedämpft und fertig gemacht wurde, und stelle es bis zum Anrichten recht heiß auf glühende Kohlen.

122. Bairisch Kraut.

Zwei schöne Weißkrauthäupter werden wie Sauerkraut fein geschnitten und ausgewaschen, dann 2 Hände voll feingeschnittene Zwiebeln in 1 halben Pfund Butter gelb gedämpft, mit 2 Gläser voll Essig aufgefüllt und aufkochen lassen, das geschnittene Kraut nach und nach dazugethan, sammt grobgestoßenem Pfeffer und etwas gestoßenem Kümmel, gut gesalzen, zugedeckt und anderthalb Stunden langsam gedämpft, bis es weich geworden ist, auch muß es öfter untereinander gerührt, mit einem Kochlöffel voll Weißmehl bestreut und wieder gut untereinander gemengt werden, gieße noch ein Glas Wein und etwas fette Brühe dazu, lasse es noch dämpfen, bis keine Brühe mehr daran zu sehen ist; dann richte es auf die Blatte und gebe Bratwürste dazu.

123. Rothkraut mit Gans oder Ente.

Nehme 4—5 Häupter Rothkraut, zerschneide sie in 4 Theile und mache die Dorschen heraus, dann schneide das Kraut fein wie Sauerkraut, dämpfe eine Hand voll feingehackte Zwiebeln mit ½ ℔ Butter recht gelb, fülle es mit 2 Trinkgläser voll Essig auf, lasse es aufkochen, thue das geschnittene Kraut sammt Salz und etwas gestoßenem Pfeffer hinzu und lasse es einige Minuten zugedeckt dämpfen; dann gieße 2 Suppenlöffel voll gute Fleischbrühe daran und lasse es wieder anderthalb Stunden unter öfterem Umrühren langsam dämpfen, bis es weich und keine Brühe mehr daran zu sehen ist. Während der Zeit wird eine Ente oder Gans recht und von allen Seiten gelbbraun gedämpft; von dem guten

Fett daran kann man etwas an das Rothkraut thun, damit es recht zart wird. Ist es Zeit zum Anrichten, dann gebe das Kraut auf die Blatte und die Ente, in schöne Portionen geschnitten, um dasselbe herum.

124. Blaukohl mit Kastanien.

Der Blaukohl wird, wenn er von den Stengeln und Rippen gut abgestreift und etwas grob nudelartig durchgeschnitten ist, rein ausgewaschen, in einem großen Geschirre recht eingedrückt, 1—2 Suppenlöffel voll Wasser daran gegossen, zugedeckt und auf starkem Feuer gedämpft, dabei mehrmals untereinander gemengt und, wenn er keine Brühe mehr hat, 1 Suppenlöffel voll Wasser nachgegossen. Ist er recht gut weich gedämpft, dann bringe ihn auf einen Seiher und lasse den blauen Saft gut davon ablaufen; hernach thue den Blaukohl wieder in ein dazu schickliches Geschirr, 1 Viertelpfund Gänseschmalz, eine feingehackte Zwiebel, eine Hand voll feingestoßenen Zucker, etwas Salz, den durchgelaufenen blauen Saft und einen Suppenlöffel voll guter Fleischbrühe daran, und lasse es gut einkochen, bis beinahe keine Brühe mehr daran zu sehen ist, drücke es dabei öfter mit dem Löffel zusammen. Unterdessen bereite die Kastanien auf folgende Weise: 3—4 Hände voll sauber geschälte Kastanien thue in ein kleines Geschirr mit guter Brühe, welche gerade darüber geht, ein halb Ei groß Zucker, eben so viel Butter und etwas Salz dazu und lasse sie gehörig kochen, bis sie weich sind und der Saft eingekocht ist. Dann richte den Kohl auf die Blatte, den übrigen Saft lasse recht einkochen und gieße ihn auf das Gemüs, gebe die Kastanien darauf und garnire es mit Kalbsrippen.

125. Wirsingkraut mit Feldhühnern.

So viel, als zu einer Blatte nöthig sind, gute feste Wirsingköpfe werden in Viertel geschnitten, in kochendem Wasser weich gekocht und in kaltem wieder abgekühlt; dann wird ein jedes der Viertel gut ausgedrückt und die Dorsche davon geschnitten. Nun thue in ein dazu schickliches Geschirr ½ ℔ Butter nebst 2 Händen voll feingehackten Zwiebeln und 1 Knoblauchzinken, und lasse es einige Minuten langsam dämpfen, bis die Zwiebeln etwas gelb sind; dann lege den ausgedrückten Wirsing fest nebeneinander auf die Zwiebeln und bestreue ihn mit etwas Salz und grobgestoßenem Pfeffer, gieße eine Suppenlöffel voll Fleischbrühe daran und lasse es zugedeckt eine Stunde langsam dämpfen, bis keine Brühe mehr daran zu sehen ist.

Indessen werden 2—3 gut gereinigte Feldhühner in einem besonderen Geschirr mit einigen Stückchen rohem Schinken, einigen Zwiebeln, etwas Speck, Thymian, einigen Pfefferkörnern, Gewürznägelein, Salz und ¼ ℔ Butter langsam gedämpft, bis sie weich sind und von allen Seiten schöne Farbe erhalten haben; sodann werden sie herausgenommen und in schöne Portionen geschnitten. Nun gieße in das Geschirr, worin die Feldhühner gedämpft worden, einen Suppenlöffel voll gute Brühe und lasse es mit dem darin Befindlichen aufkochen, gieße es durch ein Sieb gut durch, räume das Fett davon ab, gebe es über den Wirsing und lasse ihn noch ein wenig damit verdämpfen; die von Fett gereinigte Brühe aber wird ganz kurz eingekocht, die Feldhühnerstückchen hineingelegt und recht heiß erhalten. Ist es Zeit zum Anrichten, dann lege die Wirsingviertel schön kranzartig auf die Platte, die Feldhühner in die Mitte und den übrigen Saft von denselben gieße über das Gemüs.

126. Wirsing auf italienische Art.

Zwei Hände voll feingehackter Zwiebeln nebst etwas Knoblauch werden mit 2 Trinkgläsern voll gutem Provenceröl gedämpft, bis sie etwas gelb geworden sind; alsdann thue den in Viertel geschnittenen und gut abgebrühten Wirsing sammt etwas Pfeffer und Salz dazu, decke es gut zu und lasse es auf Kohlen langsam zwei Stunden dämpfen, gieße dann und wann etwas guten jus daran, und wenn er gut eingedämpft und kein Saft mehr daran zu sehen ist, dann gieße einen Suppenlöffel voll gehörig verkochte Coulis dazu und lasse ihn noch einige Minuten dämpfen; dann richte ihn auf die Platte und lege Bratwürste darum.

127. Artischocken in gelber Sauce.

Eine hinreichende Anzahl Artischocken werden folgendermaßen zubereitet: Nehme von jeder Artischocke die äußeren Blätter herab, drehe mit dem Messer von dem Boden derselben den rauhen Theil so ab, daß der Boden schön weiß anzusehen ist, schneide die Spitze der Blätter hinweg und reibe den Boden mit dem saftigen Theil einer halben Citrone, damit er recht weiß bleibt, dann lege sie in frisches reines Wasser. Sind alle auf diese Art zubereitet, dann werden sie in kochendes Salzwasser gethan und so lange gekocht, bis sich die Blätter ganz leicht abnehmen lassen; dann werden sie in kaltem Wasser etwas abgekühlt und die wolligen Herze behutsam herausgemacht, damit die Artischocken nicht zerreißen. Eine halbe Stunde vor dem Anrichten lege sie wieder in ein Geschirr, gieße von dem Wasser, worin sie gekocht wurden, darüber, thue ¼ ℔ Butter dazu und stelle sie recht heiß. Ist es Zeit zum Anrichten, dann ziehe sie auf ein reines Tuch, damit sie abtrocknen können, lege sie auf die Platte und mache folgende Sauce dazu: 2 Kochlöffel voll Weißmehl, ¼ ℔ Butter, etwas Salz, Muskatnuß und 1 Eßlöffel voll Essig wird mit 2 Trinkgläsern voll Wasser gehörig untereinander gerührt und dann auf dem Feuer abgerührt, bis es zu kochen anfängt; dann lasse es an der Seite des Feuers eine Viertelstunde gut verkochen, verrühre das Gelbe von 3 Eiern mit etwas sauerem Rahm, rühre es sorgfältig unter die Sauce, die aber nicht mehr kochen darf, und fülle die Artischocken damit.

128. Artichauts à la Provençale.

Wenn die Artischocken auf obige Art zubereitet, jedoch, anstatt ganz zu bleiben, in zwei Hälften geschnitten worden sind, dann wird eine Handvoll Petersilie und einige Knoblauchzinken sehr fein gehackt und in einem dazu passenden Geschirr mit 2 Trinkgläsern voll Provenceröl einige Minuten langsam gedämpft; dann lege die weich gekochten und gut abgetrockneten Artischocken nebeneinander hinein, streue etwas Salz und Pfeffer darüber, decke es gut zu und lasse es eine halbe Stunde auf schwachem Feuer langsam dämpfen. Ist es Zeit zum Anrichten, dann richte sie schön auf die Platte, gebe zu den zurückgebliebenen Kräutern einen Suppenlöffel voll gut verkochte braune Sauce oder Coulis und lasse sie etwas damit aufkochen, gebe noch den Saft einer Citrone dazu und gieße es recht heiß über die Artischocken.

129. Artischocken auf hessische Art.

Sind die Artischocken auf die (127) angegebene Art zubereitet, weich gekocht und gehörig ausgeputzt, dann werden sie in ein dazu passendes Geschirr nebeneinander gesetzt, 1 Viertelpfund Butter, ein Eßlöffel voll Kümmel und etwas Salz dazugethan, mit einem Suppenlöffel voll Fleischbrühe aufgefüllt und eine halbe Stunde damit gedämpft. Zehn Minuten vor dem Anrichten werden sie auf ein Tuch gelegt, von dem Kümmel befreit und auf eine Platte schön nebeneinander gerichtet, dann folgende Sauce dazu gegeben:

Ein Ei groß gute Butter wird mit 2 Kochlöffel voll Weißmehl, eben so viel feingestoßenem Zucker und 2 Trinkgläsern voll weißem Wein gut verrührt und dann auf dem Feuer gehörig abgerührt, bis sie einige Minuten verkocht hat; dann wird das Gelbe von 4 Eiern mit einigen Tropfen Wasser verrührt und unter die Sauce gut eingerührt, hernach in die Artischocken gefüllt und der Rest in ein Saucengeschirr gethan.

130. Artichauts à la Barigoule.

Wenn die Artischocken dem Aeußern nach auf die in Nr. 127 beschriebene Art geputzt und gehörig gewaschen sind, dann lasse sie 20 Minuten in kochendem Salzwasser sieden und hernach in kaltem Wasser verkühlen; sodann mache das Innere der Artischocken mit einem Blechlöffel gut heraus, spüle sie gehörig mit Wasser aus, damit nichts Unreines zurückbleibt, und trockne sie dann auf einem Tuche gut ab. Nun mache Schmalz in einer Pfanne heiß, lege die Artischocken auf den oberen Blättertheil hinein und lasse sie einige Minuten darin backen; sind alle auf diese Weise behandelt, dann lege sie auf ein flaches Geschirr, damit sie gehörig abtropfen können. Unterdessen schabe 1 Viertelpfund Speck recht fein, thue ihn in ein dazu schickliches Geschirr, ¼ ℔ Butter, ein Trinkglas voll Provenceröl und 2 Hände voll feingehackte Champignon dazu, dämpfe es einige Minuten zusammen, dann gebe eine Hand voll feingehackte Schalottenzwiebeln, eben so viel feingehackte Petersilie, etwas grobgestoßenen Pfeffer und Salz dazu und lasse alles wieder einige Minuten gut verdämpfen; dann stelle es auf Eis oder an einen kalten Ort, und wenn es hinlänglich kalt geworden, so verrühre es recht schaumig, fülle es sorgfältig in die Artischocken ein und binde sie mit einem Bindfaden zusammen, damit sie nicht auseinander fallen können. Alsdann belege ein dazu passendes flaches Geschirr mit dünnen Speckbatten, setze die Artischocken nebeneinander hinein, gebe einige Schnittchen rohen Schinken, etwas dünngeschnittenes rohes Kalbfleisch, ein Lorbeerblatt, etwas Thymian und einen Suppenlöffel voll gute Fleischbrühe hinzu, bedecke alles mit dünnen Speckbatten, lege ein rundes Papier obend'rauf, decke es mit einem mit glühenden Kohlen tüchtig belegten Deckel zu und lasse es auf starker Glut langsam 3 Viertelstunden dämpfen; dann decke sie auf, richte sie schön ganz auf die Platte und mache die Bindfäden davon. Sodann gieße einen Suppenlöffel voll gute braune Sauce zu dem zurückgebliebenen Saft und lasse sie damit aufkochen, seihe es dann durch ein Sieb, räume das Fett davon, thue noch etwas Salz und Pfeffer in die Sauce, koche sie noch einmal auf und gieße sie dann in die Artischocken, den Rest aber in ein Saucengeschirr.

131. Gebackene Artischocken.

Drei Artischockenköpfe werden, wenn der Boden schön abgedreht oder der rauhe Theil davon geschnitten ist, je in 12 Theile geschnitten, sodann das Haarige herausgebohrt und die Spitzen etwas abgestutzt, dann alle recht gut ausgewaschen und wieder gehörig abgetrocknet. Nun werden sie in eine tiefe Schüssel gelegt, etwas feines Salz, gestoßener Pfeffer, 2 Eßlöffel voll gutes Oel, 1 ganzes Ei und von 2 das Gelbe, 3 Eßlöffel voll Essig, 8 Eßlöffel voll Weißmehl und 1 halbes Trinkglas voll Weißbier dazugethan und gehörig untereinander gerührt; eine halbe Stunde vor dem Anrichten wird es stückweise mit der Gabel in heißes Schmalz gelegt, schön braungelb gebacken und nach der Suppe gegeben.

132. Kartoffeln à la maître d'hôtel.

Siede deren so viel, als man zu einer Platte nöthig hat, und wenn sie geschält und erkaltet sind, schneide sie in Blättchen; dann thue sie in ein dazu passendes Geschirr, 1 Eßlöffel voll feingehackte Petersilie, eben so viel feingehackte Zwiebeln, 1 Viertelpfund gute Butter in dünne Stückchen geschnitten, etwas Salz, Pfeffer und Muskatnuß dazu, fülle es mit 1 halben Schöpflöffel voll Fleischbrühe auf, lasse sie eine Viertelstunde vor dem Anrichten schnell einkochen, gebe alsdann noch den Saft einer halben Citrone dazu und richte sie heiß auf die Platte.

133. Kartoffelfricassee.

Schneide schöne gleichgeformte Kartoffelschnitze oder steche mit einem runden Ausstecher so viele aus, als zu einer Platte nöthig sind, und wasche sie gut aus; dann thue sie in ein dazu passendes Geschirr, sammt Salz und so viel Wasser, daß es etwas darüber geht, stelle sie an die Seite des Feuers und lasse sie langsam kochen, bis sie gehörig weich, jedoch nicht zerfahren sind. Hierauf verrühre das Gelbe von 6 Eiern mit 1 Viertelpfund Butter, 2 Kochlöffeln voll Mehl, 2 Eßlöffeln voll Essig, etwas Salz, Pfeffer und Muskatnuß, vermenge und rühre es recht gut untereinander und fülle es mit 3 Trinkgläsern voll guter Fleischbrühe auf; dann rühre die und reibe sie auf dem Reibeisen; dann thue in ein Geschirr ein halbes Ei groß Butter sammt einer feingehackten Zwiebel und dämpfe sie eine Minute, gebe noch 1 Viertelpfund Butter sammt 2 ganzen Eiern und von 3 das Gelbe dazu und rühre alles recht schaumig, bis es erkaltet; dann rühre die geriebenen Kartoffeln nebst Salz, Muskatnuß und 1 Kaffeelöffel voll feinen Majoran gut darunter, schlage das Weiße von den 3 Eiern zu Schnee und menge ihn auch gehörig darunter, drücke alles mit dem Kochlöffel tüchtig zusammen und lasse es eine halbe Stunde ruhen. Dann formire eigroße Kugeln daraus, lege sie in kochendes Salzwasser und lasse sie halb zugedeckt eine halbe Stunde an der Seite des Feuers langsam kochen; dann ziehe sie schön auf eine Platte und schmelze sie recht gut mit gelb ausgeröstetem Reibbrod.

139. Kartoffelbrei.

Es wird eine hinlängliche Portion roher Kartoffeln geschält, in Blättchen geschnitten, mit Wasser und etwas Salz auf's Feuer gesetzt und weich gekocht, hernach das Wasser abgegossen und die Kartoffeln einige Minuten zugedeckt stehen lassen; dann verrühre sie gehörig und drücke sie durch einen Seiher oder ein grobes Sieb gut durch in ein passendes Geschirr, stelle es auf's Feuer und rühre 1 Schoppen heiße Milch nebst einem Stückchen guter Butter sorgfältig darunter. Ist der Brei einige Minuten auf dem Feuer abgerührt, dann setze ihn in ein mit kochendem Wasser angefülltes Gefäß, damit er recht heiß bleibt, aber nicht kochen kann. Dann theile 4—6 Zwiebeln in Hälften, schneide sie in dünne Scheiben und röste sie in 1 Viertelpfund Butter schön braungelb; sodann richte den Brei auf eine Platte und gebe die gerösteten Zwiebeln darüber.

140. Rosenkohl mit Bratwurst auf holländische Art.

Schöner Rosenkohl, welcher aus kleinen geschlossenen Knospen besteht, wird, wenn er gehörig gereinigt, gewaschen, in Salzwasser weich gekocht und wieder abgetrocknet ist, in ein Geschirr gethan, ½ ℔ gute Butter etwas klar gemacht und nebst Salz und gestoßenem Pfeffer dazu gegeben, einige Minuten damit gedämpft und wohl untereinander geschüttelt, sodann recht heiß auf eine Platte gerichtet und Bratwürste dazu gegeben.

141. Schwarzwurzeln auf hessische Art.

Wenn so viel Schwarzwurzeln, als zu einem Gerichte gehören, recht weiß geputzt und ausgewaschen sind, werden sie der Länge nach in vier Theile gespalten und in stark fingergleich lange Stückchen geschnitten, in ein dazu passendes Geschirr gethan, mit so viel guter Brühe aufgefüllt, daß sie zollhoch darüber geht, ein Ei groß Butter und etwas Salz dazu gegeben, zugedeckt und langsam kochen lassen, bis sie weich sind. Unterdessen wird 1 Viertelpfund Butter, 2 Zwiebeln, etwas in Würfel geschnittener roher Schinken, 1 Lorbeerblatt und etliche Pfefferkörner einige Minuten gedämpft, dann 2 Kochlöffel voll Mehl dazu gethan und noch ein wenig damit gedämpft; hernach gieße einen Suppenlöffel voll Fleischbrühe dazu und verrühre es gut, bis es kocht; dann gieße noch 1 Schoppen sauern Rahm dazu und lasse es zusammen eine halbe Stunde gut verkochen; hernach rühre das Gelbe von 6 Eiern darunter, lasse es jedoch nicht mehr kochen. Nun gieße die Schwarzwurzeln sorgfältig ab und bringe sie recht trocken in ein anderes Geschirr, winde die Sauce durch ein reines Haartuch darüber, thue gehörig Salz und Muskatnuß daran und stelle es auf heiße Asche oder in ein mit kochendem Wasser gefülltes größeres Geschirr, bis es Zeit zum Anrichten ist; dann richte sie auf eine tiefe Platte und gebe eine von lauter Eiern gebackene Omelette in Stücke geschnitten dazu.

142. Schwarzwurzeln auf holländische Art.

Die Schwarzwurzeln werden wie die vorhergehenden zubereitet und weich gekocht. Dann macht man folgende holländische Sauce dazu: Das Gelbe von 8 Eiern wird mit einem halben Trinkglas voll Essig gut verrührt, dann auf schwachem Feuer fleißig gerührt, bis es dick zu werden anfängt (es darf aber nicht kochen, damit es nicht gerinnt). Ist es etwas dick und gut gebunden, dann thue ½ ℔ sehr gute Butter, welche vorher schon in dünne Blättchen geschnitten wurde, auf einmal darunter, sammt etwas Salz und Muskatnuß, rühre alles wohl untereinander, bis die Butter mit den Eiern gehörig verbunden ist; dann menge die Wurzeln, nachdem sie abgegossen und gut abgetrocknet sind, recht heiß unter die Sauce und schüttle sie auf dem Feuer wohl untereinander, damit sie recht heiß werden, ohne jedoch zu kochen; richte sie dann auf die Platte und lege Croutons darum.

143. Wirsing à la crême.

Gelbes Wirsingkraut wird in Salzwasser gehörig weich gekocht, abgekühlt, gut ausgedrückt und ganz fein gehackt; alsdann 3 Kochlöffel voll Weißmehl mit 1 Viertelpfund Butter einige Minuten gedämpft, hierauf der Wirsing dazugethan und damit wieder einige Minuten gedämpft, dabei aber beständig umgerührt, damit er nicht anhängen kann; fülle es dann mit einigen Gläsern kochendem Rahm auf und lasse es auf schwachem Feuer eine halbe Stunde langsam dämpfen, rühre es öfter gut herum, thue Salz und Muskatnuß daran, dann richte es auf eine Platte und lege Kalbsrippchen darum.

144. Spinat à la crême.

Dieser wird auf oben beschriebene Art wie der Wirsing zubereitet.

145. Spinatgemüs.

Wenn der Spinat gehörig gereinigt, gewaschen und in einem großen Geschirr mit viel kochendem Wasser weich gekocht und wieder in kaltem Wasser abgekühlt ist, dann drücke ihn recht fest aus und hacke ihn recht fein. Alsdann thue in ein Geschirr 1 Viertelpfund Butter und eine feingehackte Zwiebel, dämpfe solche einige Minuten, gebe einen Kochlöffel voll Weißmehl hinzu und lasse es eine Minute damit dämpfen; hernach rühre nach und nach vier Trinkgläser voll guts Fleischbrühe sammt etwas Salz und Muskatnuß darunter, lasse ihn auf schwacher Glut drei Viertelstunden unter öfterem Umrühren dämpfen, richte ihn dann auf die Platte, backe eine französische Omelette und lege sie darum.

146. Spinat auf englische Art.

Nachdem der Spinat gehörig gereinigt, gewaschen, weich abgekocht, gut verkühlt und gehackt ist, thue ihn in ein Geschirr, sammt etwas Pfeffer, Salz und Muskatnuß, rühre ihn mit einem Kochlöffel eine Viertelstunde auf schwachem Feuer, bis er durch und durch recht heiß geworden, dann nehme ihn vom Feuer und rühre 1 Viertelpfund sehr gute süße Butter darunter, richte ihn recht heiß auf die Platte und lege Croutons darum.

147. Endiviengemüs.

Wenn der Endivien sauber gepuzt und gewaschen ist, wird

er in kochendem Wasser gehörig weich abgekocht und in frischem Wasser wieder gut abgekühlt, dann recht ausgedrückt und einigemal durchgeschnitten; hernach wird in einem dazu passenden Geschirr 1 Viertelpfund Butter mit 2 Kochlöffel voll Weißmehl einige Minuten langsam gedämpft, dann der Endivien dazu gethan und auch einige Minuten auf dem Feuer abgedämpft, mit 1 Suppenlöffel voll guter Fleischbrühe aufgefüllt, untereinander gerührt und drei Viertelstunden auf schwachem Feuer dämpfen lassen, etwas Salz und Muskatnuß daran gethan, und wenn man ihn anrichtet, kann man das Gelbe von 2 Eiern darunter rühren und ihn mit Kalbfleischschnitzel garniren.

148. Kopfsalatgemüs.

Der Kopfsalat wird, wenn er gut gepuzt, gewaschen, weich abgekocht und wieder erkaltet ist, auf dieselbe Art, wie der Endivien, zubereitet und nach Belieben garnirt.

149. Selleriegemüs.

Schneide 12 Selleriköpfe in gleiche Schnitze und gebe ihnen mit dem Messer eine schöne Form, koche sie 4 Minuten in Salzwasser ab und verkühle sie wieder; dann thue sie mit 1 Viertelpfund Butter und 1 ganzen Zwiebel mit 2 Gewürznägelein gespickt in ein passendes Geschirr und lasse sie einige Minuten dämpfen, gebe 1 Suppenlöffel voll weiße Sauce (s. weiße Sauce) sammt etwas Salz und Muskatnuß dazu und koche sie auf schwachem Feuer langsam eine halbe Stunde; dann rühre das Gelbe von 2 Eiern gut darunter, richte sie recht heiß auf die Blatte und gebe gebratene Kalbschnitzel dazu.

150. Kukummernfricassee.

So viel Kukummern, als man zu einem Gemüse nöthig hat, werden gut geschält und jede der Länge nach in vier Theile geschnitten, von den Kernen befreit und die Schnitze in zollange Stückchen und die Ecken ringsherum abgeschnitten, damit alle eine gleiche Form erhalten. Nachdem sie in kochendem Salzwasser einigemal aufgekocht, wieder verkühlt und gut abgetrocknet sind, thue sie in ein Geschirr, 1 Viertelpfund Butter, 1 Kaffeelöffel voll feingehackte Petersilie und 1 ganze Zwiebel dazu, lasse es einige Minuten miteinander auf schwachem Feuer dämpfen, gebe dann 1 Suppenlöffel voll weiße Sauce sammt etwas Salz und Muskatnuß hinzu, und lasse es noch eine halbe Stunde langsam dämpfen dann verrühre das Gelbe von 3 Eiern mit 3 Eßlöffel voll sauerem Rahm und rühre es recht heiß unter die Kukummern; dann richte sie auf die Blatte und lege in Stücke geschnittene französische Omelette darum.

151. Braune Kukummern.

Die Kukummern werden hierzu auf oben angegebene Art geschnitten und dann folgendermaßen zubereitet: Koche eine Nuß groß Zucker mit ¼ Trinkglas voll Wasser auf schwachem Feuer ein, bis er anfängt zu schmelzen, und rühre mit dem Kochlöffel darin, bis er dunkelbraun wird, thue dann ein Ei groß Butter und die Kukummern (die aber nicht abgebrüht seyn dürfen) sammt etwas Salz und Pfeffer und ein halbes Glas Essig dazu, und lasse sie zugedeckt eine Viertelstunde langsam dämpfen; dann gieße einen Suppenlöffel voll Coulis oder braune Sauce dazu und lasse sie noch ein wenig kochen, bis die Kukummern weich sind und die Sauce etwas eingekocht ist. Beim Anrichten lege Hammelsrippen darum.

152. Glacirte Weißerüben.

Dazu nehme 18 Stück mittelgroße junge Weißerüben, schneide sie in Hälften und gebe jeder die Form einer Birne. Sind alle so zubereitet, dann thue in ein passendes Geschirr 1 Viertelpfund Butter und lasse sie auf dem Feuer zergehen, lege die Weißerüben hinein und lasse sie nach und nach Farbe nehmen; alsdann lege sie ohne Fett in ein anderes Geschirr, gebe 4 Trinkgläser voll gut verkochte Coulis, eben so viel gute Fleischbrühe, 1 Glas guten jus oder Saftbrühe, etwas Salz, grobgestoßenen Pfeffer und ein halbes Ei groß Zucker dazu und lasse sie gut dämpfen, bis sie weich sind; sobann lasse die Sauce schnell einkochen, richte die Rüben schön auf eine Blatte, gieße die Sauce darüber und garnire sie mit Kalbsrippchen.

153. Gedämpfte Zwiebeln mit Kümmel.

Eine Anzahl von 20—24 Zwiebeln in der Größe eines Thalers werden, wenn sie sauber geschält und oben und unten nicht zu kurz abgeschnitten sind, in ein dazu passendes Geschirr nebeneinander gelegt, ein Suppenlöffel voll jus, eben so viel gute Fleischbrühe, 1 Viertelpfund Butter, etwas Salz, ein halbes Ei groß

Zucker und eine Hand voll gut gereinigter Kümmel dazu gethan, und auf starkes Feuer gestellt, bis sie zu kochen anfangen; dann decke sie zu und lasse sie auf schwachem Feuer ganz eindämpfen, bis keine Brühe mehr daran zu sehen ist, die Zwiebeln hinlänglich weich sind und glacirt wie Aepfelcompote aussehen. Man kann sie, auf eine Blatte angerichtet, zum Rindfleisch geben.

154. Linsen à la maitre d'hôtel.

Wenn die Linsen gehörig gereinigt, ausgewaschen und weich gekocht sind, dann thue in ein dazu passendes Geschirr 1 Viertelpfund Butter, eine Hand voll feingehackte Petersilie und eben so viel feingehackte Zwiebeln, lasse es eine Minute dämpfen, gieße die Linsen gut ab, gebe sie sammt Salz und grobgestoßenem Pfeffer dazu und lasse sie noch einige Minuten auf starkem Feuer unter öfterem Herumschütteln gut dämpfen; dann richte sie recht heiß auf eine Blatte.

155. Linsenfricassee.

1 Viertelpfund Butter wird mit 3 Kochlöffel voll Mehl einige Minuten auf schwacher Glut gedämpft, dann schneide etliche Zwiebeln in dünne Scheiben und dämpfe sie unter öfterem Umrühren auch noch einige Minuten damit; hernach fülle es mit Fleischbrühe oder Wasser auf, verrühre es gehörig auf dem Feuer und lasse es eine Viertelstunde verkochen, thue dann die wohl abgegossenen Linsen sammt Salz und grobem Pfeffer hinein, lasse sie noch eine Viertelstunde langsam und gut verdämpfen und richte sie recht heiß auf eine Blatte.

156. Weiße Bohnen mit Zwiebelpurée.

Dazu schneide 12 große Zwiebeln in dünne Scheiben, thue in ein Geschirr 1 Viertelpfund Butter, etwas rohen Schinken in Würfel geschnitten, 1 Lorbeerblatt und etwas groben Pfeffer, die Zwiebeln dazu, und lasse es langsam miteinander verdämpfen, bis die Zwiebeln eine hellbraune Farbe erhalten haben; sodann gebe 2 Kochlöffel voll Mehl dazu und dämpfe es noch einige Minuten damit; dann fülle es mit 4—6 Trinkgläsern voll Fleischbrühe auf, verrühre es auf dem Feuer recht gut, bis es zu kochen anfängt, und lasse es auf schwachem Feuer eine halbe Stunde gut verkochen; sodann treibe es sorgfältig durch ein Sieb, damit nichts von den Zwiebeln zurückbleibt. Unterdessen koche die Bohnen gehörig weich und gieße sie recht trocken ab, bringe sie mit 2 Eier groß Butter in ein passendes Geschirr, die bereitete Zwiebelsauce oder Purée sammt etwas Salz und grobem Pfeffer dazu, und schüttle sie auf dem Feuer recht gut untereinander, damit sie recht heiß werden, ohne jedoch zu kochen; alsdann richte sie auf eine tiefe Blatte.

157. Fèves de marine oder Saubohnen.

Man nehme entweder ganz kleine oder recht große Bohnen aus ihren Schaalen, die großen werden in kochendem Wasser abgebrüht, damit die dünne Haut davon abgeschält werden kann; die kleinen aber werden nicht geschält. Welche Sorte man nun auch gewählt haben mag, die wird einige Minuten in Salzwasser abgekocht; dann schneide eine Hand voll Petersilie und Schalottenzwiebeln recht fein und dämpfe sie mit 1 Viertelpfund Butter einige Minuten, thue dann die Bohnen sammt etwas Salz, feingestoßenem Pfeffer, 1 Kaffeelöffel voll feigehackten Majoran und einigen Eßlöffeln voll saurerem Rahm dazu, und lasse sie langsam dämpfen, bis sie weich sind; alsdann verrühre das Gelbe von 4 Eiern mit 4 Eßlöffeln voll saurerem Rahm und gebe es recht heiß darunter, lasse es aber nicht mehr kochen; hernach richte die Bohnen auf eine Blatte und lege gelb ausgebackene Crontons darum.

158. Hopfen mit verlornen Eiern.

Eine hinreichende Portion Hopfenkeime, die jedoch noch keine Blättchen haben dürfen, werden, nachdem die harten Stiele abgebrochen und sie gut gereinigt sind, in einer großen Menge Wasser mit etwas Salz abgekocht, bis sie weich sind und sich greifen lassen, dann abgegossen und in frischem Wasser abgekühlt. Alsdann thue in ein Geschirr 1 Viertelpfund Butter, 1 Eßlöffel voll feingehackte Petersilie und eben so viel feingehackte Zwiebel, dämpfe es einige Minuten miteinander, gebe dann noch 2 Kochlöffel voll Mehl dazu und dämpfe es noch einige Minuten damit; dann fülle es mit 3 Trinkgläser voll guter Fleischbrühe auf, verrühre es gehörig auf dem Feuer, bis es anfängt zu kochen, und thue dann die Hopfen, nachdem sie gut abgegossen und ausgedrückt sind, sammt etwas Salz und Muskatnuß dazu, lasse sie auf schwachem Feuer 3 Viertelstunden kochen und schüttle sie öfter untereinander, damit sie nicht anbrennen. Ist es Zeit zum An-

richten, dann verrühre das Gelbe von 3 Eiern mit 1 Eßlöffel voll
sauerem Rahm und rühre es recht heiß darunter, richte den Hop=
fen auf die Platte und lege verlorne Eier darum (s. verlorne Eier).

Mehlspeisen.

159. Reispudding.

Wenn 1 Viertelpfund Reis wohl gereinigt und ausgewaschen
ist, so wird er eine Viertelstunde in viel kochendem Wasser abge=
kocht, dann zum Verkühlen in frisches Wasser gelegt, wieder ab=
gegossen und auf einem Tuch abgetrocknet. Nun thue ihn sammt
etwas abgeschnittener Citronenschaale und ganzem Zimmt in einen
Schoppen kochende Milch und lasse ihn eine halbe Stunde lang=
sam kochen, bis er ganz dick und weich geworden; dann rühre
ein Ei groß Butter darunter, nehme den Zimmt und die Citronen=
schaale wieder heraus und lasse ihn erkalten; alsdann thue 4
ganze Eier und von 4 das Gelbe darunter und rühre ihn recht
schaumig, gebe eine Prise Salz und 4 Eßlöffel voll Zucker dazu,
schlage das Weiße von 4 Eiern zu steifem Schnee und menge ihn
ebenfalls darunter; dann bestreiche eine runde, gleich hohe Form
gut mit Butter und fülle die Masse hinein, setze die Form in ein
mit kochendem Wasser halb angefülltes Geschirr und lasse es nicht
ganz zugedeckt an der Seite des Feuers dritthalb Stunden lang=
sam kochen. (Während dieser Zeit muß der Deckel mit glühenden
Kohlen wohl unterhalten werden, er darf nur zu drei Viertheilen
darauf gedeckt seyn; auch sehe man zu, daß das Wasser nicht in
die Form eindringt und in dem Geschirr immer in gleicher Höhe
steht.) Eine halbe Stunde vor dem Anrichten wird die Form mit
dem Pudding auf eine tiefe Platte gestürzt und einige Minuten
ruhen lassen, dann abgehoben und nach Belieben eine Wein=,
Kirschen=, Aprikosen=, Hagebutten=, Himbeer=, Johannisbeer= oder
Erdbeersauce darüber gegeben.

160. Reiskuchen mit glacirten Aepfeln.

Eben so viel Reis wird auf die oben angegebene Art zube=

reitet, nur wird auf dem Zucker, der dazu kommt, etwas Citronenschaale abgerieben. Schäle 8—10 gute Aepfel und schneide sie mitten durch, bestreue sie ganz dick mit Zucker, gieße ein Glas Wein sammt ein halb Ei groß heiß gemachter Butter darüber und lasse sie zugedeckt auf schwachem Feuer langsam dämpfen, bis sie eingekocht, weich und schön hochgelb glacirt sind; dann lasse sie verkühlen, bestreiche indessen eine dazu passende runde, gleich hohe Form gehörig mit Butter, belege den Boden mit einem passenden Papier, darauf eine Lage glacirter Aepfel, auf diese ein Theil des zubereiteten Reises und so abwechselnd fort, bis die Form gefüllt ist (jedoch muß eine Lage Reis oben den Schluß machen), und stelle sie anderthalb Stunden in den heißen Ofen. Sollte der Kuchen zu viel Farbe annehmen oder gar schwarz werden wollen, so lege ein Papier darauf. Ist er nun gut, was man daran erkennt, wenn beim Einstechen eines Messers nichts Feuchtes mehr an demselben zu sehen ist, so stürze ihn auf eine Blatte, hebe die Form nach einigen Minuten ab und bestreue den Kuchen mit feinem Zucker.

161. Reisauflauf mit Vanille.

1 Viertelpfund Reis wird, wenn er gut gereinigt und eine Viertelstunde in Wasser gekocht, in kaltem Wasser wieder abgekühlt und gut abgetrocknet ist, in eine halbe Maaß kochende Milch gethan, ein fingerlanges Stückchen Vanille dazu und langsam eingekocht, bis er dick und keine Milch mehr daran zu sehen ist; dann rühre 1 Viertelpfund Butter darunter und lasse ihn etwas verkühlen. Eine Stunde vor dem Anrichten rühre den Reis recht schaumig und das Gelbe von 8 Eiern nach und nach darunter, gebe 3 Hände voll feingestoßenen Zucker und ein wenig Salz dazu, dann schlage das Weiße der 8 Eier zu steifem Schnee und mische ihn ganz leicht darunter; fülle nun das Ganze in ein Auflaufblech oder sonst ein reinliches Geschirr, das auf den Tisch gegeben werden kann, und stelle es in einen mittelmäßig heißen Ofen. Man kann auch papierne Kapseln, wie Biscuitkapseln, machen, den Reis hineinfüllen, oben mit feinem Zucker bestreuen, die Kapseln auf ein Blech setzen und dieses in den Ofen stellen; dieser ist in einer halben Stunde gut, jener in dem Auflaufblech aber braucht 3 Viertelstunden. Wenn er nun gelbbraune Farbe erhalten und gehörig durchgebacken ist, so bestreue einen wie den andern mit feinem Zucker, worunter etwas Vanille gestoßen ist.

162. Reis à la Malta mit eingemachten Früchten.

Wenn ¾ ℔ Reis gut gereinigt, ausgewaschen, eine Viertelstunde in viel kochendem Wasser abgekocht, in frischem Wasser wieder abgekühlt und auf einem Tuch gut abgetrocknet ist, wird in ein etwas breites Geschirr ½ ℔ Zucker und 3 Gläser Wein gethan, miteinander bis zur Hälfte eingekocht und vom vorkommenden Schaum gehörig gereinigt; dann gebe den Reis sammt 2 Gläser guten Rum und dem Saft von 2 Citronen dazu, lasse ihn gut und dick verdämpfen, bis er weich ist, aber dennoch saftig und ganz bleibt, rühre ihn öfter sachte herum und gieße von Zeit zu Zeit etwas Wein hinzu, bis er recht gut und dick ist, thue auch etwas feingehackte Citronenschaale daran. Ist er nun gehörig weich und dick, dann stelle ihn vom Feuer, schneide einige eingemachte Nüsse, Quitten und grüne Orangen in Schnitze, bestreiche eine dazu geeignete Form mit feinem Oel und pinsele sie ganz dünne aus, belege den Boden derselben nach schöner Zeichnung abwechselnd mit eingemachten Kirschen, Stachelbeeren und den Schnitzen der übrigen eingemachten Früchte, dann eine zollbicke Lage Reis darauf und drücke ihn gut ein, lege wieder einen schönen Kranz von Früchten, dann wieder Reis, gehörig eingedrückt, und so fort, bis die Form voll, oben aber ein Kranz von Früchten ist. Nun stelle die Form entweder auf Eis oder in recht kaltes Wasser, vermenge indessen einen Theil des übrigen Reises (denn man muß eine Portion zurückbehalten) mit einer hellrothen Farbe, aus Spanischflor oder Tournesol mit etwas Wasser gekocht, und forme schöne Aepfelchen daraus, den andern Theil des Reises aber vermenge mit gelber Farbe, welche aus Saffran mit etwas Wasser gekocht wird, forme kleine Birnen daraus und stelle beide ebenfalls kalt. Ist es Zeit zum Anrichten, dann tauche die Form in heißes Wasser, damit der Reis warm wird und die Form sich leichter abheben läßt, stürze sie auf eine Blatte und garnire die Aepfelchen und Birnchen schön darum. Dann wird eine kalte süße Sauce daran gegossen, etwa folgende: im Sommer werden stark ein Teller voll Erd- oder Himbeeren durch ein feines Sieb getrieben, dann 2—3 Gläser Wein sammt 2 Händen voll gestoßenem Zucker und etwas Zimmt darunter gerührt, schnell zur Hälfte eingekocht, dann einige Eßlöffel voll guter Rum oder Arack darunter gerührt und kalt werden lassen; im Winter aber wird anstatt der Früchte eingemachter Saft genommen und eben so behandelt.

163. Reis in Schmalz gebacken.

1 halbes Pfund Reis wird, wenn er gereinigt und gut ausgewaschen, eine Viertelstunde in vielem Wasser gekocht, in frischem Wasser wieder abgekühlt, dann abgegossen und gut abgetrocknet ist, mit etwas ganzem Zimmt und ein wenig dünn abgeschnittener Citronenschaale in ein halbes Maaß kochende Milch gethan und damit dick und weich gekocht, bis keine Milch mehr daran zu sehen ist; sobann rühre ein Ei groß gute Butter und etwas Salz darunter, und wenn er gehörig untereinander gerührt ist, dann lasse ihn gut verkühlen und formire halb Ei große Kugeln oder fingerlange und zwei Finger dicke Würstchen daraus; alsdann tauche sie in feingeriebenes Weißbrod und drücke dasselbe gut darum, verkläppere einige ganze Eier, wende ein Würstchen nach dem andern darin herum und tauche sie dann nochmals in Reibbrod. Sind alle auf diese Art zubereitet, dann bestreue ein Blech oder einen Deckel mit Reibbrod, lege sie nebeneinander darauf und backe sie eine halbe Stunde vor dem Anrichten in Schmalz schön braungelb, lege sie auf einen Seiher, bis alle gebacken sind, gebe auf einen Bogen Papier 3—4 Hände voll feingestoßenen Zucker und einen Kaffeelöffel voll feingestoßenen Zimmt, mische es gehörig untereinander, lege die gebackenen Reiskügelchen darauf und wende sie gut darin um; dann richte sie schön auf eine Platte und gebe sie heiß auf den Tisch.

164. Gebackener Reis mit Parmesankäs.

Eben so viel Reis wird auf obige Art gekocht und zubereitet, nur daß weder Zimmt noch Citronenschaale dazu kommt. Ist er in Milch weich gekocht, dann rühre ein Ei groß Butter, 4 Hände voll geriebenen Parmesankäs, etwas groben Pfeffer und ein wenig Salz recht gut darunter, und wenn er erkaltet ist, dann forme ihn auf oben angegebene Weise, wende die Kügelchen oder Würstchen ebenso in Reibbrod und Ei herum und backe sie auf gleiche Art, nur daß sie nicht bestreut, sondern gleich heiß auf den Tisch gegeben werden.

165. Hessischer Reisbrei.

½ ℔ Reis, wenn er gut gereinigt, ausgewaschen, eine Viertelstunde in vielem Wasser gekocht, in frischem Wasser abgekühlt, wieder abgegossen und auf einem Tuch gut abgetrocknet ist, wird in 1 Maaß kochender Milch halb zugedeckt eine halbe Stunde langsam gekocht, bis er ziemlich dick und weich geworden und die noch daran befindliche Milch wie dicker Rahm aussieht; dann wird er wohl untereinander geschüttelt, beim Anrichten 1 Viertelpfund recht süße frische Butter sammt 1 Eßlöffel voll feingestoßenem Zucker und ein wenig Salz gehörig darunter gerührt, recht heiß auf eine Platte gehäuft und mit feingestoßenem Zucker und Zimmt dick überstreut.

166. Italienischer Reis.

Eine gleiche Portion Reis wird ganz auf oben angegebene Art behandelt und gekocht; wenn er abgekühlt und wieder gehörig abgetrocknet ist, dann werden 2 feingehackte Zwiebeln mit ¼ ℔ Butter ein wenig gedämpft, der Reis sammt etwas grobem Pfeffer und Salz, auch ¼ ℔ in kleine Würfel geschnittenes Ochsenmark dazu gethan, dann zugedeckt und auf schwachem Kohlenfeuer einige Minuten gedämpft, dabei einigemal untereinander geschüttelt, nach und nach 3—4 Trinkgläser voll gute Brühe dazu gegossen und unter öfterem Rütteln eine halbe Stunde langsam gedämpft. Ist alles eingedämpft und der Reis weich, aber schön ganz, dann verrühre eine Messerspitze voll feinen Saffran mit etwas Fleischbrühe, mische es nebst 4 Händen voll geriebenem Parmesankäs recht gut darunter und richte ihn heiß auf eine Platte.

167. Griesauflauf.

In einem passenden Geschirr lasse 1 Viertelpfund Butter zergehen, thue 2 Trinkgläser voll guten Kernengries dazu und lasse es 3—4 Minuten auf schwacher Glut langsam dämpfen, rühre es öfter herum und gebe Acht, daß es keine Farbe nimmt; dann gieße ½ Maaß kochende Milch dazu und rühre es sorgfältig, damit er nicht knollig wird, lasse ihn unter öfterem Herumrühren eine halbe Stunde langsam dämpfen, bis er dick und gehörig gahr ist, und lasse ihn dann verkühlen. Anderthalb Stunden vor dem Anrichten verrühre ihn recht gut und glatt mit 2 ganzen Eiern und dem Gelben von sechsen, dann rühre noch ein Ei groß Zucker, worunter 1 Eßlöffel voll Orangenblüthe gestoßen worden, sammt etwas feinem Salz darunter, schlage das Weiße von den 6 Eiern zu steifem Schnee und menge ihn ganz leicht unter den Gries; alsdann fülle ihn in ein Auflaufblech oder ein anderes passendes Geschirr und lasse ihn in einem mittelmäßig heißen Ofen 3 Viertelstunden backen, bis er eine schöne hochgelbe Farbe erhalten und durch und durch gut ist; dann bestreue ihn mit etwas feingestoßenem Orangenblüthzucker und gebe ihn auf die Tafel.

168. In Dampf gebackener Grieskuchen mit eingemachten Früchten in Sauce.

Ein halbes Pfund guter Kernengries wird auf oben beschriebene Weise zubereitet, nur mit dem Unterschiede, daß 8 Eier ganz darunter gerührt werden, kein Schnee dazu geschlagen und statt des Orangenblüthzuckers eben so viel Citronenzucker darunter gerührt wird. Sodann bestreiche eine runde tiefe Form recht gut mit Butter, belege den Boden mit einem passend geschnittenen Papier und garnire denselben mit einem Kranze beliebig gewählter eingemachter Früchte, gebe eine zollhohe Lage von dem zubereiteten Gries darauf, dann lege wieder einen Kranz eingemachter Früchte und fahre so fort, bis die Form damit angefüllt ist; dann setze sie in ein großes mit kochendem Wasser angefülltes Gefäß, doch so, daß das Wasser nur bis an die Hälfte der Form reicht, auf welcher Höhe es auch während dem Kochen erhalten werden muß, decke einen mit glühenden Kohlen belegten Deckel so auf das Gefäß, daß er nur drei Viertheile desselben zudeckt, damit der Dampf heraus kann, unterhalte die Kohlen gehörig und lasse es dritthalb Stunden langsam kochen. Ist es Zeit zum Anrichten, dann nehme die Form heraus, stürze sie auf eine tiefe Blatte, lasse sie eine Minute darauf ruhen, hebe sie dann ab und gebe folgende Sauce dazu: drücke oder stoße einen Teller voll Johannisbeeren zusammen und treibe sie durch ein Tuch oder Sieb, gebe dann 1 Viertelpfund Zucker sammt 3 Trinkgläsern voll Wein dazu und lasse sie zur Hälfte einkochen, so ist sie fertig.

169. Wiener Franzelkuchen.

Von einem Pfund Weißbrod wird die Kruste ganz dünn abgeschnitten oder auf dem Reibeisen sorgfältig abgerieben, dann das Brod in ganz dünne Blättchen geschnitten und mit 1 Schoppen heißer Milch angebrüht, 1 Viertelpfund Butter darunter geschnitten und gut zugedeckt eine Viertelstunde ruhen lassen, damit das Brod gehörig erweichen kann; dann thue 1 Viertelpfund geschälte und zu Teig zerstoßene Mandeln dazu und verrühre es eine Viertelstunde miteinander recht schaumig, rühre nach und nach 8 ganze

Eier, ein Ei groß Zucker, worauf die Schaale einer Citrone abgerieben worden, und etwas Salz darunter; sodann bestreiche eine dazu passende Form mit Butter, belege den Boden derselben mit Papier, fülle die Masse hinein, bis sie ganz voll ist, und lasse sie in einem heißen Ofen anderthalb Stunden backen. Sollte der Kuchen oben zu viel Farbe erhalten, so lege ein doppeltes Papier darauf. Ist er gut, dann nehme ihn aus dem Ofen, stürze ihn auf eine tiefe Platte, und wenn es Zeit zum Auftragen ist, dann hebe die Form ab und gebe folgende Sauce darüber: eine Hand voll geschälte Mandeln werden je der Länge nach in vier Theile geschnitten, 1 Viertelpfund Zibeben und eben so viel Rosinen gehörig gereinigt und gewaschen, dann die dünn abgeschnittene Schaale einer Citrone ganz fein nudelartig geschnitten, dieß alles mit etwas feingestoßenem Zimmt, 3 Händen voll gestoßenem Zucker, 2—3 Eßlöffel voll eingemachtem Hagebuttenmark oder Aprikosenmarmelade und 4 Trinkgläsern voll weißem Wein in ein passendes Geschirr gethan und auf schwachem Feuer eine halbe Stunde langsam gekocht. **NB.** Ein Theil der Mandeln wird oben in den Kuchen ein wenig eingesteckt, ehe man die Sauce darüber gießt.

170. Berliner Kuchen oder Mehlspeise.

Dazu werden 6 Flätchen oder ganz dünne Plinzen gebacken; dann wird 1 Schoppen Milch mit einem eigroßen Stück Butter gut aufgekocht, 6 Kochlöffel voll Mehl darunter gerührt und eine Viertelstunde mit dem Kochlöffel auf dem Feuer gut abgedämpft, bis der Teig ganz trocken geworden und von Fett glänzt. Ist er wieder erkaltet, dann rühre nach und nach 4 ganze Eier und das Gelbe von vieren darunter (der Teig muß aber gehörig verarbeitet werden, damit er recht glatt und schaumig ist); dann schlage das Weiße von den 4 Eiern zu steifem Schnee und menge ihn sorgfältig darunter, auch ein eigroßes Stück Zucker, worauf eine Citrone abgerieben worden, stoße fein und rühre es sammt etwas Salz dazu. Nun bestreiche eine runde hohe Form, 1 Maaß haltend, gut mit Butter, belege den Boden derselben am Rande mit einem Kranz von eingemachten Früchten und die Mitte desselben fülle mit gut ausgewaschenen, fest aneinander gelegten türkischen Zibeben aus; sodann mache eine zollbicke Lage von der gerührten Masse darauf und bedecke diese mit einem der Flätchen, welches rund in die Form passend geschnitten worden; dann lege wieder einen Kranz von eingemachten Früchten, fülle ihn ebenso mit türkischen Zibeben aus, mache eine gleiche Lage von der Masse darauf, bedecke sie gleichfalls mit einem Flätchen und fahre so fort, bis die Form voll ist, ein Flätchen aber den Schluß macht. Jetzt setze die Form in ein hinlänglich großes Gefäß, welches mit kochendem Wasser so weit angefüllt ist, daß dasselbe bis an die Mitte der Form geht, decke einen mit glühenden Kohlen belegten Deckel zu drei Viertheilen darauf und lasse es langsam dritthalb Stunden anhaltend kochen. (Das Wasser muß dabei immer in gleicher Höhe erhalten und die Kohlen auf dem Deckel von Zeit zu Zeit ergänzt werden.) Ist es Zeit zum Anrichten, dann stürze die Form auf eine tiefe Platte und lasse sie einige Minuten ruhen; indessen thue in ein kleines Geschirr 1 Trinkglas voll eingemachte Johannisbeer-, Kirschen- oder Quittengelée, fülle 2 Trinkgläser Wein dazu und lasse es einige Minuten verkochen, dann hebe die Form ab und gieße diese Sauce über die Mehlspeise.

171. Schwedischer Pudding.

Von 1 Pfund Weißbrod wird die äußere Rinde gut abgerieben und dasselbe ganz dünn und fein zusammengeschnitten; dann gieße 1 Schoppen kochende Milch darüber, gebe 4 Loth Butter dazu und decke es einige Minuten zu, damit es gehörig erweicht; sodann verrühre das Brod recht schaumig, rühre 8 ganze Eier darunter, gebe 1 Viertelpfund gutes Ochsenmark in kleine Würfel geschnitten, 1 Hand voll feingeriebenes Milchbrod mit 1 Trinkglas voll Arack angefeuchtet, ½ ℔ türkische Zibeben und eben so viel kleine Rosinen, 1 Schnitz Citronat in Würfelchen geschnitten, ¼ ℔ Zucker, 1 Kaffeelöffel voll Zimmt, einige Gewürznägelein und etwas Salz, jedes feingestoßen, dazu und rühre dieß alles gehörig untereinander. Dann bestreiche eine dazu passende Form gut mit Butter, belege den Boden mit Papier und fülle die ganze Masse in dieselbe; setze sie dann in ein mit kochendem Wasser angefülltes Gefäß, so daß das Wasser bis an die Mitte der Form geht, und decke einen mit glühenden Kohlen belegten Deckel dreiviertels darauf. setze es an die Seite des Feuers und lasse es drei Stunden langsam fortkochen. (Das Wasser muß hierbei auf gleicher Höhe erhalten und die Kohlen stets durch neue ersetzt werden.) Wenn angerichtet werden soll, dann stürze die Form auf eine tiefe Platte, hebe sie behutsam herunter und bestreue den Pudding recht dick mit Zucker, auch der innere Rand der Platte wird stark mit Zukker bestreut, über den Pudding 2—3 Trinkgläser voll Arack oder guter Rum gegossen und angezündet auf die Tafel gestellt.

172. Gewöhnlicher deutscher Pudding mit Weinchaudeau.

Von 1 Pfund Weißbrod wird die braune Kruste abgerieben, das Brod ganz fein zusammengeschnitten und in eine tiefe Schüssel gethan; dann gieße 1 Schoppen kochende Milch sammt 1 Viertelpfund gute Butter darüber und lasse es zugedeckt stehen, damit das Brod erweichen kann. Ist dieß geschehen, dann verrühre das Brod recht schaumig und 8 ganze Eier darunter, thue 1 Schnitz Citronat in dünne Scheibchen geschnitten, ½ ℔ gut gepußte Zibeben, ein Ei groß Zucker, worauf eine Citrone abgerieben worden, und ein wenig Salz, beides feingestoßen, dazu und rühre alles recht schaumig untereinander (sollte die Masse zu fest werden, so gieße noch ein Glas warme Milch hinzu). Dann bestreiche eine Form mit Butter, fülle die Masse hinein, setze sie in ein Gefäß mit kochendem Wasser und lasse sie auf oben angegebene Art zwei Stunden kochen. Beim Anrichten stürze die Form auf eine Platte und lasse sie ein Weilchen ruhen; indessen schlage in einen neuen dazu passenden Topf 6—8 Eiergelb, rühre 2 Gläser alten weißen Wein sammt anderthalb Eier groß feingestoßenen Zucker, worauf vorher eine Citrone abgerieben worden, sorgfältig darunter, quirle auf schwachem Feuer mit dem Chocoladequirl, bis es nach und nach heiß und recht schaumig und steif geworden, dann hebe die Form ab und gieße diesen Chaudeau über den Pudding.

173. Kartoffelpudding mit Sagosauce.

Hiezu werden 18 Stück den Tag vorher abgekochte Kartoffeln gut gerieben, 1 Viertelpfund Butter auf der Glut recht schaumig gerührt, das Geriebene sammt 1 Viertelpfund feingestoßenem Zucker und 2 Schnitzen in Würfel geschnittenem Citronat dazu gegeben, nach und nach 8 Eier nebst ein wenig Salz darunter gerührt und dann alles recht schaumig verrührt; sodann fülle die ganze Masse in eine mit Butter bestrichene Form, deren Boden mit Papier belegt ist, setze sie auf oben beschriebene Art in kochendes Wasser und lasse den Pudding auf gleiche Weise bei schwachem Feuer zwei Stunden kochen, stürze ihn dann auf eine tiefe Platte, hebe die Form behutsam ab und gieße folgende Sauce darüber: 1 Trinkglas voll brauner oder weißer Sago wird in kochendes Wasser gethan und so lange gekocht, bis er ganz hell und durchsichtig ge=

worden; dann auf ein Sieb geschüttet, frisches Wasser darüber gegossen, und wenn es gut abgetropft ist, der Sago nebst einem Schoppen rothen Wein, 4 Loth Zucker, etwas ganzem Zimmt und Citronenschaale in ein kleines Geschirr gethan und eine halbe Stunde langsam gekocht.

174. Wiener Nudeln.

Von 2 Eiern werden gewöhnliche Nudeln gemacht und in heißem Schmalz schön hochgelb ausgebacken, dann wird ein ganz dünner Kindsbrei gemacht, und während er noch heiß ist, das Gelbe von 4 Eiern darunter gerührt. Nun bestreiche eine neue, schön glacirte irdene Casserole ohne Stiel oder ein anderes tiefes Geschirr, welches auf die Tafel gestellt werden kann, mit Butter, thue einen Theil Brei hinein, eine Lage gebackener Nudeln darauf und streue eine halbe Handvoll feingestoßenen Zucker und Zimmt darüber, dann mache wieder eine Lage Brei und fahre so fort, bis alles eingefüllt und das Geschirr voll ist; belege es alsbann oben mit einigen Scheibchen Butter, stelle es in einen nicht zu heißen Ofen und lasse es drei Viertelstunden backen, bis es oben gelb ist; dann streue Zucker und Zimmt und einige gebackene Nudeln darüber und gebe es auf die Tafel.

175. Nudelkuchen mit Vanillensauce.

Von 3 Eiern gut gemachte Nudeln werden in kochende Milch gethan und einige Minuten abgekocht, dann auf einen Seiher geschüttet, damit sie gut abtropfen. Nun verrühre ½ ℔ Butter mit 4 Eiergelb und 4 ganzen Eiern, thue ¼ ℔ gereinigte, wohl ausgewaschene und wieder gut abgetrocknete Rosinen, ein Ei groß mit etwas Vanille feingestoßenen Zucker und ein wenig Salz dazu und rühre es recht schaumig; dann schüttle die Nudeln ganz leicht darunter, schlage von dem Weißen der 4 Eier einen guten steifen Schnee und menge ihn ebenfalls darunter; sodann bestreiche eine dazu passende Form mit Butter, belege deren Boden mit Papier und fülle die Masse hinein, stelle sie in den heißen Backofen und nehme sie nach Verfluß von anderthalb Stunden wieder heraus, stürze sie dann auf eine tiefe Blatte und gebe folgende Sauce darüber: 1 Schoppen süßer Rahm wird mit einem fingerlangen Stück Vanille, in kleine Theile geschnitten, und einer Handvoll gestoßenem Zucker auf's Feuer gesetzt und eine Viertelstunde langsam verkocht; dann rühre das Gelbe von 4 Eiern recht heiß darunter, ziehe sie mit dem Löffel gut auf, damit sie nicht gerinnt, und lasse sie durch ein Sieb laufen.

176. Hessische Schinkennudeln.

Dazu mache von 3 ganzen Eiern einen Nudelteig und walze ihn in drei gleich große Messerrücken-dicke Blätter aus, schneide sie in fingerlange, Federkiel-breite Nudeln und koche sie einige Minuten in Salzwasser, schütte sie dann auf ein Sieb, damit sie gut abtrocknen, thue sie in 1 Schoppen kochende Milch und lasse sie mit derselben auf schwachem Feuer ganz einkochen und dann etwas verkühlen. Unterdessen verrühre 1 Viertelpfund Butter mit dem Gelben von 6 Eiern recht schaumig, ¼ Schoppen dicken sauern Rahm nebst ½ Pfund gekochten und feingebackten Schinken dazu, menge dann die Nudeln sammt etwas grobem Pfeffer und Salz gehörig darunter, schlage das Weiße von den 6 Eiern zu steifem Schnee und mische ihn sorgfältig bei; dann thue das Ganze in ein dazu passendes reinliches Geschirr, das auf die Tafel gestellt werden kann, und lasse sie eine Stunde im heißen Ofen backen und schöne Farbe nehmen.

177. Geröstete Milchnudeln mit Krebsbutter.

Mache von 3 Eiern und einem halben Ei groß Butter einen gewöhnlichen Nudelteig, walze ihn in mehreren Blättern halb Federkiel-dick aus und schneide sie in fingerlange und Federkiel-breite Nudeln; dann gieße in ein breites flaches Geschirr 3 Schoppen Milch sammt einem Ei groß Krebsbutter, eben so viel Zucker und etwas Salz, lasse es miteinander aufkochen, streue die Nudeln hinein und lasse sie eine Stunde langsam einkochen, damit sie unten eine schöne gelbe Kruste bekommen; dann wende sie mit einer Schaufel um, damit sie auch auf der andern Seite Kruste bekommen, und wenn dieß geschehen, dann steche sie mit der Schaufel auf eine Platte und streue etwas feingestoßenen Zucker darauf.

178. Wiener Dukatennudeln.

Zu 1 Pfund sehr feinem Schwingmehl nehme 1 Viertelpfund Butter und 1 halben Schoppen süßen Rahm, mache ihn warm und lasse die Butter darin zergehen; dann verrühre das Gelbe von 6 Eiern und 1 ganzes, 3 Eßlöffel voll gute Essighefe, 1 Eßlöffel voll feingestoßenen Zucker und etwas Salz darunter, rühre es tüchtig untereinander, schütte es in das Mehl, welches vorher etwas warm gestellt war, und verarbeite es so lange mit dem Kochlöffel, bis der Teig von demselben abfällt. Dann bestreue den Backtisch oder ein Bret gut mit Mehl, bringe den Teig reinlich darauf, klopfe ihn mit der flachen Hand und schlage ihn öfter zusammen, bis er Blasen bekommt (der Tisch muß dabei öfter mit Mehl bestreut werden, damit der Teig nicht anklebt); ist er gut verklopft, dan walze ihn ganz leicht fingerdick aus, steche ihn mit einem Ausstecher von der Größe eines Dukaten alle sorgfältig aus, setze die ausgestochenen Nudeln auf einem mit Mehl bestreuten Blech fingerbreit auseinander und lasse sie gut zugedeckt an einem warmen Ort eine Stunde gehen. Sind sie schön aufgegangen, dann lasse in einem flachen Dampfnudelgeschirr ½ Schoppen Milch mit einem Ei groß Butter aufkochen, setze die Nudeln in die Milch, die jedoch nur bis an die Hälfte der Nudeln gehen darf, decke einen gut schließenden, mit glühenden Kohlen belegten Deckel darauf, stelle sie auf nicht zu starkes Kohlfeuer und lasse sie einige Minuten gehen; nach 3—4 Minuten decke sie ein wenig auf und sehe nach, ob sie gehörig aufgegangen, einen guten Geruch verbreiten und keine Milch mehr daran zu sehen ist; dann gieße zerlassene Butter, mit etwas Krebsbutter gemischt, über die Nudeln, bestreue sie dick mit feinem Zucker, decke sie wieder schnell zu, nehme sie von der Glut weg, belege den Deckel aber auf's neue mit glühenden Kohlen, damit der Zucker auf den Nudeln schmilzt und eine goldgelbe Farbe erhält. Nun steche sie sorgfältig auf eine Platte heraus und gebe eine mit Vanille und Zucker aufgekochte, mit einigen Eiergelb legirte Milchsauce dazu.

179. Bairische Nudeln mit Krebsen.

Dazu werden 50 kleine Krebse in Salzwasser abgekocht, die Schwänze sorgfältig ausgebrochen und aus den Schaalen eine gute Krebsbutter bereitet. Dann gebe in eine dazu passende Schüssel 1 Pfund schönes gutes Schwingmehl, mache in der Mitte desselben eine Vertiefung und gieße 3 Eßlöffel voll gute Essighefe sammt der Hälfte der Krebsbutter, welche vorher in ½ Schoppen warmer Milch zergangen ist, lauwarm hinein, rühre es darin zu einem dünnen Teig, doch so, daß noch ein starker Rand von Mehl darum bleibt, und stelle es eine halbe Stunde an einen warmen Ort, bis der Teig gehörig gegangen ist; dann thue noch 1 ganzes und das Gelbe von 1 Ei sammt etwas Salz dazu und rühre alles recht gut mit dem Kochlöffel untereinander, bis der Teig von demselben abfällt; wird er zu fest, dann gieße noch etwas laue Milch zu, sehe jedoch darauf, daß er nicht dünne wird. Nun wärme eine Serviette, lege sie auf ein Backblech, mache mit einem Eßlöffel die Nudeln in der Größe eines Taubeneies schön rund und setze sie in gefälliger Ordnung darauf, decke sie mit einer gewärmten Serviette zu und stelle sie wieder an einen warmen Ort, damit sie gehörig aufgehen. Ist es Tischzeit, dann gieße in eine Dampfnudelpfanne ½ Daumen hoch Milch und lasse sie mit dem Rest der Krebsbutter, einem halben Ei groß gestoßenen Zucker und ein wenig Salz aufkochen, nehme sie dann vom Feuer und setze die gegangenen Dampfnudeln schnell nebeneinander in die Pfanne, decke sie zu, stelle sie auf schnelles Feuer, belege den Deckel mit glühenden Kohlen und lasse die Milch einsieden. Wenn die Nudeln kurz zu werden anfangen, was man hören und riechen kann, dann setze sie auf schwache auseinandergebreitete Kohlen, damit sie schön gelb werden (der Deckel darf aber nicht gelüftet werden, bis sie gahr sind, sonst fallen sie zusammen); dann steche sie schön aus der Pfanne auf eine Platte, streue die kleingeschnittenen Krebsschwänze darauf und gieße mit Eier legirte süße Milch darüber.

180. **Mehlspeise à la diplomatie.**

Bestreiche eine runde, hohe, etwa 1 Maaß haltende Form gut mit Butter, belege den Boden derselben mit Papier, darauf in gefälliger Abwechslung einen Kranz von eingemachten Früchten, als Kirschen, Stachelbeeren, Quittenschnitze, Nüsse u. s. w., auf diese mache eine Fingergleich-hohe Lage von leichten Dessertbiscuit, darauf wieder einen schönen Kranz eingemachter Früchte, auf diese eine gleich hohe Lage Biscuit und so fort, bis die Form voll ist, eine Biscuitlage aber den Schluß macht. Dann verkläppere fünf ganze Eier und von fünfen das Gelbe, verrühre sie mit 1 Schoppen süßen Rahm und einer Handvoll feinem Zucker und gieße es über den Biscuit in die Form, daß es nach und nach eindringt, steche die Masse an verschiedenen Orten mit einem Messer bis auf den Boden durch, damit alles gehörig eingesaugt wird, und sollte sie noch mehr aufnehmen können, so verrühre noch 1 Ei mit etwas Rahm und gieße es nach, bis die ganze Masse vollkommen durchdrungen ist. Nun setze die Form in ein großes mit kochendem Wasser angefülltes Gefäß, decke einen mit glühenden Kohlen belegten Deckel zu drei Viertheilen darauf, beobachte dabei alles, was oben bei den Puddings vorgeschrieben ist, und lasse es zwei

Stunden langsam kochen. Ist es Zeit zum Anrichten, dann stürze die Form auf eine tiefe Platte und bereite die Sauce folgendermaßen: ein starker Teller voll Erdbeeren, Himbeeren oder Johannisbeeren (welchen man gerade den Vorzug gibt) wird zusammengedrückt, durch ein Sieb getrieben, mit einer starken Handvoll Zucker und 3 Gläser weißem Wein zur Hälfte eingekocht und öfter herumgerührt; dann hebe die Form von der Mehlspeise ab und gieße die Sauce darüber.

181. Profiterole en chaudeau auf hessische Art.

Zu einer Platte sind 16—18 runde mürbe Brödchen von der Größe eines Kronenthalers nöthig, welche Tags zuvor beim Bäcker zu bestellen sind. An diesen Brödchen wird auf allen Seiten die Kruste gut abgerieben, oben ein kleiner runder Deckel abgeschnitten und das Weiche sorgfältig herausgehöhlt. Sind sie so zubereitet, dann fülle sie mit eingemachten Kirschen, Johannis- oder Himbeeren, bestreiche den obern Rand mit Eiergelb und befestige den Deckel gut darauf; dann lege sie, den Deckel nach oben, nebeneinander in ein flaches Geschirr, verkläppere 3 ganze Eier mit 1 Schoppen Milch, rühre sie auf dem Feuer, bis sie etwas heiß geworden, gieße sie über die Brödchen, damit sie alles einsaugen und recht erweicht werden, und wende sie dabei öfters behutsam um. Ist die Eiermilch ganz eingesogen, die Brödchen aber noch nicht durch und durch erweicht, so gieße noch einen halben Schoppen warme Milch darüber und lasse sie bis zur Essenszeit stehen; alsdann verkläppere einige ganze Eier, wende die Brödchen behutsam darin herum und backe so viel, als auf einmal eingelegt werden können, in recht heißem Schmalz schön hellbraun. Sind alle auf diese Art gebacken, dann befreie sie sorgfältig von den umhängenden Fasern, richte sie auf eine Platte und gieße guten Weinchaudeau darüber.

182. Gebackene Eiergerste.

Mache von 5—6 Eiergelb einen so festen Nudelteig, daß er auf dem Reibeisen gerieben werden kann; ist dieß geschehen, dann rühre ihn in 3 Schoppen kochende Milch ein, thue ein Ei groß Butter dazu und lasse es auf schwachem Feuer kochen, bis er wie ein dicker Reisbrei geworden, dann stelle es vom Feuer und lasse es gut verkühlen. Alsdann werden 4—5 Eier gut darunter gerührt, auch 2 Hände voll gut gereinigte, heiß ausgewaschene und wieder gehörig abgetrocknete Rosinen, 4 Eßlöffel voll feingestoßener Zucker, etwas feingehackte Citronenschaale und etwas Salz dazu gethan, dann alles recht gut untereinander gerührt, in ein mit Butter bestrichenes flaches Geschirr gethan und in einem nicht zu heißen Backofen unten und oben schön gelb ausgebacken; hierauf wird es mit einem Ausstecher in der Größe eines Kronenthalers ausgestochen, schön auf eine Platte gerichtet und etwas Zucker darüber gestreuet.

183. Kartoffelbiscuit mit Aprikosensauce.

Dazu nehme Kartoffeln, welche den Abend zuvor abgekocht worden, und reibe sie recht fein auf einem Reibeisen; dann verrühre ¾ ℔ von den geriebenen Kartoffeln und ½ ℔ feingestoßenen Zucker mit dem Gelben von 12 Eiern eine Stunde lang recht schaumig, schlage das Weiße der Eier zu recht steifem Schnee und menge ihn sammt etwas feingehackter Citronenschaale ganz leicht darunter; alsdann fülle die Masse in kleine, gut mit Butter ausgestrichene Förmchen und backe sie in einem mäßig heißen Ofen gut aus. Nachdem sie aus den Förmchen genommen sind, richte sie auf eine tiefe Platte und gebe folgende Sauce darüber: 3—4 Eßlöffel voll Aprikosen- oder Hagenbuttenmarmelade wird mit 1 Schoppen weißen Wein verrührt, etwas Zucker und ganzer Zimmt daran gethan, eine Viertelstunde langsam gekocht und recht heiß angerichtet.

184. Süßer Kartoffelauflauf.

1 Viertelpfund Butter wird etwas warm gemacht und recht schaumig gerührt, dann nach und nach das Gelbe von 8 Eiern und 12—14 kalt geriebene Kartoffeln darunter gethan und recht schaumig gerührt, ferner 3—4 Eßlöffel voll guter dicker sauerer Rahm, 2 Hände voll feingestoßener Zucker, etwas feingehackte Citronenschaale und etwas Salz dazu gethan und alles recht wohl verrührt; dann schlage von den 8 Eiern das Weiße zu steifem Schnee und menge ihn ganz leicht unter die Masse. Nun bestreiche ein dazu schickliches Geschirr, welches auf die Tafel gestellt werden kann, mit Butter und fülle die ganze Masse hinein, stelle es drei Viertelstunden in einen nicht zu heißen Backofen, bis der Auflauf eine hellbraune Farbe bekommen, nehme ihn dann heraus und gebe ihn, mit Citronenzucker bestreut, auf die Tafel.

Stunden langsam kochen. Ist es Zeit zum Anrichten, dann stürze die Form auf eine tiefe Platte und bereite die Sauce folgendermaßen: ein starker Teller voll Erdbeeren, Himbeeren oder Johannisbeeren (welchen man gerade den Vorzug gibt) wird zusammengedrückt, durch ein Sieb getrieben, mit einer starken Handvoll Zucker und 3 Gläser weißem Wein zur Hälfte eingekocht und öfter herumgerührt; dann hebe die Form von der Mehlspeise ab und gieße die Sauce darüber.

181. Profiterole en chaudeau auf hessische Art.

Zu einer Platte sind 16—18 runde mürbe Bröbchen von der Größe eines Kronenthalers nöthig, welche Tags zuvor beim Bäcker zu bestellen sind. An diesen Bröbchen wird auf allen Seiten die Kruste gut abgerieben, oben ein kleiner runder Deckel abgeschnitten und das Weiche sorgfältig herausgehöhlt. Sind sie so zubereitet, dann fülle sie mit eingemachten Kirschen, Johannis- oder Himbeeren, bestreiche den obern Rand mit Eiergelb und befestige den Deckel gut darauf; dann lege sie, den Deckel nach oben, nebeneinander in ein flaches Geschirr, verkläppere 3 ganze Eier mit 1 Schoppen Milch, rühre sie auf dem Feuer, bis sie etwas heiß geworden, gieße sie über die Bröbchen, damit sie alles einsaugen und recht erweicht werden, und wende sie dabei öfters behutsam um. Ist die Eiermilch ganz eingesogen, die Bröbchen aber noch nicht durch und durch erweicht, so gieße noch einen halben Schoppen warme Milch darüber und lasse sie bis zur Essenszeit stehen; alsdann verkläppere einige ganze Eier, wende die Bröbchen behutsam darin herum und backe so viel, als auf einmal eingelegt werden können, in recht heißem Schmalz schön hellbraun. Sind alle auf diese Art gebacken, dann befreie sie sorgfältig von den umhängenden Fasern, richte sie auf eine Platte und gieße guten Weinchaudeau darüber.

182. Gebackene Eiergerste.

Mache von 5—6 Eiergelb einen so festen Nudelteig, daß er auf dem Reibeisen gerieben werden kann; ist dieß geschehen, dann rühre ihn in 3 Schoppen kochende Milch ein, thue ein Ei groß Butter dazu und lasse es auf schwachem Feuer kochen, bis er wie ein dicker Reisbrei geworden, dann stelle es vom Feuer und lasse es gut verkühlen. Alsdann werden 4—5 Eier gut darunter gerührt, auch 2 Hände voll gut gereinigte, heiß ausgewaschene und wieder gehörig abgetrocknete Rosinen, 4 Eßlöffel voll feingestoßener Zucker, etwas feingehackte Citronenschaale und etwas Salz dazu gethan, dann alles recht gut untereinander gerührt, in ein mit Butter bestrichenes flaches Geschirr gethan und in einem nicht zu heißen Backofen unten und oben schön gelb ausgebacken; hierauf wird es mit einem Ausstecher in der Größe eines Kronenthalers ausgestochen, schön auf eine Platte gerichtet und etwas Zucker darüber gestreuet.

183. Kartoffelbiscuit mit Aprikosensauce.

Dazu nehme Kartoffeln, welche den Abend zuvor abgekocht worden, und reibe sie recht fein auf einem Reibeisen; dann verrühre ¾ ℔ von den geriebenen Kartoffeln und ½ ℔ feingestoßenen Zucker mit dem Gelben von 12 Eiern eine Stunde lang recht schaumig, schlage das Weiße der Eier zu recht steifem Schnee und menge ihn sammt etwas feingehackter Citronenschaale ganz leicht darunter; alsdann fülle die Masse in kleine, gut mit Butter ausgestrichene Förmchen und backe sie in einem mäßig heißen Ofen gut aus. Nachdem sie aus den Förmchen genommen sind, richte sie auf eine tiefe Platte und gebe folgende Sauce darüber: 3—4 Eßlöffel voll Aprikosen = oder Hagenbuttenmarmelade wird mit 1 Schoppen weißen Wein verrührt, etwas Zucker und ganzer Zimmt daran gethan, eine Viertelstunde langsam gekocht und recht heiß angerichtet.

184. Süßer Kartoffelauflauf.

1 Viertelpfund Butter wird etwas warm gemacht und recht schaumig gerührt, dann nach und nach das Gelbe von 8 Eiern und 12—14 kalt geriebene Kartoffeln darunter gethan und recht schaumig gerührt, ferner 3—4 Eßlöffel voll guter dicker saurer Rahm, 2 Hände voll feingestoßener Zucker, etwas feingehackte Citronenschaale und etwas Salz dazu gethan und alles recht wohl verrührt; dann schlage von den 8 Eiern das Weiße zu steifem Schnee und menge ihn ganz leicht unter die Masse. Nun bestreiche ein dazu schickliches Geschirr, welches auf die Tafel gestellt werden kann, mit Butter und fülle die ganze Masse hinein, stelle es drei Viertelstunden in einen nicht zu heißen Backofen, bis der Auflauf eine hellbraune Farbe bekommen, nehme ihn dann heraus und gebe ihn, mit Citronenzucker bestreut, auf die Tafel.

185. Kartoffelauflauf mit Häringen.

Zwei Hände voll feingehackte Zwiebeln werden mit 1 Viertelpfund guter Butter einige Minuten auf schwachem Feuer gedämpft, dann 2 Kochlöffel voll Mehl darunter gerührt und auch etliche Minuten damit gedämpft, hernach mit ¾ Schoppen kochender Milch aufgefüllt und unter beständigem Umrühren eine Viertelstunde langsam zu einem dickem Brei verkocht, dann wieder verkühlen lassen. Sodann rühre das Gelbe von 6 Eiern sammt 6 Eßlöffeln voll sauerem Rahm recht schaumig darunter, auch etwas groben Pfeffer, Salz und Muskatnuß dazu, und schlage von dem Weißen der 8 Eier einen steifen Schnee und menge ihn gut darunter. Unterdessen werden 12—14 Stück abgekochte und wieder verkühle Kartoffeln etwas in die Länge rund abgedreht und in dünne Blättchen geschnitten, auch 2 Häringe gut geputzt, von den Gräten befreit und in zolllange Stückchen geschnitten; sodann fülle in ein dazu geeignetes, mit Butter bestrichenes Geschirr, welches auf die Tafel gestellt werden kann, eine fingerdicke Lage von der gerührten Masse, belege sie mit Kartoffelblättchen, auf diese Häringstückchen, dann wieder fingersdick Masse und fahre so fort, bis alles eingefüllt ist; hierauf stelle es 3 Viertelstunden in den Backofen, und wenn der Auflauf gut durchgebacken ist und eine hellbraune Farbe erhalten hat, kann er aufgetragen werden.

186. Aprikosenauflauf.

12—14 Stück recht reife Aprikosen werden durch ein Sieb gedrückt, dann mit 1 Viertelpfund Zucker in einem kupfernen Geschirr eine Viertelstunde lang mit dem Kochlöffel ganz dick eingedämpft (im Winter aber nimmt man schon fertige Aprikosenmarmelade) und wieder erkalten lassen; die Kerne, nachdem sie geschält und feingestoßen sind, werden mit 1 Schoppen süßen Rahm und 6 Kochlöffeln voll Weißmehl verrührt, ein Ei groß Butter dazu gethan und eine Viertelstunde lang auf dem Feuer zu einem dicken Brei abgerührt; dann lasse ihn verkühlen, thue die eingedämpften Aprikosen dazu und verrühre alles recht schaumig, rühre auch noch 1 ganzes Ei und von 7 das Gelbe, eine Hand voll gestoßenen Zucker und ein wenig Salz recht gut darunter. Drei Viertelstunden vor dem Anrichten wird das Weiße von den 7 Eiern zu gutem steifen Schnee geschlagen und ganz leicht darunter gemengt; fülle dann die ganze Masse in ein mit Butter bestrichenes Geschirr, welches auf die Tafel gestellt werden kann, setze es drei Viertelstunden lang in einen mittelheißen Backofen und laffe den Auflauf gut aufziehen und eine hochgelbe Farbe annehmen; nehme ihn alsdann heraus, bestreue ihn ein wenig mit feinem Zucker und gebe ihn auf die Tafel.

187. Auflauf von Kaffee.

Ein Schoppen süßer Rahm wird aufgekocht, ein Ei groß Zucker dazu gegeben, gut zugedeckt und auf glühende Asche gestellt. Sodann röste 8 Loth Kaffee recht gut, schütte ihn heiß aus der Pfanne in den Rahm und laffe ihn zugedeckt stehen, bis er ganz verkühlt ist; dann gieße ihn durch ein feines Sieb, damit die Bohnen zurückbleiben, verrühre 3 Kochlöffel voll Weißmehl und 1 Ei groß Butter mit dem Kaffeerahm und rühre es auf dem Feuer zu einem dicken Brei, bis das Mehl gehörig verkocht ist; sodann laffe ihn gut verkühlen und rühre das Gelbe von 8 Eiern recht schaumig darunter, thue auch einige Körner Salz daran. Drei Viertelstunden vor dem Anrichten schlage das Weiße der 8 Eier zu gutem steifen Schnee und menge ihn ganz leicht unter die Maffe; dann bestreiche ein dazu geeignetes Auflaufblech mit Butter, fülle die Maffe hinein, laffe sie im Ofen langsam backen, bis er gehörig gestiegen und hellbraun geworden ist; dann bestreue ihn mit feinem Zucker und gebe ihn auf die Tafel.

188. Auflauf von süßen Orangen.

4 Kochlöffel voll Mehl werden mit 1 Schoppen süßem Rahm recht gut verrührt, thue dann ein Ei groß Butter dazu und rühre es auf dem Feuer zu einem dicken Brei. Wenn er eine Viertelstunde gehörig gekocht hat, dann laffe ihn erkalten, reibe indeffen das Gelbe von 2 süßen Orangen auf 1 Viertelpfund Zucker sorgfältig ab, stoße 3 Theile davon recht fein, mische ihn nebst etwas Salz in den Brei und rühre ihn recht schaumig, damit keine Knollen darin bleiben; sodann rühre auch nach und nach das Gelbe von 8 Eiern darunter, das Weiße aber schlage drei Viertelstunden vor dem Anrichten zu steifem Schnee und menge ihn ebenfalls unter die Maffe, fülle sie in ein mit Butter bestrichenes Auflaufblech und laffe sie langsam backen, bis sie gehörig gestiegen, schön braungelb geworden und durch und durch gut ist; dann bestreue den Auflauf mit dem Rest des Orangenzuckers und gebe ihn sogleich auf die Tafel.

Auf dieselbe Art wird auch Citronen- und Vanillenauflauf gemacht, nur mit dem Unterschiede, daß bei ersterem Citronen am Zucker abgerieben werden, bei letzterem Vanille mitgestoßen wird.

189. Auflauf von Mandeln und Pistazien.

1 Viertelpfund Butter wird mit eben so viel geschälten und feingestoßenen Mandeln, 1 Viertelpfund feingestoßenem Zucker, etwas gestoßenem Zimmt und dem Gelben von 8 Eiern nach und nach recht schaumig gerührt, dann das Weiße der 8 Eier zu steifem Schnee geschlagen und leicht und gut darunter gemengt; hierauf werden noch drei Hände voll feingeriebenes Milchbrod leicht darunter gestreut, das Ganze in ein mit Butter bestrichenes Auflaufblech gefüllt und im Ofen langsam schön hellbraun gebacken. Ist der Auflauf gehörig gestiegen und durchaus gut, dann bestreue ihn mit geschälten, feingehackten und unter Zucker gemischten Pistazien recht gut und gebe ihn auf die Tafel.

190. Auflauf von Confect.

3 Kochlöffel voll Weißmehl werden mit 1 Schoppen süßem Rahm und einem eigroßen Stück Butter auf dem Feuer zu einem dicken Brei gut abgerührt, dieser eine Viertelstunde verkochen und dann wieder gehörig abkühlen lassen. Drei Viertelstunden vor dem Anrichten rühre nach und nach das Gelbe von 8 Eiern recht schaumig und glatt darunter, damit keine Knollen darin bleiben, und thue ein Ei groß gestoßenen Zucker sammt etwas Salz dazu, die 8 Eiweiß aber schlage zu steifem Schnee und menge ihn leicht darunter; sodann schneide 1 Viertelpfund Macronen und Biscuit in Würfel und mische sie ebenfalls darunter, fülle das Ganze in ein mit Butter bestrichenes Auflaufblech, streue etwas Zucker darauf und lasse es im Ofen langsam backen, bis der Auflauf gehörig aufgezogen und hochgelbe Farbe erhalten hat.

191. Badener Nockerl.

Rühre ½ ℔ Butter recht schaumig und nach und nach das Gelbe von 12 Eiern darunter; wenn es eine Viertelstunde gehörig verrührt ist, dann rühre auch 6 Kochlöffel voll Mehl und etwas Salz gut darunter. Dann lasse in einem dazu passenden flachen Geschirr 3 Schoppen Milch aufkochen, thue ein Ei groß Butter, eben so viel Zucker und etwas dünn abgeschnittene Citronenschaale dazu, lege nach und nach mit einem Eßlöffel die gerührten Nockerl in die kochende Milch ein und lasse sie langsam kochen, bis die Milch beinahe ganz eingekocht ist; nun bestreue sie oben mit feinem Zucker und stelle sie auf schwache Kohlen, decke einen mit glühenden Kohlen belegten Deckel darauf und lasse sie langsam oben und unten Farbe nehmen; dann steche sie mit einem Schäufelchen schön auf die Platte.

192. Darmstädter Nockerl.

1 Schoppen Milch wird mit einem eigroßen Stück Butter und der dünn abgeschnittenen Schaale von einer halben Citrone aufgekocht, dann 6 Kochlöffel voll Mehl gehörig darunter gerührt und auf dem Feuer gut abgedämpft, bis der Teig ganz von Fett glänzt, worauf man ihn verkühlen läßt. Nun werden 6 ganze Eier so darunter gerührt, daß der Teig recht glatt wird; hernach werden 3 Schoppen Milch sammt einem Ei groß Butter, eben so viel Zucker und etwas ganzem Zimmt in einem dazu passenden Geschirr kochend gemacht, der Teig mit einem Eßlöffel nach und nach hineingelegt, und die Milch damit bis zur Hälfte eingekocht; alsdann werden 6 Eiergelb mit einer Hand voll gestoßenem Zucker gut verrührt, das Weiße aber zu steifem Schnee geschlagen und unter das Gelbe gemengt und diese Mischung langsam unter die eingekochten Nockerl gerrührt, diese in einem dazu passenden Geschirr, welches auf die Tafel gestellt werden kann, in den Backofen gesetzt, wo sie in einer halben Stunde eine schöne Farbe nehmen und dann auf die Tafel gegeben werden können.

193. Italienische Käsnockerl.

1 halbes Pfund Butter wird recht schaumig gerührt, sodann eine angemessene Portion Topf- oder weißer Käs mit einigen Eßlöffeln voll sauerem Rahm recht glatt verarbeitet und unter die Butter gerührt, auch 6 Eiergelb sammt etwas grobem Pfeffer und Salz nach und nach dazu gerührt. Drei Viertelstunden vor dem Anrichten schlage das Weiße der 6 Eier zu steifem Schnee und menge ihn sammt einer Hand voll geriebenem Parmesankäs unter die Masse, fülle sie in ein mit Butter bestreutes Auflaufblech, bestreue sie gehörig mit Parmesankäs, lasse sie im Ofen gut aufziehen und hellbraune Farbe nehmen, dann können die Nockerl auf die Tafel gegeben werden.

194. Wiener Krebsstrudel.

Thue 1 Pfund feines Weißmehl auf den Backtisch, eine Nuß groß Butter, etwas feines Salz und ein ganzes Ei dazu, mache dann mit lauem Wasser einen leichten zähen Teig und verarbeite ihn auf dem Tisch, bis er sich leicht vom Tisch und der Hand ablöst; mache ihn dann in einen Ballen zusammen, bestreue den Fleck, worauf er zu liegen kommt, mit Mehl, decke ihn mit einem Geschirr, welches vorher mit kochendem Wasser angefüllt und dadurch erwärmt worden, zu und lasse ihn eine halbe Stunde ruhen. Hernach bringe ihn auf ein mit Mehl bestreutes Tischtuch und ziehe ihn mit der Hand so dünn wie Papier aus, gebe aber Acht, daß er keine Löcher bekommt; verrühre dann einen halben Schoppen guten dicken sauern Rahm mit dem Gelben von 4 Eiern, einer Hand voll gestoßenem Zucker und etwas Salz, gieße es auf den ausgezogenen Teig und streiche es darauf herum, schneide vorher schon gemachte Krebsbutter in kleine Stückchen, lege sie darauf herum und streue eine Hand voll geriebenes Milchbrod darüber. Nun fasse das Tuch an beiden Enden und hebe es in die Höhe, damit sich der Teig ganz aufrollt; dann lege ihn rund wie eine Schnecke, stürze ein mit Butter ausgestrichenes Auflaufblech darüber und wende es mit dem Strudel herum, damit er schön darin zu liegen kommt; verrühre sodann 4 Eiergelb mit 1 halben Schoppen sauern Rahm und etwas Zucker, schütte es darüber, auch den Rest der Krebsbutter sammt den Krebsschwänzen, welche in zwei Theile geschnitten worden, streue darüber, und backe ihn in einem mittelheißen Ofen, bis er gestiegen und schöne Farbe erhalten hat, dann gebe ihn auf die Tafel.

195. Wiener Soufflee.

½ ℔ Butter und ½ ℔ Zucker wird mit dem Gelben von 12 Eiern in einer irdenen Schüssel eine ganze Stunde recht schaumig gerührt, dann der Saft einer Citrone und etwas feingestoßene Vanille gut darunter gemischt, das Ganze in ein Auflaufblech oder sonst ein schickliches Geschirr, welches auf die Tafel gestellt werden kann, eingefüllt, in einen mittelmäßig heißen Backofen gestellt und drei Viertelstunden langsam gebacken, bis die Soufflee recht hoch aufgelaufen ist und eine schöne gelbe Farbe erhalten hat; dann bestreue sie mit feinem Zucker und gebe sie auf die Tafel.

196. Wiener Soufflee mit Maraskino oder anderem feinen Liqueur.

Es wird ein guter dicker Brei von 4 Kochlöffeln voll Weißmehl und 1 Schoppen Milch gehörig verkocht und wieder gut verkühlt; dann das Gelbe von 8 Eiern, 4—6 Eßlöffel voll Maraskino und eine Hand voll feingestoßener Zucker darunter gerührt. Eine halbe Stunde vor dem Anrichten wird das Weiße der 8 Eier zu steifem Schnee geschlagen und gut darunter gemengt, dann das Ganze in ein für die Tafel passendes Geschirr gethan und dieses in ein mit kochendem Wasser angefülltes Gefäß gesetzt (wobei zu beobachten ist, daß das Wasser nur bis an die Hälfte des Geschirres geht und keines während dem Kochen in dasselbe einbringt), ein mit glühenden Kohlen belegter Deckel zu drei Viertheilen daraufgedeckt und auf schwachem Feuer eine halbe Stunde gekocht, bis die Soufflee gut ist; dann wird sie mit etwas Zucker bestreut und sogleich auf die Tafel gegeben.

197. Krebseiter.

Dazu stoße 24 gut ausgewaschene und wieder abgetrocknete, aber nicht abgekochte Edelkrebse in einem Mörser recht fein, thue sie recht reinlich in ein Geschirr, verklappere 8 ganze Eier mit 1 Schoppen süßen und 2 Eßlöffeln voll sauerem Rahm darüber und rühre alles wohl untereinander; dann presse es sorgfältig durch ein Haartuch, gebe 1 Eßlöffel voll gestoßenen Zucker sammt Muskatnuß und etwas Salz dazu und rühre es auf dem Feuer, bis es ganz zusammengerinnt; dann fülle es in kleine oder auch in eine große Form, welche mit kleinen Löchern versehen ist, damit das Wasser herauslaufen kann. Indessen wird von 24 Krebsen eine gute Butter bereitet, die Schwänze aber werden sorgfältig ausgeputzt und in Würfel geschnitten; dann stürze die Förmchen oder Form, nachdem das Wasser gehörig abgetropft ist, auf eine Platte und bereite folgende Sauce: lasse 1 halben Schoppen süßen Rahm mit der Krebsbutter, etwas Muskatnuß und einem Eßlöffel voll feingestoßenem Zucker aufkochen, rühre das Gelbe von 4 Eiern sammt den geschnittenen Krebsschwänzen recht heiß darunter, ziehe sie gut auf, damit sie nicht gerinnt, gieße sie über den Eiter und lasse ihn auftragen.

198. Omeletten mit Creme gefüllt.

Rühre 6 Kochlöffel voll Mehl mit 4 ganzen Eiern und einem halben Schoppen Milch nebst etwas Salz sorgfältig zu einer glatten Masse untereinander, backe von dieser in einer flachen Pfanne einige Messerrücken-dicke Omelette, lege solche, wenn sie fertig sind, nebeneinander auf den Tisch und fülle folgende Creme darauf: Nehme 3 Kochlöffel voll Weißmehl, 4 ganze Eier, ein Ei groß Butter, eine Hand voll gut gereinigte und ausgewaschene Rosinen, 2 Eßlöffel voll gestoßenen Zucker, die feingehackte Schaale einer Citrone und eine Messerspitze voll gestoßenen Zimmt, rühre dieses alles mit einem halben Schoppen süßen Rahm gut untereinander und dann auf dem Feuer zu einem dicken Brei, lasse ihn eine Minute verkochen und dann wieder gut abkühlen. Diese Creme streiche Messerrücken-dick auf die Omeletten und rolle jede sorgfältig auf; dann bestreiche die Blatte, auf welcher sie auf die Tafel gestellt werden, mit Butter, ordne die Omeletten schön schneckenartig darauf, vertheile ein Ei groß Butter darüber, bestreue sie gehörig mit feinem Zucker, stelle sie drei Viertelstunden vor dem Anrichten in einen mäßig heißen Ofen und lasse sie etwas blonde Farbe nehmen, dann können sie aufgetragen werden.

199. Gefüllte Omeletten in Fleischbrühe.

Mache auf die oben angegebene Art schöne dünne Omeletten und bereite folgendes Füllsel dazu: von einem gebratenen Kalbsnierenstück wird die Niere sammt etwas Fleisch abgeschnitten und fein gehackt, eine gehackte Zwiebel und Petersilie mit einem Ei groß Butter ein wenig gedämpft, auch ein eingeweichter und wieder gut ausgedrückter Kreuzerweck mit den Kräutern eine Minute abgedämpft, dann das gehackte Fleisch sammt 3 Eßlöffeln voll saurem Rahm, 3 ganzen Eiern, etwas Muskatnuß und Salz dazu gethan, alles recht gut untereinander gerührt und Messerrückendick auf die Omeletten gestrichen; dann rolle jede sorgfältig auf, lege sie auf eine mit Butter bestrichene Platte nebeneinander, gieße gute Fleischbrühe darüber und lasse sie auf schwacher Glut aufkochen, dann gebe sie auf die Tafel.

200. Omeletten mit Aepfel gefüllt.

Die Omeletten werden wie obige gebacken, dann 6—8 schöne Aepfel geschält und fein zusammengeschnitten, mit einer Hand voll gut gereinigten Rosinen, etwas gehackter Citronenschaale, einem Ei groß Zucker und einem Glas Wein recht weich gedämpft, gut verrührt und Messerrücken-dick auf die Omeletten gestrichen, dann dieselben 3 Finger breit übereinander geschlagen und in eine tiefe mit Butter ausgestrichene Platte aufeinander gelegt; alsdann wird das Gelbe von 3 Eiern mit einem Trinkglas voll süßem Rahm sammt etwas Zucker und Zimmt gut verrührt und darüber gegossen, worauf man es in einem mittelheißen Ofen gut aufziehen und dann auftragen läßt.

201. Omeletten mit Aepfel gefüllt auf hessische Art.

Die Aepfel werden wie die obigen verdämpft, die Omeletten aber auf folgende Weise gemacht: 6 Kochlöffel voll Weißmehl werden mit 1 Schoppen süßen Rahm, 8 ganzen Eiern und etwas Salz recht glatt verrührt, dann ein Ei groß Butter etwas heiß gemacht, dazu gethan und alles wohl untereinander gerührt; alsdann wird in einer flachen Omelettpfanne eine Nuß groß Butter heiß gemacht, die Masse jedesmal gehörig verrührt und daraus Federkiel-dicke Omelettchen von der Größe eines Tellerbodens auf beiden Seiten gebacken. Wenn alle gebacken sind, wird auf jedes ein Eßlöffel voll von den gedämpften Aepfeln gestrichen, auf vier Seiten zusammengeschlagen, auf ein breites Blech gelegt und warm gestellt, bis alle so zubereitet sind; dann bestreue jedes mit Zucker, lege sie auf eine Platte übereinander und gebe sie recht heiß auf die Tafel.

202. Darmstädter Omeletten au gratin.

Mache auf oben beschriebene Art 8 tellergroße Omeletten und das Füllsel dazu auf folgende Weise: rühre $1/4$ ℔ feingestoßene Mandeln mit 6 Loth Zucker, 3 ganzen Eiern und von dreien das Gelbe recht schaumig untereinander, thue auch das Weiche von zwei Kreuzerwecken, welches vorher in Milch eingeweicht und wieder gut ausgedrückt worden, sammt etwas Citronenschaale und einem Schnitz Citronat, beides fein geschnitten, unter die Mandeln und rühre alles gehörig untereinander; dann bestreiche eine Platte mit Butter, lege eine Omelette darauf, streiche ein paar Löffel voll Füllsel auf dieselbe, lege wieder eine Omelette darauf, streiche eben so Füllsel auf und fahre so fort, bis alles darauf ist, eine Omelette aber den Schluß macht. Sodann wird von 3 Eierweiß ein steifer Schnee geschlagen, 4 Loth feingestoßener Zucker, eben so viel geschälte und feingehackte Mandeln und 1 halbes Loth feingestoßener Zimmt ganz leicht und gut darunter gemengt, dieses über den Omelettenkuchen gestrichen und solcher in einem mittelheißen Ofen eine halbe Stunde langsam gebacken, bis er gut aufgezogen und schön gelb geworden ist; dann kann man ihn auf die Tafel geben.

203. Gebackene Mandelknöpfchen mit Weinsauce.

Das Weiche von 2 Kreuzerwecken wird in warme Milch eingeweicht, wieder gut ausgedrückt und mit einem Ei groß Butter gehörig abgedämpft, dann ½ ℔ geschälte und feingestoßene Mandeln nebst 4 ganzen Eiern darunter gerührt, diese Masse mit einem Kaffeelöffel in heißes Schmalz gelegt, schön gelb ausgebacken, auf eine Platte gerichtet und während dessen folgende Sauce bereitet: zwei Eßlöffel voll Aprikosenmarmelade oder Hagebuttenmark, eine Hand voll gut gereinigte Zibeben, eben so viel geschälte und feingeschnittene Mandeln, eine Messerspitze voll gestoßener Zimmt und ein Ei groß Zucker nebst 3 Trinkgläsern voll weißem Wein wird zusammen eine halbe Stunde langsam gekocht und dann über die Knöpfchen gegeben.

204. Wiener Weinschnitten.

Von 8—10 Kreuzermilchbrödchen wird die Kruste sorgfältig abgerieben, dann jedes in 4 Theile geschnitten, diese in ein tiefes plattes Geschirr gelegt, mit feinem Zucker bestreut, so viel heiße Milch daran gegossen, daß sie gerade darüber geht, und zugedeckt stehen lassen, damit sie die Milch gehörig einsaugen. Eine Viertelstunde vor dem Anrichten verkläppere einige ganze Eier, wende die eingeweichten Schnitten behutsam darin herum, lege sie in heißes Schmalz und backe sie schön hochgelb. Sind alle gebacken, dann befreie sie von den anhängenden Fasern, richte sie auf eine tiefe Blatte und gieße die oben bei den Mandelknöpfchen angegebene Weinsauce recht heiß darüber.

205. Kirschenbrod.

Eben so viel Milchbrode werden auf oben beschriebene Weise behandelt und dazu eine Kirschensauce folgendermaßen bereitet: 2 Pfund schwarze Kirschen werden ausgesteint, mit etwas ganzem Zimmt und Citronenschaale in ½ Schoppen Wasser eine Viertelstunde gut verkocht, dann sorgfältig durch ein Haartuch oder Sieb getrieben, damit die Purée gut durchläuft; hernach wird sie mit ¼ ℔ Zucker und ½ Schoppen rothen Wein in einem kleinen Geschirr zur Hälfte eingekocht, dann 4 Eßlöffel voll gutes Kirschenwasser dazu gegeben und diese Sauce über die gebackenen Milchbrode gegossen.

206. Burgunder Brod.

Von 8 Kreuzerwecken oder Semmeln wird die Kruste gut abgerieben, dann werden sie in fingerdicke Scheiben geschnitten und in heißem Schmalz schön gelb ausgebacken. Nun wird ein tiefes, für die Tafel schickliches Geschirr mit Butter ausgestrichen, eine Lage gebackener Semmeln hineingelegt, feiner Zucker und Zimmt darüber gestreut, dann eine Lage eingemachte Johannisbeeren oder anderes gutes Eingemachtes darauf gegeben, auf diese wieder mit Zucker und Zimmt bestreute Semmeln und so fortgefahren, bis das Geschirr voll ist; dann wird so viel rother Wein darüber gegossen, daß er darüber geht, das Geschirr eine halbe Stunde lang in einen heißen Ofen gesetzt und dann auf die Tafel gegeben.

207. Eierbrei.

Koche einen guten dicken Brei; dann lasse in einem Geschirr ein eigroßes Stück Butter zergehen, schlage 3 ganze Eier hinein, thue etwas Salz daran und verrühre es auf dem Feuer, bis die Eier anfangen dick zu werden; dann rühre sie sorgfältig unter den Brei und lasse ihn auf schwachem Feuer langsam aufstoßen, bis er eine gute Scharre erhalten hat, richte ihn hernach auf eine tiefe Blatte, bestreue ihn mit Zucker und Zimmt und gebe die Scharre oben darauf.

208. Aufgezogener Eierbrei.

½ ℔ Butter wird mit dem Gelben von 8 Eiern und ¼ ℔ Zucker, an welchem eine Citrone abgerieben worden, recht schaumig gerührt und dieß eine Viertelstunde fortgesetzt; dann wird von dem Weißen der 8 Eier ein steifer Schnee geschlagen und ganz leicht darunter gemengt, das Ganze in ein Auflaufblech oder sonstiges passendes Geschirr gefüllt und dieß unten und oben mit glühenden Kohlen versehen, damit der Brei gut aufzieht.

209. Aufgezogener Quittenbrei.

Es werden 7—8 Quitten weich gekocht, das Mark gut und

rein von der Haut losgeschabt, damit keine mehr daran zu sehen ist, und durch ein Sieb gedrückt. Dann rühre anderthalb Viertel von dem Quittenmark mit ¼ ℔ Zucker, 1 Schnitz feingeschnittenen Citronat, 1 Hand voll geschälten und feingehackten Mandeln, dem Gelben von 8 Eiern und dem Saft einer Citrone recht schaumig und gut untereinander, schlage das Weiße der 8 Eier zu steifem Schnee und menge ihn ganz leicht darunter, fülle das Ganze in ein mit Butter bestrichenes Auflaufblech, versehe dieß unten und oben mit glühenden Kohlen, oder setze es in einen mittelheißen Backofen und lasse den Brei gut aufziehen, bis er eine gelbe Farbe erhalten hat.

210. Wiener Butterbrei.

Rühre ½ ℔ Butter mit 6 Loth geschälten und feingestoßenen Mandeln, 3 Loth gestoßenem Zucker und etwas feingehackter Citronenschaale recht schaumig, 4 ganze Eier und von eben so vielen das Gelbe dazu und rühre es so lange, bis es ganz weiß wird; dann fülle es in ein dazu passendes, mit Butter ausgestrichenes Geschirr, stelle es in den Ofen, lasse es langsam aufziehen und gelbe Farbe nehmen, bestreue es dann mit Zucker und gebe es auf die Tafel.

Verschiedene Klöße.

211. Hessische Klöße.

Ein Eßlöffel voll feingehackte Petersilie und eben so viel feingehackte Zwiebeln werden mit 1 Viertelpfund Butter, etwas Salz, Muskatnuß und 8 ganzen Eiern gut verrührt; dann gebe 1 Pfund Weißbrod, welches in kleine Würfel geschnitten und von denen die Hälfte in Butter gelb ausgebacken worden, dazu, rühre alles gehörig untereinander, noch stark 4—6 Hände voll Weißmehl darunter und drücke alles fest auf einen Klumpen zusammen. Eine Stunde vor dem Gebrauche forme Klöße von der Größe eines Gansëies daraus, lege sie mit einem großen Anrichtlöffel in kochendes Salzwasser und lasse sie halb zugedeckt eine halbe Stunde langsam kochen; sodann ziehe sie auf ein Tuch, damit sie gehörig abtrocknen, richte sie hernach auf die Platte, gieße etwas kochende Milch daran und schmälze sie mit in Scheiben geschnittenen, braun ausgerösteten Zwiebeln.

NB. Diese Klöße können auch als Garnitur zu Brockelerbsen gegeben werden.

212. Kartoffelklöße.

Ein Dutzend abgekochte Kartoffeln werden geschält und kalt gerieben; dann dämpfe eine Hand voll feingehackte Zwiebeln eine Minute mit etwas Butter, rühre noch ¼ ℔ Butter, 4 ganze Eier und von vieren das Gelbe sammt etwas Muskatnuß, Salz und einem Kaffeelöffel voll feingehackten Majoran darunter und rühre alles recht schaumig untereinander; schlage von dem Weißen der 4 Eier einen steifen Schnee und rühre ihn ebenfalls darunter, menge sodann auch die geriebenen Kartoffeln gut darunter, rühre die Masse noch ein wenig, drücke sie dann zusammen und lasse sie eine Zeitlang ruhen. Eine halbe Stunde vor dem Anrichten formire eigroße Kugeln daraus, lege sie in so viel kochendes Salzwasser, daß sie nebeneinander schwimmen können, und lasse sie halb zugedeckt eine Viertelstunde langsam fortkochen, ziehe sie dann behutsam mit dem Schaumlöffel auf eine Platte und schmälze sie nach Belieben.

213. Frankfurter Speckklöße.

Es wird eine Hand voll Zwiebeln und ein Eßlöffel voll Petersilie fein gehackt, 1 Pfund in kleine Würfel geschnittener, wohl durchwachsener Halbspeck einige Minuten geröstet, die Petersilie und Zwiebeln sammt Salz und etwas grobem Pfeffer dazugethan, 8 ganze Eier darüber geschlagen und alles recht schaumig untereinander gerührt. Sodann wird 1 Pfund Weißbrod, von welchem die Kruste abgerieben worden, in kleine Würfel geschnitten, diese in Butter hochgelb ausgebacken und nebst 8 Händen voll Weißmehl gut darunter gerührt, dann alles gehörig zusammengedrückt und eine Zeitlang ruhen lassen. Von dieser Masse werden dann Klöße in der Größe eines Gansseies geformt, diese in kochendes Salzwasser gelegt und halb zugedeckt eine halbe Stunde langsam gekocht, dann mit dem Schaumlöffel auf eine Platte gezogen und nach Belieben gut abgeschmälzt.

NB. Man kann auch eine Specksauce dazu geben.

214. Grießklöße.

Ein halbes Pfund Kernengries wird in eine halbe Maaß kochende Milch eingerührt und auf schwachem Feuer langsam gekocht, bis er recht dick und gahr geworden ist, dabei jedoch öfters umgerührt, damit er nicht anbrennen kann. Ist er recht fest und dick geworden, dann lasse ihn verkühlen und rühre unterdessen 1 Viertelpfund Butter mit 6 ganzen Eiern und dem Gelben von 2, sammt etwas Salz und Muskatnuß recht schaumig, dann verrühre den Gries so glatt, daß er keine Knollen mehr hat, und rühre ihn mit der Butter und den Eiern untereinander, schlage von dem Weißen der 2 Eier einen steifen Schnee und rühre ihn ebenfalls darunter; dann drücke die ganze Masse recht fest zusammen und lasse sie eine Zeitlang ruhen; hernach mache eigroße Kugeln daraus, lege sie in ein großes Geschirr mit kochendem Salzwasser, decke es halb zu und lasse sie eine Viertelstunde langsam kochen, ziehe sie dann mit dem Schaumlöffel auf eine Platte und schmälze sie nach Belieben.

215. Krebsklöße.

Von 50 Krebsen und ½ ℔ Butter wird eine gute Krebsbutter gemacht, die Schwänze aber werden in Würfel geschnitten; dann schneide von 3 Kreuzerwecken die Kruste ganz dünn ab, weiche die Wecke in Milch ein, drücke sie wieder gut aus und dämpfe sie mit etwas Krebsbutter einige Minuten, die übrige Krebsbutter aber verrühre mit 3 ganzen Eiern und dem Gelben von 2 recht schaumig, thue den abgedämpften Weck, die Krebsschwänze, etwas feingehackte Petersilie und Schnittlauch sammt Muskatnuß und Salz dazu und rühre alles gehörig untereinander; dann mache kleine Klöße daraus, und wenn diese bei der ersten Probe nicht recht zusammenhalten wollen, so rühre noch einen Kochlöffel voll Mehl unter die Masse. Diese Klöße werden gewöhnlich in Krebs- oder klare Fleischbrühsuppe gelegt.

216. Hechtfarce oder Klöße auf französische Art.

Befreie das Fleisch von 2 Pfund Hecht sorgfältig von Haut und Gräten, hacke es recht fein und stoße es mit zwei Eier groß Butter in einem Mörser zu feinem Teig; sodann thue das Weiche von 2 Kreuzerwecken, welches vorher in Milch eingeweicht und wieder gut ausgedrückt worden, sammt etwas Salz, Muskatnuß und dem Gelben von 4 Eiern dazu und stoße alles eine Viertelstunde lang wohl untereinander; hernach bringe es recht sauber aus dem Mörser auf einen mit Mehl bestreuten Tisch und walze mit der flachen Hand lange oder runde Knödel daraus; diese werden in Salzwasser oder Fleischbrühe abgekocht und nach Belieben gebraucht.

217. Farce oder Klöße von Geflügel.

Dazu nehme von zwei guten Hühnern oder Poularden die Brüste, schabe das Fleisch von der Haut und den feinen Sehnen sorgfältig ab, hacke es recht fein und stoße es im Mörser zu Teig, thue ein Ei groß frische Butter dazu und stoße sie einige Minuten damit, dann mische das Weiche von 2 Kreuzerwecken, welches vorher in Milch eingeweicht und wieder gut ausgedrückt worden, nebst etwas Salz, Muskatnuß und dem Gelben von 4 Eiern darunter, und stoße es noch eine Viertelstunde miteinander; hernach nehme es aus dem Mörser auf einen mit Mehl bestreuten Tisch und formire nach Willkühr große oder kleine Knödel daraus, welche auf verschiedene Weise gebraucht werden können.

Auf gleiche Weise kann' man auch von allen Arten wildem Geflügel Farce oder Klöße machen.

218. Kalbsfarce oder Klöße.

Dazu nehme 1 Pfund Kalbfleisch vom Schlägel, befreie es von Haut und Adern, schneide es klein gewürfelt und hacke es fein wie Teig, dann hacke auch 1 halbes Pfund Ochsennierenfett, nachdem es sorgfältig von der Haut befreit ist, so fein wie Mehl darunter und stoße es eine Viertelstunde lang im Mörser wie Teig zusammen, stoße auch ein Ei groß Butter einige Minuten recht gut dazu, menge sodann für 2 Kreuzer Weck, welche, nachdem die Kruste etwas abgerieben, in Wasser eingeweicht und wieder gut ausgedrückt worden, sammt etwas Salz, Muskatnuß und dem Gelben von 5 Eiern darunter und stoße alles noch eine Viertelstunde gehörig untereinander; hernach nehme es sauber aus dem Mörser und mache nach Belieben Klöße daraus, die in allen vorkommenden Fällen gebraucht werden können.

219. Ochsenmarkklöße.

Dazu schneide ¼ ℔ Ochsenmark klein gewürfelt, lasse es auf schwachem Feuer ganz zergehen und dann durch ein Haarsieb lau-

fen, hernach rühre es in einem kleinen Geschirre mit 3 ganzen
Eiern und dem Gelben von 2 recht schaumig, und wenn es gut
verrührt ist, dann gebe etwas feingehackte Petersilie und feingeschnittenen Schnittlauch sammt etwas Salz und Muskatnuß, auch fünf
Hände voll feingeriebenes Milchbrod dazu, rühre alles gehörig
untereinander und drücke es fest zusammen; nachher mache Kugeln
von der Größe einer Muskatnuß daraus, lege sie in kochende
Fleischbrühe, lasse sie eine Viertelstunde langsam kochen und gebe
sie in klarem Consommé als Suppe.

Eierspeisen.

220. Verlorne Eier in portugiesischer Sauce.

Dazu nehme 12—16 frische Eier, bereite sie so zu, wie es
bei den Gemüsgarnituren (s. verlorne Eier) bereits angegeben worden, und mache kurz vor dem Anrichten folgende Sauce dazu:
Thue in ein schickliches Geschirr 1 Viertelpfund frische Butter, das
Gelbe von 3 Eiern, 2 Eßlöffel voll Citronensaft, etwas grobgestoßenen Pfeffer und Salz, rühre es auf schwacher Gluth, bis es
anfängt recht warm zu werden, und ziehe die Sauce mit dem
Anrichtlöffel gut auf, damit sich die Butter mit den Eiern gehörig
vereinigt; bann ziehe die verlornen Eier, welche vorher im Wasser
recht warm geworden, auf ein reines Tuch, damit sie gut abtrocknen, lege sie nachher schön auf die Platte und gieße die Sauce
recht warm darüber.

221. Verlorne Eier in Krebsauce.

Die Eier werden auf schon beschriebene Weise zubereitet und
die Sauce folgendermaßen gemacht: So viel gute kräftige Coulis
(s. Coulis), als zur Sauce nöthig ist, wird gut verkocht, das
Fett rein abgenommen und zur Zeit des Anrichtens ein Ei groß
Krebsbutter sammt etwas feinem Pfeffer, Muskatnuß und Salz
hinein gethan; dann ziehe sie auf dem Feuer mit dem Löffel gut
auf und lasse sie recht heiß werden, aber nicht kochen. Sind die

Eier recht warm, dann ziehe sie auf ein Tuch, damit sie gut abtrocknen, lege sie auf eine tiefe Platte und gieße die Sauce recht heiß darüber.

222. Verlorne Eier in Trüffelsauce.

12—14 Eier werden auf bekannte Art zubereitet, die Sauce aber auf folgende Weise gemacht: Hacke 3 gute Trüffeln oder schneide sie in dünne Blättchen und dämpfe sie mit einem Ei groß Butter einige Minuten auf schwacher Glut, dann gieße 2 Trinkgläser voll gut verkochte Coulis und ein halbes Trinkglas voll Consommé oder Kraftbrühe sammt etwas Pfeffer und Salz dazu, lasse sie eine Viertelstunde langsam kochen und nehme das darauf befindliche Fett sorgfältig ab; dann ziehe die verlornen Eier, welche im warmen Wasser gelegen, auf ein Tuch, damit sie gehörig abtrocknen, richte sie hernach auf eine tiefe Platte und gieße die Sauce recht heiß darüber.

223. Fünf=Minuten=Eier mit Tomate= oder Liebesäpfelsauce.

8—10 Fünf-Minuten-Eier (s. Fünf-Minuten-Eier bei den Gemüsgarnituren) werden gemacht und in warmes Wasser gelegt. Sodann wird folgende Sauce bereitet: 6—8 Liebesäpfel, aus denen die Kerne herausgedrückt worden, lege in ein passendes Geschirr, thue 2—3 Trinkgläser voll Fleischbrühe, einen Knoblauchzinken, etwas groben Pfeffer und Salz dazu, lasse es gut einkochen, bis keine Brühe mehr daran zu sehen ist, und drücke dann alles recht gut durch ein Sieb in ein dazu schickliches Geschirr, thue 3 Trinkgläser voll gut verkochte Coulis sammt etwas gestoßenem Pfeffer und den Saft einer Citrone dazu, lasse es unter beständigem Rühren einige Minuten einkochen, gebe dann ein halbes Ei groß Butter dazu und ziehe es mit dem Löffel gut auf, bis die Butter darin geschmolzen ist; alsbann nehme die Eier aus dem warmen Wasser, lasse sie auf einem Tuch abtrocknen, richte sie auf die Platte und gieße die Sauce recht heiß darüber.

224. Fünf=Minuten=Eier mit Maraskino.

So viel Eier, als man für eine Platte nöthig hat, werden auf bekannte Weise zubereitet; dann mache von 1 Schoppen süßem Rahm einen gut verkochten dünnen Kindsbrei, verrühre das Gelbe von 8 Eiern mit 4 Eßlöffeln voll feingestoßenem Zucker und einem halben Trinkglas voll Maraskino oder gutem alten Kirschenwasser recht gut, rühre es mit dem heißen Brei gehörig untereinander und winde nun alles durch ein neues Haartuch; sodann lege die wohl abgetrockneten Eier in ein dazu passendes Geschirr, gieße den Brei darüber, setze es bis zum Anrichten in ein mit kochendem Wasser angefülltes Gefäß, damit sie warm bleiben, aber nicht kochen, und richte sie dann auf eine tiefe Platte.

225. Eier à la Provençale.

In einem kleinen Pfännchen wird 1 Viertelpfund gutes Provenceröl auf dem Feuer recht heiß gemacht, dann ein ganzes Ei in ein Kaffeköpfchen oder einen Becher eingeschlagen, doch so, daß das Gelbe schön ganz bleibt, etwas Salz und eine Messerspitze voll Mehl dazu gethan und das Ei in dem heißen Oel schön gelb gebacken, wobei darauf zu achten ist, daß das Ei ganz bleibt, schön rund wird und das Innere weich ist. Auf diese Art werden zwölf Stück für eine Platte gebacken; dann werden eben so viel dünne Weckschnitten von runder oder ovaler Form in Butter gelb ausgebacken. Bei dem Anrichten werden die gebackenen Eier kranzartig auf die Platte gelegt, zwischen jedes derselben eine von den gebackenen Weckschnitten, welche vorher in gutes Fleischbrühglace eingetaucht worden, und in die Mitte eine gute dünne Coulis- oder Glacesauce, welche mit etwas Pfeffer, Salz und dem Saft einer Citrone gut verkocht worden, gegeben.

Man kann für diese Eier auch eine Hachissauce folgendermaßen bereiten: Nehme eine Zwiebel und eine Hand voll Schalottenzwiebeln, etwas Petersilie, einen Eßlöffel voll Kapern und einige Sardellen, hacke alles sehr fein und dämpfe es mit einem Ei groß Butter einige Minuten; dann gebe 2 Trinkgläser voll gute Coulis sammt etwas Pfeffer, Salz und 3 Eßlöffel voll Estragoneffig dazu, lasse es einige Minuten gut verkochen und richte sie recht heiß in die Mitte der Eier.

226. Verlorne Eier mit gutem jus oder brauner Saftbrühe.

Nachdem 12—14 frische Eier auf oben beschriebene Weise (s. verlorne Eier bei den Gemüsgarnituren) bereitet sind, lege sie zur Zeit des Anrichtens in recht warmes Wasser, damit sie gehörig durchgewärmt werden, dann richte sie recht abgetrocknet auf die Platte, gieße kräftigen jus kochend heiß darüber, etwas Salz und Pfeffer dazu, und streue feingeschnittenen Schnittlauch darauf.

227. Eier mit Aspic.

Es werden 12 verlorne Eier (s. verlorne Eier) und ein guter Aspic (s. **Aspic**) gemacht; alsdann thue in kleine, für die Eier passende Förmchen (oder auch in eine große Form) etwa einen Federkiel-dick zerlaufenen Aspic, lasse ihn auf Eis oder in kaltem Wasser wieder gut gestehen, lege darauf am inneren Rand der Form einen Kranz von geschnittenen Trüffeln, auf diese gut abgetrocknete Eier, dann wieder Aspic, welcher etwas zergangen, aber nicht warm ist, damit er gleich wieder fest wird, auf diese wieder einen Kranz von Trüffeln und fahre so fort, bis die Form gefüllt, oben aber eine Lage Aspic ist. (**NB**. Bei kleinen Förmchen ist das Verfahren und die Reihenfolge gleich, nur daß die Eier einzeln in solche gelegt werden.) Wenn der Aspic fest geworden, dann stürze die Form auf eine Platte, garnire feingehackten Aspic und feingeschnittene Trüffeln darum und stelle sie auf Eis oder sonst an einen kalten Ort, bis sie aufgetragen werden.

228. Oeufs à la neige oder Eierschnee.

Schlage das Weiße von 10 Eiern zu steifem Schnee, menge 2 Eßlöffel voll Zucker sammt etwas Orangenblüthe oder Vanille, alles feingestoßen, gut darunter; dann thue in ein etwas tiefes Geschirr ½ Maaß Milch, 4 Hände voll feingestoßenen Zucker und etwas Vanille oder Fleur d'orange, lege, wenn die Milch kocht, 5—6 Eßlöffel voll Schnee hinein und lasse ihn zwei- bis dreimal aufkochen, ziehe ihn hernach mit dem Schaumlöffel auf ein Sieb, damit die Milch abtropfen kann, und fahre so fort, bis aller Schnee auf diese Art bereitet ist; sodann lasse die übrige Milch zur Hälfte einkochen, verrühre die 10 Eiergelb recht gut damit und rühre es auf dem Feuer, bis es dick zu werden anfängt, ohne daß es jedoch kocht; dann treibe es durch ein Sieb auf einen Teller und lasse es gut verkühlen, lege hernach die ebenfalls gehörig verkühlten Schneeballen in eine Compotschaale, gieße die Sauce darüber und garnire sie mit gerösteten Mandeln und gehackten Pistazien.

229. Rühreier mit Brockelspargeln.

Zwei bis drei Büschel Spargeln werden bis an den zähen Theil in Stückchen von der Größe der Brockelerbsen geschnitten, die Köpfe aber bleiben ganz, dann werden sie in Salzwasser weich gekocht und wieder in kaltem Wasser abgekühlt. Alsdann werden 12 Eier aufgeschlagen und gehörig verkläppert, ein Trinkglas voll guter jus oder Brühe, ¼ ℔ in mehrere Stückchen geschnittene Butter, etwas grober Pfeffer, Salz und Muskatnuß dazu gegeben, dann auf dem Feuer gut gerührt, bis es so dick wie starker Brei wird, und nun auf eine Platte gethan. Zu gleicher Zeit werden die Spargeln, nachdem sie abgegossen und gut abgetrocknet sind, mit einem eigroßen Stück Butter, etwas feingehackter Petersilie, Pfeffer, Salz und Muskatnuß eine Minute auf starkem Feuer gedämpft und dann um die Eier garnirt.

NB. Man kann diese Rühreier auch mit abgekochtem und ganz fein gehacktem Schinken garniren, mit geriebenem Parmesankäs bestreuen oder in Butter gebackene Croutons dazu geben.

230. Omelettes soufflées.

Das Gelbe von 8 Eiern wird mit ¼ ℔ feingestoßenem Zucker und der feingehackten Schaale einer halben Citrone recht schaumig gerührt, das Weiße der 8 Eier aber zu steifem Schnee geschlagen und leicht unter das Gerührte gemengt; dann lasse in einer flachen Omelettpfanne ein halbes Ei groß Butter heiß werden, thue den vierten Theil der Masse hinein, lasse sie langsam backen und hebe sie öfters mit dem Messer auf, damit die untere Fläche etwas hellbraune Farbe erhält, dann stürze sie auf eine in der Mitte mit etwas Butter bestrichene Platte. Sind auf diese Art vier Omeletten gebacken und immer eine auf die andere gelegt, dann bestreue sie mit feinem Citronenzucker, setze sie eine Viertelstunde vor dem Anrichten in einen mittelheißen Ofen, bis sie schön aufgezogen und der Zucker eine hochgelbe Farbe erhalten hat, und lasse sie sogleich auftragen.

231. Omelettes soufflées mit Parmesankäs.

Das Gelbe von 8 Eiern wird mit etwas Pfeffer und Salz recht schaumig gerührt, das Weiße aber zu steifem Schnee geschlagen und recht gut darunter gemengt; dann lasse in einer Omelettpfanne eine Nuß groß Butter heiß werden, gebe einen starken Anrichtlöffel voll von der gerührten Masse hinein und stoße die Pfanne ein wenig auf, damit die Omelette auseinander geht, backe sie schnell auf der untern Seite schön hochgelb und wende sie dann um, damit sie auf der andern Seite gleiche Farbe erhält; hernach lege sie auf eine mit Butter bestrichene Platte und bestreue sie gut mit geriebenem Parmesankäs. Ist auf diese Art die ganze Masse verbacken, die Omeletten alle aufeinander gelegt und mit Parmesankäs gehörig bestreuet, so werden oben darauf einige Stückchen Butter sammt etwas Parmesankäs vertheilt, das Ganze eine Viertelstunde in einen mittelheißen Ofen gestellt, damit es schön aufzieht und eine hochgelbe Farbe erhält, und dann sogleich aufgetragen.

232. Fünf-Minuten-Eier mit Sauerampfer.

So viel Sauerampfer, als zu einer Platte nöthig ist, wird gut geputzt und ausgewaschen, in kochendem Wasser weich gekocht, dann abgegossen und gut abgekühlt, hernach recht fein gehackt und noch einmal mit dem flachen Theil des Messers sorgfältig durch= belesen, damit nichts Unreines darin bleibt; dann thue in ein dazu passendes Geschirr eine feingehackte Zwiebel nebst 1 Viertel= pfund Butter und dämpfe es eine Minute, gebe einen Kochlöffel voll Mehl dazu und dämpfe es noch eine Minute; hernach thue den Sauerampfer hinein, rühre ihn eine Viertelstunde auf dem Feuer gut ab, gebe dann einen halben Schoppen sauern Rahm sammt etwas Salz und Muskatnuß hinzu und rühre ihn noch eine halbe Viertelstunde auf dem Feuer, bis er recht zart und gut ist; dann lasse ihn noch ein wenig auf gelindem Kohlfeuer lang= sam dämpfen, und wenn es Zeit zum Anrichten ist, dann richte den Sauerampfer auf eine Platte und die recht warmen und ab= getrockneten Eier schön darum (s. Fünf-Minuten-Eier bei den Ge= müsgarnituren).

233. Französische Omelette.

12 Eier werden in ein Geschirr geschlagen, 6 Eßlöffel voll Milch, etwas feiner Pfeffer, Salz und Muskatnuß dazu gethan, alles wohl verkläppert und untereinander gerührt; dann lasse ein Ei groß Butter in einer flachen Omelettpfanne heiß werden, rühre einen Eßlöffel voll davon unter die Eier, gieße dann alles in die Pfanne und lasse es schnell backen, dabei steche die Omelette öfter mit dem Messer von allen Seiten auf, damit das Flüssige gehörig durchlaufen und backen kann. Hat sie unten eine schöne gelbe Farbe erhalten, dann schlage sie von beiden Seiten zusammen, stürze sie auf eine Platte und gieße ein wenig kräftigen jus daran.

234. Omelette mit Trüffeln.

4—6 Trüffeln werden geschält, in dünne Blättchen geschnitten und mit etwas fein gehackter Petersilie, Schalottenzwiebeln, grobem Pfeffer, Salz, Muskatnuß und einem Ei groß Butter einige Minuten auf schwachem Kohlfeuer gedämpft; sodann ein Kochlöffel voll Mehl dazu gestreut, mit einem Trinkglas voll kräftiger jus aufgefüllt und einige Minuten verkocht. Unterdessen wird die Omelette wie obige zubereitet und gebacken, ehe sie aber zusammengeschlagen ist, werden die gedämpften Trüffel darauf gegeben und etwas auseinander gestrichen, dann die Omelette von vier Seiten zusammengelegt und auf eine Platte gestürzt; alsbann gebe 2 feingehackte Trüffeln, welche mit etwas Butter einige Minuten gedämpft, dann mit einem Trinkglas voll gut verkochter Coulis aufgefüllt und sammt Pfeffer und Salz wieder einige Minuten verkocht wurden, darüber.

235. Schweizer Omelette.

Zerschlage zu einer Omelette 10—12 Eier, gebe zwei Hände voll geriebenen Parmesankäs, 4 Loth in Würfel geschnittenen Emmenthaler oder gewöhnlichen Schweizerkäs, etwas groben Pfeffer, Salz und einige Eßlöffel voll sauern Rahm dazu, und rühre alles wohl untereinander. Wenn es Zeit zum Anrichten ist, so lasse in einer flachen Omelettpfanne ein Ei groß Butter heiß werden, gieße die ganze Masse hinein und backe sie auf die bei der französischen Omelette angegebene Art, lege sie auf zwei Seiten zusammen und stürze sie auf eine Platte.

236. Omelette mit Champignons.

3—4 Hände voll geputzte Champignons werden in dünne Scheiben geschnitten, mit einem Ei groß Butter, feingehackter Petersilie und Schalottenzwiebeln, etwas grobem Pfeffer, Salz und Muskatnuß in ein Geschirr gethan und einige Minuten gedämpft, dann wieder gehörig abgekühlt; hernach zerschlage 10 ganze Eier und rühre sie nebst einem Trinkglas voll süßem Rahm sorgfältig darunter. Wenn alles gehörig untereinander gerührt ist, so thue in eine flache Omelettpfanne ein Ei groß Butter und backe diese Omelette wie die französische, lege sie auf vier Seiten zusammen, stürze sie auf eine Platte und lasse sie auftragen.

237. Polenda Napolitana.

1 Pfund guter Kernengries wird in 1 Maaß kochende Milch eingerührt und eine halbe Stunde ganz dick verkocht, dann zwei Hände voll geriebener Parmesankäs sammt etwas grobem Pfeffer und Salz gut darunter gerührt, auf eine tiefe Platte, welche vorher mit Wasser etwas angefeuchtet worden, gebracht und verkühlen lassen. Unterdessen wird ein kleines Ragout auf folgende Art gemacht: Schneide 4—6 schöne Trüffeln in dünne Blättchen, thue 2 Hände voll gepuzte kleine Champignons, eben so viel weichgekochte und einigemal durchgeschnittene Spitzmorcheln, 1 Eßlöffel voll feingehackte Petersilie und eben so viel Schalottenzwiebeln dazu und dämpfe alles dieses mit $1/4$ ℔ Butter eine Viertelstunde langsam auf schwachem Feuer; dann gebe 1 Kochlöffel voll Mehl dazu und schüttle es gehörig untereinander, fülle es mit 2 Trinkgläsern voll guter Fleischbrühe auf und lasse es wieder eine halbe Viertelstunde gut verkochen, thue auch etwas groben Pfeffer, Salz und Muskatnuß daran und rühre das Gelbe von 4 Eiern nebst dem Saft einer Citrone recht heiß darunter, ohne daß es jedoch kocht; sodann zerschneide eine halbe Gansleber, welche vorher schon gebraten worden und wieder erkaltet ist, in kleine Würfeln, thue sie ebenfalls darunter und lasse es verkühlen. Indessen bestreiche eine runde hohe Form, welche zu diesem Gerichte paßt, gut mit Butter, streue sie mit geriebenem Milchbrod aus, stürze den Gries, wenn er kalt und fest ist, aus der Platte auf den Tisch und schneide ihn in fingerdicke Scheiben, belege dann den Boden der Form sorgfältig damit, streiche einen Theil des kalten Ragouts darauf, bestreue dieß mit einer Handvoll geriebenem Parmesankäs, mache wieder eine Lage Griesscheiben, streiche Ragout, mit Parmesankäs bestreut, darauf und fahre so fort, bis die Form gefüllt ist, eine Lage Gries aber den Schluß macht; dann setze sie anderthalb Stunden in den heißen Backofen, stürze sie, nachdem sie vorher mit dem Messer ringsum losgemacht worden, auf eine Platte, lasse sie ein wenig ruhen, hebe die Form dann ab und gebe die Polenda nach der Suppe auf die Tafel.

238. Fondis oder französische Käs-Mehlspeise.

6 Kochlöffel voll Weißmehl werden mit 1 Schoppen Milch gut verrührt und dann auf dem Feuer abgerührt, bis es ein recht dicker Brei geworden; dämpfe ihn noch eine Viertelstunde, damit

das Mehl gehörig verkocht, hernach rühre ein Ei groß Butter darunter und lasse ihn etwas verkühlen. Eine halbe Stunde vor dem Anrichten rühre das Gelbe von 8 Eiern, 8 Eßlöffel voll gutem dicken sauern Rahm, ¼ ℔ geriebenen Parmesankäs nebst etwas grobem Pfeffer und Salz recht schaumig darunter, schlage von 6 Eierweiß einen steifen Schnee und menge ihn gleichfalls darunter. Nun fülle 16 papierne Biscuitkapseln von dieser Masse recht voll, setze sie zwei Finger breit auseinander auf ein Blech und stelle sie in einen mäßig heißen Backofen, bis sie schön gestiegen und hochgelb geworden sind, dann setze sie mit den Kapseln auf die Blatte und lasse sie sogleich auftragen.

239. Farcirte oder gefüllte Eier.

10 Eier werden gut hart gesotten, und wenn sie sorgfältig abgeschält sind, der Länge nach durchgeschnitten, das Gelbe herausgenommen und durch ein Sieb gedrückt, dann in einen Mörser gethan, das Weiche von 1 Kreuzerweck, welches vorher in Milch eingeweicht und wieder gut ausgedrückt worden, ein Ei groß Butter, ein Kaffeelöffel voll feingehackte Petersilie, eben so viel feingehackte Schalotten nebst etwas Pfeffer, Salz und Muskatnuß hinzugefügt, alles dieß zu feinem Teig gestoßen und dann noch das Gelbe von 3 Eiern dazu gestoßen. Alsdann nehme alles sauber aus dem Mörser, fülle es in die Eier und streiche es mit dem Messer schön glatt; das übrige Füllsel streiche daumendick auf den Boden einer tiefen Platte, ordne die gefüllten Eier schön darauf, setze solche eine halbe Stunde vor dem Anrichten in einen mäßig heißen Ofen und lasse sie schöne Farbe nehmen.

240. Eier à la crème.

Schneide 12 hartgesottene und gut abgeschälte Eier je in acht Theile und lege sie in ein dazu schickliches Geschirr; alsdann thue in ein kleines Geschirr ¼ ℔ gute Butter, 1 Eßlöffel voll Weißmehl, etwas feingehackte Zwiebeln und Schalotten nebst etwas grobem Pfeffer, Salz und Muskatnuß, verrühre dieß gehörig mit einem Trinkglas voll süßem Rahm und rühre es auf dem Feuer, bis es ein- oder zweimal aufgekocht hat; dann gieße es über die Eier und rüttle sie auf dem Feuer, bis sie durch und durch heiß geworden sind, richte hernach das Ganze auf eine Platte und lasse sie auftragen.

241. Eier à la tripe.

12 hartgesottene Eier werden je in 8 Theile geschnitten und in ein dazu passendes Geschirr gelegt; alsdann gebe in ein anderes Geschirr ¼ ℔ Butter und 12 in dünne Scheiben geschnittene Zwiebeln, dämpfe sie einige Minuten, bis die Butter klar geworden, gebe einen Eßlöffel voll Mehl dazu und rühre es mit den Zwiebeln gehörig untereinander, dann rühre noch 2 Trinkgläser voll süßen Rahm sammt etwas grobem Pfeffer und Salz dazu, und rühre es auf dem Feuer, bis es zu kochen anfängt, lasse es auf glühenden Kohlen einige Minuten langsam dämpfen, gieße es dann über die Eier und rüttle sie auf dem Feuer eine halbe Minute, damit sie durch und durch heiß werden, richte sie auf eine Platte und gebe sie auf die Tafel.

242. Eier mit Essigkukummern.

Nachdem 10 Eier hart gesotten sind, so schneide das Weiße behutsam ab, damit der Dotter oder das Gelbe nicht zerreißt, sondern schön ganz bleibt; sodann schneide das Weiße in dünne Scheiben, thue sie sammt den Dottern in ein passendes Geschirr, gieße 2 Trinkgläser voll gut verkochte Coulis oder braune Sauce dazu, schneide einige abgeschälte Essigkukummern in dünne Blättchen, thue sie nebst einigen feingeschnittenen Estragonblättchen, etwas grobem Pfeffer und Salz dazu und lasse alles zusammen gut aufkochen, dann gebe noch den Saft von einer Citrone dazu und richte es auf die Platte.

243. Fricassirte Eier.

Diese werden auf oben angegebene Art hartgesotten, eben so geschnitten und in ein dazu passendes Geschirr gethan; alsdann thue in ein anderes Geschirr ein Ei groß Butter, eine Hand voll in Blättchen geschnittene Champignons und etwas feingehackte Petersilie, lasse es einige Minuten auf gelindem Kohlfeuer dämpfen, gieße zwei Trinkgläser voll gute weiße Sauce dazu und lasse es einigemal aufkochen, gieße es über die zubereiteten Eier und lasse es damit eine Minute kochen; dann rühre das Gelbe von 4 Eiern nebst dem Saft einer Citrone, etwas grobem Pfeffer, Salz und Muskatnuß gut darunter, ohne daß es jedoch kocht, und richte es heiß auf die Platte.

244. Eier mit Krebsen.

Nimm von frisch und hart gesottenen Eiern das Gelbe schön ganz davon, das Weiße aber schneide in dünne Scheiben, und thue es sammt dem Gelben in ein dazu schickliches Geschirr; dann mache von 30—40 Krebsen eine gute Portion Krebsbutter, die Schwänze aber reinige sauber und schneide sie der Länge nach in zwei Theile, und thue sie sammt etwas Pfeffer, Salz und Muskatnuß zu den Eiern. Dann mache ein wenig Bechamel (s. Bechamel) von einem Schoppen süßem Rahm, zu welcher aber statt frischer Butter Krebsbutter genommen wird. Ist es gut verkocht dann winde es durch ein Haartuch über die Eier und gebe noch etwas Krebsbutter dazu. Kurz vor dem Anrichten lasse es einmal aufkochen, gebe es auf die Platte und garnire es mit ausgestochenem Buterteig in der Größe eines Thalers, welcher in heißem Schmalz gebacken wird.

245. Eingesetzte Eier auf Schweizer Art.

Bestreue den Boden einer tiefen Platte, welche auf die Tafel gestellt werden kann, mit geriebenem Parmesankäse, und mit in kleine Würfel geschnittenem guten Schweizerkäse, auch lege in dünne Scheiben geschnittene gute Butter dazwischen. Dann gieb etliche Eßlöffel voll sauern Rahm, sammt etwas grobem Pfeffer, Salz und Muskatnuß darüber; schlage alsdann so viel frische Eier, als auf die Platte gehen, neben einander, aber gieb Obacht, daß die Eier schön ganz bleiben; dann gebe abermals etwas frische Butter, sauern Rahm, fein gehackte Petersilie, Pfeffer, Salz, Muskatnuß und geriebenen Parmesankäse, sammt etwas geriebenem Weißbrod darüber. Setze es alsdann so lange auf einen Dreifuß mit schwachen Kohlen, oder in einen mittelheißen Ofen, bis es oben eine schöne hochgelbe Farbe bekommen hat; die Eier aber dürfen nicht hart werden. Auf die nämliche Weise kann man die Bücklinge und Sardellen zubereiten, nur muß statt des Käses Butter, und statt des sauern Rahms etwas Milch gebraucht, auch muß in Würfeln geschnittener und in heißer Butter gerösteter Weck dazu gegeben werden.

Auswahl der besten Backereien und aller Sorten von Butterteig.

246. Bereitung von Butterteig.

1 Pfund schönes Weißmehl, ein Ei, eine Nuß groß Butter, drei Trinkgläser Wasser, sammt einem Kaffelöffel voll feinem Salz werden wohl unter einander gemengt, und auf dem Backtisch mit dem Ballen der Hand gut durchgearbeitet, bis der Teig recht zähe geworden und von dem Tische und der Hand leicht abfällt, worauf man ihn auf einen Klumpen zusammen ballt und etliche Minuten ruhen läßt. Dann nehme 1 ℔ gute, frische und fette Butter, verarbeite sie im frischen Wasser damit die Milch recht gut heraus kommt, und lege sie, zu einem Ballen gemacht, in frisches Wasser, worein im Sommer etwas Eis gelegt wird; sodann bestreue den Tisch gut mit Mehl, lege den Wasserteig darauf, walze ihn fingerdick auseinander, drücke die Butter in gleicher Dicke darauf, und lege den belegten Teig auf vier Seiten über einander, laß ihn etliche Minuten ruhen (im Sommer wird er jedesmal auf Eis gestellt), walze ihn hierauf ganz leicht in ein dünnes Viereck aus, wobei der Tisch und Teig öfter mit Mehl bestreut werden müssen, um das Anhängen zu vermeiden, lege ihn wieder auf zwei Theile über einander, walze ihn abermals in ein dünnes Viereck aus, darauf lege ihn wieder auf zwei Seiten zusammen und laß ihn ¼ Stunde ruhen; dann verarbeite ihn auf eben bezeichnete Weise noch zweimal in ein dünnes Viereck und lege ihn wieder auf beiden Seiten zusammen; dann ist er gut und kann nach Belieben bei allen vorkommenden Fällen gebraucht werden.

247. Teig zu warmen oder kalten aufgesetzten Pasteten.

Vier ℔ weißes Mehl (so viel ist die Portion zu einer starken kalten Pastete), 1½ ℔ Butter, 4 ganze Eier, ein Eßlöffel voll feines Salz und 3—4 Trinkgläser voll Wasser werden wohl unter einander gemengt, und auf dem Backtisch mit dem Ballen der Hand gut ausgearbeitet, bis sich der Teig zusammen ballt und die Festigkeit eines festen Nudelteiges erhalten hat.

248. Geriebener Buterteig zu verschiedenen Obstkuchen.

Hierzu nimm 1 ℔ frische Butter, 2 ℔ feines weißes Mehl, das Gelbe von 8 Eiern und zwei Trinkgläser Wasser, sammt einem Kaffeelöffel voll feinem Salz; alles dieses wird wohl unter einander gemengt, auf dem Backtisch mit dem Ballen der Hand gut ausgearbeitet, und nach Belieben gebraucht.

249. Ostfriesländer Backerei.

Nimm 1 Pfund schönes weißes Mehl, ¾ Pfund gute frische Butter, das Gelbe von 8 hart gesottenen Eiern, welche gut durch ein Sieb getrieben werden müssen, ¼ Pfund mit Zimmt fein gestoßenen Zucker, etwas Salz, sammt dem Gelben von 4 rohen Eiern und mache daraus einen glatten Teig, welchen man auf dem Tisch mit der Hand gut ausreibt und zu einem Ballen macht; alsdann wird er halb Fingerdick ausgewalzt und in der Weite eines Kaffebechers mit einem runden Ausstecher ausgestochen, auf ein mit Papier belegtes Backblech zwei Finger breit von einander gelegt und in einem schwach geheizten Ofen eine Viertelstunde gebacken, bis sie eine hellblonde Farbe erhalten haben. Lege sie alsdann auf ein Papier neben einander damit sie abkühlen und bestreue sie mit feinem Zucker durch ein Sieb, und gebe auf jedes eine eingemachte Kirsche.

250. Portugiesischer Biscuit.

Dazu nehme ½ Pfund gute Butter, verrühre sie mit einem halben Pfunde feingestoßenem Zucker, einem in kleine Würfel geschnittenen Schnitz Citronat, dem Gelben von 7 Eiern, auch ¼ Pfund wohl gereinigten Sultanini, oder türkischen Zibeben, und eben so viel Rosinen recht schaumig unter einander. Ist das Ganze recht schaumig gerührt, so schlage von 14 Eierweiß einen steifen Schnee und mische ihn leicht wie zu einem Biscuit, sammt ½ Pfund weißem Mehl recht gut darunter; dann fülle es in kleine, mit heißer Butter ausgestrichene Biscuitformen, stelle sie auf ein Backblech neben einander in einen mäßig heißen Ofen, und laß es ungefähr ¾ Stunden backen, bis es eine hellbraune Farbe erhalten hat, nimm sie dann aus den Formen, lasse sie abkühlen, bestreue sie mit feinem Zucker und richte sie schön auf die Platte.

251. Backerei à la Comtesse.

Zwei Pfund weißes Mehl, 1 Pfund frische Butter, das Gelbe von 10 Eiern, ¼ Pfund fein gestoßener Zucker, ein Kaffeelöffel voll gestoßener Zimmt und etwas feines Salz wird tüchtig unter einander gemengt und mit der flachen Hand auf dem Backtisch gut und schnell ausgerieben, damit keine Butter mehr zu sehen ist und der Teig gut zusammen ballt; dann bestreue den Tisch, wenn er abgekratzt ist, gut mit Mehl, lege den Teig darauf und walze ihn ganz leicht in der Dicke eines starken Federkiels, worauf man ihn in der Größe eines starken Kaffeebechers aussticht, den Rest des Teigs wieder zusammen macht, auswalzt und wieder aussticht, bis der Teig auf diese Weise verbraucht ist. Alsdann lege ihn auf ein mit Papier belegtes Blech dicht neben einander und stupfe ihn mit dem Messer etwas, worauf er recht gut mit Zucker und Zimmt bestreuet und in einem schwach geheizten Ofen so lange gebacken wird, bis er eine blonde Farbe erhalten hat; lege es nun behutsam auf reines Papier damit es erkaltet und richte es schön auf die Platte.

252. Genueser Backerei.

Hierzu nimm ein halbes Pfund frische Butter, ein halbes Pfund fein gestoßenen Zucker, eben so viel feines weißes Mehl und das Gelbe von sieben Eiern. Wenn die Butter etwas warm geworden ist, so rühre sie mit dem Zucker eine Viertelstunde recht schaumig, und gebe das Eiergelb nach und nach darunter, worauf auch eine fein gehackte Citronenschale und das Mehl gut darunter gerührt wird; dann wird die Masse auf ein reines kupfernes oder verzinntes Blech in der Dicke eines Großenthalers gestrichen und in einem schwach geheizten Ofen recht langsam gebacken, bis sie eine schöne hochgelbe Farbe erhalten hat. Ehe jedoch das Blech erkaltet, wird sie mit einem Ausstecher in der Größe eines Großenthalers dicht neben einander ausgestochen und die untere Seite mit Aprikosenmarmelade oder mit Hagebuttenmark bestrichen, worauf je zwei zusammen gelegt, schön auf die Platte gegeben und mit etwas feinem Zucker bestreut werden.

253. Pâté à la Madeleine.

Gieb in eine tiefe Schüssel ein halbes Pfund Butter, wenn sie zergangen ist auch ein Pfund fein gestoßenen Zucker und rühre es recht schaumig; darauf werden acht bis neun Eier darunter gerührt und das Ganze abermals recht schaumig geschlagen, nachdem rühre auch ein Pfund schönes weißes Mehl, sammt etwas fein gestoßener Vanille darunter. Fülle dann die Masse in eine dazu schickliche tiefe, mit Butter ausgestrichene Form, oder auch in mehrere kleinere Formen, jedoch darf die Form nur halbvoll mit der Masse angefüllt werden, damit sie Raum zum Steigen hat, und lasse sie 1½ Stunden bei schwach geheiztem Ofen backen, bis sie eine braungelbe Farbe erhalten hat, worauf man sie aus der Form stürzt und warm auf die Tafel giebt.

254. Sandtörtchen.

Mache ein halbes Pfund Butter etwas warm, rühre sie mit ½ ℔ fein gestoßenem Zucker recht schaumig, und menge auch langsam sechs Eier, sammt ¾ Pfund Weißmehl darunter. Aus der Masse forme alsdann kleine Kugeln, in der Größe eines Eidotters, und setze sie auf ein reines kupfernes oder verzinntes Blech, doch dergestalt, daß zwei fingerbreit zwischen jeder Raum bleibt; dann werden geschälte Mandeln der Länge nach in vier Theile geschnitten und auf jede Kugel 6 — 8 Stück gesteckt, darauf lasse sie in einem gelind geheizten Ofen eine schöne gelbe Farbe nehmen und gebe sie auf die Tafel.

255. Biscuit de Savoie.

Ein Pfund fein gestoßener Zucker wird mit dem Gelben von 18 Eiern ¾ Stunden lang recht schaumig gerührt, sodann wird von dem Weißen der 18 Eier ein recht steifer Schnee geschlagen und gut und leicht unter das Gerührte gemengt; streue auch feines, trockenes und durchgesiebtes Weißmehl, an Gewicht zwölf Eiern gleich, mit einer fein gehackten Citronenschale darunter, und schlage das Ganze nochmals eine Viertelstunde mit einem Schneebesen gut unter einander, worauf es in die dazu bestimmte, mit heißer Butter ausgestrichene und mit Mehl und Zucker gut ausgestreute Form gethan und in einem mäßig heißen Backofen langsam ¾ Stunden gebacken wird, bis es eine schöne Farbe erhalten hat.

256. Biscuit von Reismehl.

Dazu nimm das Abgeriebene einer Citronenschale, von 16 Eiern das Weiße und von 6 das Gelbe, 16 Loth Reismehl, 20 Loth feingestoßenen Zucker, 4 Loth Aprikosen-Marmelade und 4 Loth verzuckerte Orangenblüthen. Stoße in einem Mörser die Orangenblüthen recht fein, dann gieb die Marmelade dazu und stoße sie auch, damit es sich gut vermengt; von dem Weißen der 16 Eier schlage alsdann einen steifen Schnee und menge das Gestoßene gut darunter; das Gelbe von den 6 Eiern wird jedoch vorher mit dem feingestoßenen Zucker $\frac{1}{4}$ Stunde gut gerührt, und dann leicht unter einander gemengt; ist dieses geschehen, dann streue auch das Reismehl und das Abgeriebene der Citrone darunter. Diese leicht und gut unter einander gemengte Masse fülle in papierne Kapseln, bestreue sie stark mit Zucker und setze sie, auf ein Blech gestellt, in einen mäßig heißen Ofen, lasse sie $\frac{1}{2}$ Stunde langsam backen und schöne glasirte Farbe nehmen.

257. Mandeltorte.

Ein Pfund geschälte und fein gestoßene Mandeln werden mit $\frac{3}{4}$ Pfund feingestoßenem und durchgesiebtem Zucker und mit dem Gelben von 16 Eiern $\frac{3}{4}$ Stunde recht schaumig gerührt; nach diesem wird das Weiße der 16 Eier zu einem steifen Schnee geschlagen und leicht darunter gemengt; dann menge auch sechs Hände voll fein geriebenes Weißbrod, sammt einem in kleine Würfel geschnittenen Schnitz Citronat, recht leicht darunter, fülle die Masse in eine dazu schickliche, mit heißer Butter ausgestrichene Form, und lasse sie in einem gelind geheizten Ofen $\frac{3}{4}$ Stunden backen, bis sie eine schöne Farbe erhalten hat.

258. Linzer Torte.

Ein halbes Pfund ungeschälte und fein gestoßene Mandeln, eben so viel Weißmehl, von sechs hart gesottenen Eiern das Gelbe, welches durch ein Sieb gedrückt wurde, von sechs rohen Eiern das Gelbe, $\frac{1}{2}$ Pfund Butter, $\frac{1}{8}$ Pfund fein gestoßener Zucker, eine Messerspitze voll gestoßener Zimmet und etwas feines Salz wird wohl unter einander gemengt, und auf dem Backtisch mit der flachen Hand zu einem Teig ausgerieben, dann zu einem Klumpen zusammen gemacht und einige Minuten ruhen lassen; nehme sodann einen Theil davon, walze ihn ganz leicht in der Dicke eines Federkiels aus, schneide daraus eine runde Platte, je nach der Größe der Torte, und lege sie auf Papier; bestreiche sie mit eingemachten Johannisbeeren oder Kirschen, den Rand jedoch auf zwei fingerbreit frei gelassen. Von dem übrigen Teig werden dicke Würste gewalzt und die Torte damit karoartig überflochten, der Rest des Teiges wird in zwei fingerbreite Riemen ausgewalzt und um den Rand der Torte gelegt; jetzt wird sie in einem schwach geheizten Backofen ½ Stunde gebacken, dann mit Zucker bestreut, zwischen jedes Karo eine eingemachte Kirsche gelegt und aufgetragen. Man kann auch statt der großen auf gleiche Weise kleine Törtchen machen.

259. Torte von Schwarzbrod.

Man schneide ein Pfund Schwarzbrod mit der Kruste in dünne Scheiben, und lasse es in einem Ofen etwas braune Farbe nehmen; nachdem das Brod gut trocken ist, wird es in einem Mörser fein gestoßen, und durch einen feinen Seier gesiebt; dann stoße ½ Pfund ungeschälte Mandeln, gebe sie in eine tiefe irdene Schüssel, nebst ¾ Pfund fein gestoßenem und durchgesiebtem Zucker, dem Gelben von 14 Eiern, einem in kleine Würfeln geschnittenen Citronatschnitz, einer Messerspitze voll gestoßenem Zimmt, acht Stück fein gestoßenen Gewürznägelein und dem vierten Theil einer fein gestoßenen Muskatnuß; dies Alles, außer dem gestoßenen Brod, wird ¾ Stunden recht schaumig gerührt, sodann das Weiße der 14 Eier zu einem festen steifen Schnee geschlagen und leicht darunter gemengt. Von dem gestoßenen Brod nimm alsdann neun starke Hände voll, feuchte es mit einem Glase rothen Wein an und arbeite es mit den Händen gut durcheinander; ist dieses geschehen, so schütte das mit Wein angefeuchtete Brod langsam unter die Masse; dann fülle die Form, nachdem sie mit heißer Butter ausgestrichen ist, damit bis oben an, und laß sie in einem mittelmäßig heißen Ofen ¾ Stunden backen, bis sie eine schöne Farbe erhalten hat.

260. Reistorte auf hessische Art.

Koche ein halbes Pfund Reis, nach dem er gut gesäubert und abgewaschen ist, ¼ Stunde in viel Wasser, lege ihn alsdann in kaltes Wasser bis er gut abgekühlt ist, worauf man das Wasser abgießt und den Reis gut trocknet. Dann setze ein passendes Geschirr mit ½ Pfund Zucker nebst einem Schoppen guten Wein auf das Feuer, und wenn der Zucker gut geläutert und abgeschaumt ist, so gieb den Reis, zwei in Würfel geschnittene Citronenschalen, einen in Würfel geschnittenen Citronatschnitz, ein Trinkglas voll Arak und den Saft einer Citrone dazu und laß es ¼ Stunde auf dem Feuer gut verdämpfen, bis der Reis weich aber nicht verkocht ist; rühre ihn auch öfter mit dem Löffel um, doch gieb Acht daß er ganz und saftig bleibt. Walze dann eine Portion Butterteig (s. Butterteig) zu der Dicke eines starken Federkiels, und so groß als man die Torte haben will, und schneide eine runde Blatte davon aus und lege sie auf Papier; ist dieses geschehen, so lege den abgekühlten Reis zwei fingerdick auf die Blatte, doch dergestalt, daß der Rand rings herum zwei fingerbreit leer bleibt, auch muß der Reis oben schön glatt gestrichen und mit Zucker und Zimmt bestreuet werden; der Rand der Torte wird jedoch gut mit Eiern bestrichen, von Butterteig wieder eine Blatte ausgewalzt und über den Reis gelegt, so daß die obere mit der untern gleich zu liegen kommt; dann walze noch einen großen zwei fingerbreiten und federkieldicken Riemen von Butterteig und lege ihn um den Rand der Torte, bestreiche wieder den Rand der Torte mit Eiern, mache nochmals einen Riemen von Butterteig aber nur einen fingerbreit, lege ihn auf den Rand und bestreiche ihn wieder. (Bei dem Bestreichen muß man Acht haben daß nichts über den Rand kommt, denn es verhindert den Butterteig am Steigen.) Wenn man alsdann mit dem Messer dem Rande eine angenehme Form gegeben und auf dem Deckel einige Zierathe eingeschnitten hat, wird die Torte auf einem Backblech in einen Ofen gestellt, und gleich gewöhnlichem Butterteig ½ Stunde ziemlich heiß gebacken; hiernach bestreue sie mit Zucker und lasse sie gut glastren.

261. Wiener Zimmet=Torte.

Ein halbes Pfund geschälte und fein gestoßene Mandeln werden mit 12 Loth feingestoßenem Zucker und dem Gelben von 8 Eiern ½ Stunde recht schaumig gerührt, dann 4 Loth Sultanini oder türkische Zibeben, eben so viel gut gereinigte Rosinen, eine fein geschnittene Citronenschale, und ein starker Kaffeelöffel voll feingestoßener Zimmt darunter gerührt; das Weiße der acht Eier schlage zu einem steifen Schnee und menge es auch recht gut darunter. Nun wird von Butterteig eine große, runde und federkieldicke Blatte ausgewalzt, auf ein Papier gelegt und schön rund abgeschnitten, der äußere Rand wird zwei Fingerbreit mit Eiern bestrichen und ein eben so breiter, aber nur halb fingerdicker Riemen von Butterteig darum gelegt und wieder mit Eiern bestrichen, dann wieder ein Riemen, doch um die Hälfte schmäler, darum gelegt, und auch etwas mit Eiern bestrichen. Die gerührte Masse wird nun darein gethan, schön gleich und glatt gestrichen, auf ein Backblech gelegt und in einem mittelmäßig heißen Ofen ½ Stunde gebacken; sollte die Masse jedoch mehr Farbe bekommen als nöthig, und der Butterteig noch nicht gut seyn, so bedecke sie mit doppeltem Papier, bis der Rand gut gebacken ist und schöne Farbe erhalten hat; dann bestreue sie gut mit feinem Zucker, lasse den Rand gut glasiren und gebe sie warm auf die Tafel.

262. Prinz-Friedrich-Torte.

Zwölf Eier (von welchen von 6 das Weiße zurückbehalten wird), werden mit ½ Pfund feingestoßenem Zucker, 4 Loth Hagebuttenmark, einer Handvoll geschälten und fein geschnittenen Mandeln, auch etwas fein geschnittenen Citronen- und Pomeranzenschalen, Citronat, fein gestoßenen Gewürznägelein und Zimmt nach Belieben, in ein tiefe irdene Schüssel gethan und ¾ Stunden recht schaumig unter einander gerührt; dann wird von dem zurückbehaltenen Eiweiß ein fester steifer Schnee geschlagen und leicht darunter gemengt, auch ¼ Pfund durchgesiebtes Stärkemehl gut darunter gemischt und das Ganze tüchtig unter einander gerührt: man fülle dann die Masse in eine dazu schickliche und mit heißer Butter ausgestrichene Mandelform und backe sie wie eine gewöhnliche Mandeltorte.

263. Glasirte Gußtorte.

Ein halbes Pfund geschälte und feingestoßene Mandeln werden mit ½ Pfund feingestoßenem Zucker, nebst 5 ganzen Eiern und von vieren das Gelbe und etwas fein gehackter Citronenschale ½ Stunde recht schaumig gerührt; dann mache von geriebenem Butterteig (s. Butterteig) einen Kuchen mit 3 fingerbreit hohem Rande, den Boden durchstich aber mehreremal mit der Messerspitze, damit er keine Blasen aufwerfen kann; ist dieses geschehen, so lege um den Rand, so hoch er ist, einen mit Butter bestrichenen Papierriemen, und streiche halb fingerdick eingemachte Johannesbeeren oder Kirschen oder auch Hagebuttenmark in den Kuchen, sodann gebe die gerührte Mandelmasse darauf, mit welcher er bis oben angefüllt wird; dann lege sie auf ein Backblech in einen mittelmäßig heißen Ofen, und lasse sie ½ langsam Stunde backen, bis sie eine braune Farbe erhalten hat; dann läßt man sie verkühlen, macht alsdann einen recht dick und weiß gerührten Guß von feinem weißem Zucker, etwas Eierweiß und Citronensaft, und überstreicht die ganze Torte damit; garnire sie dann noch recht schön mit Streuzucker, und lasse sie in einem Ofen einige Minuten trocknen.

264. Tyroler Zimmttorte.

Ein halbes Pfund geschälte Mandeln werden der Länge nach in vier Theile geschnitten, die fein abgeschälte Schale von vier Citronen, etwas Pomeranzenschale und Citronat, alles in kleine Würfeln, auch das Zitronenmark, welches von den Kernen und der weißen Haut befreit seyn muß, länglicht geschnitten, werden mit ½ Pfund fein gestoßenen Zucker in einer irdenen Schüssel wohl unter einander gemengt, und zugedeckt über Nacht stehen lassen. Dann wird von geriebenem Butterteig (s. geriebener Butterteig) ein Kuchen mit 3 Finger breit hohem Rande aufgesetzt, und dieser mit Papierriemen, welche mit Butter bestrichen werden, innen und außen befestigt, auch der Kuchen auf dem Boden mit der Messerspitze gut gestupft, worauf man ihn allein backen läßt bis er gut ist und eine blonde Farbe erhalten hat; hierauf wird das Papier gut davon gemacht und die schon bereitete Masse hineingefüllt, dann von 6 Eierweiß eine steifer Schnee geschlagen, 3 Hände voll fein gestoßener Zucker gut darunter gemengt, und über die Torte gestrichen, diese nochmals mit Zucker bestreut, und in einen recht gelinden Backofen gegeben, bis sie eine schöne gelbe Farbe erhalten hat. Endlich wird die Torte rings um den Rand mit feinem Zuckerglacee bestrichen, wieder in dem Ofen getrocknet und warm aufgetragen.

265. Torte à la Crême.

Von Butterteig (s. Butterteig) wird eine halb fingerdicke Platte ausgewalzt, dann mit Eiern bestrichen und schön rund und so groß als man die Torte haben will geschnitten. Dann walze von gleichem Teig einen eben so dicken aber zwei fingerbreiten Riemen, lege ihn recht schön um den äußern Rand der Platte, und bestreiche ihn ebenfalls mit Eiern, doch so, daß der Eierstrich nicht über den Rand kömmt; setze sie alsdann auf ein Backblech und lasse sie gut backen; ist sie erkaltet, so wird sie mit eingemachten Johannisbeeren, Kirschen oder Hagebuttenmark halbfingerdick eingefüllt und folgender Crème darüber gemacht: Auf ¼ Pfund Zucker werden ein oder zwei Citronen gut abgerieben, dieser Zucker fein gestoßen und die Hälfte davon sammt einem Kochlöffel voll Weißmehl und dem Gelben von sechs Eiern in ein Geschirr gethan und mit drei Trinkgläsern voll süßem Rahm gut verrührt; dann stelle es aufs Feuer und koche es unter beständigem Umrühren zu einem dicken Brei, welcher, nach dem er erkaltet ist, fingerdick über das Eingefüllte in der Torte gestrichen wird; sodann schlage von dem Weißen der 6 Eier einen steifen Schnee, mische die andere Hälfte Citronenzucker und zwei weitere Hände voll feingestoßenen Zucker darunter und setze es auf ein mit Wachs bestrichenes Kupferblech, in der Größe wie die Torte, zwei oder drei fingerbreit hoch und schön rund und oben glatt gestrichen; bestreue es alsdann mit feinem Zucker, und lasse es in einem ganz schwach geheizten Ofen so lange backen, bis es durchaus hochgelbe Farbe erhalten hat und durch und durch hart geworden ist, dann wird er als Deckel auf die Torte gegeben.

266. Französische Torte à la frangipane.

Gebe in ein dazu schickliches Geschirr 5 Eßlöffel voll Weißmehl, welches mit 5 ganzen Eiern und einem Schoppen Milch, sammt einem Ei groß Butter und etwas Salz gut verrührt wird, auf das Feuer, und lasse es unter beständigem Umrühren zehn Minuten lang kochen, gebe aber wohl Acht, daß es nicht anhänge, und lasse es gut verkühlen; zerstoße dann eine Hand voll Mandeln, worunter je die sechste eine bittere ist, nur wenig, dann zerdrücke eben so viel Macronen recht fein, stoße ferner eine halbe Hand voll in Zucker geröstete Orangenblüthen fein, und setze diesem allem zwei Hände voll geriebenen Zucker zu. Die ganze Masse wird nun unter den abgerührten Brei gut verrührt, ist er aber zu dick geworden, dann rühre noch 1 bis 2 Eier darunter, alsdann setze eine Torte von Butterteig auf (wie oben à la Crème gemeldet, nur wird sie nicht vorher ausgebacken). fülle die Masse hinein, streiche sie mit dem Messer recht glatt, bestreue sie gut mit Zucker und backe sie eine starke halbe Stunde bis sie eine schöne hochgelbe Farbe erhalten hat, und der Butterteig gut aufgegangen ist; sollte sie zu viel Farbe erhalten, ehe der Butterteig gut ist, so belege sie mit Papier. Sie wird warm auf die Tafel gegeben.

267. Spanische Torte.

Zwanzig Loth geschälte und feingestoßene Mandeln werden mit einem halben Pfund frischer Butter sammt dem Saft einer Citrone recht schaumig verrührt, dann ein halbes Pfund fein gestoßener Zucker nebst dem Gelben von 10 Eiern und noch 4 ganzen, und etwas fein gestoßenem Zimmt, Gewürznägelein und Muskatnuß, auch etwas fein geschnittener Citronenschale nach und nach gut darunter gerührt; ist alles gut und schaumig verrührt, dann menge 8 starke Hände voll fein geriebenes Milchbrod darunter; hierauf wird ein tiefes rundes Blech mit heißer Butter bestrichen und mit dem Backrädchen schmal geschnittene Riemen von Butterteig schön caroartig geflochten und die gerührte Masse eingefüllt und langsam gebacken, bis es eine schöne hochgelbe Farbe erhalten hat, und ganz durchgebacken ist. Das Ganze wird dann auf eine Platte sorgfältig umgestürzt, mit Zucker bestreut und auf die Tafel gegeben.

268. Preußischer Zimmtkuchen.

Ein halbes Pfund Mandeln werden geschält und mit etwas Rosenwasser fein gestoßen, dann mit einem halben Pfunde fein gestoßenem Zucker, sammt einem ganzen Ei, 10 Eßlöffeln voll gutem dickem saurem Rahm, einem halben Loth fein gestoßenem Zimmt und etwas fein geschnittener Citronenschale und Citronat schaumig unter einander gerührt. Hierauf wird ein halb fingerdicker Boden von Butterteig nach angemessener Größe bereitet, und ein zwei fingerbreiter Rand von demselben Teig darumgelegt, und nun das Gerührte darauf gefüllt, und wie eine gewöhnliche Butterteigtorte in einem nicht zu heißen Ofen gebacken, bis es schöne Farbe erhalten hat und der Butterteig gut ausgebacken ist. Der Rand wird dann noch mit feinem Zucker bestreut und glasirt.

269. Aufgelaufene Citronentorte.

Ein halbes Pfund Zucker, auf welchem drei Citronen gut abgerieben wurden, wird fein gestoßen, und mit dem Gelben von 8 Eiern eine halbe Stunde recht schaumig gerührt; hierauf von dem Weißen der 8 Eier ein fester steifer Schnee geschlagen und sammt dem Saft der abgeriebenen Citrone leicht darunter gemengt; dann wird ein tiefes zu dieser Torte geeignetes mit Butter bestrichenes Blech, mit messerrücken dick ausgewalgten Butterteig (s. Butterteig) belegt, der Rand oben herum schön mit Teig garnirt, die Masse eingefüllt, und in einem gelinden Ofen gebacken, bis sie eine schöne hochgelbe Farbe erhalten hat und der Teig gut ausgebacken ist, worauf die Torte von dem Blech heruntergerückt, mit Citronenzucker bestreuet und aufgetragen wird.

270. Johannisbeerentorte.

Von 12 Eierweiß wird ein steifer Schnee geschlagen, und ein halbes Pfund geschälte und feingestoßene Mandeln, sammt einem halben Pfunde fein gestoßenem Zucker so lange darunter gerührt, bis es eine dicke Masse geworden ist; dann wird ein Stück Butterteig stark messerrückendick ausgewalzt, und auf ein dazu schickliches Tortenblech schön aufgelegt, von der Masse die Hälfte darauf gestrichen, die abgezupften Johannesbeeren, welche eine Stunde vorher gut mit feinem Zucker bestreut wurden, fingerdick darauf gelegt, die übrige Masse darüber gestrichen und wie gewöhnlich ausgebacken.

271. Kirschenkuchen mit Schwarzbrod.

Sechs Hände voll fein geriebenes Schwarzbrod werden mit einem Trinkglas voll rothem Wein angefeuchtet, sodann ein Viertelpfund ungeschälte und fein gestoßene Mandeln dazu gethan, eben so viel feingestoßener Zucker sammt einer Messerspitze voll fein gestoßenem Zimmt; alles dieses wird in einer irdenen Schüssel mit dem Gelben von 8 Eiern gut schaumig untereinander gerührt, von 3 Eiern das Weiße zu einem Schnee geschlagen und auch darunter gemengt. Nun werden ein Pfund sauere und ein Pfund süße Kirschen abgezupft und ausgesteint, und leicht und ohne den Kirschensaft, unter die Masse gemengt, diese dann in eine dazu passende, mit Butter ausgestrichene, auch mit geriebenem Milchbrod ausgestreute Form eingefüllt und in einem mäßig heißen Ofen eine Stunde gebakken; hat er schöne Farbe erhalten und ist er gut durchgebacken, so wird er auf die Platte gestürzt und mit Zucker bestreuet.

272. Kirschenkuchen von geriebenem Butterteig.

Es wird von geriebenem Butterteig (s. geriebener Butterteig) ein federkieldicker Kuchen, so groß man ihn braucht, ausgewalzt und ein zwei fingerbreit hoher Rand daraufgesetzt, oder auch der Teig auf ein Kuchenblech gelegt und mit einem schönen Rand eingeschnitten, der aufgesetzte Rand wird mit einem mit Butter bestrichenen Papierband umgeben, der Kuchen in der Mitte mit der Messerspitze gut gestupst und der Boden stark mit Zucker und Zimmt bestreut. Es werden nun die ausgesteinten Kirschen, halb süße halb saure, auf den Kuchen gefüllt und dem Rand gleich gemacht, das Ganze nun wieder stark mit Zucker und Zimmt bestreut, auch ein halb Ei groß Butter in mehreren Theilen darauf gelegt, der Kuchen auf ein Backblech gestellt und in einem mittelheißen Ofen gut ³/₄ Stunden gebacken; ist er gut so wird er aus dem Ofen genommen, das Papierband davon gemacht, gut mit Zucker und Zimmt bestreut, und, nachdem er abgekühlt ist, aufgetragen.

Auf diese Art werden alle Kuchen von Kernobstarten behandelt, bei den Aepfelkuchen aber wird, ehe die Aepfel in den Kuchen eingelegt werden, dem Zucker und Zimmt, mit welchem der Boden des Kuchens bestreut wird, auch noch eine Hand voll fein gehackte Mandeln und zwei Hände voll Rosinen, nebst etwas fein gehackter Citronenschale beigemengt und dann die Aepfelschnitze schön darauf gelegt, auf die Aepfelschnitze wieder das nämliche wie unten gegeben, und wie der Kirschenkuchen gebacken.

273. Aepfelkuchen à la Crème.

Es werden 8 Eier, ein halber Schoppen süßer Rahm, vier Hände voll geriebenes Weißbrod, Zucker nach Gutdünken, auch etwas gestoßener Zimmt und fein gehackte Citronenschale, wohl untereinander gerührt; hierauf werden sieben Aepfel geschält und in dünne Scheiben geschnitten und gut darunter gemengt, ein Tortenblech gut mit Butter bestrichen und mit geriebenem Milchbrod gut ausgestreuet, die Masse hineingethan und in einem Ofen gebacken hat der Kuchen schöne Farbe erhalten, so wird er auf eine Platte gestürzt und feiner Zucker darauf gestreut.

274. Pommes en Chemise.

Es werden 8—10 schöne mittelmäßig große saure Aepfel geschält, die Kernhäuser aber vor dem Schälen sorgfältig ausgestochen, hierauf Rosinen, Zucker, Zimmt und etwas gehackte Citronenschale wohl untereinander gemengt, in die Aepfel eingefüllt; jeder Apfel wird nun auf ein dünn ausgewalztes Butterteig-Blättchen gesetzt, und dieses Blättchen bis an die Hälfte des Apfels aufgedrückt, so, daß er fest in dem Butterteig stehet, dann schneide mit dem Backrädchen fingerbreite und ganz dünne Riemen von Butterteig, bestreiche die Aepfel mit etwas verklopftem Eierweiß, und winde die Riemen, von unten angefangen, bis oben um den Apfel herum, doch so, daß immer der Riemen auf der Hälfte des untern aufliegt. Ist der Apfel bis oben auf diese Art umwickelt, dann wird er ganz mit Eiern bestrichen und auf ein Papier gesetzt; sind sämmtliche Aepfel so zubereitet, so setze solche 3 fingerbreit von einander entfernt auf ein Papier, und dann auf ein Blech, lasse sie ½ Stunde in einem mittelmäßig heißen Ofen backen, bestreiche solche mit feinem Zucker, daß sie schön glasirt werden.

275. Biscuitroulade.

Das Gelbe von 9 Eiern wird mit 9 Händen voll fein gestoßenem Zucker ½ Stunde recht schaumig gerührt, von dem Weißen der 9 Eier ein steifer Schnee geschlagen, und dieser leicht darunter gemengt auch 6 Hände voll schönes Weißmehl sammt etwas fein gehackter Citronenschale darunter gestreut und alles wohl unter einander gemengt. Bestreiche nun ein gut verzinntes kupfernes Backblech mit weißem Wachs und lege auf dasselbe einen daumenbreiten Rand von Wasserteig, damit die Biscuitmasse nicht herunter fließen kann, gebe dann die Masse darauf, und streiche sie federkieldick ganz auseinander, stelle es in einen gelinden Backofen und lasse es langsam backen; hat es eine braungelbe Farbe erhalten, so nehme es aus dem Ofen, mache den Rand rings davon ab, und bestreiche das Ganze messerrückendick mit Aprikosen-Marmelade oder mit eingemachtem Hagebuttenmark; dann rolle es, während es noch heiß ist, von der schmalen Seite ganz fest zu einer dicken Wurst gut auf, (hiebei muß mit dem flachen Theil des Messers unten nachgeholfen werden, damit es nicht zerreißt). Ist diese Wurst gut aufgerollt, so wird sie in fingerbreite Scheiben mit einem scharfen Messer leicht durchgeschnitten, und diese auf ein reines Backblech nebeneinander gelegt und in einem Ofen so lange gebacken, bis sie eine blonde Farbe erhalten haben. Diese Roulade wird auch, statt in Scheiben, nur quer in zwei Theile geschnitten gegeben, nur werden dann diese Theile mit einer weißen Zuckerglasur dick überstrichen und mit einer hübschen Zeichnung von Bombons garnirt und getrocknet und eine kalte Sauce von Aprikosen-Marmelade mit etwas Wein aufgekocht dazu gegeben.

276. Rahmtörtchen à la Stutensee.

Kleine runde oder ovale fingerhohe Förmchen werden mit einem Butterteig gut bis an den obern Rand ausgelegt und gut eingedrückt, sodann mit folgender Crême angefüllt: Zu 18 kleinen Förmchen verrühre 9 Eier mit einem halben Schoppen sauerm und einem halben Schoppen süßem Rahm, und lasse dieses durch ein

Haarsieb laufen, dem Durchgelaufenen setze ⅛ Pfund feingestoßenen Zucker, einen Kaffeelöffel voll gestoßenen Zimmt, etwas fein gehackte Citronenschale und fein geschnittenen Citronat sammt ¼ ℔ gut gereinigten Rosinen zu, rühre alles wohl durcheinander und fülle die Förmchen damit ganz voll; setze solche dann auf ein Blech und lasse sie in einem mäßig heißen Ofen backen, bis sie eine braungelbe Farbe erhalten haben, gut gestiegen und durchgebacken sind, dann nehme sie behutsam aus den Formen und bestreue sie mit feinem Zucker, stelle sie aufrecht auf die Platte, und gebe sie etwas warm auf die Tafel.

NB. Ehe sie alle aus dem Ofen genommen werden, stürze man eines aus der Form, und sehe nach, ob sie die gehörige Farbe haben, ist dieß nicht der Fall, so werden sie noch etwas länger im Ofen gelassen.

277. Mandelkuchen.

Ein Viertelpfund geschälte und feingestoßene Mandeln werden mit zwei ganzen Eiern und dem Gelben von vier weitern, sammt 6 Loth fein gestoßenem Zucker nebst der feingehackten Schale einer Citrone ¼ Stunde gerührt; hierauf wird von Butterteig (s. Butterteig) eine federkieldicke runde Platte, in der Größe, wie man sie nöthig hat, ausgewalzt, auf ein Papier gelegt und schön rundgeschnitten, dann rings herum zwei fingerbreit mit Eiern bestrichen; hierauf wird die Mandelmasse darauf gegeben und eben gestrichen, doch so, daß der Rand zwei fingerbreit leer bleibt. Es wird nun eine eben solche Platte von Butterteig, von derselben Dicke schön darauf gelegt und rings auf dem Rand herum gut angedrückt, die ganze Torte mit Eiern bestrichen, und ein zwei fingerbreiter und halbfingerdicker Rand darum gelegt, auf dem Kuchen aber werden etliche Zierathe mit dem Federmesser eingeschnitten und der Rand mit etwas Ei bestrichen. Die ganze Torte, nur der Rand nicht, wird endlich noch mit geschälten und feingehackten Mandeln und feinem Zucker, wohl untereinander gemengt, gut bestreut, und in einem mittelmäßig heißen Ofen ½ Stunde gebacken, bis der Teig schön aufgegangen und der Zucker gut und schön glasirt ist.

278. Patisserie à l'Empereur.

Von einem Pfund Butterteig (nach Bedarf auch nur ein halbes Pfund) wird die Hälfte abgeschnitten, in ein Viereck mesferrückendick ausgewalzt, auf ein reines Kupferblech gelegt, und mit Aprikosenmarmelade, oder mit eingemachtem Hagenbuttenmark messerrückendick überstrichen, dann mit geschälten und der Länge nach fein geschnittenen Mandeln ganz dünne bestreut; hierauf wird die andere Hälfte Butterteig ausgewalzt, und gut über die erste gelegt, so daß alles bedeckt ist, dann das Ganze wieder mit Eiern bestrichen und stark mit feinem Zucker bestreut. Backe es nun in einem mäßig heißen Ofen gut durch, bis es oben schön braungelb und glasirt ist, nehme es dann aus dem Ofen, lasse es etwas ausruhen und zerschneide es mit einem scharfen Messer in zwei Finger breite und 1½ Finger lange Stückchen, diese werden dann rings um den Rand herum in feinen Zucker eingetaucht und schön auf die Platte gegeben.

279. Punschtorte.

Ein Pfund feingestoßener Zucker wird mit dem Gelben von 18 Eiern ¾ Stunden lang recht schaumig gerührt, alsdann das Weiße der 18 Eier zu einem festen und steifen Schnee geschlagen, und gut unter das Gerührte gemengt; hierauf nimmt man an Gewicht so viel, als 12 Eier schwer sind, gut getrocknetes und durchgesiebtes feines Weißmehl, mengt es nach und nach, sammt etwas fein gehackter Citronenschale darunter, und schlägt es noch ¼ Stunde mit dem Schnee, füllt es dann in drei gleich hohe und gleich große runde Tortenbleche, welche gut mit heißer Butter bestrichen sind, (statt der Bleche können auch eben so große Papierkapseln genommen werden, deren Rand, wie jener der Bleche jedoch drei Finger breit hoch seyn müssen). Man läßt sie nun in einem mäßig heißen Ofen ¾ Stunden backen, und nimmt sie dann aus den Formen. Es werden nun zwei Trinkgläser voll Arack sammt drei Händen voll feingestoßenem Zucker und dem Saft von zwei Citronen gut untereinander gerührt und die Torte von allen Seiten gut damit befeuchtet; ist dies geschehen, so wird auf den einen Kuchen Aprikosenmarmelade oder eingemachtes Hegenmark, oder was man sonst von gutem Eingemachtem hat, messerrückendick darauf gestrichen, dann der zweite Kuchen darauf gelegt und auf die nämliche Art mit Eingemachtem bestrichen, und dann der dritte darauf gedeckt, hierbei muß Acht gegeben werden, daß die Kuchen schön gleich aufeinander zu liegen kommen. Nun wird von feinem Kanarienzucker, Eierweis, etwas Citronensaft und Arack eine dicke weiße Glace gerührt, die ganze Torte damit dick überstrichen, und nach Willkühr mit Streuzucker und schönen Bombons garnirt und getrocknet, und solche auf eine Platte, ein ausgeschnittenes Papier darunter, gegeben.

280. Torteletten mit Rahm und Erdbeeren.

Es werden so viele kleine Törtchen als man zu einer Platte nöthig hat, von geriebenem Butterteig (s. geriebener Butterteig), mit einem zwei fingerbreit hohen Rand in der Weite eines Kaffeebechers aufgesetzt, und innen und außen mit Papierriemen umgeben, auch auf dem Boden etwas eingestupft; von demselben Teig wird nun ein Theil stark messerrückendick ausgewalzt, und mit einem Ausstecher, welcher die Größe der Törtchen hat, so viele Deckel ausgestochen, als man Törtchen hat, auch auf die Deckel einige Zierathe mit dem Federmesser eingeschnitten. Die Törtchen und die Deckel werden nun in einem mittelheißen Ofen schön blond gebacken, worauf man sie verkühlen läßt. $\frac{1}{2}$ Stunde vor dem Anrichten wird $\frac{1}{2}$ Schoppen süßer Rahm, welcher vorher auf Eis oder sonst kalt gestanden hat, in einem kupfernen Kessel ganz steif wie ein Eierschnee geschlagen, ist er gut steif, so werden zwei Hände voll fein gestoßener Zimmtzucker, nebst 4 starken Händen voll gut gereinigten Erdbeeren wohl untereinander gemengt, dieses in die Törtchen eingefüllt, die Deckel darauf gethan und solche mit Zucker bestreuet.

281. Schwarzberger Brod.

Sechs runde oder ovale zwei Kreuzerwecke, von welchen die Kruste rings herum gut abgerieben wurde, werden der Breite nach durchschnitten und auf ein Tortenblech fest neben einander gelegt, dann 3—4 Hände voll Zimmt, Zucker, sammt etwas fein gehackter Citronenschale darüber gestreuet, und so viel guter rother Wein darüber gegossen, daß er über das Brod geht. Unter öfterem Umwenden lasse man nun die Brodschnitten so lange stehen, bis sie den Wein eingesogen haben, und solche ganz weich sind, was durch öfteres Nachgießen von Wein bewirkt wird; wende sie nun Stück für Stück gut in Weißmehl herum, und backe sie in heißem Schmalz schön braungelb, dann lege die Weckschnitten dicht nebeneinander auf das Blech und bestreue sie ganz dick mit feinem Zucker, halte eine glühende Schaufel darüber bis der Zucker darauf recht verschmolzen und gut braungelb glasirt ist, dann wende den unteren Theil gut in Zucker und Zimmt herum, und gebe sie warm auf die Tafel.

282. Mandelroulade.

Zwei Hände voll geschälte und feingestoßene Mandeln, drei Hände voll fein gestoßener Zucker, auch fein geschnittener Citronat und Citronenschale werden mit dem Gelben von zwei Eiern und einem ganzen gut untereinander gerührt; hierauf ½ Pfund Butterteig federkieldick in ein Viereck ausgewalzt, mit der Mandelmasse überstrichen und ganz fest zu einer Wurst aufgerollt. Diese Wurst wird nun in zwei fingerbreite Scheiben geschnitten, und solche auf ein mit Butter bestrichenes und mit Mehl bestreutes Blech neben einander gelegt, jedoch so, daß sie sich nicht berühren. Backe sie nun in einem nicht zu heißen Ofen, bis sie schöne Farbe haben und durchgebacken sind und bestreue sie bei dem Herausnehmen mit Zucker.

283. Prinz-Friedrich-Backerei.

Ein halbes Pfund Butter, ¾ Pfund Weißmehl, das Gelbe von 6 Eiern, ¼ Pfund Zucker, ein Kaffelöffel voll fein gestoßener Zimmt und etwas Salz wird auf einem Backtisch wohl unter einander gemengt und mit der flachen Hand gut zu einem Teig ausgerieben, bis keine Butter mehr zu sehen ist. Man knetet nun den Teig gut zusammen und läßt ihn etwas ruhen; dann wird er federkieldick in ein Viereck ganz leicht ausgewalzt, und, von unten anfangend, ein drei Fingerbreiter Streifen mit verklopften Eiern, der Breite nach bestrichen; dieser Streifen wird nun mit eingemachten Kirschen, oder sonst einem guten Eingemachten (das Eingemachte muß jedoch vom Saft befreit werden) der ganzen Länge nach belegt. Umschlage nun den Teig zwei fingerbreit über das aufgelegte Eingemachte, drücke ihn an dem vorderen Umschlage gut an, und schneide ihn mit dem Backrädchen der ganzen Länge nach durch; theile dann das Ganze in Finger lange Stücke und schneide solche mit dem Backrädchen ebenfalls durch; lege diese Stückchen auf ein Papier neben einander, doch so, daß sie sich nicht berühren, auch stupfe jedes mit einer Messerspitze drei bis vier mal. Auf diese Weise wird nun der übrige Teig ebenfalls zubereitet, dann auf ein Backblech gesetzt und in einem mäßig heißen Ofen langsam gebacken, bis sie eine schöne blonde Farbe erhalten haben. Man läßt sie nun erkalten, nimmt sie sorgfältig von dem Papier herunter, damit sie nicht zerbrechen, und legt sie, nachdem sie vorher in Zucker und Zimmt umgewendet wurden, schön auf eine Platte.

284. Spießkuchen.

Ein halbes Pfund etwas warm gemachte Butter wird mit einem halben Pfund gestoßenem Zucker, eben so viel Weißmehl, 6 bis 7 Eiern und sieben Eßlöffeln voll sauerm Rahm recht gut verrührt, diesem klein geschnittene Citronen- und Pomeranzenschalen, auch Citronat und fein gestoßener Zimmt, Nägelein und Mußkatnuß nach Belieben zugesetzt und das Ganze mit etwas Milch zu einem dicken fließenden Brei angerührt. Nehme nun ein abgedrehtes Holz, in Form und Länge gleich einem gewöhnlichen Walkholz, jedoch noch einmal so dick, auch innen hohl, daß es an den Spieß gesteckt werden kann, umwickle es wohl mit Papier und mit Bindfaden, bestreiche es gut mit heißer Butter und stecke es fest an den Spieß; bestreiche es nun gut mit dem Teig, doch so, daß es oben und unten 2 fingerbreit leer bleibt, und umdrehe es schnell auf einem von beiden Seiten geschlossenen aber nicht zu starken Feuer, bis der Teig ein wenig gelb geworden, dann bestecke ihn zerstreut mit geschälten und der Länge nach in vier Theile geschnittene Mandeln, gieße über diese wieder von der Masse, und lasse es wieder gelbe Farbe nehmen, hierauf übergieße es nochmals mit der Masse, streue jetzt die Mandeln nur leicht darüber, und backe es nochmals, bis es gelbe Farbe erhalten hat; fahre nun so fort, bis die ganze Masse darauf gebacken ist. Ist der Kuchen auf diese Art gut und krustig gebacken, dann wird er von dem Spieß abgenommen, oben und unten etwas abgeschnitten und von dem Holze vorsichtig abgestreift, das Papier und der Bindfaden gut ohne den Kuchen zu beschädigen sorgfältig davon genommen, hierauf wird er aufgestellt, und mit einer dicken Zuckerglasur von feinem Zucker, Eierweiß und etwas Citronensaft überstrichen, dann mit etwas gefärbtem Streuzucker und mit kleinen Bombons schön garnirt und getrocknet, auf eine Platte gestellt, und ein schönes Bouquet nach der Jahreszeit oben eingesteckt.

285. Russische Waffeln.

Ein Pfund etwas zergangene Butter, wird mit eben so viel schönem Weißmehl, dem Gelben von 18 Eiern, sammt einem halben Schoppen süßem und einem halben Schoppen saurem Rahm gut verrührt, auch etwas Salz, eine Hand voll gestoßener Zucker und etwas gehackte Citronenschale darunter gerührt. Schlage nun von dem Weißen der 18 Eier einen festen steifen Schnee, menge ihn ganz leicht und gut unter Obiges und backe schnell nacheinander die Waffeln in einem tiefen Waffeleisen, welches immer mit der Masse ganz vollgefüllt werden muß.

286. Waffeln mit Mandeln.

Einem halben Pfund recht schaumig gerührter Butter setze ½ Pfund Weißmehl, zwei Eier und von vieren das Gelbe, einen halben Schoppen sauren Rahm, eine Hand voll geschälte und fein geschnittene Mandeln, auch etwas Salz, und ein Trinkglas voll süßen Rahm zu, verrühre alles wohl, backe diese Masse schnell nacheinander in einem Waffeleisen, und bestreue sie gut mit Zucker.

287. Wiener Hippen.

Dazu nehme ¼ Pfund feines Weißmehl, 4 Loth geschälte und feingestoßene Mandeln, ¼ Pfund fein gesiebten Zucker, den Saft und die feingeschnittene Schale einer Citrone, verrühre dieses gut mit 4 Eiern und einigen Eßlöffeln voll saurem Rahm, und verdünne es mit etwas Milch, dann rühre noch 4 Loth zergangenes Schmalz darunter, backe sie in dem Hippeneisen und rolle sie auf, ehe sie kalt werden.

NB. Zu diesen Hippen kann auch geschlagener Rahm auf die Tafel gegeben werden.

Hefen - Gebackenes.

288. Eine Prioche.

Ein Pfund schönes Weißmehl wird in eine irdene Schüssel gethan, in der Mitte des Mehls eine Grube gemacht und in diese 6 Eßlöffel voll gute Essighefe mit lauwarmen Wasser verrührt, geschüttet; es wird nun das Ganze zu einem dicken Vorteig unter einander gemengt, dann in eine andere mit Mehl gut bestreute warme Schüssel gebracht, hierauf macht man einen tiefen Kreuzschnitt in den Teig, und läßt ihn so lange an einem warmen Ort stehen, bis er gut gegangen ist. Auf den Backtisch werden nun drei weitere Pfund Mehl geschüttet, ebenfalls in der Mitte desselben ein Loch gemacht, und 2 Pfund Butter in kleine Stückchen darein geschnitten, auch 12 Eier und ein Loth in einem Löffel warmen Wassers aufgelöstes Salz dazu gethan. Menge jetzt alles wohl untereinander, und verarbeite den Teig mit der flachen Hand auf dem Backtisch eine Viertelstunde lang; nun wird alles auf einen Haufen gebracht, der Tisch, nachdem er sorgfältig von dem anhängenden Teig befreit ist, mit Mehl bestreut und der Teig noch einigemal gut durchgewirkt. Ist unterdessen der Vorteig gut gegangen, so wird der verarbeitete Teig in zwei Hälften getheilt, und der Vorteig in die Mitte dieser Hälften gelegt, das Ganze nun mit den Händen zerbrochen, wieder aufeinander gesetzt, und dieses Zerbrechen und Aufeinandersetzen noch drei- bis viermal wiederholt. Es wird nun ein Tuch gut mit Mehl bestreut, der Teig darauf gethan, mit dem Tuch zugedeckt, und an einen kühlen Ort 10 Stunden lang gesetzt, was am schicklichsten geschieht, wenn der Teig am Abend zuvor gemacht wird, weil er dann über Nacht stehen kann; nach Verlauf dieser Zeit, wird er wieder recht gut durcheinander gewirkt und vier Kuchen daraus bereitet, wovon immer einer kleiner als der andere ist, setze nun den ersten Kuchen auf ein Blech, auf welchem ein mit Butter bestrichenes Papier liegt, und drücke ihn etwas auseinander, bestreiche ihn mit Eiern, und lege dann den zweiten, zwei fingerbreit kleinern darauf, bestreiche auch diesen mit Eiern, lege den um weitere zwei fingerbreit kleinern dritten Kuchen auf den zweiten, bestreiche ihn ebenfalls wie die vorigen und setze dann den letzten auch um weitere zwei fingerbreit kleinern ebenfalls darauf. Binde jetzt ein mit Butter bestrichenes Papier so, daß es zwei Hände hoch über dieselben geht, gut um die Kuchen, lasse sie noch zwei Stunden an einem warmen Orte gut gehen, und backe sie in einem mittelmäßig heißen Ofen, bis sie eine gelbbraune Kruste erhalten haben, und gut ausgebacken sind.

289. Pâté à Baba, oder französischer Gugelhopf.

Unter den nämlichen Teig, wie er oben zu Prioche bereitet wird, verarbeitet man weiter ein Pfund Schachtelzibeben, welche keine Kerne haben, ein Viertelpfund gut gereinigte Rosinen, einen

Kaffelöffel voll feingestoßenen Safran und füllt ein mit Butter bestrichenes dazu passendes hohes Geschirr zur Hälfte damit an, läßt ihn dann statt 10 Stunden an einem kalten, nur 6 Stunden an einem warm überschlagenen Orte gehen und backt ihn wie den Prioche.

290. Deutscher Gugelhopf.

Unter ein Pfund frische und recht schaumig verrührte Butter werden 18 Eier und 18 Hände voll feines Weißmehl auf solche Weise gemengt, daß immer je 2 Eier und 2 Hände voll Weißmehl eine Minute lang mit der schaumigen Butter gut gerührt werden. Hierauf wird eine Hand voll gestoßener Zucker, etwas Salz, 5 Eßlöffel voll Essighefe, welche mit einem Trinkglas voll lau warmer Milch verrührt und durch ein Sieb sauber getrieben wurden, dazu gegeben und gut mit dem Kochlöffel darunter gerührt. Es wird nun eine mit heißer Butter bestrichene und mit fein geschnittenen oder gehackten Mandeln gut ausgestreute große pfündige Form löffelvoll weis zu drei Viertheilen mit dieser Masse angefüllt und an einen gelind warmen Ort so lange gestellt, bis durch das Aufgehen des Teigs sich die Form ganz gefüllt hat. Hierauf wird er gebacken bis er eine hochbraune Farbe erhalten hat, und gut durch gebacken ist, was in der Regel in drei Viertelstunden geschieht. Ist er nicht zum Kaffe bestimmt, so können auch ¼ Pfund Schachtel=Zibeben darunter gegeben werden.

291. Holländischer Gugelhopf.

Ein Viertelpfund frische Butter wird mit 8 Eiern und dem Gelben von weitern acht, eines nach dem andern zugesetzt, ½ Stunde recht schaumig verrührt, alsdann 18 Loth feines Schwingmehl, drei Eßlöffel voll Essighefe, zwei Loth fein gestoßener Zucker und etwas feines Salz ganz leicht darunter gerührt; dieses wird in eine mit heißer Butter ausgestrichene ¾pfündige Form eingefüllt, an einen gelind warmen Ort zum Gehen gebracht, bis die Form voll ist, und dann im Ofen gut ausgebacken, bis er hochbraune Farbe erhalten hat.

292. Sächsischer Kuchen.

1¼ Pfund Weißmehl werden mit 3 Eßlöffeln voll Essighefe und eben so viel warmer Milch zu einem Vorteig angerührt und dieser, nachdem er gut gegangen ist, mit 6 Eiern, ½ Pfund gut verarbeiteter frischer Butter und etwas lau warmer Milch, auch etwas feinem Salz, mit der Hand so lange verarbeitet, bis der Teig von der Hand abfällt; sollte er zu dick werden, so wird noch so viel Milch zugesetzt, bis er die Consistenz eines mürben Kuchenteigs erhalten hat. Es werden nun 8 schöne Aepfel geschält, in Schnitze und dann in dünne Blättchen geschnitten, auch ½ Pfund feine Schachtelzibeben gereinigt; hierauf wird eine dazu schickliche hohe Kasserolle gut mit Butter bestrichen, ein Theil des Teiges zu einer fingerdicken Blatte, aber nicht größer als der Boden des bestrichenen Geschirrs ist, ausgewalzt und in das Geschirr gelegt, dann eine dünne Lage von den Aepfeln und eine starke Hand voll gestoßener Zucker und Zimmt, und nun eine Lage Zibeben und einige Eßlöffel zerlassene Butter darauf gegeben; dann wieder eine gleiche Lage Teig, und auf solche Art fortgefahren bis alles aufgebraucht ist, doch müssen 3 Teiglagen eingelegt und mit der vierten der Schluß gemacht werden, und es darf das Geschirr nur bis zur Hälfte angefüllt seyn. Stelle jetzt das Ganze an einen gelind warmen Ort, bis es gut gegangen ist und sich die Kasserolle ganz gefüllt hat, dann lasse es eine Stunde backen, und wenn es schöne hellbraune Farbe erhalten und gut durchgebacken ist, stürze den Kuchen auf eine Platte, bestreue ihn aber nicht mit Zucker.

293. Herrenhuter Käskuchen.

½ Pfund gute Butter, ¼ Pfund geschälte und fein gestoßene Mandeln, 4 Stück weiße Topfkäse, welche vorher gut glatt in einem Mörser gestoßen wurden, eine Hand voll gut gereinigte Rosinen und eben so viel Zibeben, auch 3 Hände voll feingestoßener Zucker und etwas fein gehackte Citronenschale werden mit 6 Eiern ½ Stunde recht schaumig gerührt; nun wird von geriebenem Butterteig (s. geriebener Butterteig), eine runde und Federkiel dicke Platte ausgewalzt, und ein in der Größe für diese Masse passender Kuchen mit einem drei Fingerbreit hohen Rand aufgesetzt, mit einem mit Butter bestrichenen Papierriemen umwickelt und auf dem Boden mit dem Messer etwas gestupft, dann die ganze Masse darein gefüllt und oben glatt gestrichen, auch etwas zergangene Butter darauf gegeben. Stelle ihn nun auf ein Backblech in einen nicht zu heißen Ofen, bis er eine schöne braungelbe Farbe erhalten hat und der Rand gut ausgebacken ist, was in etwa einer halben Stunde geschieht; hierauf läßt man ihn etwas verkühlen, nimmt das Papier wieder gut davon und bestreut den Kuchen sammt dem Rand gut mit Zucker und Zimmt. Man kann auch diese Masse auf ein mit Butterteig belegtes Tortenblech geben und backen.

294. Wiener Krapfen.

Zwei Pfund gut getrocknetes und durchgesiebtes Schwingmehl wird in einer irdenen Schüssel mit einem halben Schoppen erwärmtem süßem Rahm, worin 10 Loth Butter zerlassen wurden, dem Gelben von 10 Eiern, 3 Eßlöffeln voll Essighefe, einem Löffel voll fein gestoßenem Zucker und etwas feinem Salz, eine Viertelstunde lang gut untereinander gearbeitet bis der Teig von dem Kochlöffel abfällt; nun wird der Teig auf einen gut mit Mehl bestreuten Tisch gegeben, ganz leicht fingerdick ausgewalzt, und mit einem Ausstecher in der Weite eines Kaffebechers ausgestochen. Die ausgestochenen Stücke setze nun auf ein warmes mit Mehl bestreutes Blech mit zwei Finger breiten Zwischenräumen neben einander, bestreiche sie rings oben um den Rand mit Eiern, lege in die Mitte eines jeden zwei oder drei vom Saft abgetrocknete eingemachte Kirschen und bedecke sie mit einem andern gleich dick ausgestochenen Blättchen; sind auf diese Art alle zubereitet, so werden sie mit warmen Schmalz oben gut bebestrichen, und mit einem warmen Tuch bedeckt, und so lange an einen gelind warmen Ort gestellt, bis sie gut gestiegen sind, worauf sie in eine Pfanne mit heißem Schmalz gelegt (aber nicht zu viel auf einmal), sorgfältig zugedeckt und auf schwachem Feuer zwei Minuten langsam gebacken werden; man nimmt jetzt den Deckel ab und sind nun die Krapfen nach dem Umwenden schön hochgelb gebacken und haben sie um die Mitte weiße Reife erhalten dann sind sie gut, ist dies nicht der Fall, so bleiben sie noch etwas in der Pfanne, jedoch aufgedeckt, bis sie schöne Farbe haben, worauf sie auf ein Fließpapier gelegt werden, damit das Fett abtrocknet. Sie werden dann mit feinem Zucker etwas bestreut und warm aufgetragen.

295. Basler Krapfen.

¼ Pfund Butter, ¼ Pfund Weißmehl und eben so viel feingestoßene Mandeln, 6 Loth gestoßener Zucker, ein wenig Anis und fein geschnittene Citronenschale, wird mit dem Gelben von zwei Eiern und etwas Wein wohl unter einander gemengt und zu einem

Teig verarbeitet, den man auswalzen kann. Dieser wird nun fingerdick ausgewalzt und nach Belieben in runde oder dreieckige Stücke ausgestochen, mit Ei bestrichen, Zucker darauf gestreuet und auf einem Blech im Ofen ausgebacken.

296. Pâté aux Chous.

In ein schickliches Geschirr giebt man einen Schoppen Wasser, ¼ Pfund frische Butter, ein wenig Citronenschale, ein wenig Salz und zwei Loth Zucker und läßt es auf dem Feuer aufkochen; nun wird ½ Pfund Weißmehl in das kochende Wasser eingerührt, und unter stetem Umrühren mit dem Kochlöffel so lange abgedämpft, bis es ein dicker Teig geworden ist, der ganz von Fett glänzt, worauf man ihn verkühlen läßt; es werden nun 8 Eier gut darunter gerührt, und das Ganze zu einem dicken Teig verarbeitet; bestreue jetzt den Backtisch gut mit Mehl, lege den Teig darauf und forme fingerlange und drei Fingerdicke Würste oder auch kleine Bretzeln daraus, lege solche auf ein mit Mehl bestreutes Backblech, jedoch nicht zu nahe neben einander, verrühre etwas Eiergelb mit Wasser und bestreiche sie damit; endlich aber vermische etwas grob zerdrückten Zucker mit geschälten und gehackten Mandeln, bestreue und backe sie in einem mäßig heißen Ofen bis sie schön aufgegangen sind und eine schöne hochgelbe Farbe erhalten haben, ist dieß geschehen, so werden sie aus dem Ofen genommen, auf einer Seite aufgeschnitten und mit eingemachten Kirschen oder sonst einem guten Eingemachten gefüllt.

297. Schmalz-Gebacknes von Mandeln.

Ein Viertelpfund geschälte und fein gestoßene Mandeln werden mit eben so viel gestoßenem Zucker und zwei Eiern wohl gerührt, dann ½ Pfund Weißmehl darunter gemengt, dieses halb Fingerdick ausgewalzt, nach Willkühr ausgestochen, im Schmalz schön gelb ausgebacken und mit Zucker und Zimmt bestreut.

398. Ungarische Tabacksrollen.

Ein halbes Pfund Zibeben und eben so viel Rosinen werden, gut gereinigt und gewaschen, mit einem Trinkglas voll Wein so lange gekocht, bis der Wein ganz eingekocht ist, diesem dann ½ Pfund geschälte Mandeln, wovon die eine Hälfte klein gestoßen, die andere Hälfte fein länglich geschnitten wird, sammt 4 Loth klein geschnittenem Citronat, beigemengt und mit 4 Eiern gut verrührt; hierauf wird ein halbes Pfund Butterteig in ein Viereck federkieldick ausgewalzt, die Masse darauf gestrichen, und in Daumen breite Riemen geschnitten, diese dann auf glatt abgedrehte fingerdicke und fingerlange, gut mit Butter bestrichene Hölzchen aufgewickelt und mit Bindbaden umbunden. Sie werden nun in heißem Schmalz gebacken, bis sie schöne hochgelbe Farbe erhalten haben, dann auf Fließpapier gelegt, die Hölzchen sorgfältig herausgezogen und die Rollen mit Zucker und Zimmt bestreut.

299. Gebackener Crèm à la Wenz.

Ein Schoppen süßer Rahm wird mit einem Stückchen Vanille, vier Loth Zucker und einer Handvoll Macronen aufgekocht; dieses läßt man dann zugedeckt stehen und rührt, wenn es erkaltet ist, 8 verklopfte Eier darunter, treibt es, wenn es nochmals gut verrührt ist, durch ein Haarsieb und füllt es in kleine mit Butter bestrichene Förmchen, welche in ein breites, mit kochendem Wasser halb angefülltes Geschirr gestellt werden, doch so, daß das Wasser nicht in die Förmchen eindringen kann. Das Geschirr wird jetzt auf schwaches Kohlenfeuer gestellt, zu drei Viertheilen mit einem ebenfalls mit glühenden Kohlen belegten Deckel zugedeckt und so lange auf dem Feuer gelassen, bis der Crèm in den Förmchen recht fest ist, worauf sie auf einen Deckel gestürzt werden und so lange stehen bleiben, bis sie ganz erkaltet sind. Es wird nun jedes, wenn sie nicht zu klein sind, in zwei Theile geschnitten, gut in Mehl umgewendet, in heißem Schmalz gebacken, bis sie schöne braungelbe Farbe erhalten haben, dann in feinem gestoßenem Vanille-Zucker umgewendet und warm aufgetragen. Man kann auch von eingemachter Marmelade und Wein eine kalte Sauce dazu geben.

300. Zuckerstrauben oder goldene Hauben.

6 Loth Mehl, 8 Loth gestoßener Zucker, 3 Löffel voll alter Wein und eben so viel Rosenwasser wird mit Eierweiß so lange gerührt, bis es dünne genug ist, um durch den Straubentrichter durchlaufen zu können; man läßt nun so viel durch den Straubentrichter in heißes Schmalz laufen, bis es genug zu einer Straube ist, und backt es schön goldgelb; dann wird es mit einem flachen Schaumlöffel herausgenommen und über ein Walkholz gelegt, bis wieder ein anderes gebacken ist, worauf das erste von dem Walkholz abgenommen und das zweite darauf gelegt wird; sind auf diese Weise alle gebacken, so werden sie mit Zucker bestreut.

Verschiedene kleine Pastetchen.

301. Basler Pastetchen.

1 ℔ Kalbfleisch ohne Haut und Sehnen und ½ ℔ von der Haut gut befreites Ochsennierenfett wird, in große Würfel geschnitten, sammt einem Eßlöffel voll fein gehackten Zwiebeln, eben so viel fein gehackter Petersilie, etwas Citronenschale, Pfeffer, Muskatnuß und Salz und zwei Trinkgläsern voll Fleischbrühe in einem passenden Geschirr auf das Feuer gesetzt und langsam gekocht, bis keine Brühe mehr daran zu sehen ist. Hierauf wird die Hälfte des Nierenfettes herausgenommen, das Uebrige aber, sammt dem Fleisch und dem dabei befindlichen Fett und Saft, fein wie ein Teig gehackt, und dann das davon genommene Fett ganz klein gewürfelt darunter geschnitten und dieses mit einigen Eßlöffeln voll Coulis, einem Löffel voll Citronensaft und Salz gut unter einander gerührt. Nun werden von geriebenem Butterteig (s. geriebener Butterteig) kleine daumenhohe Pastetchen in der Größe eines Thalers aufgesetzt, diese ziemlich voll mit dem Gehackten angefüllt, und nachdem der Rand inwendig mit Eiern bestrichen wurde, ein dünnes Deckelchen von demselben Teig darauf befestigt; hierauf werden die Pastetchen ganz mit Eiern bestrichen und auf ein mit Butter bestrichenes Papier gestellt, doch so, daß sie zwei Finger breit von einander entfernt sind, auch in ein jedes mit der Messerspitze oben eingestochen. ½ Stunde vor dem Anrichten werden sie dann in einem heißen Ofen gebacken, bis sie schöne gelbe Farbe erhalten haben.

NB. Man kann auch kleine Förmchen mit dem nämlichen Teig auslegen und obige Masse hineinfüllen, dann solche mit einem Deckelchen zudecken und auf die nämliche Art, wenn sie vorher mit Eiern bestrichen und oben etwas eingestochen sind, ausbacken.

302. Pariser Pastetchen.

1 ℔ Kalbfleisch und ½ ℔ Ochsennierenfett, beides ohne Haut und Sehnen, wird ganz fein wie ein Teig gehackt, dann sammt einem Eßlöffel voll fein gehackten Schalottenzwiebeln, eben so viel gehackter Petersilie, etwas Pfeffer, Muskatnuß und Salz, auch

etwas fein gehackter Citronenschaale und 3 Eßlöffeln voll Wasser in einem Mörser einige Minuten gestoßen, und unter dieses noch der Saft einer Citrone gemengt. Es wird nun eine Portion guter Butterteig (s. Butterteig) stark federkieldick ausgewalzt, und mit einem Ausstecher in der Größe eines Kronenthalers so viel Blättchen, als man nöthig hat, hiervon ausgestochen; die Hälfte dieser Blättchen werden nun mit Eiern bestrichen, von der gestoßenen Fleischfüllsel auf die Mitte eines jeden eine Nuß groß gegeben, und dieses mit den noch übrigen Blättchen zugedeckt, auch die Deckelchen mit der Hand flach aufgedrückt. Setze die Pastetchen jetzt auf ein reines Kupfer- oder verzinntes Backblech, welches vorher naß gemacht wurde, aber nicht zu nahe neben einander; bestreiche sie ½ Stunde vor dem Anrichten mit Eiern, stupfe sie auch in der Mitte, und backe sie dann schnell in einem heißen Ofen, bis sie schöne gelbe Farbe erhalten haben und gut aufgegangen sind. Sie werden heiß auf die Tafel gegeben.

303. Koblenzer Pastetchen.

Zwei Kreuzerwecke werden, nachdem die Kruste gut abgerieben ist, ganz klein zerschnitten und mit 3 Trinkgläsern voll guter Fleischbrühe, einer Handvoll fein gehackten Zwiebeln und Petersilie, etwas Pfeffer, Salz, Muskatnuß und fein gehackter Citronenschaale, auch einem Ei groß Butter, zu einem dicken Brei verkocht, und unter diesen 6 Stück gut gereinigte, von den Gräten befreite, und mit etwas Essig fein gehackte Sardellen, sammt dem Saft von zwei Citronen, gerührt. Schneide nun noch 1½ Pfund Kalbfleisch ohne Haut in ganz dünne Blättchen, und ¼ Pfund Ochsennierenfett ohne Haut in kleine Würfel, und menge dieß gut unter den Weckbrei. Jetzt werden kleine runde oder längliche Förmchen, in der Größe eines Kaffebechers, mit Butterteig (s. Butterteig) ausgelegt oder eingedrückt, wobei man den Teig federkieldick über den Rand hervorgehen läßt, und dann diese mit der Fleischmasse vollgefüllt; hierauf wird der inwendige Rand mit Eiern gut bestrichen, dann ein Deckel, in welchem eine Oeffnung in der Größe eines Groschenstückes geschnitten wird, von demselben Teig darauf gemacht, worauf man den Pastetchen eine angenehme Form gibt und die Deckel mit Eiern bestreicht. Eine halbe Stunde vor dem Anrichten werden sie in einem heißen Ofen gebacken; haben sie dann schöne Farbe erhalten und sieht man das Eingefüllte kochen, so werden sie sorgfältig aus den Formen gestürzt und aufgetragen.

304. Krebs-Pastetchen.

Von fünfzig Krebsen, wenn sie abgesotten und die Schwänze aus den Schaalen gebrochen sind, und einem Pfund Butter wird eine gute Krebs-Butter gemacht, und wenn sie erkaltet ist, unter drei Theile derselben ¾ Pfund Weißmehl, das Gelbe von sechs Eiern, auch 3 Eßlöffel voll saurer Rahm und etwas Salz gemengt, dieses zu einem Teig gut verarbeitet, einigemal ausgewalzt und übereinander geschlagen, dann zum Gebrauch federkieldick ausgewalzt, in der Größe wie die Pastetenförmchen, welche ganz flach seyn müssen, mit einem Ausstecher ausgestochen, und auf ein jedes der Förmchen ein Blättchen gelegt, rings um den Rand federkielbreit mit Ei bestrichen und mit dem Krebsfüllsel eingefüllt, welche auf folgende Art bereitet wird: die Krebsschwänze werden mit 2 bis 3 abgekochten Kalbsbrieslen klein gewürfelt geschnitten, einem Eßlöffel voll fein gehackten Schalottenzwiebeln und Petersilie und der Hälfte der übrigen Krebsbutter einige Minuten gedämpft, dann ein Kochlöffel voll Mehl darunter gerührt und, mit einem starken Trinkglas voll süßem Rahm aufgefüllt, einige Minuten gekocht, diesem dann das Gelbe von 3 Eiern, etwas Muskatnuß, Salz und ein Kaffelöffel voll gestoßner Zucker beigemengt; das Ganze wird nun auf dem Feuer noch etwas gerüttelt, ohne daß es jedoch kocht, worauf man es verkühlen läßt. Sind nun die Förmchen, wie oben angegeben, gefüllt, so wird jedes mit einem von dem Teig ausgestochenen Blättchen gut zugedeckt und rings herum etwas angedrückt; man läßt jetzt den Rest der Krebsbutter zergehen, verrührt solche mit dem Gelben von 3 Eiern, bestreicht die Pastetchen damit und backt sie dann in einem mittelheißen Ofen ½ Stunde vor dem Anrichten, bis sie schöne braungelbe Farbe erhalten und der Teig gut durchgebacken ist, nimmt nun die Formen davon und trägt sie warm auf.

305. Gansleber-Pastetchen mit Trüffeln.

Man schabt eine gute feste Gansleber, befreit solche wohl von Haut und Fasern, und stößt sie mit vier Loth gehacktem Speck, einer Hand voll fein gehackten Schalottenzwiebeln und Petersilie, sammt einem oder zwei ebenfalls fein gehackten Trüffeln, zwei

Eiern, etwas Salz, Muskatnuß und fein gehackten Thymian eine Viertelstunde in einem Mörser; dann walzt man so viel guten Butterteig, als man zu diesen Pastetchen nöthig hat, stark federkieldick aus, und sticht mit einem Ausstecher in der Größe eines Kronenthalers so viel Blättchen aus, als man braucht; diese Blättchen werden nun mit Eiern bestrichen, und von dem Gestoßenen auf jedes einen Eßlöffel voll gelegt, mit einem Blättchen von derselben Dicke bedeckt, und auf dem obern Rand herum gut angedrückt, worauf man die Pastetchen auf ein reines Kupfer- oder verzinntes Backblech, welches vorher naß gemacht wird, neben einander, doch nicht zu nahe, setzt, ½ Stunde vor dem Anrichten in einem heißen Ofen ausbäckt und schöne gelbe Farbe nehmen läßt.

306. Pariser Austern-Pastetchen.

Vier bis fünf Dutzend frische Austern werden aus den Schalen genommen, vom Bart ringsum befreit und dann in ein besonderes Geschirr nebst etwas Citronensaft gelegt, auch der Saft der Austern durch ein Sieb dazu durchgeseiet; der Abgang davon wird nun mit 6 bis 8 Stück gut gereinigten und von den Gräten befreiten Sardellen fein gehackt und mit einer ebenfalls zerhackten halben Gansleber und einem Eßlöffel voll Schalottenzwiebeln in einem Mörser gut unter einander gestoßen, dann sauber herausgenommen und der Saft, worin die gereinigten Austern liegen, sammt dem Gelben von zwei Eiern, etwas Muskatnuß und Pfeffer wohl darunter gerührt. Nun wird von etwa einem Pfund Butter ein guter Butterteig gemacht (s. Butterteig), dieser federkieldick ausgewalzt und mit einem Ausstecher, welcher die Größe der ganz flachen Pastetenförmchen hat, in Blättchen ausgestochen. Hat man keine ganz flachen Pastetenförmchen, so werden blos Blättchen in der Größe eines Kronenthalers ausgestochen, diese mit Eiern bestrichen, dann von der Füllsel ein halber Eßlöffel voll in die Mitte gelegt, und auf diese 2 bis 3 Austern gegeben, welche dann nochmals mit Füllsel bedeckt werden. Es wird nun ein gleich großes Blättchen Butterteig darauf gelegt und am Rand gut angedrückt, dann die Pastetchen, wenn alle auf diese Art bereitet sind, neben einander, doch nicht zu nahe, auf ein reines kupfernes Backblech, welches vorher naß gemacht wurde, gesetzt. Eine halbe Stunde vor dem Anrichten werden sie mit Eiern bestrichen und ein jedes in der Mitte etwas mit der Messerspitze eingestochen, worauf sie in einem heißen Ofen gebacken werden, bis sie eine schöne Farbe erhalten haben und gut aufgegangen sind.

307. Holländische Austern-Pastetchen.

Vier bis fünf Dutzend frische Austern werden aus den Schalen genommen, gereinigt und mit dem Saft einer Citrone in ein Geschirr gethan, der Saft der Austern aber wird mit einem halben Trinkglas voll Wein durch einen Sieb dazu gegeben, worauf man das Ganze auf dem Feuer heiß werden, dann wieder verkühlen läßt und von vier bis fünf Eiern das Gelbe darunter rührt. Bereite jetzt etwa zwei Trinkgläser voll weiße Buttersauce und verkoche sie mit etwas fein gehackten Schalottenzwiebeln und Petersilie, sammt einigen, ebenfalls fein gehackten Sardellen etliche Minuten, dann rühre die Austern sammt Allem, was dabei ist, recht gut darunter, gib noch ein Stückchen Butter, so groß wie ein halbes Ei, auch etwas Salz und Pfeffer dazu und ziehe es auf dem Feuer mit dem Löffel gut auf, wobei es jedoch nicht kochen darf. Beim Anrichten wird nun diese Masse in auf folgende Art bereitete Pastetchen eingefüllt: kleine runde Förmchen werden mit Butterteigblättchen gut ausgelegt und fest eingedrückt, dann mit Mehl vollgefüllt und ¼ Stunde in einem mittelheißen Ofen gebacken, bis der obere Rand schöne gelbblonde Farbe erhalten hat, worauf die Pasteten aus den Förmchen gestürzt werden und das Mehl sorgfältig herausgenommen wird; zu gleicher Zeit werden auch zwei Federkiel dicke Blättchen in der Größe der Pastetchen von demselben Teig ausgestochen, auf ein mit Wasser übergossenes Backblech gelegt und gut gebacken; sie dienen als Deckelchen.

308. Bratwurst-Pastetchen.

Sechs bis acht Bratwürste werden in einem flachen Geschirr gut gebraten und, wenn sie erkaltet sind, von der Haut befreit und in zwei Fingergleich lange Stückchen geschnitten. In dem Fett, in welchem die Würste gebraten wurden, werden nun ein Eßlöffel voll fein gehackte Schalottenzwiebeln und eben so viel gehackte Petersilie einige Minuten gedämpft; diesem dann einige Eßlöffel voll Wein, vier feingehackte Sardellen, etwas Citronensaft und das Gelbe von vier Eiern sammt etwas Salz und Pfeffer beigemengt. Man verrührt nun das Ganze recht heiß, ohne daß es jedoch zum Kochen kommt, und läßt es, wenn noch die Bratwurststückchen wohl darunter gemengt sind, erkalten. Nun wird so viel Butterteig gemacht, als zu diesen Pastetchen nöthig ist, etwa von einem halben Pfund Butter; dieser wird federkieldick in ein Viereck ausgewalzt, und theilweise zwei Finger breit mit Eiern bestrichen, hierauf ein Wurststückchen, gut mit der Sauce umwickelt, darauf gelegt, der Länge nach der Teig wurstartig darum geschlagen, und auf ein reines Kupferbackblech, welches vorher naß gemacht wurde, neben einander gesetzt, doch nicht zu nahe. Eine halbe Stunde vor dem Anrichten werden die Pastetchen gut mit Eiern bestrichen, ein- bis zweimal mit der Messerspitze eingestochen, und in einem heißen Backofen gebacken; haben sie dann schöne braungelbe Farbe erhalten, so werden sie heiß aufgetragen.

309. Kleine Feldhühner-Pastetchen.

Von zwei gereinigten Feldhühnern die rohen Brüste ohne Haut und eben so viel roher Speck werden fein geschaben oder gehackt, und sammt zwei geschälten Trüffeln, einigen fein gehackten Schalottenzwiebeln und Petersilie und etwas Salz und Muskatnuß in einem Mörser ¼ Stunde lang zu einem Teig gestoßen, diesem noch ein Ei groß frische Butter, sammt dem Gelben von zwei Eiern beigegeben, und dann noch einige Minuten gut mit einander gestoßen. Es werden nun kleine, etwa Zoll hohe Pastetenförmchen mit Butterteig dünn ausgelegt und zu drei Viertheilen mit obiger Masse vollgefüllt, dann der innere obere Rand mit etwas Ei bestrichen und ein Butterteigdeckelchen daraufgesetzt. Eine halbe Stunde vor dem Anrichten werden sie in einem heißen Ofen gebacken, bis sie schöne gelbe Farbe erhalten haben und durchaus gut sind, worauf man sie aus den Förmchen herausstürzt, die Deckelchen schön aufschneidet, und folgende Sauce dazu gibt: der Rücken und die Schlegel der Feldhühner werden in einem kleinen Geschirr mit etwas fein geschnittenem rohem Schinken, Zwiebeln, einem Ei groß Butter, etwas Thymian, auch ein wenig Gewürz und Salz, eine halbe Stunde gut gedämpft, wobei nach und nach immer ein wenig jus oder Fleischbrühe zugegossen wird, bis sie von allen Seiten braun, weich und schön glasirt sind. Hierauf läßt man sie erkalten, stoßt den Körper sammt den Schlegeln in einem Mörser zu Teig, gibt das Zerstoßene in das Geschirr, in welchem die Feldhühnerreste gedämpft wurden, rührt einen Kochlöffel voll Mehl darunter, und füllt es mit zwei Trinkgläsern voll gutem jus und einem Trinkglas weißem Wein auf. Ist alles wohl unter einander gerührt, so läßt man es eine halbe Stunde langsam verkochen, und rührt dann den zerstoßenen Körper gut darunter; nun wird alles durch ein Haarsieb getrieben, dann in ein kleines Geschirr gethan und mit einem Löffel auf dem Feuer aufgezogen, auch etwas Salz und der Saft von einer Citrone dazugegeben und in die Pastetchen gefüllt.

310. Kleine Pastetchen à la Baba mit Feldhühner Puré.

Kleine aber etwas hohe Pastetenförmchen, gut mit heißer Butter ausgestrichen, werden mit Gugelhopfmasse (s. Gugelhopf) eingefüllt und schön gebacken, dann aus den Förmchen genommen, der obere Theil schön als Deckel abgeschnittten, und aus dem untern das Weiche sorgfältig herausgenommen, so daß es einem leeren Pastetchen ähnlich sieht. Man stellt nun die leeren Pastetchen, sammt den Deckelchen warm, bis sie gebraucht werden, und bereitet Folgendes: Zwei Feldhühner werden gut gereinigt, in einem dazu schicklichen Geschirr mit einem Ei großen Stück Butter, einigen in Scheiben geschnittenen Zwiebeln, auch einem Stückchen in dünne Scheiben geschnittenen rohen Schinken, einem Lorbeerblatt, etwas Thymian, Gewürz und Salz auf schwache Glut gesetzt und so lange gedämpft, bis sie auf allen Seiten braune Farbe erhalten haben, wobei man sie öfter mit etwas brauner Bouillon auffüllen muß. Sind sie jetzt gut, so nimmt man sie heraus und läßt sie erkalten, schneidet die Brüste davon und hackt sie, nachdem sie von der Haut sorgfältig befreit sind, fein wie Mehl. Das Uebrige der Feldhühner wird in einem Mörser fein wie ein Teig gestoßen, und in dem Geschirr, in welchem die Feldhühner gedämpft wurden, sammt 2 Trinkgläsern guter brauner Sauce, alles gut untereinander gerührt, einige Minuten gekocht. Treibe es dann durch ein Haarsieb, rühre die fein gehackten Brüste gut darunter und gebe noch etwas Salz, Muskatnuß und den Saft einer Citrone dazu; ist es Zeit zum Anrichten, dann rühre es etwas auf dem Feuer, damit es heiß wird, es darf aber durchaus nicht kochen, und fülle es in obenerwähnte Pastetchen.

311. Krebspastetchen à la Bechamelle.

Von 30—40 abgekochten Krebsen und einem halben Pfund Butter wird, nachdem man ihnen die Schwänze ausgebrochen, Krebsbutter bereitet, und hierauf folgende Bechamellsauce gemacht: einige in Scheiben geschnittene Zwiebeln, etwas in Würfel geschnittener roher Schinken, ein Lorberblatt, eine in Stückchen geschnittene Petersilienwurzel, einige Gewürznägelein und Pfefferkörner werden mit einem Ei groß Butter einige Minuten gedämpft, dann ein starker Eßlöffel voll Weißmehl darunter gerührt und mit einem halben Schoppen süßem Rahm aufgefüllt, das Ganze wird jetzt auf dem Feuer so lange gerührt bis es kocht; hierauf läßt man es auf schwachem Kohlenfeuer langsam noch ¼ Stunde verkochen, windet es dann durch ein reines Haartuch in ein kleines Geschirr und giebt etwas Krebsbutter dazu. Hierauf kocht man 1 Pfund Hecht, gut gereinigt und in Stücke geschnitten, im Salzwasser ab, verzupft ihn, nachdem er abgetrocknet und von den Gräten befreit ist, in Stückchen und giebt ihn sammt den Krebsschwänzen, welche der Länge nach in zwei Theile geschnitten werden, in die Sauce, sammt etwas Salz und Muskatnuß, schüttelt nun alles wohl untereinander und stellt es heiß. Jetzt wird ein Butterteig gemacht (s. Butterteig), dieser federkieldick ausgewalzt, dann mit einem Ausstecher in der Größe eines Kronenthalers so viel Blättchen ausgestochen, als man Pastetchen braucht. Diese Blättchen werden auf ein reines Backblech, welches mit Wasser überstrichen ist, neben einander gelegt, jedoch nicht zu nahe, und mit Eiern überstrichen. Von demselben Teig werden nun eben so viel noch einmal so dicke Blättchen ausgestochen, und mit einem kleinen Ausstecher aus der Mitte dieser so viel herausgenommen, daß nur ein Federkiel dicker breiter Rand von den Blättchen bleibt; auf ein jedes der bestrichenen Blättchen wird jetzt ein solcher Rand gelegt, und auch dieser mit Eiern bestrichen, worauf sie in einem heißen Ofen gebacken werden, bis sie schöne Farbe erhalten haben, gut gestiegen und ausgebacken sind. Während sie noch heiß sind, werden sie mit einem in zergangene Krebsbutter getauchten Pinsel überstrichen, mit dem Krebs- und Fisch-Salbicon recht heiß vollgefüllt, und mit kleinen darauf passenden Deckeln von Butterteig zugedeckt.

312. Fischpastetchen à la Financier.

Kleine lange oder auch runde Förmchen werden gut mit Butterteig ausgelegt und mit Folgendem gefüllt: Es wird von einem halben Schoppen süßem Rahm ein Bechamell gemacht (s. bei obigen Bechamelle) dann nehme Karpfenmilchner und Hechtleber, auch Krebsschwänze, Morcheln, Trüffeln und Champignons, schneide alles in gleich kleine Theile, und lasse es mit ¼ Pfund Butter, sammt etwas fein gehackter Petersilie, Pfeffer, Muscatnuß und Salz einige Minuten auf dem Feuer dämpfen, und dann verkühlen; gebe nun von dem ebenfalls abgekühlten Bechamell in ein jedes der mit Butterteig ausgelegten Förmchen einen Eßlöffel voll, sodann von dem Salbicon darauf, streiche auch noch dicken sauern Rahm darüber und bestreue jedes mit fein geriebenem Weißbrod; ¼ Stunde vor dem Anrichten werden sie in einem heißen Ofen gebacken und warm aufgetragen.

313. Kleine Volauvent-Pastetchen mit Fisch-Salbicon.

Doppelt Federkiel dick ausgewalzter Butterteig wird in so viel Blättchen, als man Pastetchen machen will, in der Größe eines Kaffeebechers ausgestochen und mit Eiern rings auf dem Rand bestrichen, auf diesen dann ein halb Finger breiter Ring, welcher ebenfalls mit Butter bestrichen wird, von demselben Teig gesetzt; diese werden nun mit eben so viel weiter ausgestochenen etwas kleinern Blättchen, welche als Deckel auf erstere dienen, auf ein reines Backblech, welches etwas mit Wasser übergossen worden, neben einander gesetzt, jedoch nicht zu nahe, und heiß schön ausgebacken. Vor dem Anrichten wird folgendes Fischsalbicon hinein gefüllt: von 1—2 Pfund Karpfen oder Hecht wird das Fleisch von Haut und Gräthen befreit und in kleine Würfel geschnitten, sodann sammt ¼ Pfund Butter, auch fein gehackten Schalottenzwiebeln und Petersilie, etwas fein gehacktem Thymian, Salz und Pfeffer in ein dazu passendes Geschirr gethan, und einige Minuten auf dem Feuer gedämpft; diesem wird jetzt ein halbes Trinkglas voll Wein, drei Eßlöffel voll feine Kapern und 4 fein geschnittene Sardellen beigegeben und alles mit einander eine halbe Minute aufgekocht, dann wird noch das Gelbe von 4 Eiern, der Saft von einer Citrone und eine Nuß groß frische Butter heiß, ohne daß es jedoch kocht, darunter gerührt; dieses wird in die Pastetchen gefüllt, und solche mit den Deckelchen zugedeckt.

314. Russische Pastetchen oder Piroki.

Sechs Hände voll ganz fein gehackte und gut ausgedrückte Weißkrautherzchen, sammt einer Hand voll feingehackten Zwiebeln, werden mit ¼ Pfund Butter langsam auf schwachem Feuer ¼ Stunde unter öfterm Herumrühren gedämpft, bis sie weich sind, dann gebe darunter 4 hart gesottene und ganz feingehackte Eier, eine Messerspitze voll gestoßenen Pfeffer und Salz, auch noch ein halb Ei groß Butter, rühre alles gut untereinander und lasse es verkühlen. Nun wird ein Pfund Butterteig Federkiel dick in ein Viereck ausgewalzt und zwei Eßlöffel voll von der Krautmasse auf einen Theil des Teiges gelegt, welcher vorher mit Eiern bestrichen wurde, dieses wird dann mit weiterem Teig umschlagen, und halbmondartig abgeschnitten, so daß es einem fingerlangen Krapfen ähnlich ist; sind auf diese Art alle bereitet, so werden sie auf ein mit Wasser bestrichenes Backblech neben einander, doch nicht zu nahe, gelegt, ½ Stunde vor dem Anrichten mit Eiern bestrichen, und in einem heißen Ofen schön gebacken, bis sie gelbe Farbe erhalten haben und gut ausgebacken sind, worauf sie warm aufgetragen werden.

315. Piroki von Reis.

8 Loth Reis wird, wenn er gut gereinigt und ¼ Stunde in viel Wasser gekocht, wieder mit kaltem Wasser abgekühlt und auf einem Tuch wohl abgetrocknet ist, mit ¼ Pfund Butter, einer Hand voll fein gehackten Zwiebeln, einer Messerspitze voll feinem Pfeffer, auch etwas Muskatnuß und Salz in ein dazu schickliches Geschirr gebracht und so lange langsam gedämpft, bis der Reis gut ist; hierbei muß von Zeit zu Zeit etwas heißes Wasser nachgegossen werden, damit die Zwiebeln keine Farbe nehmen können, ist der Reis weich genug, jedoch noch ganz und ohne Feuchtigkeit, dann menge 4 hartgesottene und fein gehackte Eier, sammt 1 Ei groß Butter gut darunter und lasse es erkalten; belege dann ganz flache Pastetenförmchen mit Federkiel dick ausgewalztem und in der Größe der Förmchen ausgestochenen Blättchen von Butterteig und bestreiche deren Rand oben herum ein wenig mit Eiern, dann fülle sie alle mit dem Reis, welcher vorher gut unter einander gemengt worden, bedecke sie oben mit einem ähnlichen Blättchen und drücke rings um den Rand gut auf; ½ Stunde vor dem Anrichten werden sie mit Eiern bestrichen und in einem heißen Ofen gebacken.

316. Volauvent mit Laperdan à la Bechamelle.

Von einem Pfund Butterteig wird etwas mehr als die Hälfte Fingerdick ausgewalzt, gut mit Eiern bestrichen, ein Suppenteller darauf gestürzt, und der Teig rings um den Teller abgeschnitten, dann mit dem Messer ein zwei Finger breiter Rand in den Teig gemacht; der übrige Theil des Butterteiges wird auch ausgewalzt und ein eben so großer Kuchen daraus geformt, auf diesen aber, nachdem er ebenfalls vorher mit Eiern bestrichen wurde, einige Zierrathen eingeschnitten; diese zwei Kuchen werden nun auf ein mit Papier belegtes Backblech gelegt und in einem heißen Ofen gebacken, bis sie schöne Farbe erhalten haben, gut aufgegangen und durchgebacken sind; aus dem Kuchen mit dem Randeinschnitte wird jetzt der Deckel und das darin befindliche Weiche herausgenommen, so daß er einer hohlen Pastete ähnlich wird, der andere Kuchen wird als Deckel darauf gelegt. Vor dem Anrichten wird dann die Pastete mit Folgendem gefüllt: zwei Pfund gut ausgewässerter Laperdan wird in mehrere Stückchen geschnitten und mit kaltem Wasser, etwas Petersilienwurzel, einigen in Scheiben geschnittenen Zwiebeln und einer halben, ebenfalls in Scheiben geschnittenen Citrone auf das Feuer gesetzt, und so lang, langsam gesotten, bis der Laperdan gut ist; hierauf wird er auf ein Tuch herausgezogen, gut abgetrocknet, von den Gräten befreit und in Blätter getheilt. Es wird jetzt von einem Schoppen süßem Rahm ein Bechamell bereitet (s. Bechamell), der Laperdan sammt etwas Muskatnuß, Pfeffer und Salz darunter gethan und kochend heiß gemacht, diesem noch das Gelbe von vier Eiern sammt einer starken Hand voll in Butter ausgebackenem, gewürfeltem Weißbrod beigemengt, auch etwas fein geschnittener Schnittlauch darunter gegeben, worauf das Ganze recht heiß in die schon bereitete Pastete eingefüllt und der Deckel darauf gelegt wird.

317. Berliner Pastete.

Von einem Pfund Butterteig bereitet man eine Kopfpastete auf folgende Weise: der vierte Theil des Teigs wird Federkiel dick in ein Viereck ausgewalzt und auf einen Bogen Papier gebracht, dann wird von einer Serviette ein fester runder Bausch gemacht und auf die Mitte des ausgewalzten Teigs gelegt, doch so, daß rings herum ein Hand breiter leerer Rand bleibt; dieser Rand wird mit Eiern bestrichen, eine weitere Platte von demselben Teig ausgewalzt und über die Serviette gelegt, jedoch sorgfältig, daß es keine Falten gibt und das Ende des Teiges auf dem untern Rand aufliegt; drücke jetzt die obere Platte rings um den Kopf herum gut an und überstreiche das Ganze mit Eiern. Es wird nun noch eine solche Platte ausgewalzt, auf dieselbe

Art über die Pastete gelegt und wieder mit Eiern bestrichen; dann wird die Pastete bis zu einem vier Finger breiten Rand schön rund abgeschnitten, von dem übrigen ebenfalls Federkiel dick ausgewalzten Butterteig aber Blättchen in der Größe eines Thalers ausgestochen, und solche kranzartig auf den Rand der Pastete gelegt, und zwar so, daß immer ein Blättchen auf die Hälfte des andern zu liegen kommt; die noch übrigen Blättchen werden nach schöner Zeichnung auf den Kopf der Pastete gelegt, das Ganze nochmals gut mit Eiern bestrichen, auf ein Blech gegeben und in einem Ofen gut gebacken, bis die Pastete durchaus schöne gleiche Farbe erhalten hat und gut durchgebacken ist. Nach dem Erkalten wird nun oben von der Pastete ein Deckel abgeschnitten und die Serviette sorgfältig herausgenommen, damit die Pastete nicht zerreißt. Man stellt sie jetzt an einen warmen Ort und füllt sie vor dem Anrichten mit dem auf folgende Weise bereiteten Fricassee: in ein dazu passendes Geschirr werden ½ Pfund gute frische Butter, zwei mit einigen Gewürznägelein gespickte Zwiebel, ein gut zusammen gebundenes Bouquet von Petersilie und Thymian, etwas Salz und zwei gereinigte, ausgewaschene und wieder getrocknete, in schöne gleiche Theile geschnittene junge Hahnen gethan und eine Viertelstunde langsam unter öfterem Umschütteln gedämpft; diesem gebe jetzt zwei Hände voll gut gereinigte schöne ganze Champignons, auch eine Hand voll abgekochte dürre Morcheln zu und lasse es wieder einige Minuten mit einander dämpfen, dann bestreue alles mit zwei Kochlöffeln voll Weismehl, rüttle es wohl untereinander, fülle es mit 6 bis 8 Trinkgläsern voll guter Fleischbrühe und einem Glas weißen Wein auf, und lasse es nun auf schwachem Feuer eine Viertelstunde verkochen; nun werden 6 bis 8 Kleinfinger dicke Bratwürste in zwei Fingergleich lange Würstchen mit Bindfaden abgebunden, und diese ebenfalls, wenn sie nach einigen Minuten in heißem Wasser steif geworden, wieder erkaltet und dann bei dem Bindfaden alle abgeschnitten sind, zu dem Fricassee gelegt, mit welchem man sie noch einige Minuten kochen läßt; ist dann die Sauce nicht zu dick, auch nicht zu dünne, und die Hahnen gut, so verrühre das Gelbe von 6 Eiern heiß, jedoch nicht kochend, darunter, gebe auch von einer Citrone den Saft, etwas Salz und Muskatnuß dazu, rüttle es nochmals unter einander, menge diesem Allem noch eine gute Portion kleine, in der Fleischbrühe abgekochte Hühnerklöße (s. Hühnerklöße bei den Klößen) ganz leicht bei und fülle es dann heiß in die Pastete.

318. Englische Pastete.

Hierzu wird ein Teig anf folgende Weise bereitet: 1 Pfund Weißmehl, ³/₄ Pfund Butter, drei Eier und von weiteren dreien das Gelbe, drei Hände voll gestoßener Zucker und Zimmt und etwas Salz wird, gut unter einander gemengt, auf dem Backtisch zu einem Teig mit der flachen Hand ausgerieben und auf einen Ballen zusammengeschlagen. Nach diesem wird folgendes Füllsel bereitet: Eine weich gekochte frische Rindszunge wird, wenn sie gut erkaltet ist, fein gehackt, dann in einem Mörser ¼ Stunde zu einem Teig gestoßen, auch 1 Pfund gutes festes Ochsennierenfett ohne Haut in mehrere Stücke zerrissen und im Wasser weich gekocht, auf ein Sieb gegossen, damit das Wasser abtropft, und ganz heiß einige Minuten lang unter die Rindszunge gestoßen; zu diesem wird noch ¼ Pfund in Milch eingeweichtes und wieder gut ausgedrücktes Weißbrod auch einige Minuten lang gestoßen, hierauf das Ganze aus dem Mörser sauber herausgenommen und in eine tiefe Schüssel gethan; unter dieses menge und verrühre dann noch ½ Pfund Schachtelzibeben, ½ Pfund Rosinen, gut gereinigt und gewaschen, 4 Loth Citronat, in Würfel geschnitten, auch ein Kaffelöffel voll fein gestoßenen Zimmt, eben so viel gestoßene Gewürznägelein, 6 Eier, etwas Salz, ein Trinkglas voll guten Rum, ein halbes Glas Malaga und vier Hände voll fein gestoßenen Zucker. Jetzt wird der dritte Theil des schon zubereiteten Teiges zu einer federkielbicken Platte ausgewalzt, auf ein Tortenblech gelegt, dann die ganze Masse stark Hand hoch und schön glatt gestrichen darauf gegeben, doch so, daß rings herum ein drei Finger breiter Rand leer bleibt; oben auf die Mitte werden nun ganz dünn geschnittene Speckbatten gelegt und der untere Rand des Teigs gut mit Eiern bestrichen; mit einer weiter ausgewalzten ähnlichen Platte wird nun die ganze Pastete sammt dem Rand bedeckt, rings herum gut angedrückt, und solcher eine schöne runde Form gegeben; das Ganze wird jetzt nochmals mit Eiern bestrichen, der Rand aber schön geformt gegen die Pastete umgelegt. Von dem übrigen Teig wird nun noch eine Platte ausgelegt, schön rund abgeschnitten, auch einige Zierrathen darauf ausgestochen und die Platte auf die Pastete gelegt, die aber nur bis an den untern Rand gehen darf. Die Pastete wird nun nochmals mit Eiern bestrichen und in die Mitte derselben eine runde Oeffnung in der Größe eines Kreuzers geschnitten, hierauf in einem mittel heißen Backofen 1½ Stunden gut durchgebacken; sollte sie früher schöne Farbe erhalten, so wird sie mit Papier zugedeckt, nach dieser Zeit aus dem Ofen genommen und oben der Deckel abgeschnitten, dann die darin befindlichen Speckbatten herausgenommen und ein Theil der auf folgende Weise bereiteten Sauce hineingefüllt: In einem dazu passenden Geschirr wird eine Hand voll gestoßener Zucker mit 3—4 Eßlöffeln voll Wasser eingekocht, bis der Zucker anfängt zu zergehen, dann darinnen gerührt, bis er ganz braun geworden ist, gebe dann ein halb Ei groß Butter und zwei Eßlöffel voll Mehl dazu, und rühre es wohl durch einander; ein Trinkglas voll Essig, eben so viel rother Wein, wird ebenfalls noch darunter gerührt, und wenn es anfängt zu kochen, noch drei Hände voll gestoßener Zucker, ein Stück Zimmt, ein Eßlöffel voll ganzer Koreander, eine oder zwei grüne bittere Pommeranzen, in Viertel geschnitten, ein halbes Trinkglas voll Rum und ein Trinkglas voll Malaga dazu gegeben, worauf man dann die Sauce noch ½ Stunde langsam kochen läßt, gut durch ein Sieb treibt und die eine Hälfte in die Pastete, die andere Hälfte in eine Saucière füllt.

319. Tresirte warme Pastete von Feldhühnern.

Drei gut gereinigten jungen Feldhühnern werden die Brüste ausgeschnitten und diese mit fein gestoßenem Gewürzsalz (eine halbe Muskatnuß, ein Kaffelöffel voll Pfeffer, ein Lorbeerblatt, einige Gewürznägelein und etwas Thymian, mit einem Eßlöffel voll Salz tüchtig unter einander gestoßen) auf beiden Seiten gesalzen; der übrige Theil der Feldhühner wird mit etwas in Würfeln geschnittenem rohem Schinken, einigen in Scheiben geschnittenen Zwiebeln, etwas Gewürz, Thymian, ½ Pfund rohem Kalbfleisch, ebenfalls in Würfel geschnitten, ¼ Pfund Butter und Salz langsam auf schwachem Feuer, unter öfterem Zugießen von guter Brühe, gedämpft, bis alles auf allen Seiten eine braune Farbe erhalten hat und weich geworden ist; nun wird eine Hand voll fein gehackter Schalottenzwiebeln und Petersilie mit ¼ Pfd. Butter ein wenig gedämpft, dann die Feldhühnerbrüste dazu gethan und auch langsam einige Minuten damit gedämpft, worauf man das Ganze verkühlen läßt. Jetzt wird eine große Gansleber, gut zerdrückt oder geschaben, 4 Loth fein geschabener Speck, 1—2 geschälte feingehackte Trüffeln, eine Hand voll fein gehackte Schalottenzwiebeln und etwas Petersilie, sammt einem

Kaffeelöffel voll Gewürzsalz und einigen fein gehackten Sardellen, in einem Mörser unter einander gestoßen, dann heraus gethan und das Gelbe von 2 Eiern darunter gerührt. Von einem Viertel des bereiteten Pastetenteiges (s. Pastetenteig) wird jetzt ein runder Kuchen in der Größe eines Kaffeblättchens 4 Finger hoch aufgesetzt, der Boden halbfingerdick, der Rand jedoch nur federkieldick; hierauf von dem übrigen Teig ein fingerdicker und 6 Finger hoher Rand schön gleich ausgewalzt. Der aufgesetzte Rand wird nun auf ein Tortenblech gesetzt, außen herum gut mit Eiern bestrichen, dann der ausgewalzte Rand darum fest gemacht, das eine Ende außen etwas mit Ei bestrichen und das andere Ende fingerbreit darüber fest angedrückt, damit man nicht sehen kann, wo die Enden zusammen gehen und die Pastete eine schöne runde und gleich hohe Form erhält; ist nun der erste Teig auch inwendig gut angedrückt und ganz mit Eiern bestrichen, dann wird die ganze Pastete inwendig, der Boden und der Rand mit sehr dünnen Speckbatten gut ausgelegt, und von der gestoßenen Füllsel ein Theil, hierauf die eine Hälfte der Feldhühnerbrüste sammt den dabei befindlichen Kräutern, dann die andere Hälfte sammt den Kräutern hineingefüllt, und mit dem Rest der Füllsel zugestrichen; jetzt werden noch 1—2 geschälte Trüffeln in Blättchen geschnitten, ein wenig in Butter gedämpft und oben auf das Füllsel herumgelegt, von dem noch übrigen Teig aber wird ein Federkiel dicker Deckel ausgewalzt, welcher, nachdem der innere Rand der Pastete mit Eiern bestrichen ist, auf derselben befestigt wird. Oben in der Mitte der Pastete wird eine Oeffnung von der Größe eines Kreuzers ausgeschnitten, und ein Stückchen Teig wie ein Kamin darum befestigt (auch auf dem Deckel kann man einige Zierrathen anbringen); um den Rand aber wird mit dem Pastetenpfezer ein schöner Kranz geformt und überhaupt der Pastete eine schöne Form gegeben. Es wird jetzt noch ein Papierriemen mit Butter bestrichen und um die mit Eiern gut bestrichene Pastete wohlanschließend herum gelegt, solche auch noch mit einem Bindfaden umwunden, worauf sie in einem heißen aber gut abgekühlten Backofen zwei Stunden langsam gebacken wird; hat sie schöne Farbe erhalten, dann wird ein Doppelpapier, welches vorher in Wasser eingetaucht wurde, darüber gelegt; sieht oder hört man, daß die Pastete kocht, dann ist sie auch beinahe gut; kurze Zeit darnach wird sie dann aus dem Ofen genommen, der Deckel gut herausgeschnitten und folgende Sauce hinein gegeben: Die gedämpften

Körper der Feldhühner werden zu Teig gestoßen, das Uebrige aber, in welchem die Körper gedämpft wurden, wird mit einem Kochlöffel voll Mehl verrührt und mit zwei Trinkgläsern voll brauner Brühe aufgefüllt; ist es gut verkocht, so wird es durch ein Sieb getrieben, die zerstoßenen Körper darunter gemengt, und so lange auf dem Feuer verrührt, bis es anfängt zu kochen; endlich wird es durch ein Haartuch getrieben, der Saft einer Citrone und etwas Gewürzsalz dazu gegeben, und recht heiß nach und nach in die Pastete gefüllt.

NB. Pasteten von Lerchen werden auf dieselbe Art zubereitet.

320. Fasten = Pastetchen mit Fisch = Salbicon.

Karpfen, Karpfenmilchner, Krebsschwänze und dürre abgebrühte Morcheln werden in Würfel geschnitten und mit einer guten Portion Brockelspargeln, etwas gehackter Petersilie, ¼ Pfd. Butter, etwas Pfeffer und Salz einige Minuten gut gedämpft; diesem wird zwei Trinkgläser voll gute weiße Sauce zugesetzt und das Ganze einigemal gut aufgekocht; rühre jetzt noch das Gelbe von vier Eiern und etwas Citronensaft recht heiß darunter, ohne daß es jedoch kocht, rüttle alles wohl untereinander und lasse es verkühlen. Hierauf belege die Pastetenförmchen mit gutem Butterteig, und fülle sie mit dem Salbicon, den Rand aber bestreiche mit Eiern und bedecke ihn mit Butterteig. Eine Viertelstunde vor dem Anrichten werden sie, mit Eiern bestrichen, im Ofen schnell gebacken und warm aufgetragen.

321. Italienische Pastete von Macaroni.

In viel, etwas gesalzenem, Wasser kocht man ein halbes Pfd. Macaroni und läßt solche, wenn sie weich und abgegossen sind, gut abtropfen; die so zubereiteten Macaroni werden nun mit einem halben Pfund recht schaumig gerührter Butter, 8 Loth gekochtem und fein gehacktem Schinken, einem halben Schoppen saurem Rahm, ¼ Pfund geriebenem Parmesankäse, etwas gestoßenem Pfeffer und ein wenig Salz wohl unter einander gerührt. Walze jetzt Butterteig halb federkieldick aus, steche aus solchem mit einem Ausstecher in der Größe eines Thalers so viel Blättchen als nöthig, und belege damit eine dazu passende, gut mit Butter bestrichene hohe runde Form, so, daß immer ein Blättchen zur Hälfte über das andere zu liegen kommt und das Innere der Form einer aufgesetzten Pastete gleicht; in diese wird nun die Macaronimasse, wenn sie erkaltet ist, eingefüllt, der obere Rand mit Ei gut bestrichen und ein Deckel von Butterteig darauf gegeben, hierauf in einem heißen Ofen 1½ Stunde gebacken, dann auf die Platte gestürzt und aufgetragen.

322. Pastete à la Baba mit Hecht=Klößen.

Es wird eine halbpfündige Gugelhopfmasse gerührt (s. Gugelhopf), und diese in eine mit heißer Butter ausgestrichene, für die Masse hinreichend große hohe und runde Form eingefüllt, worauf man die Masse gehen läßt, bis die Form ganz gefüllt ist; jetzt läßt man sie gut und krustig ausbacken, stürzt sie aus der Form, läßt sie verkühlen und schneidet dann so viel zu einem Deckel oben ab, daß an der Pastete noch ein fingerbreiter Rand bleibt. Sie wird nun bis auf den Boden ausgehöhlt und der Deckel bis zur Zeit des Anrichtens wieder darauf gelegt. Vor dem Anrichten wird sie mit einer auf folgende Art bereiteten Masse gefüllt: Von zwei Pfund Hecht wird eine gute Farce bereitet (s. bei den Klößen Fischklöße), und auf dem mit Mehl bestreuten Tisch zwei fingergleich lange und daumendicke Würstchen daraus gemacht, diese werden in Fleischbrühe abgekocht, wieder auf ein Tuch gelegt, damit sie abtrocknen, dann sammt Muskatnuß und Salz in eine gute von einem Schoppen süßem Rahm bereitete Bechamell gelegt, auch zwei Hände voll in Butter gut gedämpfte Champignons und 30—40 Krebs=schwänze darunter gegeben und heiß gestellt bis zum Gebrauch.

323. Russische Fischpastete.

Zwei Pfund Aal und zwei Pfund Hecht werden, wenn sie abgezogen, ausgewaschen und gut gereinigt sind, in Kleinfinger lange Stückchen geschnitten; dann gebe in ein passendes Geschirr ½ Pfund gute Butter, zwei Hände voll gereinigte Champignons, einige in Scheiben geschnittene Trüffeln und den Saft einer Citrone, lasse es einige Minuten mit einander dämpfen und lege die Fische, sammt etwas gestoßenem Pfeffer, einem Lorbeerblatt und einem Eßlöffel voll fein gehackten Schalottenzwiebeln und Peter=silie dazu, und lasse es zugedeckt noch einige Minuten damit langsam dämpfen und wieder verkühlen; sodann wird ½ Pfd. Reis, welcher gut gereinigt und ¼ Stunde mit vielem Wasser gekocht, wieder in kaltem Wasser abgekühlt und abgetrocknet wurde, mit einer gehackten Zwiebel, ¼ Pfund Butter, etwas Pfeffer und

Salz sammt zwei Trinkgläsern voll Wasser so lange gedämpft, bis er wieder ganz trocken geworden und dick aufgelaufen ist; dann rühre vier hart gesottene fein gehackte Eier und ein Ei groß Butter darunter und lasse es verkühlen. Jetzt wird eine passende mit Butter bestrichene Form auf ähnliche Weise wie bei der Macaronipastete (s. Macaronipastete) mit Butterteig ausgelegt und von dem Reis eine fingerdicke Lage hineingefüllt, auf diese Lage kommt dann ein Theil der gedämpften, von Haut und Gräten befreiten Fische, auch ein hart gesottenes Ei, in Viertel geschnitten, dann wieder eine Lage von dem Reis, dann der Rest der Fische, und wieder ein hartes Ei in Viertel geschnitten; hierauf wird der übrige Reis darauf gefüllt, der innere Rand mit Eiern bestrichen und ein Deckel von Butterteig darauf gegeben. Die Pastete wird nun 2 Stunden in einem mittel heißen Ofen gebacken, dann auf eine Platte gestürzt und ein Deckel bis auf einen fingerbreiten Rand heraus geschnitten; der Saft, die Champignons und Trüffeln aber, in welchem die Fische gedämpft worden, werden mit einem Glas weißem Wein aufgekocht, dann das Gelbe von vier Eiern gut darunter gerührt und mit einem Löffel auf dem Feuer aufgezogen, bis es etwas gut angezogen hat, ohne daß es jedoch kocht, und dann in die Pastete gefüllt.

324. Pastete von Schellfisch.

Zwei Pfund Schellfische werden, gut gereinigt und in ordentliche Stückchen geschnitten, 2 Stunden eingesalzen; hierauf werden in einem passenden Geschirr 2 Trinkgläser voll gutes Provenceröl, eine Handvoll feingehackte Schalottenzwiebeln und Petersilie, eben so viel gehackte Kapern und 6 Stück gehackte Sardellen einige Minuten langsam gedämpft, und der Schellfisch, nachdem er gut abgetrocknet ist, sammt dem Mark einer Citrone, in Scheiben geschnitten, dazu gegeben; dieses läßt man nun einige Minuten mit einander dämpfen und wieder erkalten, und bereitet jetzt folgendes Füllsel: 2 Pfund Hecht oder Karpfen werden, von Haut und Gräten befreiet, in kleine Würfel geschnitten, dann mit einer Hand voll gehackten Zwiebeln und Petersilie, auch einer Hand voll gehackten Champignons, einer Hand voll Kapern und Sardellen und einem Viertelpfund Butter einige Minuten gedämpft und fein gehackt, und unter dieses noch das Gelbe von 3 Eiern, etwas Salz, Pfeffer und der Saft einer Citrone gerührt. Jetzt wird eine passende Form mit Butterteig gut ausgelegt und von dem

Füllsel die Hälfte, dann die Fische sammt den Kräutern und endlich das übrige Füllsel eingefüllt. Man bestreiche nun noch den inneren Rand mit Eiern, mache von Butterteig einen Deckel darauf, welcher ebenfalls mit Eiern bestrichen wird, backe die Pastete eine Stunde in einem ziemlich heißen Ofen und trage sie heiß auf.

325. Pastete von Hausen.

Diese wird wie die Pastete von Schellfisch bereitet, nur werden statt der Kapern und Sardellen, viel Champingons und Trüffeln dazu genommen.

326. Schweizer Nudelpastete.

Von dem Gelben von 8 Eiern werden Nudeln gemacht und diese Messerrücken dick geschnitten, in Salzwasser abgekocht und wieder trocken abgegossen. Man läßt nun in einem passenden Geschirr ½ Pfund frische Butter zergehen und giebt die abgetrockneten Nudlen, sammt etwas gestoßenem Pfeffer, Salz und einem Viertelpfund gutem Schweizerkäs, in kleine Würfel geschnitten, dazu, schüttelt es auf dem Feuer wohl untereinander und läßt sie dann verkühlen; bestreiche jetzt eine dazu passende Form mit Butter, walze Butterteig halb Federkiel dick aus und schneide mit dem Backrädchen fingerbreite Riemen; lege dann die Form gitterartig damit gut aus und fülle dieselbe ganz voll mit den Nudeln. Die Pastete wird nun in einem heißen Ofen gut ausgebacken, bis sie eine schöne Kruste erhalten hat, was in etwa ¾ Stunden geschieht, dann auf eine Platte gestürzt und warm aufgetragen.

327. Straßburger kalte Gänsleber-Pastete.

Es werden drei große zwei bis drei Tage alte Gänslebern in der Hälfte durchgeschnitten und mit 1 Pfund frischen Trüffeln, wenn sie gut gebürstet, gewaschen, ganz fein abgeschält und in fingergleich lange Zäpflein abgedreht sind, voll gesteckt, der Abgang von den Trüffeln wird fein gehackt; dann bestreue die Gänslebern recht gut mit Gewürzsalz, welches aus einer Muskatnuß, einem Kaffeelöffel voll gestoßenem Pfeffer, 10 Gewürznäglein, zwei fein gehackten Lorberblättern, etwas Thymian und einer Hand voll Salz, fein zusammengestoßen, bereitet wird; jetzt wird folgende Farce bereitet: Ein Pfund Kalbfleisch ohne Haut wird fein geschaben oder gehackt, dann zu Teig gestoßen und durch ein Sieb gedrückt, eben so werden 6 gereinigte Sardellen mit den gehackten Trüffeln gestoßen, dann 2 Gänselebern und ½ Pfund Speck geschaben und von den Fasern befreit; dies alles wird nun nebst einem Eßlöffel voll Gewürzsalz in einer Schüssel wohl unter einander gerührt, und dann in einem Mörser ½ Stunde gut gestoßen und alles wieder sauber heraus gethan. Jetzt wird eine Pastete (s. kalter Pastetenteig) auf dieselbe Art, wie bei der Feldhühnerpastete (s. Feldhühnerpastete) aufgesetzt, und mit ganz dünnen Speckbatten ausgelegt. Man füllt nun einen Theil der Farce in die Pastete, auf diese die Hälfte der Gänselebern, jetzt wieder einen Theil der Farce, nun den Rest der Gänselebern, und streicht endlich den Rest der Farce darauf; auf das Ganze werden dünne Speckbatten gelegt, und der innere Rand mit Eiern bestrichen. Sodann wird ein stark Federkiel dicker Deckel von Teig ausgeschnitten und darauf ringsum befestigt, so daß der Rand der Pastete und der des Deckels gut zusammen passen. Man gebe nun der Pastete und dem Deckel, auf welchem eine Oeffnung in der Größe eines Sechsbäzners ausgeschnitten und mit einem fingerhohen Rand, gleich einem Kamine, umgeben wird, eine schöne Form, bestreiche sie ganz mit Eiern, lege ein mit Butter bestrichenes Papierband der ganzen Höhe nach darum, umwinde solches mit Bindfaden und backe sie in einem nicht zu heißen Backofen zwei Stunden lang; hat sie nach dieser Zeit schöne Farbe genommen, so wird sie mit einem vorher in Wasser getauchten Doppelpapier bedeckt und noch so lange im Ofen gelassen, bis das Innere kocht; kurze Zeit darnach nimmt man sie aus dem Ofen, befreit sie von dem Papier und läßt sie dann einige Tage alt werden.

NB. Zu dem Teig dieser Gänsleberpastete wird die ganze Portion Teig gemacht, wie sie bei der Erklärung des Pastetenteigs angegeben ist, da die Pastete noch einmal so groß ist, als die der warmen Feldhühner-Pastete.

328. Kalte Pastete von Feldhühnern à la Perigot.

Dazu werden 4 — 6 junge Feldhühner (die rothen sind die besten) gereinigt und von Knochen und Fasern sorgfältig befreit, man trage Sorge daß die Haut ganz bleibt; dann wird das nämliche Gewürzsalz und auch die Farce, wie bei der Gansleberpastete (s. Gansleber-Pastete) bereitet, die ausgebeinten Feldhühner aber werden mit dem Gewürzsalz innen und außen gesalzen; dann wird eine Portion Speck und eine geräucherte Rindszunge in Finger lange und stark Federkiel dicke Riemen geschnitten, und mit Gewürzsalz unter einander gemengt; alsdann werden die Feldhühner auseinander gelegt und mit der Farce halb Finger dick bestrichen, auf diese aber die vermengten Riemen von Speck und Rindszunge sammt in Blättchen geschnittenen frischen Trüffeln gegeben und dann wieder von der Farce darüber gestrichen; hierauf werden die Feldhühner in ihre vorige Form wieder zusammen gelegt. Nun wird eine für die Pastete passende hohe runde Form gut mit Butter bestrichen, und mit halb fingerdicken Würstchen von kaltem Pastetenteig ausgelegt, so daß der Boden schneckenartig belegt ist, und auf den Seiten herum immer ein Würstchen auf das andere zu liegen kommt, sind diese noch gut angedrückt, so wird das Ganze inwendig mit Eiern gut bestrichen und mit dünn geschnittenen Speckbatten ausgelegt. Jetzt wird von der Farce fingerdick darein gethan, dann die Hälfte der Feldhühner darauf gelegt, dann wieder fingerdick von der Farce darüber gestrichen, jetzt die andere Hälfte Feldhühner darauf gelegt und der Rest der Farce darüber gestrichen; zwischen jede Lage kommen in Blättchen geschnittene Trüffeln. Es wird jetzt ein halb fingerdicker Deckel ausgewalzt und, nachdem der Rand der Pastete gut mit Eiern bestrichen wurde, auf dieser befestigt. Die ganze Pastete sammt dem Deckel wird jetzt mit Eiern überstrichen und in einem heißen Backofen zwei bis drei Stunden gebacken; hat sie nach dieser Zeit schöne Farbe erhalten, so wird sie mit vorher in Wasser eingetauchtem Doppelpapier bedeckt; hört man sie eine Weile kochen und giebt sie einen guten Geruch von sich, dann ist sie gut; man nimmt sie dann aus dem Ofen und läßt sie einige Stunden in der Form stehen, bis sie erkaltet ist, worauf die Form rings herum heiß gemacht, und die Pastete heraus gestürzt wird.'

229. Kalte Pastete von welschem Hahn à la Perigot.

Diese Pastete wird auf die nämliche Art wie die Feldhühnerpastete zubereitet, nur wird ein Pfund Trüffeln mehr dazu genommen und diese in der Größe einer Muskatnuß abgedreht und geformt, sodann mit Schalottenzwiebeln und Petersilie, etwas feinem Provenceröl und geschabenem Speck gedämpft und mit der Farce in den welschen Hahn gefüllt, auch statt einer runden Form eine lange dazu verwendet.

330. Rastatter kalte Pastete von Rindfleisch.

Dazu nehme 4 — 6 Pfund Rindslummel, schneide die Knochen und die obere Haut davon und dann den dicken Theil quer in fingerdicke Stücke; hierauf wird 1 Pfund Speck in halbfingerlange und klein fingerdicke Riemen geschnitten. Dann 1 Eßlöffel voll Schalottenzwiebeln, eben so viel Petersilie, 2 Citronenschalen, etwas Thymian, auch etwas Rockenbollen unter einander gehackt, und die Speckschnitten sammt Pfeffer, einigen Gewürznägelein, 2 Lorberblättern und etwas Salz, alles fein gestoßen, darunter gemengt, worauf der Speck in die Fleischstücke gut eingesteckt oder gespickt wird. Gebe jetzt auf ein flaches Geschirr oder Tortenblech ein Stück Butter, lasse sie zergehen und lege all die durchgespickten Fleischstücke sammt den dabei befindlichen Kräutern darauf nebeneinander, und lasse sie auf starkem Feuer eine Minute auf beiden Seiten etwas dämpfen und wieder verkühlen; bereite nun folgende Farce: 2 Pfund Kalbfleisch ohne Haut, daß Uebrige von dem Rindslummel, ½ Pfund roher Schinken und ½ Pfund Speck, wird in kleine Stückchen zusammengeschnitten, in einem Geschirr mit ¼ Pfund Butter sammt einigen Schalottenzwiebeln, einer Citronenschale, einem Lorberblatt, etwas Thymian, Pfeffer und Salz auf schwachem Feuer gedämpft, bis das Fleisch ziemlich weich geworden ist (man kann öfters etwas Brühe dazu geben); ist es gut und keine Brühe mehr daran zu sehen, dann wird alles fein wie Teig gehackt, das darin befindliche Fett gut sammt dem Saft von 2 Citronen und auch noch eine Hand voll fein gehackte Trüffeln, eben soviel gehackte Kapern und sechs fein gehackte Sardellen, Pfeffer und Salz gut darunter gerührt. Jetzt wird ein geriebener Butterteig (s. geriebener Butterteig) gemacht, von welchem die Hälfte halbfingerdick, vier Finger lang und zwei Finger breit ausgewalzt und zu einem schönen Oval geschnitten wird, doch so, daß von der Länge und Breite nicht viel abfällt. Dieses Oval wird mit ganz dünnen Speckbatten belegt, und nur ein zwei Finger breiter Rand rings herum frei gelassen; gebe jetzt Finger dick von der Farce auf den Speck, dann die Hälfte von dem Rindslummel, hierauf wieder von der Farce eben so dick, dann den Rest von dem Rindslummel, und bedecke mit dem Rest der Farce das Ganze; ist alles rings herum gut angedrückt, so werden wieder dünne Speckbatten darüber gelegt; von dem übrigen Teig aber wird eine federkieldicke Platte ausgewalzt, und, nachdem der Rand der Pastete gut mit Eiern bestrichen ist, über die ganze Pastete gelegt und rings herum gut angedrückt. Man bestreicht jetzt die Pastete gut mit Eiern, schlägt den Rand rings herum gegen dieselbe und drückt ihn abermals fest an, damit sie im Ofen nicht aufspringen kann. Die Pastete wird jetzt mit federkieldicken Riemen von demselben Teig gitterartig überflochten, auf Doppelpapier gesetzt und nochmals mit Eiern bestrichen, auch in der Mitte des Deckels eine Oeffnung in der Größe eines Thalers ausgeschnitten und kaminartig ein fingerdicker Rand um diese gelegt; nun wird sie noch mit einem mit Butter bestrichenen Papier bedeckt und in einem nicht zu heißen Ofen zwei Stunden gebacken, hört man sie eine Weile kochen, dann ist sie auch gut; man nimmt sie jetzt aus dem Ofen, läßt sie erkalten und füllt sie langsam mit kalter Aspic oder saurer Sulze (s. Aspic oder saure Sulze).

331. Kalte Pastete von Rothwild.

Diese wird auf dieselbe Art bereitet wie obige von Rindfleisch, nur wird die Farce von Rothwild gemacht.

Zubereitung von Rindfleisch.

332. d'Aloyau gedämpft.

Ein Aloyaustück von 10 — 12 Pfund mit seinem ganzen Fett wird von den Knochen befreit, wobei man jedoch Acht geben muß, daß das Fett nicht zerrissen oder zerschnitten wird, alsdann innen und außen gut mit Pfeffer und Salz eingerieben; hierauf wird es der Länge nach zusammengerollt und mit Bindfaden umwunden; dann werden in ein dazu passendes Geschirr mit einem Schlußdeckel, auf welchen Kohlen gelegt werden, Speckbatten, auf diese das Rindfleischstück, auf dem Rindfleisch aber das davon abgezogene Fett herumgelegt; das Ganze wird jetzt noch mit Speckbatten bedeckt, auch ½ Pfund gute klare Butter darüber gegossen, dann zugedeckt und auf einem Kohlenfeuer drei Stunden gedämpft, wobei auch auf dem Deckel das Kohlenfeuer immer unterhalten werden muß. Während dem Dämpfen muß das Fleischstück, wenn es schöne Farbe erhalten hat, öfter umgewendet, auch öfter mit dem Fett gut begossen werden; auch kann man öfters einen Suppenlöffel voll Brühe nachgießen, welche jedoch immer wieder eingedämpft werden muß. Ist das Fleisch von allen Seiten gut gebraten, hat es eine hochgelbe Glasur und ist es durch und durch mürbe, dann wird es aus dem Geschirr herausgenommen und von dem Bindfaden befreit, sodann wieder in ein kleineres Geschirr gelegt und die Hälfte von dem Fett darüber gegossen; hierauf wird es bis zum Gebrauch auf heiße Asche gesetzt; in der andern Hälfte des Fettes werden schön rund abgedrehte Kartoffeln, von der Größe einer kleinen Nuß, schön gelb gebraten; der Saft von dem gebratenen Fleisch wird in demselben Geschirr mit ein wenig guter Fleischbrühe aufgekocht, durch ein Sieb gelassen, und beim Anrichten die gebratenen Kartoffeln darum gelegt; die eine Hälfte der jus wird recht heiß darüber, die andere Hälfte aber in einem Saucengeschirr dazu gegeben. Man kann auch noch auf einem Teller rohen geriebenen Meerrettig dazu geben.

333. Boeuf à la Cuilliere.

Ein gut abgelegenes Stück Rindfleisch von 12 Pfd. (Schwanzfeder), welches gut mit Fett bedeckt ist, wird der Länge und Breite nach in fingerdicke Schnitten oder Batten geschnitten, und jede einzelne mit einem breiten Holz geklopft, doch so, daß die Schnitten ganz bleiben; dann wird folgende Farce gemacht: zwei Gans-lebern, 1 Pfund guter Speck und 3 Pfund Kalbfleisch ohne Haut werden fein geschaben oder gehackt und ½ Stunde in einem Mörser zu Teig gestoßen; jetzt wird eine Hand voll Schalottenzwiebeln, zwei Hände voll Champignons, eine Hand voll Trüffeln, etwas Petersilie, alles dieß fein gehackt, mit ¼ Pfund Butter einige Minuten gut gedämpft, dann unter die gestoßene Farce gerührt, und mit dieser noch etwas gestoßen. Man nimmt jetzt alles wieder aus dem Mörser und mengt noch eine halbe Muskatnuß, einen Eßlöffel voll Pfeffer, zehn Gewürznägelein, so viel Salz als nöthig, dieß ebenfalls fein gestoßen, und das Gelbe von sechs Eiern darunter. Nun wird die Farce auf die Rindfleischbatten gestrichen, und diese nach der Ordnung wie sie folgen, wieder auf einander gelegt, so daß das Rindfleisch seine vorige Gestalt wieder erhält; die obere Fettseite wird mit dünnen Speckbatten überdeckt und das ganze Stück gut mit Bindfaden umbunden, damit es nicht auseinander fahren kann. Jetzt lege auf den Böden eines dazu schicklichen Geschirrs, welches mit einem Schlußdeckel versehen dünne Speckbatten, das gebundene Fleisch darauf, und gebe ein Pfund rohen Schinken in Würfel, und 2 Pfund Kalbfleisch in Stücke geschnitten, auch einige ganze aber gut gereinigte Trüffeln, einige gelbe Rüben, ganze Zwiebeln, etwas Thymian, etliche Lorberblätter, eine von den Kernen befreite in Scheiben geschnittene Citrone, etwas ganzen Pfeffer, einige ganze Sardellen, ein halbes Pfund glarisirte Butter, 3 Bouteillen alten weißen Wein, und etwas Salz dazu; bedecke dann das Gefäß mit dem wohlschließenden, mit glühenden Kohlen belegten Deckel, stelle es auf ein starkes Kohlenfeuer und lasse es 2½ Stunden gut dämpfen, bis alles gut eingekocht und oben und unten schön braungelb glasirt ist; hierbei muß öfters gute jus dazu gegeben, auch öfters von dem Unteren das Obere gut begossen werden, bis es mürbe und weich ist, und eine schöne hochgelbe Glasur erhalten hat, worauf es auf eine Platte gelegt wird. Das Zurückgebliebene wird jetzt mit einem Schoppen weißem Wein und einem halben Suppenlöffel voll jus oder Saftbrühe gut aufgekocht, dann durch ein Haarsieb gegossen, das Fett rein davon genommen und das übrige gut auf die Hälfte eingekocht, und hierauf das ganze noch gebundene Stück wieder darein gelegt; die Trüffeln aber werden in Scheiben geschnitten dazu gegeben. Man stellt nun das Geschirr auf heiße Asche, richtet es kurz vor dem Auftragen auf die Platte, befreit es von den Bindfäden und dem darauf befindlichen Speck, und giebt die Glacee sammt den Trüffeln darüber.

334. Rindsrippen au jus.

6 Pfund etwas kurz abgehauene 3 Tage alte Rindsrippen, welche gut weiß überwachsen sind, werden, nachdem die Rückenknochen davon gut abgelöst und abgehauen wurden, in 3 Theile geschnitten; bei jedem Theile läßt man ein Rippenbein hervor gehen, löst von der Fettseite die Haut ganz dünne ab und klopft jedes mit dem großen Messer etwas, doch dürfen sie dabei nicht aus der Form kommen. Hierauf werden sie gut mit Pfeffer und Salz eingerieben und bis ¾ Stunden vor dem Anrichten liegen gelassen, dann wird ein Eßlöffel voll fein gehackte Schalottenzwiebeln und eben so viel Petersilie mit einem Trinkglas voll gutem Provenceröl etliche Minuten gedämpft und verkühlt, dann die Rindsrippen gut darin umgewendet und auf einem Rost auf schwachem Kohlenfeuer langsam von allen Seiten gebraten, wobei man sie öfters mit einem in obiges mit Kräutern gedämpftes Oel

getauchten Pinsel bestreicht, auch öfters die Rippe umwendet; nach einer halben Stunde, sind sie sehr dick, auch ¾ bis 1 Stunde, sind sie gut und werden nun auf die Platte gelegt, und eine kräftige jus sammt dem Saft einer Citrone dazu gegeben.

335. Rindsrippen mit warmer Sauce ravigote.

Sechs bis acht Pfund schöne Rindsrippen werden auf obige Art zubereitet und gebraten, statt des Oels wird jedoch gute Butter genommen, die Sauce aber wird auf folgende Art zubereitet: ein wenig Kerbelkraut, Schnittlauch, Pimpinell und Estragon, welches letztere vorschmecken muß, werden fein gehackt, dann gebe in ein kleines Geschirr drei Trinkgläser gut verkochte blonde Coulis (s. Coulis) sammt zwei Eßlöffeln voll Essig, etwas grob gestoßenem Pfeffer und nur ein wenig Salz, laß es etliche mal durchkochen und stelle es recht heiß; bei dem Anrichten werden die gehackten Kräuter nebst ½ Ei groß frischer Butter darein gethan und mit einem Löffel die Sauce auf dem Feuer aufgezogen, bis die Butter gut zergangen ist, ohne daß sie jedoch kocht; die Rippen werden jetzt auf die Platte gelegt und die Sauce darüber gegeben.

336. Rindsrippen mit Sauce tomaté à l'indienne.

Eine Portion, je nach Bedarf, Rindsrippen werden wie die obigen bereitet und gebraten, und folgende Sauce dazu gemacht: In einem passenden Geschirr gebe 5—6 in Scheiben geschnittene Zwiebel, ein wenig Thymian, ein Lorbeerblatt, 6—8 Stück Tomaté oder Liebesäpfel, etwas Kartamomgewürz, ¼ Pfund Butter, einen Suppenlöffel voll Fleischbrühe, 6 Stück zerdrückte Rockenbollen, etwas Salz und einen halben Kaffeelöffel voll gestoßenen indianischen Saffran auf das Feuer und lasse es unter öfterem Umrühren kochen, daß es nicht anhängt; ist es etwas dick gedämpft, dann treibe es recht gut durch ein Haartuch wie eine Puré, verrühre es nochmals gut und stelle es heiß; ist es gut im Salz, dann gebe es, wenn es Zeit zum Anrichten, auf die Platte, und die gebratene Rippen darauf.

337. Rindsrippen mit Olivensauce.

So viel Rindsrippen, als nöthig sind, werden wie die obigen zubereitet, und auf dieselbe Art gebraten, und folgende Sauce dazu gemacht: 4—6 Trinkgläser voll gute Coulis (s. Coulis) wird mit einem Trinkglas voll weißem Wein bis zur Hälfte langsam eingekocht und das sich darauf zeigende Fett abgeschöpft; hierauf werden zwei Hände voll in Scheiben geschnittene und von den Steinen befreite gute grüne Oliven, sammt etwas Salz und wenig Pfeffer in die Sauce gethan. Man läßt sie nun noch einige Minuten langsam an der Seite des Feuers kochen, stellt sie bis zur Zeit des Anrichtens heiß und gibt sie dann über die Rippen.

338. Rindsrippen à la Provençale.

6—8 Pfund schöne, etwas kurz abgeschnittene Rindsrippen werden von den Knochen befreit und aus dem ganzen Stück fingerdicke Rippen geschnitten und nachdem sie geklopft und auf beiden Seiten gut mit Pfeffersalz bestreut sind, in ein flaches, dazu passendes Geschirr, in welchem ½ Schoppen Provenceröl sammt zwei gehackten Knoblauchzinken heiß gemacht worden, neben einander gelegt. Das zugedeckte Geschirr bringt man jetzt auf schwache Glut, und läßt die Rippen ½ Stunde unter öfterem Umwenden dämpfen, bis sie gut mürbe geworden sind, worauf man sie auf die Platte richtet und Folgendes darüber gibt: 12—16 Stück geschälte und in Hälften, dann in dünne Scheiben geschnittene Zwiebeln werden in einem dazu passenden Geschirr in vier Loth heiß gemachtem Provenceröl gedämpft, bis sie ganz gelb geworden sind, hierauf mit einem Trinkglas voll Essig, eben so viel Bouillon und etwas Pfeffer und Salz aufgekocht und nun über die Rippen gegeben.

339. Rindsrippen braisée.

Ein Stück Rindsrippen von 6—8 Pfund wird von den Knochen befreit, und inwendig mit grobem Speck, welcher gut mit Gewürzsalz und feinen Kräutern vermengt wurde, gespickt, hierauf aufgerollt, mit Bindfaden umbunden, und in ein dazu passendes Geschirr, dessen Boden mit Speckbatten belegt ist, gebracht. Schneide jetzt 1 Pfund Ochsennierenfett und ½ Pfund rohen Schinken in kleine Würfel, lasse dieß in einem besondern Geschirr, sammt einem Suppenlöffel voll Fleischbrühe, zwei Lorbeerblättern und einigen in Scheiben geschnittenen Zwiebeln ½ Stunde gut verdämpfen und gebe es über das Rindfleisch, auch lege noch 1—2 Pfund Kalbfleisch neben herum und bedecke das Rindfleisch noch mit einigen Speckbatten; jetzt werden 14—16 Stück gleich große und schön abgedrehte gelbe Rüben und 5—6 große

11.

Zwiebeln, auch 3 Stück halbe Wirsingköpfe, welche vorher gut abgebrüht, fest ausgedrückt und mit Bindfaden umbunden wurden, darum gelegt; gebe nun noch zwei Suppenlöffel voll gute Fleischbrühe, ein Bouquet von Thymian und Petersilie, zusammengebunden, und etwas Salz dazu, und bringe es, mit Papier zugedeckt, auf das Feuer; fängt es an zu kochen, dann wird es gut zugedeckt, auf schwaches Kohlenfeuer gesetzt und auch auf den Deckel glühende Kohlen gegeben. Man läßt es nun so lange dämpfen, bis das Fleisch mürbe ist, was in etwa drei Stunden geschieht. Das Fleisch und die Gemüse werden jetzt herausgenommen und jedes in ein besonderes Geschirr gethan, auch der Bindfaden abgenommen; hierauf nimmt man von der Brühe das Fett ab, gibt es auf das Rindfleisch und stellt es heiß bis zum Anrichten; die Brühe aber wird durch ein Sieb gelassen, und bis zu etwa zwei Trinkgläsern voll eingekocht; ist es Zeit zum Anrichten, dann wird das Rindfleisch schön auf die Platte gelegt, die Gemüse ordnungsmäßig darum garnirt und der eingekochte Saft über das Fleisch gegeben.

340. Russische Rindsrippen.

Ein schönes Rippenstück von 8 Pfund wird, wenn es von Knochen befreit ist, in drei Theile handhoch der Rippenlänge nach geschnitten, sodann mit Gewürzsalz eingerieben und auf einem Rost, ohne es fett zu machen, eine Viertelstunde auf beiden Seiten auf schwacher Glut gebraten; während diesem wird 1½ Pfd. Ochsennierenfett, ¼ Pfund roher Schinken, 1 Pfund Kalbfleisch, einige Zwiebel und gelbe Rüben in kleine Stückchen geschnitten, mit einem Suppenlöffel voll guter Fleischbrühe ½ Stunde auf dem Feuer wohl verdämpft, hierauf das Rippenstück in ein dazu passendes Geschirr auf dünne Speckbatten gelegt, das Gedämpfte sammt einer halben Bouteille Malaga, etwas Thymian, 2 Trinkgläsern voll guter jus, einer in Scheiben geschnittenen Citrone ohne Kern, auch etwas Salz, einigen Gewürznägeleien und ganzem Pfeffer darüber gegeben und mit Speckbatten belegt. Man bedeckt jetzt das Gefäß mit einem mit glühenden Kohlen belegten Deckel und läßt das Fleisch 1½ Stunden langsam dämpfen, bis es mürbe ist; ist es Zeit zum Anrichten, dann lege die Rippenstücke sorgfältig, damit sie nicht zerreißen, auf die Platte; den übrigen Saft aber drücke durch ein Sieb, nimm das Fett davon, und koche ihn mit einem Trinkglas voll Malaga dick, daß er einer leichten Glacee ähnlich wird; ziehe ihn dann mit einem halb Ei großen Stückchen guter süßer Butter und dem Saft einer Citrone auf dem Feuer mit einem Eßlöffel auf, bis die Butter zergangen ist, und gebe ihn über die Rippen.

341. Filet d'Aloyau à la Gotha.

Ein Rindsfilet von 6—8 Pfund wird gut von Knochen, Haut und Fett befreit, und auf der Seite der abgelösten Haut durchaus fein gespickt; hierauf wird das von dem Filet abgeschnittene Fett, ¼ Pfund roher Schinken, auch 1 Pfund Kalbfleisch und das von dem Filet abparirte Fleisch in kleine Stückchen geschnitten und mit einigen in Scheiben geschnittenen Zwiebeln und gelben Rüben, etwas Thymian und einem großen Suppenlöffel voll Fleischbrühe eine halbe Stunde gedämpft; dieses bringe nun auf ein langes flaches Geschirr und lege den Rinderfilet darauf, bestreue ihn mit Gewürzsalz und gieße noch ½ Pfund klar gemachte Butter, einen halben Suppenlöffel voll gute jus und eine halbe Bouteille weißen Wein darüber; decke jetzt über das Ganze ein mit Fett bestrichenes Papier und bringe es in einen heißen Ofen oder auf ein Kohlenfeuer, bedeckt mit einem mit Kohlen belegten Deckel. Man läßt ihn nun 2 Stunden langsam dämpfen, bis er mürbe und der Speck gut glasirt ist, hierbei muß öfters von dem Untern herausgenommen und der Filet damit begossen werden, wobei jedesmal das Papier abgenommen wird, auch muß das Kohlenfeuer oben und unten sorgfältig unterhalten werden; ist er mürbe und schön glasirt, so wird er herausgenommen und in ein anderes Geschirr gelegt, dann das Fett, in welchem der Filet gelegen, durch ein Sieb wieder darüber gegeben und auf heiße Asche gestellt; das Uebrige aber wird mit drei Suppenlöffeln voll guter Coulis (s. Coulis) mit dem Kochlöffel auf dem Feuer gut aufgekocht, dann durch ein Haarsieb gelassen, und wieder von der Seite des Feuers gekocht, bis die Sauce, gut von dem Fett gereinigt, kräftig geworden und weder zu dick noch zu dünne ist. Es wird jetzt noch bereitet: 12 Klöße von Kalbsfarce (s. Kalbsfarce oder Klöße), welche in Salzwasser abgekocht und auf einem Tuch oder Sieb wieder abgetrocknet werden; 6 schöne Kalbsbrieslen, fein gespickt und mit 8 großen geschälten Trüffeln in Butter gedämpft und glasirt; 12 schöne Krebse, von den Schaalen befreit, auch die Scheeren gut ausgebrochen; und endlich das Gelbe von acht hartgesottenen Eiern. Alles dieses wird, ist es Zeit zum Anrichten, recht heiß um den Filet nach schöner Ordnung garnirt, nachdem er vorher auf eine Platte gelegt wurde, und nun die noch mit einem Trinkglas voll Madera aufgekochte Sauce ebenfalls recht heiß darüber gegeben, worauf noch feine Kapern darauf gestreut werden.

342. Filet d'Aloyau au vin de Malaga.

Ein von Fett, Knochen und Haut befreiter Rindsfilet von 6—8 Pfund wird mit grobem Speck, welcher mit feinen Kräutern und gutem Gewürzsalz (Thymian, zwei Lorbeerblätter, Schalottenzwiebeln und Petersilie, fein gehackt, und Pfeffer und Salz) gut vermengt ist, durchspickt, aufgerollt und mit Bindfaden umwunden; hierauf wird der Boden eines dazu passenden Geschirrs mit Speckbatten, rohen Kalbfleischschnitten und rohen Schinkenschnitten belegt und auf diese der gespickte Filet gelegt, auch einige gelbe Rüben, Zwiebeln, ein Bouquet Petersilie und Thymian, zusammengebunden, dazugegeben, das Ganze dann mit Speckbatten bedeckt und eine halbe Bouteille Malaga und ein halber Schöpflöffel voll gute Fleischbrühe darüber gegossen, worauf man es auf dem Feuer aufkochen läßt. Man läßt es nun auf schwachem Feuer, gut zugedeckt und verklebt, zwei Stunden langsam dämpfen, ist es hierauf gut, so läßt man die dabei befindliche Brühe durch ein Haarsieb laufen und die eine Hälfte derselben ganz dick einkochen; diese wird zum Glasiren des Filet kurz vor dem Anrichten verwendet, die andere Hälfte aber wird mit 3—4 Anrichtlöffeln voll guter Coulis an der Seite des Feuers eingekocht bis zur Hälfte und heiß über den Filet gegeben; sollte die Sauce zu dick werden, so wird sie mit noch einem halben Glas Malaga aufgekocht.

343. Rindsrippen à la Napolitaine mit Macaroni.

Ein kurzes Rippenstück von 6 Pfund wird, von Knochen befreit, mit grobem Speck, welcher gut mit feinen Kräutern und Gewürzsalz vermengt wurde, gut durchspickt und mit Bindfaden umwunden, dann in ein dazu passendes Geschirr, welches mit Speckbatten belegt ist, gelegt, und diesem zwei Trinkgläser voll heiß gemachtes Provenceröl, einige Schnitten roher Schinken, eben so viel rohes Kalbfleisch, einige Zwiebeln, gelbe Rüben, zwei Lorberblätter, etwas Thymi.n, Pfeffer, Salz und einige Gewürznägelein, auch drei Zinken Knoblauch sammt drei Trinkgläsern voll rothem Wein beigegeben. Man setze jetzt das Gefäß auf das Feuer und decke es, wenn das Innere anfängt zu kochen, mit einem mit glühenden Kohlen belegten Deckel zu und läßt es 2½ Stunden langsam auf Kohlenfeuer dämpfen, bis das Rippenstück auf allen Seiten schöne braungelbe Farbe erhalten hat, gut glasirt und mürbe ist; es muß aber öfters von dem untern Saft oben darauf gegossen, und wenn der Saft ganz eingedämpft ist, zeitweise ein wenig jus oder Brühe dazu gegeben werden; ist es nun ganz mürbe und schön glasirt, dann ziehe es aus dem Geschirr heraus auf einer Platte, rühre unter den übrig gebliebenen Saft zwei Kochlöffel voll Mehl, fülle ihn auch mit zwei Trinkgläsern voll rothem Wein und 4—6 Trinkgläsern voll jus oder guter Fleischbrühe auf, rühre alles dann auf dem Feuer bis es kocht; man läßt es nun noch ¼ Stunde gut verkochen und windet es dann durch ein Haartuch oder Sieb, legt nun das Rippenstück wieder in die Sauce, gibt einige frische, geschälte und in Blättchen geschnittene Trüffeln dazu und läßt es wieder auf schwachem Feuer mit einander gut ¼ Stunde dämpfen, auch nimmt man das darauf befindliche Fett davon ab. Unterdessen wird ½ Pfd. Macaroni in Salzwasser weich gekocht, doch so, daß sie etwas kernhaft haben, worauf sie abgegossen und abgetrocknet werden. Jetzt läßt man in einem dazu schicklichen Geschirr ein Ei groß Butter zergehen, gibt auf diese eine fingerdicke Lage der abgekochten Macaroni und streut darauf etwas gestoßenen Pfeffer, sodann eine starke Hand voll geriebenen Parmesankäse, dann wieder ½ Ei groß Butter in dünne Blättchen geschnitten darüber, dann wieder Finger hoch Macaroni, und so fort, bis die Macaroni alle in dem Gefäß sind, welches dann mit einem mit glühenden Kohlen belegten Deckel zugedeckt und auf Kohlenfeuer gebracht wird, auf welchem man es eine halbe Stunde stehen läßt. Ist es Zeit zum Anrichten, dann gebe die Macaroni auf eine tiefe Platte, und von der Rindsrippensauce einige Löffel voll darüber; das Rippenstück aber wird besonders auf eine tiefe Platte gelegt und die Sauce recht heiß darüber gegossen.

344. Prager Kolaschfleisch von Rindsfilet.

Ein von Knochen und Haut befreites Rindsfilet von 5 Pfund wird der Quere nach in stark fingerdicke Scheiben geschnitten und ein jedes Stückchen mit dem flachen Theil des Messers etwas auseinander geklopft, auch mit dem scharfen Theil von allen Seiten etwas gehackt; diese Stückchen werden nun neben einander in ein flaches, mit drei Finger hohem Rand versehenes und mit Pfeffer-Salz bestreutes Geschirr gelegt, auch oben darauf mit Pfeffer-Salz bestreut. Eine Stunde vor dem Anrichten wird noch eine Bouteille weißer Wein, eine Hand voll fein gehackte Zwiebeln, welche vorher mit einem Viertelpfund Butter braungelb gedämpft wurden, sammt dieser und noch ¼ Pfund weiterer recht heiß gemachter Butter dazu gegeben; hierauf wird es gut zugedeckt und so lange gekocht, bis der Wein ganz eingekocht ist; jetzt werden 4—6 feingehackte Sardellen, mit einem Eßlöffel voll fein gehackten Kapern und einem Ei groß Butter vermengt, ebenfalls dazu gegeben und das Ganze so lange geschüttelt, bis die Sardellenbutter darunter zerflossen ist. Man richtet nun das Ganze recht heiß kranzartig auf die Platte, giebt in das Zurückgebliebene noch den Saft von einer Citrone und gießt es über das Fleisch.

345. Beefsteaks mit Sardellenbutter.

5 Pfund von Haut und Knochen befreiter Rinderfilet, wird der Quere nach in stark fingerdicke Scheiben geschnitten, etwas mit dem flachen Theil des Messers geklopft, und auf beiden Seiten mit Pfeffer-Salz gut bestreuet, dann eine halbe Stunde vor dem Anrichten, in Provenceröl umgewendet, auf den Rost gelegt und auf einem starken Kohlenfeuer schnell gebraten; haben sie auf der untern Seite schöne Farbe erhalten, so wendet man sie um und läßt sie unter öfterm Bestreichen mit einem in Oel getauchten Pinsel auf der andern Seite eben so Farbe nehmen. Jetzt wird eine Platte mit Sardellenbutter, worunter etwas fein gehackte Petersilie gemengt ist, Federkiel dick belegt, die gebratenen Beefsteaks kranzartig darauf gelegt, dann der Saft einer Citrone darüber gedrückt und heiß aufgetragen.

346. Beefsteaks mit Olivensauce.

5 Pfund Rinderfilet wird auf dieselbe Weise wie der obige zubereitet und auf dem Rost gebraten, dazu aber folgende Sauce bereitet: 4—6 Trinkgläser voll guter kräftiger Coulis (s. Coulis) wird mit einem Trinkglas voll weißem Wein gut ¼ Stunde zur Hälfte eingekocht, und das darauf befindliche Fett gut abgenommen, dann werden zwei Hände voll gute grüne Oliven in Scheiben geschnitten, die Steine davon gethan und in die Sauce gegeben, worauf man sie noch ¼ Stunde an der Seite des

Feuers damit kochen läßt, und weiter etwas Pfeffer und Salz dazu giebt. Die gebratenen Beefsteaks werden jetzt kranzartig auf die Platte gelegt, und die Sauce nun in die Mitte gegeben. Zu den Beefsteaks kann man auch eine Sauce von Essigkukummern oder Trüffelsauce oder Kapernsauce, Tomatesauce, kleine geröstete Kartoffeln, oder auch dicken italienischen Reis oder auch sauer angemachte Brunnenkresse geben.

347. Ochsengaumen mit Hacheesauce.

Vier bis sechs Ochsengaumen werden wohl gereinigt und gewaschen, in einem dazu passenden Geschirr, sammt drei Gelbenrüben, einigen Zwiebeln, Petersilienwurzel und etwas Salz mit zwei Maas Wasser aufgefüllt und auf dem Feuer 4—5 Stunden langsam und zugedeckt gekocht; sind sie dann weich, so ziehe die darauf befindliche weiße Haut davon herunter, und lege sie auf ein reines Tuch neben einander, schlage das Tuch darüber und lege etwas Schweres darauf, bis sie erkaltet sind; dann steche sie mit einem Ausstecher von der Größe eines Dreibätzners öconomisch aus, und gebe sie sammt ¼ Pfund Butter, einigen kleinen Zwiebeln, Petersilie und in Scheiben geschnittene Selleriewurzeln, auch etwas rohen in kleine Würfel geschnittenem Schinken, etwas Thymian, Gewürznägelein, Pfeffer und Salz dazu und lasse es einige Minuten mit einander auf schwachem Feuer dämpfen, dann fülle das Gedämpfte mit vier Trinkgläsern voll von der Brühe, in welcher die Gaumen gekocht wurden, auf, und lasse es noch ¾ Stunden mit einander langsam kochen. Jetzt bereite folgende Sauce: Gebe in eine Saucenkasserolle oder sonst ein ähnliches Geschirr einen Kaffelöffel voll fein gehackte Petersilie, eben soviel fein gehackte Schalottenzwiebeln, ein Eßlöffel voll fein gehackte Champignons, ein halbes Glas Essig und etwas groben Pfeffer und lasse es auf dem Feuer einkochen bis kein Essig mehr zu sehen ist, dann gebe 4 Anrichtlöffel voll guten Coulis und eben so viel gute Fleischbrühe dazu, lasse es einige Minuten gut mit einander verkochen, und nimm das Fett davon, dann gebe einen Eßlöffel voll fein gehackte Kapern und 3 — 4 kleine Essigkukummern fein gehackt dazu; gebe jetzt die gedämpften Ochsengaumen auf ein Sieb und reinige sie gut von dem dabei Befindlichen, lege sie dann in die Sauce und stelle sie heiß bis angerichtet wird; ist es Zeit zum Anrichten, dann gebe ½ Ei groß Sardellen-Butter dazu, schüttle es über dem Feuer gut, bis die Butter zergangen ist, ohne daß es jedoch kocht und trage sie heiß auf.

348. Ochsengaumen mit Sauce-Tomaté à l'indienne.

4 — 6 Ochsengaumen werden auf oben angegebene Art bereitet und folgende Sauce dazu gemacht: Es werden 5—6 Zwiebeln in Scheiben geschnitten und in einem dazu passenden Geschirr mit ¼ Pfund Butter, 8—10 Stück Tomaté oder Liebesäpfel, etwas Thymian, 2 Lorberblätter, 5 — 6 Rockenbollen, einem Trinkglas voll guter Fleischbrühe und einem halben Kaffeelöffel voll gestoßenem indischem Safran, auf dem Feuer langsam unter öfterm Umrühren gekocht, bis alles weich ist und anfängt dick zu werden, treibe hierauf alles durch ein Haartuch, gebe es in ein dazu passendes Geschirr und lege die Gaumen, gut von dem Anhängenden gereinigt, in die Tomatésauce, bringe jetzt das Geschirr in ein mit kochendem Wasser halb angefülltes Gefäß damit es bis zum Anrichten heiß bleibt, weil es nicht mehr kochen darf; ist es Zeit zum Anrichten, dann richte es heiß auf die Platte und gebe von Butterteig klein ausgestochne und gut ausgebackne Halb-Monde darum.

349. Ochsengaumen mit kleinen Spießchen.

Bereite 4 — 6 Ochsengaumen wie oben bei Ochsengaumen mit Hacheesauce angegeben ist, schneide sie jedoch, statt sie auszustechen, in kleine fingergleich lange Vierecke und gebe sie in ein dazu passendes Geschirr, sammt einem Eßlöffel voll fein gehackter Petersilie, eben so viel fein gehackter Schalottenzwiebeln, ¼ Pfund Butter und etwas Salz und Muskatnuß; lasse dies einige Minuten mit einander dämpfen, gebe einen Kaffelöffel voll Mehl dazu und rüttle es untereinander; gieße jetzt ein starkes Trinkglas voll gute Fleischbrühe dazu, und wenn es einige Minuten gekocht hat, rühre das Gelbe von 3 Eiern, etwas Citronensaft und ein Stückchen Sardellenbutter in der Größe einer Nuß gut heiß darunter und lasse es gut verfühlen. Koche nun auch drei schöne Kalbseuter in der Fleischbrühe weich und schneide sie, sind sie wieder erkaltet, in eben solche Stücke wie die Gaumen; auch einige in Wein abgekochte große Trüffeln schneide auf dieselbe Art in viereckige Blättchen. Stecke nun an kleine fingerlange Silberspießchen, in Ermanglung solcher werden hölzerne genommen, zuerst ein Blättchen Gaumen, dann ein Blättchen Kalbseuter, dann ein Trüffelblättchen und fahre so fort bis die Spießchen voll gesteckt sind, doch so, daß jedes oben und unten fingerbreit leer bleibt; bestreiche sie mit der dabei befindlichen Sauce, wende sie sodann in fein geriebenem weißem Reibbrod um und drücke dies wohl an, damit sie eine schöne viereckige Form erhalten; alsdann wende sie nochmals in zerlassener Butter, worunter einiges Eiergelb gerührt wurde, und dann wieder in Reibbrod um und drücke sie nochmals gut an. Sind auf solche Art sämmtliche Spießchen bereitet, so werden sie eine halbe Stunde vor dem Anrichten auf einen reinen Rost über schwachem Kohlenfeuer schön braungelb gebraten, dann mit den Spießchen auf die Platte gegeben und ein guter jus heiß darunter gegeben.

350. Ochsengaumen mit Champignons.

Auch hier werden vier bis sechs Ochsengaumen auf oben angegebene Art bereitet, und folgende Sauce dazu gegeben: Zwei starke Händevoll Champignons werden gut gereinigt, mit ¼ Pfund Butter und einem Eßlöffelvoll fein gehackter Petersilie einige Minuten gut gedämpft, dann ein Kochlöffel voll Mehl darunter gestreut und hierauf mit 3 Trinkgläsern voll Fleischbrühe aufgefüllt, etwas Pfeffer und Salz dazu gegeben; lasse das Ganze jetzt ¼ Stunde langsam kochen, dann lege die vorher gut gedämpften und wieder gereinigten Gaumen dazu, lasse sie damit aufkochen, und stelle sie recht heiß; ist es Zeit zum Anrichten, dann rühre das Gelbe von 4 Eiern und etwas Citronensaft recht heiß darunter, rüttle auch alles auf dem Feuer wohl untereinander, ohne daß es jedoch weiter kocht, dann richte es auf die Platte und gebe in Schmalz gelb ausgebackene Weck-Croutons darum.

351 Ochsenhirn au beurre noir.

So viel Ochsenhirn, als zu einer Platte nöthig ist, wird eine Stunde in warmes Wasser gelegt, daß sich das Blut herauszieht, dann die Haut, welche um das Hirn gezogen ist, sorgfältig darum genommen, damit es nicht zerrissen wird. Nach nochmaligem Abwaschen in frischem Wasser lege es in kochendes Wasser mit etwas Essig und Salz, lasse es ¼ Stunde darin kochen und dann wieder verkühlen. Lege jetzt in ein dazu passendes Geschirr Speckbatten, auf diese das wohl abgetrocknete Hirn und decke es mit Speckbatten zu, gebe auch 2 Lorbeerblätter, etwas ganzes Gewürz, einige in Scheiben geschnittne Zwiebeln, einige Gelberüben, ein zusammengebundenes Büschelchen Petersilie und Thymian, etwas Salz, ein Glas weißen Wein und zwei Gläser voll Fleischbrühe dazu, lasse es nun zugedeckt ½ Stunde auf dem Feuer dämpfen und wenn es Zeit zum Anrichten ist, dann ziehe das Hirn sauber auf die Platte und gebe schwarze Butter recht heiß darüber, welche auf folgende Weise bereitet wird: ½ Glas Essig sammt etwas grobem Pfeffer und Salz wird einige mal aufgekocht; hierauf läßt man ½ Pfund Butter recht heiß werden, und dann etwas ruhen, bis sich das Unreine gesetzt hat und gießt dann die klare Butter zu dem Essig; ist diese Butter recht heiß über das Hirn gegossen, so wird nach etwas in heißem Schmalz ausgebackene Petersilie darüber gegeben.

352. Rindshirn en Matelotte.

Das Rindshirn wird wie das obige bereitet, statt des weißen Weines und der Fleischbrühe aber so viel rother Wein genommen. Nach einer halben Stunde, wenn das Hirn gut ist, wird die Brühe durch ein Haarsieb gut abgegossen, dann werden zwei Hände voll kleine geschälte Zwiebeln mit ¼ Pfund Butter schön blond geröstet und unter diese ein Eßlöffel voll Mehl gegeben, worauf sie mit der durch das Sieb gelaufenen Weinbrühe aufgefüllt werden; nun gibt man noch zwei Hände voll gereinigte Champignons dazu und läßt es eine gute Viertelstunde langsam kochen, richtet jetzt das Hirn sauber auf die Platte und gibt das Ragout heiß darüber.

353. Rindshirn au Sauce tomaté.

Das Rindshirn wird auf dieselbe Art wie bei dem au beurre noire zubereitet, statt der beurre noire aber eine Tomatésauce dazu gegeben, welche auf folgende Weise gemacht wird: Sechs bis acht Tomaté oder Liebesäpfel werden von dem Wässerigen durch Ausdrücken, auch von Stiel ꝛc. befreit, in einem passenden Geschirr mit etwas rohem und in Würfel geschnittenem Schinken, einigen in Scheiben geschnittenen Zwiebeln, einem Knoblauchzinken, etwas grob zerdrücktem Pfeffer und ¼ Pfund Butter eine Viertelstunde lang gut auf schwachem Feuer, unter öfterem Umrühren, damit es nicht anhängt, gedämpft; dann wird ein Kochlöffel voll Mehl gut darunter gerührt, und das Ganze mit drei Trinkgläsern voll Fleischbrühe und einem Glas voll weißem Wein aufgefüllt; es wird nun die Sauce gut verrührt und langsam noch ¼ Stunde lang verkocht, dann durch ein Haartuch getrieben, noch etwas fein gestoßener Pfeffer, etwas Salz und der Saft einer Citrone dazu gegeben und, abermals aufgekocht, heiß über das Hirn gegossen.

354. Rindszunge mit Cornichons.

Dazu nehme eine schöne Ochsenzunge, wasche sie in warmem Wasser gut aus, koche sie eine halbe Stunde und lasse sie wieder in frischem Wasser abkühlen; ist sie erkaltet, so schneide auch den Gurgelknopf sauber davon und spicke sie mit Speckschnitten, welche mit Petersilie, Schalottenzwiebeln, Pfeffer, Modegewürz und Salz vermengt wurden. Gebe jetzt in ein dazu passendes Geschirr einige Speckbatten und auf diese die Zunge, lege ferner einige Stücke Kalbfleisch, auch einige Stücke Rindfleisch, einige Zwiebeln, gelbe Rüben, Thymian, Lorbeerblätter und drei Gewürznägelein darum, fülle es dann mit Fleischbrühe, in Ermanglung dieser mit Wasser auf, daß sie handhoch darüber gehet und lasse es gut weich kochen, was in etwa 4—5 Stunden geschieht; vor dem Anrichten nehme die Zunge heraus, ziehe die Haut sorgfältig davon, schneide sie dann der Länge nach in der Mitte durch, jedoch nicht ganz, daß sie ein Herz formirt, lege sie auf die Platte und gebe folgende Sauce darüber: in einem kleinen Geschirr lasse ein viertel Trinkglas Essig, einige Körner zerdrücktes Modegewürz, eine Messerspitze voll Pfeffer, ein Lorberblatt und etwas feingehackten Thymian einigemal gut aufkochen, dann gebe drei Anrichtlöffel voll gute Coulis (s. Coulis) und zwei Anrichtlöffel voll guter Fleischbrühe dazu, lasse dieß ebenfalls einige Minuten gut verkochen und gebe noch 4—6 kleine Cornichons, in Blättchen geschnitten, dazu; man läßt die Sauce nun noch eine Minute damit verkochen und gibt sie dann über die Zunge.

355. Rindszunge en **Papillote**.

Die Zunge wird wie oben angegeben zubereitet und weich gekocht, ist sie abgeschält und erkaltet, dann wird sie in doppelt Federkiel dicke Scheiben, alle von gleicher Größe, geschnitten, und diese auf ein Blech neben einander gelegt. Bringe jetzt ¼ Pfund geschabenen Speck, 3 Eßlöffel voll Provenceröl, ¼ Pfund Butter und 4 Eßlöffel voll feingehackte Champignons in ein kleines Geschirr und dämpfe es, unter beständigem Umrühren, zusammen eine Minute auf dem Feuer; gebe nun 2 Eßlöffel voll fein gehackte Schalottenzwiebeln dazu, und laſſe es noch eine Minute dämpfen, hierauf auch 2 Eßlöffel voll fein gehackte Peterſilie, und laſſe auch dieß wieder eine Minute mit einander dämpfen, menge endlich noch etwas Salz, groben Pfeffer und Muskatnuß darunter, und beſtreiche die Rindszungenſtücke damit, wenn alles gut erkaltet iſt. Schneide hierauf ſo viele und noch einmal ſo große Blätter von weißem Papier, als es Rindszungenſtückchen ſind, lege ſolche, mit feinem Oel beſtrichen, auf den Tiſch nebeneinander, und gebe auf ein jedes der Blätter eine ganz dünne Speckbatte, in der Größe der Zungenſtückchen, auf dieſe aber lege ein oben und unten mit Obigem beſtrichenes Zungenſtückchen, oben auf dieſe aber wieder eine Speckbatte; ſchlage nun die freie Hälfte des Papiers darüber und falte dieſes an der offenen Seite ſchön über einander,- drücke es auch gut an, damit keine Sauce herauslaufen kann. Beſtreiche ſie nun noch auf beiden Seiten mit Oel und brate ſie auf dem Roſt über ſchwachem Kohlenfeuer ½ Stunde vor dem Anrichten recht langſam, bis das Papier auf beiden Seiten ſchöne braungelbe Farbe erhalten hat; richte ſie dann kranzartig auf die Platte und gebe etwas gute jus mit Citronenſaft darunter.

356. Rindszunge mit Champignons.

Die Zunge wird auf oben angegebene Art bereitet, ſtatt jener aber folgende Sauce dazu gegeben: 3—4 Hände voll gereinigte Champignons werden mit ¼ Pfund Butter und dem Saft einer Citrone einige Minuten langſam gedämpft und dann 4 Anrichtlöffel voll Coulis (ſ. Coulis), eben ſo viel gute Fleiſchbrühe und etwas Salz dazu gegeben; dieſes läßt man mit einander einkochen, bis es ein Viertheil weniger geworden iſt, ſchneidet dann die Zunge der Länge nach in der Mitte durch, doch nicht ganz, damit ſie ein Herz formirt, und giebt das Champignons-Ragout darüber.

357. Rindszunge mit Sauce à l'Anglaise.

Die Rindszunge wird wie jene mit Cornichons bereitet, ſtatt der Cornichonſauce wird jedoch eine engliſche auf folgende Art dazu gemacht; Ein Eßlöffel voll geſtoßener Zucker wird mit ein wenig Waſſer auf dem Feuer eingekocht, und ſo lange darin gerührt, bis der Zucker geſchmolzen und gut hochbraun geworden iſt; dann wird ein halb Ei groß Butter dazu gegeben und damit verrührt, ferner ein starker Kochlöffel voll Mehl gut darunter gerührt, mit zwei Gläsern weißem Wein aufgefüllt und damit recht glatt verrührt, bis sie zu kochen anfängt; dann gebe ein Stück Zimmt, ein oder zwei grüne bittere, in Stücke geschnittene Pommeranzen sammt 4 Eßlöffeln voll gestoßenem Zucker und ein Glas Malaga dazu und lasse es an der Seite des Feuers eine halbe Stunde langsam kochen, thue dann in ein anderes Geschirr ½ Pfund Schachtelzibeben nebst einem Glas weißem Wein und einer Hand voll gestoßenem Zucker, und lasse sie damit ganz einkochen. Die Zunge wird jetzt, wenn sie erkaltet ist, in halbfingerdicke Scheiben geschnitten und auf die Zibeben gelegt, dann die Sauce, wenn sie ½ Stunde verkocht ist, durch ein Sieb darüber gut durchgetrieben, dann gebe noch ein Glas Malaga dazu, lasse alles mit einander langsam ¼ Stunde kochen, nimm das darauf befindliche Fett ab, richte die Zunge kranzartig auf die Platte und gebe die Zibeben sammt der Sauce in die Mitte.

358. Ochsenzunge à l'Ecarlate.

Nehme eine schöne Ochsenzunge, reibe dieselbe mit 4 Loth gestoßenem Salpeter recht gut überall ein und bringe sie in eine Schüssel mit etwas Thymian, Lorbeerblättern, Basilicum und ganzem Pfeffer, und gieße über dieses eine Maaß Wasser, in welchem 2 Hände voll Salz verkocht wurden und welches wieder erkaltet ist, und lasse es 8 Tage darin. Will man die Zunge gebrauchen, dann wird sie vorher 2 Stunden in frisches Wasser gelegt, nach diesem ¼ Stunde abgekocht und dann in ein dazu schickliches Geschirr, sammt ¼ von dem Salzlack, in welchem sie lag, und etwas Thymian, Lorberblättern, Basilicum, etwas ganzem Pfeffer, einige Zwiebeln und gelben Rüben und 2 Maas Wasser gethan, lasse sie dann 3 Stunden langsam dämpfen, nehme sie hierauf von dem Feuer und lasse sie in der Brühe erkalten.

359. Rindszunge mit gefülltem Kopfsalat.

Die Rindszunge wird wie die Zunge mit Cornichonsauce zubereitet und gekocht, statt der Cornichonsauce aber wird gefüllter Kopfsalat gemacht (s. bei den Gemüsen gefüllter Kopfsalat). Die Zunge wird, wenn sie weich ist, in halbfingerdicke Scheiben geschnitten und um den Kopfsalat kranzartig angerichtet, eben so zwischen jeden gefüllten Salatkopf eine Rindszungenscheibe gelegt, bis alles auf die Platte gerichtet ist.

260. Rindszunge à la Sauce Rimoulade Indienne.

Die Rindszunge wird wie die Zunge mit Cornichons zubereitet und gekocht, nur statt der Cornichonsauce wird folgende Sauce bereitet: Das Gelbe von 8—10 hart gesottenen Eiern wird in einem Mörser fein gestoßen und nach diesem 8 Eßlöffel voll feines Oel nach und nach gut darunter gerührt, dann aus dem Mörser gut heraus in eine irdene Schüssel gethan, nebst 6 Körnern gestoßenem Modegewürz, einem Kaffeelöffel voll gestoßenem indischem Safran, etwas feinem Salz und grobem Pfeffer, alles recht gut mit einander verrührt, dann werden noch 5 Eßlöffel voll guter Essig darunter gerührt; diese Sauce darf dick wie eine Puré seyn. Ist die Zunge gut, dann wird sie in fingerdicke Scheiben geschnitten und franzartig auf die Platte gerichtet, die Sauce aber besonders in einer Saucière gegeben.

361. Ochsenschwänze aux Champignons.

Zwei Ochsenschwänze werden gelenkweise in Stücke geschnitten, ½ Stunde in warmem Wasser gut ausgewässert, dann ½ Stunde gut abgekocht und wieder in kaltem Wasser abgekühlt; dann gebe auf den Boden eines dazu passenden Geschirrs einige Speckbatten, dann die Ochsenschwanzstücke, welche gut abgetrocknet seyn müssen, darauf, sammt einigen gelben Rüben, Petersilie- und Selleriewurzeln und Zwiebeln mit 3 Gewürznägelein gespickt, auch etwas Thymian, Pfeffer und Salz, sammt einigen Stückchen rohem Schinken, fülle alles mit Fleischbrühe, oder in Ermanglung derselben, mit Wasser auf, damit es handhoch darüber gehet; stelle es dann auf das Feuer, decke es, wenn es kocht, zu und lasse dasselbe bei schwachem Feuer langsam 4 Stunden fortkochen, bis die Ochsenschwänze weich sind. Wenn es Zeit zum Anrichten ist, so werden sie auf einen Seiher abgegossen, die Stückchen schön franzartig auf die Platte gelegt und folgendes Champignons-Ragout in die Mitte gegeben: Drei Hände voll gut geputzte Champignons werden mit ¼ Pfund Butter und dem Saft einer Citrone sammt etwas Pfeffer und Salz einige Minuten auf starkem Feuer gedämpft, bis der Saft eingekocht und nur die Butter hell dabei geworden ist; dann streue ein Eßlöffel voll Mehl gut darunter, und schüttle Alles gut unter einander: gebe ferner 2—3 Trinkgläser voll von der Ochsenschwanzbrühe ohne Fett, durch ein Sieb gelassen, darüber, lasse es eine Viertelstunde langsam ver=

kochen, verrühre das Gelbe von 3 Eiern gut heiß (ohne daß es kocht) darunter und gebe es in die Mitte der Ochsenschwänze.

362. Ochsenschwänze mit glasirten Zwiebeln.

Zwei Ochsenschwänze werden wie die obigen zubereitet und gekocht, nur werden statt der Champignons glasirte Zwiebeln auf folgende Art zubereitet: 30—40 schöne kleine oder 20 große gut gereinigte, jedoch oben und unten nicht zu stark abgeschnittene Zwiebeln, ¼ Pfund Butter, ein Ei groß Zucker, etwas Salz und so viel Fleischbrühe, daß sie mit den Zwiebeln gleich hoch steht, werden in ein dazu passendes breites Geschirr gegeben und aufgekocht, dann, mit einem mit glühenden Kohlen belegten Deckel zugedeckt, auf schwachem Feuer langsam gekocht, bis sie ganz eingekocht und oben und unten schöne gelbe Farbe erhalten haben; nun werden die Schwänze auf einen Seier abgegossen, heiß auf die Platte kranzartig angerichtet und die Zwiebeln in die Mitte gegeben.

363. Ochsenschwänze mit Tomaté= oder Liebesäpfelsauce.

Zwei Ochsenschwänze werden wie oben angegeben zubereitet und gekocht und folgende Sauce dazu gemacht: 6—8 Tomaté- oder Liebesäpfel werden, nachdem sie vom Wasser durch Ausdrücken befreit und gereinigt sind, in ein dazu passendes Geschirr gegeben und mit ¼ Pfund Butter, etwas in Würfel geschnittenem rohem Schinken, einigen in Scheiben geschnittenen Zwiebeln, einem Knoblauchzinken, einem Lorbeerblatt und einigen Pfefferkörnern eine Viertelstunde, unter beständigem Umrühren, damit es nicht anhängen kann, gut gedämpft; ist es gut abgedämpft, dann rühre einen Kochlöffel voll Mehl darunter und fülle es mit vier Trinkgläsern guter Fleischbrühe auf, rühre darin bis es zu kochen anfängt, gebe es auf schwaches Feuer und lasse es ½ Stunde langsam kochen; treibe jetzt das Ganze durch ein Haarsieb und gebe auch etwas Salz und groben Pfeffer, auch den Saft einer Citrone dazu, koche es nochmals gut auf und stelle es heiß; ist es Zeit zum Anrichten, dann gieße die Ochsenschwänze ab, richte sie, gut abgetrocknet, kranzartig auf die Platte und gebe die Sauce in die Mitte. Die Brühe von den Schwänzen wird, wenn sie durchgeseiet und vom Fett befreit ist, zu einem braungelben Glace eingekocht und mit diesem dann die Schwänze mit einem Pinsel angestrichen.

364. Ochsenschwänze mit Linsen-Puré.

Zwei Ochsenschwänze werden wie oben angegeben bereitet und eine Linsen-Puré auf folgende Weise dazu gemacht: Ein halbes Meßlein schöne große, sorgfältig gereinigte und gewaschene Linsen, ¼ Pfund roher Schinken, 1 Pfund Rindfleisch, einige ganze Zwiebeln mit 3 Gewürznägelein gespickt, auch 1—2 Stück gelbe Rüben werden in ein dazu passendes Geschirr gethan, dieses aber vollends mit Wasser, oder besser mit Fleischbrühe beinahe voll gefüllt; man läßt es nun so lange kochen, bis die Linsen weich sind, nimmt dann das dabei Befindliche davon und treibt die Linsen, unter öfterem Nachgießen von der Brühe, worin die Linsen gekocht wurden, durch ein Haarsieb; ist alles sauber durchgetrieben, dann wird eine feingehackte Zwiebel mit ¼ Pfd. Butter in einem dazu passenden Geschirr schön blond gedämpft, hierauf ein starker Kochlöffel voll Mehl ein wenig mitgedämpft und dann die Linsen-Puré gut darunter gerührt; rühre nun das Ganze noch etwa eine Minute lang auf dem Feuer, damit es nicht anhängen kann, dann gieße nach und nach 2 Trinkgläser voll gute jus dazu und rühre es auf dem Feuer noch einige Minuten; ist die Puré noch zu dick, so rühre noch ein Glas voll von der abgegossenen Linsenbrühe darunter, gebe auch etwas Pfeffer und Salz dazu und stelle dann die Puré auf glühende Asche; ist es Zeit zum Anrichten, dann werden die Schwänze abgegossen und, gut abgetrocknet, kranzartig auf die Platte gerichtet, in die Mitte aber die Linsen-Puré gegeben; die übrige Brühe, in welcher die Ochsenschwänze gekocht wurden, wird durch ein Tuch gegossen, und, von dem Fett befreit, zu einer kurzen Glace eingekocht, mit welchem die Schwänze vermittelst eines Pinsels angestrichen werden.

Zubereitung von Kalbfleisch.

365. Kalbskopf au naturel.

Schneide einen gebrühten Kalbskopf von unten der Länge nach auf und löse die Haut von dem ganzen Knochen bis an den

Hirnkasten gut ab, den von Haut befreiten Knochen aber haue nahe beim Hirnkasten scharf ab, ohne daß jedoch die Haut verletzt wird, und lasse ihn in warmem Wasser eine Viertelstunde gut auswässern, dann gebe ihn in einen Kessel mit kochendem Wasser, lasse ihn ½ Stunde kochen, schäume ihn auch gut ab; nach diesem wird er in kaltes Wasser gelegt und so lange liegen gelassen, bis er erkaltet ist. Schabe hierauf von dem Innern des Kopfes das Weiße, auch von der Zunge die weiße Haut mit dem Messer gut herunter, reibe dann den ganzen Kopf, nachdem er vorher rein abgetrocknet worden, mit Citronenmark gut ein und binde ihn mit einem Bindfaden zusammen, damit er seine vorige Form wieder erhält; bringe ihn jetzt in ein dazu passendes Geschirr, in welches vorher einige Speckbatten gelegt wurden und gebe auch einige Zwiebeln und gelbe Rüben, in Scheiben geschnitten, ¼ Pfd. rohen Schinken, in Würfel geschnitten, etwas Sellerie- und Petersiliewurzeln, ½ Pfund Ochsennierenfett, in Würfel geschnitten, einige Gewürznägelein, Pfefferkörner, Thymian, Lorbeerblätter, einige Citronenscheiben und Salz dazu und fülle es mit Wasser auf, daß dieses zwei Finger hoch über den Kalbskopf geht. Hat er nun eine Zeitlang gekocht und ist er gut abgeschaumt, dann decke ein mit Butter bestrichenes Papier darüber und lasse ihn ganz langsam und zugedeckt 3 Stunden kochen; ist es Zeit zum Anrichten, dann nehme den Kopf aus dem Gefäß, trockne ihn auf einem Tuch schön ab, lege ihn auf die Platte und befreie ihn von dem Bindfaden; die Zunge aber nimm heraus und schneide sie der Länge nach halb durch. Hierauf bestreue die Zunge mit Pfeffer, Salz und etwas gehackter Petersilie, wende sie auch in Butter und Reibbrod um und lasse sie auf dem Rost braten; lege sie dann auf das Maul des Kopfes, schneide die Haut über dem Hirnkasten auf, nehme beide Hirnschalen heraus und bestreue den ganzen Kopf nochmals mit fein gehackter Petersilie. Endlich gebe noch etwas Essig, Salz, Pfeffer und feingehackte Schalottenzwiebel, gut aufgekocht, darüber und in einem Saucière dazu.

366. Kalbskopf à la détiller..

Ein gebrühter Kalbskopf wird ganz ausgebeint, wie der obige gut ausgewässert und auf dieselbe Art abgekocht und wieder in frischem Wasser abgekühlt, dann gut abgetrocknet, auch die gut gereinigte Zunge dazu gethan. Hierauf schneide ihn in 4 Theile, nämlich in zwei Ohrentheile und in zwei Augentheile, binde ein jedes der Theile gut mit Bindfaden in schöner Form zusammen, in jedes der Ohren aber schneide in der Mitte 4—6 Einschnitte, dann koche die Stücke mit derselben Zubereitung, wie bei vorigem, 3 Stunden, das Hirn aber nehme aus der Hirnschale heraus, befreie es von der dünnen Haut und wässere solches in warmem Wasser. Hierauf lasse sie in kochendem Wasser mit etwas Essig ¼ Stunde kochen und wieder erkalten; alsdann zwischen zwei Speckbatten, mit einigen Citronenscheiben, einem E: groß Butter, einigen Zwiebeln, etwas Pfeffer, Salz, Lorbeerblättern und einem Suppenlöffel voll Fleischbrühe ½ Stunde in einem dazu passenden Geschirr kochen; ist es Zeit zum Anrichten, dann nehme die Kalbskopfstücke aus dem Gefäß, befreie sie von dem Bindfaden und lege sie schön auf die Platte; das Hirn, wenn es gut abgetrocknet ist, wird in vier Theile geschnitten und dazwischen gelegt, die Zunge aber schneide in dünne Blättchen, steche sie mit einem Ausstecher in der Größe eines Kreuzers aus und lege sie in ein besonderes Geschirr; auch werden 6 Stück Cornichons auf die Art wie Oliven geschnitten und zwei Hände voll gereinigte, mit etwas Butter und Citronensaft einige Minuten gedämpfte Champignons dazu gethan; gebe jetzt in ein Geschirr 4 Trinkgläser voll Coulis, ein Glas voll gute Fleischbrühe, 2 Trinkgläser voll alten weißen Wein, 6 Körner zerdrücktes Modegewürz und etwas Salz, lasse diese Sauce unter öfterem Umrühren bis zur Hälfte einkochen, dann gebe die Champignons, Cornichons und die geschnittene Zunge dazu, lasse alles mit einander aufkochen und richte es über den Kopf an.

367. Pariser Kalbskopf en tortue.

Der Kalbskopf wird auf obige Art ausgebeint, ausgewässert, abgekocht und wieder abgekühlt, dann gut abgetrocknet und in eben solche Stücke geschnitten; dann nehme ein feines weißes Tuch, wasche es gut mit frischem Wasser, damit es nicht nach Seife riecht, breite es auf den Tisch und belege es mit so viel Speckbatten, als mit den Kalbskopfstücken bedeckt werden können; die Kalbskopfstücke werden nun alle mit Bindfaden gut in Ordnung gebunden, dann auf die Speckbatten gelegt, mit solchen auch wieder bedeckt und in das Tuch eingewickelt, welches noch mit dem obern und untern Ende zusammengebunden wird; lege das Zusammengebunde jetzt sammt dem vorher in Wasser und Essig abgekochten Hirn in ein passendes Geschirr, dann gebe ¼ Pfund rohen Schinken, in Würfel geschnitten, eben so ½ Pfund Ochsennierenfett, einige in Scheiben geschnittene Zwiebeln, gelbe Rüben, Sellerie- und Petersiliewurzeln, auch etwas Thymian, Lorberblätter, Gewürznägelein, Pfefferkörner, eine in Scheiben geschnittene Citrone, Salz, eine Bouteille alten weißen Wein, ein Glas Arac und einen Schoppen Fleischbrühe dazu, lasse es aufkochen, decke es dann zu mit einem mit glühenden Kohlen belegten Deckel, und lasse es nun drei Stunden langsam auf schwachem Feuer kochen. Ist es Zeit zum Anrichten, dann nehme das Eingebundene sammt dem Hirn aus dem Geschirr, befreie die Kopfstücke von dem Bindfaden und lege sie auf die Platte, das Hirn aber in vier Theilen darüber. Es wird jetzt folgende Sauce bereitet: Ein Schoppen Coulis (s. Coulis), eine halbe Bouteille guter Madeirasec, ein Schoppen Fleischbrühe, eine Messerspitze voll Spanischer Pfeffer, 4 Körner zerdrücktes Mobegewürz werden unter öfterem Umrühren bis zur Hälfte eingekocht, hierauf heiß gestellt und 12 halb Ei große, in Salzwasser abgekochte Kalbfleischklöße (s. Klöße von Kalbfleisch), 4 Stück Kalbsbrieslen, in Butter gedämpft, 6 Stück Trüffeln, haselnußgroß und rund abgedreht, eine Hand voll gereinigte Champignons, mit den Trüffeln ebenfalls in Butter gedämpft, das Gelbe von 8 hartgesottenen Eiern, einige Cornichons, auf Olivenart abgedreht, und eine Hand voll Cren Kapucin dazu gegeben; dieses alles wird über dem Feuer etwas gerüttelt, dann heiß über den Kalbskopf nach schöner Ordnung angerichtet und 12 Stück ausgebrochene Krebse darum garnirt.

368. Gefüllter Kalbskopf à la Fouquet.

Ein gebrühter Kalbskopf wird schön ausgebeint, in warmem Wasser ½ Stunde gewässert, damit er schön weiß wird, dann in kochendem Wasser ½ Stunde gekocht und abgeschäumt; hierauf wird er in kaltes Wasser gelegt, bis er verkühlt ist, dann abgetrocknet und die innere weiße Haut davon gemacht. Bereite jetzt folgende Kalbfleischfarce: 1 Pfund Kalbfleisch ohne Haut wird ganz fein wie ein Teig, und ½ Pfund Ochsennierenfett ohne Haut fein wie Mehl gehackt, hierauf beides zusammen ¼ Stunde lang zu einem Teig gestoßen; verrühre dann in einem Geschirr 4 ganze Eier, etwas Salz und Muskatnuß, ein halb Ei groß Butter, einen Eßlöffel voll fein gehackte Petersilie, eben so viel fein gehackte Schalottenzwiebeln auf dem Feuer, bis die Eier anfangen dick zu werden und das Ganze einem dicken Brei ähnlich ist; jetzt rühre einen vorher in Waffer eingeweichten und wieder gut ausgedrückten Kreuzerweck unter die abgerührten Eier, laffe fie verkühlen und stoße fie mit dem schon zerstoßenen Fleisch noch eine halbe Stunde. Von dieser Farce nun fülle drei Theile in den gut abgetrockneten Kalbskopf und nähe ihn mit Bindfaden zusammen, damit er eine schöne Form erhält; dann reibe ihn gut mit Citronensaft und lege ihn auf ein mit Speckbatten belegtes feines Tuch, bedecke ihn auch mit Speckbatten und bringe ihn, wenn das Tuch darum gewickelt und zusammengebunden ist, in ein dazu passendes Geschirr, und gebe noch Folgendes darüber: einige Zwiebeln, Sellerie- und Petersiliewurzeln, ein Stück roher Schinken, ½ Pfund Ochsennierenfett, werden in Scheiben und Würfel geschnitten und mit ¼ Pfund Butter auf dem Feuer einige Minuten gedämpft, dann mit einer Maas Waffer, einer Bouteille altem weißem Wein aufgefüllt und aufgekocht, hierauf noch etwas Thymian, vier Gewürznägelein, einige Pfefferkörner, eine in Scheiben geschnittene Citrone ohne Kern und Salz dazu gegeben; ist der Kalbskopf mit diesem begossen, so bedecke das Gefäß mit einem mit glühenden Kohlen belegten Deckel und laffe ihn auf schwachem Feuer 3 Stunden langsam kochen, und bereite noch folgendes Ragout dazu: Gebe in ein dazu schickliches Geschirr 1½ Schoppen gute Coulis (s. Coulis), ½ Schoppen gute Fleischbrühe, 1 Bouteille alten weißen Wein und laffe dieß mit einander bis zur Hälfte einkochen, wobei aber fortwährend gerührt werden muß, damit es nicht anhängt; ist diese Sauce weder zu dick noch zu dünn, dann wird sie durch ein Haartuch in ein anderes Geschirr gewunden und noch dazu gegeben: die von der übrigen Farce nußgroßen und oval geformten, in Salzwasser abgekochten und wieder abgetrockneten Klöße, 6 Stück gut abgekochte Artischokenböden, eine Hand voll in Butter gedämpfte Champignons, vier in Hälften geschnittene und in Butter gedämpfte Kalbsbrieslen und 20 Stück Krebsschwänze, auch etwas Salz, Muskatnuß und Citronensaft. Dieses Ragout wird heiß gestellt, es darf aber nicht mehr kochen. Ist es Zeit zum Anrichten, dann nehme den Kopf aus dem Geschirr, auf einen Deckel heraus, befreie ihn von dem Tuch und Bindfaden, lege ihn auf eine tiefe Platte und gebe das Ragout heiß darüber.

369. Kalbskopf à la Poulette.

Ein gut ausgebeinter Kalbskopf wird, nachdem er 1 Stunde in warmem Wasser gut ausgewässert, in kochendem Wasser eine halbe Stunde gekocht und wieder in frischem Wasser abgekühlt und wieder abgetrocknet wurde, in 6—8 schöne Portionen geschnitten, dann in ein dazu schickliches Geschirr gelegt und Folgendes darüber gegeben: Einige kleine Zwiebeln, auch einige in Scheiben geschnittene Persilien- und Selleriewurzeln, eine Citrone ohne Kern, in Scheiben geschnitten, dann ein Lorbeerblatt, etwas Thymian, ein wenig Gewürz, auch ¼ Pfund Speck, in Würfel geschnitten, sammt ¼ Pfund Butter, dieses alles wird einige Minuten auf dem Feuer gedämpft, dann mit einer Bouteille weißem Wein aufgefüllt und aufgekocht, hierauf über den zerschnittenen Kalbskopf gegeben, auch das Hirn, wenn es gereinigt und in Wasser mit etwas Essig ¼ Stunde gekocht hat, dazu gegeben, dann zugedeckt und 3 Stunden langsam gekocht. Hierauf wird ein Kaffelöffel voll fein gehackte Petersilie mit einem Ei groß Butter eine Minute gedämpft, dann ein Kochlöffel voll Mehl darunter gerührt und mit drei Trinkgläsern voll guter Fleischbrühe aufgefüllt, auch etwas Salz und grober Pfeffer dazu gegeben und nun das Ganze noch ¼ Stunde gut verkocht; jetzt gebe die Kalbskopfstücke, wenn sie weich, gut abgetrocknet und gereinigt sind, in die Sauce, lasse sie darin recht heiß werden und gebe noch das Gelbe von 4 Eiern und den Saft von einer Citrone darunter, rüttle auch alles wohl über dem Feuer untereinander, es darf aber nicht kochen, dann richte es auf die Platte und garnire das Hirn darum.

370. Kalbsohren à l'italienne.

Nehme 8—10 Stück nicht zu kurz abgeschnittene Kalbsohren, lasse sie gut auswässern, reinigen und die etwa noch daran befindlichen Haare abflammen, dann schneide in die Mitte eines jeden Ohres 4—5 halbfingerlange Einschnitte, lasse sie ¼ Stunde in Wasser kochen und hierauf wieder in frischem Wasser gut abkühlen; dann gebe in ein dazu passendes Geschirr ¼ Pfund Butter, einige in Scheiben geschnittene Zwiebel und Petersilienwurzeln, auch etwas rohen Schinken und in Würfel geschnittenen Speck, eine in Scheiben geschnittene Citrone ohne Kern, etwas Thymian, Gewürz und Salz, lasse dieß einige Minuten auf dem Feuer dämpfen, fülle es dann mit einer halben Maas Fleischbrühe auf und lasse es aufkochen; lege nun die Ohren auch dazu bedecke sie zuerst mit Papier dann mit einem Deckel und lasse sie auf schwachem Feuer 2½ Stunden langsam kochen. Ist es Zeit zum Anrichten, dann werden die Ohren abgegossen, gut abgetrocknet und gereinigt auf die Platte gegeben und folgende Sauce dazu bereitet: Ein Eßlöffel voll fein gehackte Petersilie, halb so viel fein gehackte Schalottenzwiebeln, eben so viel fein gehackte Champignons und ein Ei groß Butter, auch zwei Trinkgläser voll weißer Wein, werden so lange eingekocht bis keine Feuchtigkeit mehr zu sehen ist, dann gebe einen Schoppen gute weiße Sauce und ein Glas voll Consommé oder Kraftbrühe (s. Consommé) dazu, lasse es dann an der Seite des Feuers kochen, bis ein Theil gut eingekocht ist und schöpfe auch das Fett davon, ist sie gut im Salz, dann gebe sie heiß über die Ohren.

371. Kalbsohren mit Krebsbutter=Sauce.

8 — 10 Stück Kalbsohren werden auf obige Art zubereitet, nur wird statt der Sauce à l'italienne, eine Krebsbuttersauce auf folgende Weise dazu gemacht. Beim Anrichten gebe ein Ei groß Krebsbutter in so viel heiße weiße Sauce, als zu den Kalbsohren nöthig ist, ziehe sie über dem Feuer mit dem Anrichtlöffel gut auf bis die Krebsbutter darin zergangen ist und sich gut mit der Sauce vermengt hat, ist sie nicht roth genug, so setze noch etwas Krebsbutter zu, auch Salz und etwas feinen Pfeffer. Sind die Ohren jetzt schön angerichtet, dann gebe die Sauce recht heiß darüber und garnire sie mit Krebsen und Krebsschwänzen.

372. Kalbsohren mit Trüffelnsauce.

8 — 10 Stück Kalbsohren werden auf obige Art bereitet, statt der Sauce à l'italienne aber eine Trüffelsauce gemacht. Dazu nehme 2 — 3 feingehackte Trüffeln, dämpfe sie ganz leicht mit einem Ei groß Butter eine Minute, dann gebe zwei Trinkgläser voll gut verkochte weiße Sauce, auch ein Glas guten Consommé, sammt etwas Salz und feinen Pfeffer dazu, und lasse die Sauce ¼ Stunde an der Seite des Feuers kochen, dann stelle sie recht heiß bis sie gebraucht wird; ist es Zeit zum Anrichten, dann gieße die Ohren auf ein Sieb, richte sie gut abgetrocknet auf die Platte und gebe die Sauce darüber.

373. Kalbsohren au Sauce de Kari.

Zu 8 — 10 Kalbsohren auf dieselbe Art wie obige bereitet, wird folgende Sauce gemacht: Gebe in ein dazu passendes Geschirr 4 Loth Butter, einen Kaffelöffel voll fein gestoßenen indianischen Safran, eine halbe Messerspitze voll fein gestoßenen Piement, und rüttle dies auf dem Feuer tüchtig durcheinander, bis sich die Butter mit dem Safran gehörig vermengt hat, dann gebe 2 Trinkgläser voll gut verkochte weiße Sauce und etwas Salz dazu, rüttle die Sauce über dem Feuer nochmals bis sie zu kochen anfängt unter einander, hat sie eine halbe Minute gekocht, dann gebe sie über die Ohren, welche schon vorher abgegossen und abgetrocknet auf der Platte schön angerichtet sind.

274. Kalbsohren in Champignons-Ragout.

8 — 10 Kalbsohren werden eben so wie obige bereitet und eine Sauce auf folgende Art dazu gemacht: 2 Hände voll gereinigte Champignons werden mit ¼ Pfund Butter, dem Saft einer Citrone, etwas Salz und Pfeffer einige Minuten gedämpft, dann mit 2 Trinkgläsern voll gut verkochter weißer Sauce; und eben so viel Consommé zur Hälfte eingekocht. Beim Anrichten wird noch das Gelbe von 2 Eiern darunter gerührt, die Sauce darf aber nicht kochen, dann die Ohren abgegossen und abgetrocknet auf eine tiefe Platte gesetzt und das Champignonsragout darüber gegeben.

375. Kalbshirn en Maitre-d'Hôtel lieu.

So viel Kalbshirn als man zu einer Platte nöthig hat, wird auf dieselbe Art wie die Rindshirn au Beurre noire zubereitet (s. Rindshirn), nur wird statt der Beurre noir eine Maitre d'Hôtel auf folgende Art gemacht: gebe in ein dazu schickliches Geschirr ¼ Pfund Butter, ein Kaffelöffel voll fein gehackte Petersilie, eben so viel fein gehackte Schalottenzwiebeln, etwas Salz und groben Pfeffer und einen Kaffelöffel voll Mehl und rühre unter dieses ein starkes Trinkglas voll Wasser. Ist es Zeit zum Anrichten, dann gebe das Hirn gut abgetrocknet auf die Platte, rühre die Sauce auf dem Feuer wie eine weiße Sauce bis zum Kochen heiß ab, gebe noch den Saft einer Citrone, eben so viel Wasser darunter, und rühre sie recht heiß über das Hirn.

376. Kalbshirn mit Sauce ravigot.

So viel Kalbshirn als man zu einer Platte nöthig hat,

werden auf obige Art bereitet, statt jener aber folgende Sauce dazu gemacht: Eine Hand voll Kerbelkraut halb so viel Pimpinelle und eben so viel Estragon werden ganz fein gehackt, auch ein Kaffelöffel voll fein geschnittener Schnittlauch dazu gegeben; dann gebe in ein Geschirr 2 Trinkgläser voll gut verkochte weiße Sauce, sammt einem Trinkglas voll Consommé, auch ¼ Glas Estragonessig, etwas Salz und groben Pfeffer, lasse einen Drittel der Sauce einkochen, und stelle sie bis zum Anrichten heiß, wird nun angerichtet, dann gebe die Hirn gut abgetrocknet auf die Platte; die gehackten Kräuter aber mit einem halben Ei groß frischer Butter in die heiße Sauce, ziehe sie mit dem Löffel auf dem Feuer gut auf bis die Butter ganz zergangen ist, sie darf aber nicht kochen, und gebe sie über das Hirn.

377. Kalbshirn in Aspic.

Die erforderlichen Hirn werden wie oben angegeben bereitet, sind sie aber aus dem Geschirr genommen, auf ein Tuch gebracht, abgetrocknet und verkühlt, so werden sie in mehrere Portionen geschnitten; hierauf gebe in eine dazu passende, auf Eis gestellte Form fingerbreit hoch gute und helle Aspic (s. Aspic), ist diese darin fest geworden, dann gebe von den Hirnstückchen darauf, auf diese wieder von der Aspic (welche kalt aber dennoch etwas flüssig seyn muß) fingerdick hoch darüber, dann wieder von dem Hirn, und fahre so fort, bis die Form gefüllt ist; ist alles fest gestanden, und ist es Zeit zum Anrichten, dann wird die Form schnell in heißes Wasser eingetaucht, auf die Platte gestürzt und rings herum mit Krebsen und Petersilie garnirt.

378. Kalbshirn mit Krebsbutter.

Bereite das Kalbshirn wie das Rindshirn mit **Beurre noire**, sind sie gut, dann ziehe sie auf ein Sieb, reinige sie gut ab, und gebe sie, ist es Zeit zum Anrichten, auf die Platte und folgende Sauce darüber: bringe in ein Geschirr zwei Trinkgläser voll gut verkochte weiße Sauce, ein Trinkglas voll guten Consommé, etwas Salz und Muskatnuß, lasse sie ¼ Stunde lang an der Seite des Feuers gut kochen und stelle sie, ist das Fett gut rein davon genommen, heiß; ist es Zeit zum Anrichten, dann gebe ein Ei groß gute Krebsbutter in die Sauce, ziehe sie mit dem Löffel über den Feuer gut auf, bis die Krebsbutter ganz zergangangen ist aber nicht kocht, dann rühre sie über das Hirn sammt den Krebsschwänzen.

379. Kalbsschwänze en terrine.

Schneide 8 gut abgeflammte und ausgewässerte Kalbsschwänze, jeden in fünf Theile, und lasse sie in einem dazu passenden Geschirr mit 12 Loth Butter einige Minuten dämpfen, doch dürfen sie keine Farbe erhalten und müssen weiß bleiben; rühre nun zuerst 4 Eßlöffel voll Mehl, dann 2½ Schoppen Fleischbrüh darunter, und rühre es bis es anfängt zu kochen; jetzt gebe auch zwei Hände voll gereinigte Champignons, einige Zwiebeln mit 2 Gewürznägelein gespickt, ein Bouquet Petersilie und etwas Salz dazu, dann lasse es langsam kochen bis die Schwänze gut sind, nehme sie dann sammt den Champignons mit dem Schaumlöffel aus der Sauce und gebe sie in ein anderes Geschirr, dann lasse die Sauce noch etwas an der Seite des Feuers einkochen und nimm auch das Fett davon ab, ist dieses geschehen, dann treibe sie auf das Ragout durch ein Haarsieb; jetzt koche 12 — 14 Klöße von Kalbfleisch (s. Klöße von Kalbfleisch) in der Größe einer Nuß, in Salzwasser und gebe sie auch gut abgetrocknet zu dem Ragout, auch 3 — 4 Kalbsbrieslen, welche in Butter gut gedämpft wurden und in der Mitte durchgeschnitten sind, und einige weich gekochte Artischokenböden, welche in Butter mit etwas Citronensaft gedämpft wurden. Ist nun dieses aufgekocht, dann rühre noch das Gelbe von 5 Eiern darunter und rüttle es über dem Feuer, damit die Eier sich gut mit der Sauce vermengen, es darf jedoch nicht kochen, dann gebe die gedämpften Brieslen wie auch die abgekochten Klöße gut abgetrocknet dazu und richte alles auf eine tiefe Platte.

380. Kalbsbugstofati mit italienischem Reis.

Von einem schönen Kalbsbug wird der ganze Knochen von unten vorsichtig herausgelöst, daß der obere Theil nicht zerschnitten wird, dann hacke Petersilie, Schalottenzwiebeln, etwas Thymian und Citronenschale und vermenge dies mit etwas Pfeffer und Salz, unter dieses aber menge ¼ Pfund in fingerlange und klein fingerdicke Riemen geschnittenen Speck und stecke diese, sammt den gehackten Kräutern in das Innere des Kalbsbugs, dann rolle den Bug gut auf, umbinde ihn mit Bindfaden und gebe ihn in ein mit Speckbatten belegtes dazu passendes Geschirr, auch Speckbatten darüber; um den Bug lege nun noch Zwiebeln, Gelbrüben, etwas rohen Schinken, Thymian, Salz und die Knochen, welche aus dem Bug geschnitten worden, sodann fülle das Ganze mit einigen großen Suppenlöffeln voll Fleischbrühe auf und lege ein mit Butter bestrichenes Papier darüber; es wird jetzt mit einem mit glühenden Kohlen belegten Deckel zugedeckt und auf schwachem Feuer 3 Stunden langsam gekocht. Nun wird ½ Pfund Reis, wenn er gereinigt, ausgewaschen, ¼ Stunde in Wasser abgekocht, wieder in frischem Wasser abgekühlt und abgetrocknet ist, in einem Geschirr mit ¼ Pfund Butter und einer feingehackten Zwiebel ¼ Stunde langsam gedämpft; dann mit 3 Trinkgläsern voll guter Fleischbrühe, sammt etwas Salz, Muskatnuß und grobem Pfeffer aufgefüllt, wieder unter öfterm Umschütteln ganz eingedämpft bis er weich geworden, aber doch noch ganz ist; vor dem Anrichten werden noch zwei Hände voll geriebener Parmesankäse darunter gerührt, und dieser Reis dann, ist der Kalbsbug aus dem Geschirr genommen, von den Bindfäden befreit und, in fingerbreite Scheiben geschnitten, kranzartig auf die Platte gelegt, in die Mitte gegeben; die Brühe aber, in welcher der Bug gedämpft wurde, wird mit einem Suppenlöffel voll Fleischbrühe aufgefüllt, damit aufgekocht, dann durch ein Sieb getrieben, und das Fett davon abgenommen; hierauf wird die Brühe bis sie dick und gelb geworden eingekocht, und dann über die Bugschnitten und den Reis gegeben.

381. Kalbsbug mit Trüffeln.

Ein schöner Kalbsbug wird wie oben angegeben zubereitet und bis zum Anrichten fertig gemacht, dann wird folgende Sauce bereitet: Es werden 4 — 5 gute Trüffeln in dünne Scheiben geschnitten, und mit einem Ei großen Stück Butter, einem Lorberblatt und einem Trinkglas voll rothem Wein ganz eingekocht, dann gebe 2 Trinkgläser voll gut verkochte weiße Sauce, ein Trinkglas voll guten Consommé, etwas Salz und feinen Pfeffer dazu, lasse die Sauce aufkochen, sodann ¼ Stunde langsam an der Seite des Feuers kochen, nimm auch das Fett gut davon herunter. Ist es Zeit zum Anrichten, dann nehme den Kalbsbug aus dem Geschirr, mache den Bindfaden davon, schneide den Bug in fingerbreite Scheiben und lege diese kranzartig auf die Platte; jetzt gebe einen Suppenlöffel voll Consommé in das Geschirr, in welchem der Bug gelegen, und lasse das darin Befindliche damit aufkochen, gieße es durch ein Sieb und koche es, wenn das Fett davon abgehoben ist, ganz dick zu einer Glace; mit diesem wird der Bug vermittelst eines Pinsels angestrichen und das Uebrige in die Sauce gethan, und in die Mitte angerichtet.

382. Kalbsbug mit Tomatésauce.

Ein schöner Kalbsbug wird auf dieselbe Art bereitet und gedämpft, wie der mit italienischem Reis; statt dem Reis aber eine Sauce auf folgende Art dazu gemacht: 5 — 6 Tomaté oder Liebesäpfel werden, wenn das Wasser davon ausgedrückt ist, in einem dazu passenden Geschirr mit ¼ Pfund Butter, einigen in Scheiben geschnittenen Zwiebeln, etwas in Würfel geschnittenem rohem Schinken, 1 — 2 Knoblauch Zinken und einem Lorberblatt ¼ Stunde auf schwachem Feuer gut abgedämpft, auch öfter darin gerührt, um das Anhängen zu verhindern; dann rühre einen Kochlöffel voll Mehl darunter, fülle es mit 3 Trinkgläsern voll Fleischbrühe auf und rühre es auf dem Feuer untereinander bis es kocht; lasse es nun noch ¼ Stunde langsam kochen und treibe es dann durch ein Haarsieb in ein kleines Geschirr, gebe jetzt noch etwas Salz und Pfeffer und den Saft von einer Citrone dazu und lasse es an der Seite des Feuers einige Minuten langsam kochen. Jetzt wird der Kalbsbug aus dem Geschirr genommen, von dem Bindfaden befreit, dann in fingerdicke Scheiben geschnitten, und kranzartig auf die Platte gelegt. Gebe nun einen Suppenlöffel voll Consommé in das Gefäß, in welchem der Kalbsbug lag, und lasse diese mit dem noch darin Befindlichen aufkochen, treibe dieses, wenn es vom Fett befreit ist, durch ein Sieb und lasse dann diese Brühe zu einer dicken Glace einkochen, und bestreiche dann vermittelst eines Pinsels die Bugstücke, und gebe dann die Tomatésauce heiß in die Mitte.

383. Kalbsbug en Galantine.

Ein schöner Kalbsbug wird von der unteren Seite aufgeschnitten und die Knochen recht sorgfältig ausgelöst, damit die äußere Haut nicht zerrissen wird; auch aus dem Innern des Bugs schneide ungefähr ½ Pfund Fleisch heraus, ohne daß man es seinem Aeußeren ansieht; dieses herausgeschnittene Fleisch und ½ Pfund Speck wird ganz fein wie ein Teig gehackt und mit einem Eßlöffel voll fein gehackten Kräutern, etwas Salz und Muskatnuß, auch fünf Eiergelb unter einander gerührt und dann ¼ Stunde lang fein gestoßen; diese Farce wird nun zur Hälfte auf den ausgebeinten und auseinander gelegten Kalbsbug gestrichen, auf solche aber der vierte Theil einer abgekochten geräucherten Rindszunge, eben so viel Speck und einige Trüffeln, alles in Würfel geschnitten und wohl unter einander gemengt, gegeben, worauf die andere Hälfte der Farce ebenfalls darauf gestrichen wird. Rolle nun den Bug zusammen und binde ihn, mit Speckbatten belegt, in ein feines Tuch, damit er eine längliche Form erhält; lege ihn jetzt in ein dazu passendes Geschirr, auch drei Stück zerhauene Kalbsfüße, die Knochen von dem Kalbsbug, 4 Zwiebeln, einige Petersilie- und Selleriewurzeln, einige gelbe Rüben, 2 Lorberblätter, etwas Thymian, Gewürzsalz, etwas rohen Schinken, eine Bouteille weißen Wein und eine Maas Wasser dazu, bedecke dann das Ganze und lasse es langsam 3 Stunden kochen; dann ziehe den Bug aus dem Geschirr auf ein anderes flaches und lasse ihn eingebunden gut erkalten, die Brühe aber, worin der Bug gekocht hat, lasse durch eine Serviette laufen und koche solche, wenn sie von Fett befreit ist, bis zu 3 Schoppen ein; dann verklopfe ein ganzes Ei sammt der Schale, auch ein Glas Wein dazu, rühre es unter die eingekochte Brühe und lasse es unter fortwährendem Umrühren ein- oder zweimal aufkochen, dann stelle es von dem Feuer und gebe einen Deckel mit glühenden Kohlen darauf, nach einer halben Stunde nehme den Deckel wieder davon, gieße die Aspic durch ein auf einem Stuhl aufgespanntes Tuch, und lasse sie, ist sie durchgelaufen, kalt werden, damit sie fest gestehet, dann nehme den Kalbsbug, wenn er ganz erkaltet ist, aus dem Tuch heraus, mache auch den Speck und Bindfaden davon, schneide ihn in finderdicke Scheiben, richte ihn franzartig auf die Platte und gebe die erkaltete Aspic gehackt darum.

384. Gespickte Kalbsbrust en Bechamelle.

Eine Kalbsbrust von 4—5 Pfund wird von den Brustknochen befreit, aus derselben auch der Wind gedrückt, worauf sie eine halbe Stunde in warmem Wasser ausgewässert wird; lege solche nun in kochendes Wasser, lasse sie eine Viertelstunde kochen und wieder in kaltem Wasser verkühlen; schneide jetzt, wenn sie wieder abgetrocknet ist, das daran herumhängende und nicht bedeckte hautige Fleisch davon, damit sie eine schöne Form erhält und spicke den Kern recht schön und fein; nun gebe in ein dazu passendes Geschirr einige Speckbatten, worauf die Brust gelegt wird, um diese herum aber lege einige in Scheiben geschnittene Zwiebeln, gelbe Rüben, etwas rohen Schinken und etwas Salz, und bedecke das Ganze mit einem mit Butter bestrichenem Papier, fülle auch noch, daß es gerade darüber gehet, gute fette Fleischbrühe und Consommé darauf, decke es mit einem mit glühenden Kohlen belegten Deckel zu, lasse es auf schwachem Feuer 2½ Stunden langsam kochen und begieße öfters mit dem Unteren das Obere. Ist die Brust gut und der Speck schön glasirt, dann ziehe sie auf ein flaches Geschirr heraus, zu dem übrigen aber gebe ein oder zwei Gläser voll Brühe, lasse es aufkochen, dann durch ein Sieb laufen und nehme auch das Fett davon; fängt die Brühe an dick zu werden, so rühre darin, damit sie nicht anhängt, lasse sie auf diese Art ganz dick kochen und lege dann die in zwei Finger breite Portionen geschnittene gespickte Brust auf die Speckseite hinein und stelle sie jetzt heiß. Ist es Zeit zum Anrichten, dann wird sie schön auf die Platte gelegt, zu der übrigen Glace aber 3 Trinkgläser voll leichte Bechamelle (s. Bechamelle) sammt etwas Muskatnuß gegeben, damit aufgekocht und dieses in die Mitte gegeben. (Zu dieser gespickten Kalbsbrust kann auch Sauerampfer-Puré oder auch gemengtes Gemüse, gelbe Rüben und weiße Rüben, in fingergleichlange Zäpflein abgedreht und mit feiner Petersilie gedämpft, auch Brockelspargeln in Buttersauce, oder gedämpfte Champignons, und Brockelerbsen, oder auch glasirte Zwiebel oder Zwiebel-Puré gegeben werden.)

385. Gefüllte Kalbsbrust.

Eine schöne Kalbsbrust wird gut abgetrocknet, der Wind herausgedrückt und die darin befindlichen Knochen heraus gemacht; untergreife sie auch, jedoch sorgfältig, damit sie nirgends aufgerissen wird. Hierauf bereite folgende Farce: ¾ Pfund Kalbfleisch und 1 Pfund Ochsennierenfett, beides ohne Haut, wird fein gehackt und mit einem Eßlöffel voll fein gehackten Schalottenzwiebeln, eben so viel fein gehackter Petersilie, etwas Salz, Pfeffer, Muskatnuß und dem Gelben von 3 Eiern wohl unter einander gemengt und wie ein Teig fein zusammengehackt, dann in die Brust eingefüllt und zugenäht; gebe jetzt in ein dazu passendes Geschirr einige Speckbatten, auf diese die Brust, decke sie wieder mit Speckbatten zu und belege sie mit einem mit Butter bestrichenem Papier; gebe jetzt noch einige in Scheiben geschnittene Zwiebeln, gelbe Rüben, etwas rohen Schinken, eine in Scheiben geschnittene Citrone ohne Kern, etwas Thymian und Petersilie, in

einen Büschel gebunden, etwas Salz und Gewürz, zwei Suppen=
löffel voll fette Brühe, auch so viel Consommé dazu und lasse
sie zugedeckt auf schwachem Feuer 3 Stunden kochen; im Augenblicke
des Anrichtens nehme die Brust heraus, reinige sie gut von allem
dabei Befindlichen, ziehe den Bindfaden heraus und lege sie auf
die Platte; lasse den Saft oder die Brühe, worin die Brust ge=
legen, durch ein Sieb laufen, und wenn das Fett davon genom=
men ist, einkochen, bis sie zu einer dicken Glace geworden ist; mit
diesem wird nun die Brust überstrichen, zu dem übrigen aber ein
Trinkglas voll gute Coulis gegeben und aufgekocht; gebe nun
noch ein halb Ei groß frische Butter darunter, ziehe es mit dem
Löffel auf, bis die Butter zergangen ist und gebe diese Sauce
darüber.

386. Kalbs=Tendons à la poélés.

Eine schöne große Kalbsbrust wird, nachdem sie von dem
Knochen befreit, in warmem Wasser ausgewässert, dann in
kochendem Wasser eine halbe Stunde gekocht und abgeschäumt
und wieder in frischem Wasser erkaltet und gut abgetrocknet ist,
drei Finger breit unter dem Kern abgeschnitten, so daß nur der drei
Finger breite Brustkern bleibt; hierauf wird auch die obere Haut
davon abparirt; schneide nun die Kalbsbrust schräg in 1/2 Finger
dicke Scheiben, in schöner gleicher Form, dann gebe in ein dazu
passendes Geschirr Speckbatten, dann die geschnittenen Tendons
darauf und decke es wieder mit einigen Speckbatten zu; hierauf
gebe Zwiebeln, gelbe Rüben, etwas rohen Schinken, alles in
Scheiben geschnitten, dann auch den Abgang von der Brust, ein
Bouquet Petersilie, nebst etwas Salz, Thymian, eine in Scheiben
geschnittene Citrone ohne Kern, etwas Gewürz und ein Lorber=
blatt darum, fülle es mit 3 Suppenlöffeln voll guter Fleischbrühe
oder so viel, als gerade darüber geht, auf, dann decke es zu und
lasse es 2 1/2 Stunden langsam kochen, bei dem Anrichten ziehe
sie langsam mit dem Löffel heraus und richte sie auf die Platte;
das Poeles aber wird durch ein Sieb gelassen, das Fett davon
genommen, dann der Saft oder die Brühe ganz dick eingekocht,
hierauf ein Kaffeelöffel voll fein gehackte Petersilie, ein Ei groß
Butter und der Saft einer Citrone dazu gegeben, dann mit dem
Löffel gut aufgezogen, bis die Butter verlaufen ist und über die
Tendons gegeben.

NB. Zu einer starken Platte werden zwei Brüste genommen.

387. Tendons de veau à la Chartreuse.

Die Kalbstendons werden wie oben angegeben zubereitet und weich gekocht, dann wird eine Chartreuse auf folgende Art gemacht: Es werden 30 Stück gelbe Rüben schön rund in der Größe eines 6 Kreuzerstücks abgedreht, dann eben so viel weiße Rüben auf gleiche Art ausgestochen, diese werden in Fleischbrühe weich gekocht, doch müssen sie ganz bleiben; auch werden eben so viel kleine geschälte Zwiebeln weich, jedoch ganz, und eine Handvoll Brockelerbsen in Salzwasser abgekocht, nun auch eine Hand voll grüne Bohnen in Salzwasser abgekocht und wieder abgekühlt, endlich werden 8—10 Salatköpfe ganz abgekocht, wieder ausgedrückt und in starker Fleischbrühe kräftig gekocht. Jetzt wird eine dazu passende Form oder eine runde und gleich hohe Kasserolle mit Butter bestrichen und auf den Boden derselben in dünne und gleiche Scheiben geschnittene gelbe Rüben (es werden auch von den abgekochten dazu genommen,) wie ein Lorberkranz herum gelegt, dazwischen dann eine Reihe wie eine Perlenschnur Brockelerbsen, hierauf ein Kranz weiße Rüben auf gleiche Art fest angeschlossen, dann wieder Brockelerbsen, auf dieselbe Art, dann ein Kranz von den Zwiebeln, dann gelbe Rüben, und so fortgefahren, bis der Boden ausgefüllt ist; an den Seiten herum wird eine Lage von gelben Rüben, dann eine von weißen Rüben und nun eine von grünen Bohnen fingerhoch gelegt, bis der Rand ganz angeschlossen ist; jetzt wird der in Hälften geschnittene Kopfsalat so hoch als der Rand eingelegt, dann die Kalbstendons, welche vorher schon herausgezogen und in ihrer Glace umgewendet wurden, über den Kopfsalat aufrecht am Rand herumgestellt und dann der Rest des Kopfsalats und die noch übrigen Gemüse eingefüllt, so daß die Form fest eingedrückt voll ist. Dann nehme den Saft, in welchem die Gemüse gekocht wurden, gieße ihn durch ein Sieb und koche ihn mit dem Saft, in welchem die Tendons lagen, ganz dick ein, gieße die Hälfte davon auf das Gemüse und stelle es recht heiß; ist es Zeit zum Anrichten, dann stürze es auf die Platte, lasse die Form noch einige Minuten darauf und stelle es recht heiß; dann hebe die Form herunter und gebe den noch übrigen Saft sammt etwas Coulis oder gut verkochter weißer Sauce, ungefähr ein Trinkglas voll, sammt einem Ei groß Butter dazu, ziehe es mit dem Löffel auf dem Feuer auf und gebe es über das Gemüse.

388. Tendons de veau en terrine.

Die Kalbstendons werden wie die à la poelés zubereitet, nur werden sie, statt in dem Poeles gekocht, in einem dazu passenden Geschirr mit ½ Pfund Butter, einem Büschel zusammen gebundener Petersilie und 3 Zwiebeln, mit 2 Gewürznägelein gespickt, einige Minuten auf schwachem Feuer gedämpft, dann zwei Hände voll gereinigte Champignons dazu gegeben und abermals gedämpft; nun werden vier Kochlöffel voll Mehl darunter geschüttet und das Ganze mit drei Schoppen guter Fleischbrühe nach und nach aufgefüllt, dieses wird dann etwas umgerührt und aufgekocht, auch noch etwas Salz und grober Pfeffer dazu gegeben, worauf man es auf schwachem Feuer 2½ Stunden langsam kochen läßt. Unterdessen wird in ein passendes Geschirr schön garnirt eingelegt: 4 Stück Kalbsbrieslen, einige Artischokenböden, eine Hand voll Hahnenkämme, Kalbsnieren, alles dieses in Butter gedämpft, 12 Stück nußgroße und in Salzwasser abgekochte Kalbfleischklöße (s. Farce oder Klöße von Kalbfleisch), die Tendons und Champignons, wenn sie gut sind, werden jetzt dazu gethan, die Sauce aber wird durch ein Sieb gelassen und noch etwas an der Seite des Feuers gekocht, damit das Fett davon abgenommen werden kann, dann das Gelbe von 5 Eiern sammt etwas Muskatnuß und grobem Pfeffer, auch ein halbes Glas weißer Wein dazu gegeben, dieses unter die Sauce gemengt, gut über dem Feuer aufgezogen, ohne daß es kocht, dann über das bereitete Ragout gegeben, endlich die Kalbfleischklöße gut heiß und abgetrocknet dazu gelegt, etwas leicht umgerüttelt und in eine Terrine angerichtet.

389. Kari de tandon de veau à française.

Die wie oben angegeben bereiteten Kalbstendons werden in einem dazu passenden Geschirr nebst ¾ Pfund Butter, ½ Eßlöffel voll fein gestoßenem indianischem Safran, 1 Pfund gut unterwachsenem Halbspeck, welcher in halbfingerdicke und zwei Fingergleich lange Würfel geschnitten wird, und einer Messerspitze voll Piement, einige Minuten gedämpft und gut untereinander geschüttelt; dann 4 Kochlöffel voll Mehl dazu gegeben, und eine Minute gut damit gedämpft, aber nur auf schwachem Kohlenfeuer, hierauf mit einer Maaß Fleischbrühe oder Wasser aufgefüllt, auf dem Feuer gut untereinander gerüttelt, damit es keine Knollen bekommt und gut aufgekocht; dann gebe noch zwei

Hände voll gereinigter Champignons und einige Zwiebeln mit zwei Gewürznägelein gespickt, 1 Lorberblatt und etwas Salz hinzu, lasse es auf schwachem Feuer kochen, bis das Fleisch ¾ weich ist, dann gebe 6 — 8 Artischokenböden, eine Hand voll kleine Zwiebeln, welche vorher in Butter etwas gedämpft worden sind, dazu, und lasse sie mitkochen, bis das Fleisch ganz gut ist; auch darf dieses Ragout nicht von dem Fett befreit werden. Vor dem Anrichten nehme die mit Gewürznägelein gespickten Zwiebeln und das Lorberblatt davon heraus und richte dieses Ragout in eine Suppenterrine oder sonst in eine tiefe Schüssel an, weil dasselbe viel Sauce hat. Ein dicker Reis wird auf folgende Art dazu bereitet: 1 Pfund Reis wird sechsmal ausgewaschen und jedesmal auf dem Feuer etliche Minuten heiß gemacht, nach diesem 10 Minuten gekocht, dann wieder in kaltem Wasser abgekühlt und auf einem Haarsieb gut abgetrocknet; hierauf ein für den Reis passendes Geschirr gut mit Butter bestrichen, dann unter den Reis ¼ Pfund Butter warm gemacht, der Reis sammt etwas feinem Salz, Pfeffer und Muskatnuß gut darunter gemengt und in das mit Butter bestrichene Geschirr oder die Form eingefüllt, so daß es ganz voll wird, hierauf einen Deckel darauf gethan und 1 Stunde in einen heißen Backofen oder auf glühende Asche gestellt, mit einem mit glühenden Kohlen belegten Deckel zugedeckt und 1 Stunde langsam backen lassen, damit es von allen Seiten etwas Farbe erhält, bei dem Anrichten auf einen Teller gestürzt und mit dem Ragout servirt.

390. Kalbsrippe à la Drue.

Zu einer Platte sind sechs Pfund Rippen erforderlich, von welchen das obere Bugblatt oder die obere Haut und der Rückgratknochen abgeschnitten wird. Diese schneide dann in schöne dicke Rippentheile soviel als Rippenbeinchen daran sind (sollten aber die Rippen nicht stark genug seyn, so schneide zwei Beinchen zu einer Rippe) und klopfe es mit dem flachen Theile des Messers ein wenig platt. Sind alle auf diese Art bereitet, dann schneide Federkiel dicke und stark Fingergleich lange Speckstückchen, auch auf diese Art rohen Schinken, dann menge etwas feingehackte Kräuter, sammt etwas Pfeffer und Salz darunter. Spicke dann die Rippen ganz voll mit diesen Stückchen, melirt durch, damit auf beiden Seiten der Speck und Schinken fingerbreitdick durchgeht. Wenn alle auf diese Art gespickt sind, dann gebe in ein dazu passendes Geschirr ¼ Pfund Butter, einige in Scheiben geschnittene Zwiebeln, Gelberüben, etwas in Würfel geschnittener roher Schinken, etwas Thymian, Lorberblatt, etwas Salz und ganzen Pfeffer und das übrig Gebliebene von dem geschnittenen Speck und Schinken, und lasse es ¼ Stunde dämpfen, dann gebe 6 Trinkgläser voll gute Brühe, auch 1 Trinkglas voll Consommé oder gute jus dazu, und lasse es miteinander aufkochen; hierauf lege die gespickten Kalbsrippen neben einander darein, auch den Abgang der Rippen dazu, bedecke es mit Speckbatten, lege ein Papier darüber und lasse es zugedeckt 1 Stunde auf schwacher Glut kochen; dann ziehe die Rippenstückchen aus dem Gefäß heraus auf ein Geschirr und lasse sie gut verkühlen; dann werden sie in schöner Form aparirt, nämlich so hergerichtet: das auf beiden Seiten der Rippen hervorstehende Gespickte wird hart am Fleische abgeschnitten, worauf dann dieselben wie marmorirt aussehen, ferner wird am vorderen Theil des Beinchens fingergleich lang das Fleisch rund abgeschnitten; sodann wird die Brühe, worin die Rippen waren, gut durch ein Sieb gegossen, das Fett davon genommen, der Saft aber ganz dick eingekocht, damit es eine schöne gelbe Glace wird, dann die aparirten Rippen darein gelegt und heiß gestellt; nach diesem werden 3 — 4 geschälte Trüffeln in dünne Blättchen geschnitten, mit einem Ei groß Butter sammt einem Kaffelöffel voll feingehackter Petersilie, und eben soviel gehackten Schalottenzwiebeln einige Minuten gut gedämpft, dann ein Trinkglas rother Wein dazu gegeben und wieder gut damit eingekocht. Ist es Zeit zum Anrichten, dann gebe die Rippen kranzartig oder auch wie ein Stern nebeneinander auf die Platte dazu, die bereiteten Trüffeln in die Glacee, worin die Rippen lagen, rüttle sie gut auf dem Feuer herum und gebe sie über die angerichteten Rippen.

391. Gespickte Kalbsrippen.

Die Rippen werden wie die Obigen zubereitet und geschnitten, nur werden sie auf folgende Art gespickt: Es wird feiner Speck zum Spicken der Rippen geschnitten, und dieselben auf einer Seite fein perlenartig gespickt, (man kann, damit das Gespickte gleich groß wird und schön perlenartig scheint, mit der Scheere die Speckspitzen etwas gleich schneiden); dann gebe in ein dazu passendes Geschirr Speckbatten, einige in Scheiben geschnittene Zwiebeln und Gelberüben, ein Stückchen in Würfel geschnittenen

rohen Schinken, ein Lorberblatt und Salz, auch den Abgang der
Rippen dazu, dann die gespickten Kalbsrippen darauf; hierauf lege
ein mit Butter bestrichenes Papier darauf, gebe 6 Trinkgläser voll
gute Consommé darüber und lasse es aufkochen; dann decke einen
Deckel mit glühenden Kohlen darauf, stelle es auf schwaches Feuer
und lasse es 1½ Stunden langsam kochen, dann ziehe sie schön
aus der Brühe heraus auf einen Deckel, gieße die Brühe durch
ein Sieb, nehme das Fett davon und koche den Saft gut ein,
bis er zu einer dicken gelben Glace geworden. Hierauf lege die
Rippen auf die gespickte Seite hinein, lasse sie bis zu dem Anrichten heiß stehen, dann richte sie franzartig auf die Platte, gebe in
die Mitte ein gutes Bechamell, Brockelerbsen- oder Endivien-
gemüse, oder auch eine Trüffel- oder Tomatésauce.

392. Kalbsrippen à la Santé mit Sauce d'olive.

5—6 Pfund schöne Kalbsrippen werden wie die Obigen zubereitet und rings herum die Haut gut abparirt; sie werden jedoch nicht gespickt, sondern, wenn sie etwas mit dem flachen Messer
breit geklopft sind, auf ein flaches Geschirr, worin ¼ Pfd. Butter klar gemacht ist, neben einander gelegt, dann gebe darüber
etwas feines Salz und geriebene Muskatnuß, sodann streue auch
einen Eßlöffel voll fein gehackte Petersilie darüber. Eine Viertelstunde vor dem Anrichten werden sie auf starkes Kohlenfeuer gesetzt und schnell gebraten, bis sie etwas gelbe Farbe erhalten
haben, dann umgewendet, worauf man sie wieder schnell gelbe
Farbe nehmen läßt; richte sie jetzt franzartig auf die Platte, gebe
dann auf das Blech, auf welchem die Rippen gebraten wurden,
eine Hand voll in Scheiben geschnittene grüne Oliven, lasse sie
einen Augenblick auf dem Blech dämpfen, dann gebe 2 Trinkgläser voll gutes Coulis (s. Coulis), ½ Trinkglas voll weißen
Wein und eben so viel Consommé dazu, lasse es schnell mit einander zur Hälfte einkochen und gebe es dann in die Mitte der
Rippen.

393. Kalbsrippen auf Wiener Art.

5—6 Pfund schöne Kalbsrippen werden wie die Obigen bereitet, die Rippen aber etwas dünner geschnitten und mit dem
scharfen Theil des Messers etwas gehäckelt, dann von allen Seiten gut mit feinem Salz und Muskatnuß bestreut; hierauf wird
klare Butter gemacht, dann die Rippen darin umgewendet; hier-

auf werden sie in fein geriebenem Weißbrod umgewendet und dieses gut angedrückt. Das Umwenden und Andrücken wird nun noch zweimal wiederholt und nun auf ein flaches Geschirr Speckbatten, auf diese aber die zubereiteten Rippen schön nebeneinander gelegt, auf jede der Rippen auch noch etwas Butter gegossen, dann wieder eine jede besonders mit einer so großen Speckbatte in der Form wie die Rippen sind, belegt; bringe sie jetzt in einen Backofen und lasse sie schöne gelbe Farbe nehmen, in einer halben Stunde sind sie gut, worauf sie sammt den oberen Speckbatten schön auf die Platte gerichtet werden. Bereite nun noch folgende Sauce: 2 Eßlöffel voll fein gehackte Schalottenzwiebeln werden mit 2 Trinkgläsern voll guter Coulis (s. Coulis) und einem Glas guter Consommé, etwas Salz und feinem Pfeffer gut bis zur Hälfte eingekocht, dann bei dem Anrichten 3 Eßlöffel voll Senf darunter gut verrührt, darf aber, wenn der Senft darunter ist, nicht mehr kochen; dieses wird dann unter die Rippen gegeben.

394. Kalbsrippen en Papillote.

5—6 Pfund schöne Kalbsrippen werden wie die obigen bereitet und mit feinem Salz und Muskatnuß bestreut, dann auf ein flaches Geschirr, in welchem sich ¼ Pfund klare Butter befindet, neben einander gelegt und von beiden Seiten, bis sie etwas gelb sind, schnell gebraten und wieder gut verkühlt, dann werden Kräuter auf dieselbe Art, wie bei der Rindszunge en Papillote (s. Rindszunge en Papillote) zubereitet und auch auf dieselbe Weise verfertigt und gebraten.

395. Ratro von Kalbfleisch.

Schneide von einem Kalbsschlägel die innere Schale heraus und die dicke Haut davon, so daß nur das reine Fleisch zu sehen ist; dann schneide das Stück in fingerdicke Scheiben der Länge nach durch, auch die zweite Schale von dem Kalbsschlägel, welchen man das Gänslein nennt, wird, wenn eine nicht reicht, dazu genommen und die Haut davon und dann in eben solche Scheiben wie die erstere geschnitten. Hierauf wird jede Schnitte in Wasser getaucht oder naß gemacht und mit dem flachen Theil des großen Messers etwas platt geklopft, dann ein jeder Theil mit dem Messer etwas aparirt und allen eine gleiche Form gegeben, ungefähr wie ein Cotelette; nun werden sie alle mit feinem Speck sehr schön und voll gespickt und in ein mit Speckbatten belegtes dazu passendes

Geschirr gelegt, auch einige Zwiebeln mit zwei Gewürznägelein gespickt, etwas in Würfel geschnittener roher Schinken und zwei gelbe Rüben darum gelegt; darüber aber gebe ½ Pfund klar gemachte Butter, 8 Gläser voll gute Consommé und etwas Salz, lasse es aufkochen und bedecke es dann mit einem mit glühenden Kohlen belegten Deckel und lasse es langsam auf schwachem Feuer kochen, gieße auch öfters von dem Unteren oben darauf; ist es oben und unten schön braungelb glasirt, was in etwa 1½ Stunden geschieht, dann ist es gut; sie werden hierauf auf die Platte gerichtet, so daß der spitze Theil in die Mitte der Platte zu liegen kommt, auch zwischen ein jedes eine dünne in Schmalz gelb ausgebackene Weißbrodschnitte oder Crouton, in der Form wie die Ratro geschnitten, gelegt, und in die Mitte der Ratro zwei Hände voll kleine Zwiebel, gut in Butter gedämpft, gelegt; dann gebe zu jenem, in welchem die Ratro gedämpft haben, 2 Trinkgläser voll Consommé oder Fleischbrühe, lasse es gut damit loskochen, seie es durch ein Sieb, nehme auch das Fett davon und gebe den Saft, ist er zur Hälfte eingekocht, darüber.

396. Sautée de veau au vins Champagne.

Von der inneren Schale des Kalbschlägels, wenn die darauf befindliche Haut abgeschnitten ist, werden Finger lange, zwei Finger breite und doppelt Messerrücken dicke Scheiben geschnitten, diese mit dem Heft des Messers etwas glatt geklopft und in gleicher Form etwas mit dem Messer abparirt und die obere Hälfte schön fein gespickt; dann gebe auf ein flaches niederes Geschirr ¼ Pfund klar gemachte Butter, lege die gespickten Scheibchen, in dieser Butter umgewendet, neben einander, doch so, daß die gespickte Seite oben ist, bestreue es gut mit feinem Salz und reibe auch Muskatnuß darüber; eine Viertelstunde vor dem Anrichten werden sie auf starkes Kohlenfeuer gesetzt und schnell gebraten, bis sie gut angezogen und gelbe Farbe erhalten haben, dann umgewendet und auch wieder schnell gebraten, das Ganze muß in zwei Minuten auf beiden Seiten gebraten seyn und die gespickte Seite darf keine Farbe erhalten. Ist dieses geschehen, dann wird das Gespickte mit einem Pinsel etwas glasirt, hat man keine Glace, so wird vorher der Abgang von der Kalbsschale mit einem rohen Stück in Würfel geschnittenen Schinken, einigen in Scheiben geschnittenen Zwiebeln und einigen gelben Rüben mit etwas Butter gedämpft, bis es braungelbe Farbe von allen Seiten erhalten hat, dann mit

½ Maas guter Fleischbrühe aufgefüllt und 2 Stunden langsam verkocht; dieses wird dann durch ein Tuch geseihet und gut eingekocht, bis es ganz dick geworden ist, dann die gespickten Filets damit glasirt, auch werden von Weißbrod Schnitten in der Form wie die gespickten Filets geschnitten und auch mit derselben Glace überstrichen, in Schmalz gelb ausgebacken und zwischen die Filets gegeben. Gieße nun die Butter, in welcher die Filets gebraten wurden, gut ab, gebe die noch übrige Glace in das Geschirr und zwei Gläser Champagnerwein und ein Glas Coulis sammt einem Ei groß frischer Butter dazu, lasse es schnell bis zur Hälfte unter fortwährendem Rühren einkochen und richte es dann über die Filets an.

397. Italienische Sautée von Kalbfleisch.

Von einer Kalbsschale schneide Haut und Knochen, dann das Fleisch in kleine Würfel und hacke es fein wie Teig, dann zerschabe ½ Pfund Speck und hacke es auch fein darunter, menge auch einen Eßlöffel voll fein gehackte Petersilie und eben so viel fein gehackte Schalottenzwiebeln darunter und stoße das Ganze nochmals wohl unter einander, dann formire cotelettartige runde und fingerdicke Rippen in der Größe eines Kaffeebechers daraus, streiche sie schön mit dem Messer glatt, damit sie eine gleiche und schöne Form erhalten, dann gebe auf ein flaches Geschirr ½ Pfd. klar gemachte Butter, lege die Stücke, wohl in der Butter umgewendet, nebeneinander auf, bestreue sie recht gut mit Pfeffersalz und belege sie mit einem mit Butter bestrichenen Papier; ¼ Stunde vor dem Anrichten werden sie auf starkes Feuer gesetzt und schnell gebraten, sie dürfen jedoch keine Farbe erhalten, haben sie auf einer Seite gut angezogen, dann wird das Papier herunter genommen, die Stücke werden umgewendet und auch auf der andern Seite auf solche Art schnell gebraten, dann auf die Platte kranzartig angerichtet und folgende Sauce darüber gegeben: 3 Trinkgläser voll gute Coulis (s. Coulis), ein Trinkglas gute Consommé, ein Glas weißer Wein und etwas Salz und Pfeffer wird gut bis zur Hälfte eingekocht und das Fett davon genommen, dann zwei Hände voll gute grüne Oliven, in Scheiben geschnitten, in die Sauce gegeben, noch einige Minuten damit an der Seite des Feuers gekocht, hierauf über die Sautée gegeben.

398. Sautée von Kalbfleisch mit feinen Kräutern.

Eine von Knochen und Haut befreite Kalbsschale wird in stark messerrückendicke Blättchen in der Größe eines Thalers geschnitten, etwas mit dem flachen Theil des Messers glatt geklopft und ringsherum schön egal geschnitten; diese Stückchen werden nun auf ein flaches Geschirr neben einander gelegt und ein halbes Pfund klar gemachte Butter darüber gegeben, mit fein gehackter Petersilie und Schalottenzwiebeln bestreut, auch etwas feiner Pfeffer und Salz darüber gegeben; eine Viertelstunde vor dem Anrichten läßt man sie auf starker Gluth schnell recht heiß anziehen, wendet sie dann um und läßt sie nochmals anziehen, damit sie weiß bleiben; sind sie gut, dann lasse die Butter davon ablaufen, gebe in ein besonderes Geschirr 4 Trinkgläser voll gute weiße Sauce und 1 Trinkglas voll Consommé und lasse dieß zur Hälfte einkochen, dann rühre das Gelbe von zwei Eiern gut darunter, ohne daß es kocht, winde die Sauce durch ein Haartuch über die Sautée, rüttle es über dem Feuer gut unter einander, daß es sich mit einander vermengt und richte es dann schön kranzartig auf die Platte, die Sauce aber gebe, wenn sie im Salz gut ist, darüber.

399. Gewöhnliche Kalbsschale.

Eine Kalbsschale von 5—6 Pfund, auf welcher das Euter liegt, wird recht gut ausgebeint, dann zwischen einem Tuch mit dem flachen Theil des Hackmessers gut geklopft; hierauf wird fingerlanger und halb fingerdicker Speck, so wie auch roher Schinken geschnitten, und dieser mit einem Eßlöffel voll fein gehackter Petersilie, eben so viel feingehackten Schalottenzwiebeln, 2 Lorberblättern, ebenfalls fein gehackt, auch etwas Thymian, Pfeffer und Salz wohl vermengt und in die Kalbsschale inwendig eingespickt, doch so, daß der Speck nicht durchgeht; jetzt wird die Schale gut mit einer Packnadel und Bindfaden zu einem schönen Ballen rund zusammen genäht, in ein dazu passendes Geschirr ¼ Pfd. Butter gegeben und die Schale darauf gelegt, dann gebe einige Zwiebeln mit 2 Gewürznägelein gespickt, auch einige gelbe Rüben, etwas in Stücke geschnittenen rohen Schinken und ein Lorberblatt darum, fülle es auch mit 4 Gläsern Consommé oder guter Fleischbrühe und Salz auf, darüber aber lege ein mit Butter bestrichenes Papier. Bedecke es nun mit einem mit glühenden Kohlen belegten Deckel und lasse es auf schwacher Glut 2 Stunden langsam kochen;

bei dem Anrichten nehme die Schale heraus, mache den Bindfaden davon und lege sie auf die Platte, gebe noch ein Glas Fleischbrühe in das Geschirr, in welchem das Fleisch gedämpft hat und koche sie mit dem darin Befindlichen auf, lasse es dann durch ein Sieb laufen und nehme das Fett davon, den Saft aber koche ein, bis er zu einer braungelben Glace geworden ist und gieße ihn dann über die Kalbsschale. Gebe nun nach Belieben eine Tomatésauce, eine Kappernsauce, auch gehackte Endivien mit Rahm gekocht oder ein gutes Bechamell, auch Brockelspargeln mit Buttersauce oder Kartoffelbrei darunter.

400. Etauffée von Nierenbraten à la Perigot.

Ein Nierenbraten von 4—5 Pfund wird mit einem Tuch abgerieben und von den Knochen befreit oder ausgebeint; dann werden 2 Eßlöffel voll fein gehackte Schalottenzwiebeln, eben so viel fein gehackte Petersilie, auch 4 Stück Trüffeln, in Würfel geschnitten, ¼ Pfund in Würfel geschnittener roher Schinken, ¼ Pfund fein geschabener Speck, ¼ Trinkglas voll Provenceröl, etwas grober Pfeffer, ein Lorberblatt, fein gehackt, und etwas Salz einige Minuten mit einander gedämpft; nun wird eine halbe Ganzleber zerschaben und unter die gedämpften Kräuter, wenn sie wieder erkaltet sind, gerührt, dann auch das Gelbe von 3 Eiern sammt ¼ Glas Arac gut dazu gerührt; jetzt lege den ausgebeinten Nierenbraten aus einander, bestreue ihn inwendig mit Gewürzsalz und streiche dann die bereiteten Kräuter gut darein; rolle nun den Nierenbraten schön auf, nähe ihn mit Bindfaden von allen Seiten zusammen und binde auch Speckbatten um denselben herum, dann lege ihn in ein dazu passendes Geschirr, in welches vorher ½ Pfund klare Butter gelegt wurde, gebe darum einige Zwiebeln mit 2 Gewürznägelein gespickt, auch einige gelbe Rüben, etwas in Würfel geschnittenen rohen Schinken, etwas Pfeffer und Salz und bedecke ihn mit einem mit glühenden Kohlen belegten Deckel, darauf stelle ihn auf schwache Glut, lasse ihn 3 Stunden unter öfterem Umwenden langsam dämpfen, damit er von allen Seiten schöne Farbe nehmen kann; ist er gut, dann wird er aus dem Geschirr gethan, auf eine Platte gelegt, zu dem aber, worin er gedämpft worden, werden 3 Gläser voll Consommé gegeben und dieses nun mit einander aufgekocht; man gießt es dann durch ein Sieb, nimmt das Fett davon, kocht den Saft zu einer dicken Glace ein und streicht diese über den Nierenbraten, die übrige

Glace wird nochmals mit etwas Consommé aufgekocht und heiß darunter gegeben. Dieser Braten wird nach der Suppe gegeben, oder auch als Braten, jedoch wird er dazu, wenn er erkaltet und glasirt ist, in fingerdicke Scheiben geschnitten, auf eine Platte schön angerichtet und eine gehackte Aspic (f. Aspic) darum gegeben.

401. Blanquet von Kalbfleisch.

Von einer gebratenen 4 — 5 Pfund schweren Kalbsschale wird, wenn sie erkaltet ist, die dicke Haut geschnitten, so daß nur das weiße und feste Fleisch bleibt, dann wird das Fleisch in zwei fingerbreite und zwei fingerhohe Stücke geschnitten; diese Stücke auch, durch Abschneiden der scharfen Ecken schön abgerundet. Diese Stücke werden dann in dünne Blättchen in der Größe eines Dreibätzners geschnitten, in ein dazu passendes Geschirr gelegt und folgende Sauce dazu gemacht: Etwas in Würfel geschnittener roher Schinken, $\frac{1}{2}$ Pfund auf gleiche Art geschnittenes rohes Kalbfleisch, einige kleine Zwiebeln und eine Hand voll gereinigte Champignons werden mit $\frac{1}{4}$ Pfund Butter einige Minuten langsam gedämpft, dann ein Kochlöffel voll Mehl darunter gerührt und mit 4 Trinkgläsern voll guter Fleischbrühe aufgefüllt, darin gerührt bis es kocht, sodann auf schwachem Feuer 1 Stunde langsam gekocht; gebe nun auch ein Bouquet von Petersilie dazu und den Abgang von dem gebratenen Fleisch; nach einer Stunde treibe die Sauce durch ein Haartuch oder Sieb und gebe dann ein Trinkglas voll weißen Wein und etwas Salz dazu, lasse sie unter öfterm Umrühren damit sie nicht anhängt, bis zur Hälfte einkochen, dann verrühre das Gelbe von 4 Eiern sammt dem Saft einer halben Citrone, mit einem Eßlöffel kalter Brühe, gebe dazu ein halb Ei groß gute Butter und rühre es recht heiß, ohne daß es jedoch kocht, unter die Sauce, bis die Butter sich damit vermengt hat, dann reibe etwas Muskatnuß über das geschnittene Fleisch, winde die Sauce durch ein Haartuch darüber und stelle es in ein mit kochendem Wasser angefülltes Gefäß, damit es bis zum Anrichten heiß bleibt. Ist es Zeit zum Anrichten, dann gebe es auf eine tiefe Platte und lege so viel als nöthig fünf Minuten-Eier (f. fünf Minuten-Eier bei den verschiedenen Garnituren) darum, welche vorher in warmem Wasser gelegen, und wieder auf einer Serviette gut abgetrocknet wurden.

402. Kleine Pupitons von Kalbfleisch.

Zwei Pfund Kalbfleisch ohne Haut und Sehnen wird fein wie Teig gehackt, alsdann ½ Pfund Ochsennierenfett ohne Haut klein gewürfelt darunter geschnitten; dann werden auch zwei Hände voll fein gehackte Zwiebeln in ¼ Pfund Butter ¼ Stunde gedämpft und ein Eßlöffel voll Mehl gut darunter gerührt und mit zwei Trinkgläsern voll Milch aufgefüllt, dann gut verrührt bis es kocht; lasse es ¼ Stunde unter öfterem Umrühren gut verkochen; ist es nun wie ein ganz dicker Brei verkocht, dann rühre recht heiß das Gelbe von 6 Eiern, etwas groben Pfeffer, Muskatnuß und Salz wohl vermengt darunter und lasse es verkühlen, nach diesem wird das gehackte Fleisch sammt dem geschnittenen Nierenfett recht gut darunter verrührt und wohl vermengt, habe dabei Acht, daß es gut im Salz ist. Nun werden kleine glatte Förmchen mit Butter gut ausgestrichen und mit ganz dünnen Speckbatten durchaus belegt, dann solche mit dieser Masse ganz voll und fest eingefüllt; stelle nun diese Förmchen in ein flaches mit heißem Wasser gefülltes Geschirr und lasse sie in einem heißen Ofen eine Stunde backen, bis sie gut sind und oben gelbe Farbe erhalten haben; hierauf werden sie aus den Förmchen gestürzt, auf die Platte gelegt und folgende Sauce darüber gegeben: zwei Eßlöffel voll fein gehackte Schalottenzwiebel, eben so viel fein gehackte Petersilie und etwas grober Pfeffer, ein Lorberblatt und Salz werden mit einem Trinkglas voll weißem Wein und einem Eßlöffel voll Essig eingekocht, dann gebe zwei Trinkgläser voll gute Coulis und ein Glas Consommé dazu, lasse alles an der Seite des Feuers bis zur Hälfte einkochen und gebe es über die Pupitons.

403. Klöße à la Richelieu.

Dazu nehme 2 Pfund Kalbfleisch ohne Haut und Sehnen, schneide es klein gewürfelt und hacke es fein wie Teig, treibe es hierauf durch ein Drathsieb und stoße es nochmals mit zwei Ei groß Butter recht fein zusammen, dann gebe auch ¼ Pfund in Wasser eingeweichtes und wieder ausgedrücktes Weißbrod dazu und stoße dies abermals alles ¼ Stunde mit einander, dann gebe auch das Gelbe von fünf Eiern, etwas feines Salz und Muskatnuß dazu und stoße es auch mit diesem wieder eine Minute unter einander; nehme jetzt die Farce aus dem Mörser und menge 4 Stück in kleine Würfel geschnittene Trüffeln, auch eine halbe Hand voll gesalzene, abgekochte und in Würfel geschnittene Rindszunge darunter; lege jetzt die Farce auf den mit Mehl bestreuten Tisch, walze mit der flachen Hand aus dem Ganzen 4 Stück fingerlange Würste, lege sie ½ Stunde vor dem Anrichten in kochende und gesalzene Fleischbrühe und lasse sie langsam kochen, bis sie gut sind, dann ziehe sie vorsichtig auf ein Tuch, damit sie abtrocknen und lege sie dann auf die Platte; nun schneide einige Trüffeln hahnenkammartig in dünne Blättchen und stecke solche auf die Würste in schöner Ordnung, doch so, daß zwischen je zwei Trüffelscheibchen ein Krebsschwanz gelegt wird. Es wird nun noch folgende Sauce darüber gegeben: etwas Kalbfleisch und roher Schinken wird in kleine Scheiben geschnitten und mit einigen Zwiebeln, gelben Rüben und ¼ Pfund Butter eine Viertelstunde gedämpft, damit es eine blonde Farbe erhält, verrühre dieß wohl mit einem Kochlöffel voll Mehl und fülle es mit 3 Trinkgläsern voll Fleischbrühe auf, rühre noch weiter darin, bis es kocht und gebe dann noch etwas Salz, eine Hand voll gereinigte Champignons und 12 gereinigte und abgebrühte Hahnenkämme dazu, lasse es nun auf schwachem Feuer ¾ Stunden langsam kochen, ziehe dann die Champignons und die Hahnenkämme heraus und lege sie, von dem Anhängenden befreit, in ein besonderes Geschirr, auch mehrere Krebsschwänze und ein Kaffeelöffel voll fein gehackte Petersilie dazu; die Sauce wird jetzt durch ein Haartuch über das kleine Ragout gewunden und das Gelbe von 2 Eiern sammt einer nußgroß frischer Butter, etwas Salz und Muskatnuß darunter gerührt, dann über dem Feuer unter einander gerüttelt, bis sich die Butter mit der Sauce gehörig vermengt hat, sie darf aber ja nicht mehr kochen.

404. Kalbsbrieslen à la Conté.

6—8 Stück große schöne Kalbsbrieslen werden ½ Stunde gut ausgewässert, dann ¼ Stunde abgekocht und das daran Herumhängende davon abparirt, so daß die Brieslen in der Form wie ein Ei aussehen; dann werden sie mit einem Stückchen Butter, etwas Citronensaft, etwas Salz und Muskatnuß einige Minuten gedämpft, doch müssen sie weiß bleiben; lasse sie hierauf verkühlen und bereite eine feine Farce von Kalbfleisch auf folgende Art: ½ Pfund Kalbfleisch ohne Haut und Sehnen wird wie ein Teig fein gehackt, dann durch ein Drathsieb getrieben und mit einem Ei groß Butter fein gestoßen, auch ein in Wasser eingeweichter und wieder ausgedrückter Kreuzerweck darunter gestoßen; dann gebe das Gelbe von 3 Eiern, etwas Salz und Muskatnuß dazu und stoße alles nochmals ¼ Stunde gut unter einander; nun nehme es aus dem Mörser heraus und umstreiche die Brieslen, wenn sie abgetrocknet sind, federkieldick mit der Farce und gebe ihnen eine schöne glatte Form; lege sie hierauf neben einander auf einen Deckel und bestreiche sie mit verrührtem Eiergelb, worunter etwas zerlassene Butter gerührt wurde; jetzt koche ein halbes Pfund Makaroni in Salzwasser ab, jedoch nicht zu weich, und schneide sie, sind sie erkaltet und abgetrocknet, in erbsengroße Stückchen, lege sie fest neben einander auf die Brieslen und drücke sie wohl an; sind alle auf solche Art zubereitet, dann wird ein dazu passendes Geschirr mit dünnen Speckbatten belegt, die Brieslen sorgfältig neben einander darauf gesetzt, etwas Salz und geriebene Muskatnuß darauf gethan und mit Speckbattten zugedeckt; gebe nun noch ein mit Butter bestrichenes Papier darauf. Eine Stunde vor dem Anrichten gebe 3 Trinkgläser voll Consommé oder gute Fleischbrühe und ein Stückchen Butter dazu und lasse es aufkochen; bedecke es jetzt mit einem mit glühenden Kohlen belegten Deckel und lasse es auf schwachem Kohlenfeuer eine halbe Stunde langsam kochen, dann nehme das Papier und den Speck davon, lege sie sorgfältig auf einen Deckel heraus und richte sie wie ein Kranz auf die Platte, in die Mitte aber gebe Folgendes: Die noch übrigen abgekochten Makaroni werden auf gleiche Art wie die zu den Brieslen klein geschnitten, dann mit ¼ Pfund zergangener Butter, etwas grobem Pfeffer und Salz einige Minuten auf heißer Asche gedämpft; hierauf gebe zwei Trinkgläser voll gute kräftige Coulis (s. Coulis) dazu, lasse sie einigemal damit aufkochen, gebe dann noch eine Hand voll geriebenen Parmesankäse darunter und rüttle es über dem Feuer wohl untereinander.

405. Melirtes Ragout von Brieslen à la Henri IV.

6—8 schöne große Brieslen werden ½ Stunde ausgewässert, dann ¼ Stunde abgekocht und in frischem Wasser verkühlt; hierauf werden sie alle auf ein reines Tuch gelegt, mit demselben zugedeckt und dann ½ Stunde lang beschwert; jetzt werden sie recht fein gespickt und wenn sie alle gespickt sind, die ungleichen Speckspitzen mit der Scheere abgeschnitten, damit die Brieslen ein perlenartiges Ansehen bekommen. Gebe nun in ein dazu passendes

Geschirr einige kleine Zwiebeln, etwas in Würfel geschnittenen rohen Schinken, einige Scheiben rohes Kalbfleisch, ein Lorberblatt und ¼ Pfund Butter, lasse dieß eine Viertelstunde dämpfen, ist es nach dieser Zeit etwas blond geworden, dann fülle es mit zwei Trinkgläsern voll guter Fleischbrühe auf, und lege die Brieslen neben einander darauf. Bedecke sie nun mit einem mit glühenden Kohlen belegten Deckel und lasse sie auf schwachem Feuer langsam kochen, bis sie schön glasirt sind, hierbei muß öfter mit dem untern Saft das Obere begossen werden, sind sie schön glasirt, dann werden sie heiß gestellt. Aus einer wie oben bei Brieslen à la Conté bereiteten Farce werden nun halb Ei große Klöße schön geformt und ½ Stunde vor dem Anrichten in kochende und etwas gesalzene Fleischbrühe eingelegt und abgekocht, dann werden auch abgekochte Artischokenböden in Hälften geschnitten und mit ausgezacktem Rand in Butter und Citronensaft gedämpft, auch zwölf Stück Krebse werden zur Garnitur ausgeputzt; sobann wird noch eine Krebsbuttersauce auf folgende Art gemacht: 3 Trinkgläser voll weiße Sauce wird mit einem Trinkglas voll Consommé sammt etwas Pfeffer, Salz und dem Saft von einer halben Citrone zur Hälfte eingekocht, auch das Fett davon abgenommen, dann wird ein Ei groß Krebsbutter darein gethan und über dem Feuer, ohne daß es kocht, mit dem Löffel gut aufgezogen, bis sich die Krebsbutter mit der Sauce gut vermengt hat, dann gebe die gedämpften Artischoken und die Krebsschwänze darein und richte die Brieslen auf die Platte, nämlich ein gespicktes Brieslein, dann ein Kalbfleischkloß, dann ein Krebs, dann wieder ein Brieslein, und so fort, bis alles schön nach der Ordnung angerichtet ist, dann gebe die Sauce in die Mitte.

406. Gedämpfte Kalbsleber à la Sauce poivrade.

Nehme eine schöne weiße Kalbsleber und spicke sie mit fingerlangem und halbfingerdickem Speck, welcher vorher mit Schalottenzwiebeln und Petersilie, auch zwei Lorberblättern und Thymian, alles fein gehackt, und Pfeffer und Salz gut vermengt wurde. Dann gebe Speckbatten in ein dazu passendes Geschirr, lege die Leber darauf, und decke sie mit Speckbatten zu, und auf dieses ein mit Butter bestrichenes Papier; dann gebe dazu 4 gelbe Rüben, 4 Zwiebeln mit 3 Gewürznägelein gespickt, etwas Thymian und zwei Lorberblätter, auch ein Bouquet von Petersilie und etwas Salz und eine Bouteille weißen Wein, stelle es nun auf das

Feuer, bis es kocht, und dann auf schwache Glut, bedeckt mit einem mit glühenden Kohlen belegten Deckel und lasse es 2 Stunden langsam dämpfen; ist es Zeit zum Anrichten, dann gebe die Leber auf die Platte und folgende Sauce darüber: In einem Geschirr lasse eine halbe Hand voll abgezupfte Petersilienblätter, einige Schalottenzwiebel, etwas Thymian und 2 Lorberblätter, auch eine starke Priese feinen Pfeffer sammt einem Glas Essig und einem Ei groß Butter ganz einkochen, dann gebe einen Schoppen gute Coulis (s. Coulis) dazu, dann gieße die Brühe, in welcher die Leber gedämpft wurde, durch ein Sieb, nehme das Fett gut darunter, und gebe auch von dieser zu der Coulis zwei Trinkgläser voll und lasse sie bis zur Hälfte gut einkochen, dann winde sie durch ein Haartuch in ein besonderes Geschirr, lasse sie noch etwas an der Seite des Feuers kochen, nehme hierauf das Fett davon ab und richte sie unter die Leber an.

407. Kalbsleber am Spies gebraten.

Eine Kalbsleber wird wie obige bereitet und von der untern Seite mit grobem, oben aber mit feinem Speck schön gespickt; hierauf stecke ein Spieschen der Länge nach durch die Leber und binde sie an den Hauptspieß mit den beiden Enden des Spießchens fest an und brate sie unter öfterem Begießen mit Butter 1½ Stunden lang, bis der Speck schöne glasirte Farbe erhalten hat, dann gebe sie auf die Platte und eine picante braune Sauce heiß darunter, welche auf folgende Art bereitet wird: Ein Eßlöffel voll gehackte Schalottenzwiebeln und eben so viel feingehackte Petersilie wird mit einem Trinkglas voll weißem Wein und mit 2 Gläsern voll guter Coulis sammt etwas Pfeffer und Salz zur Hälfte langsam an der Seite des Feuers eingekocht, alsdann eine nußgroß Sardellenbutter und der Saft einer halben Citrone darunter gerührt, die Sauce darf aber nicht mehr kochen.

408. Escalope von Kalbfleisch.

Eine schöne Kalbschale von 5 Pfund wird, wenn die Haut gut davon abgeschnitten ist, der Länge nach in der Mitte durch, dann in der Quere, in Messerrücken dicke Blättchen geschnitten, und ein jedes der Blättchen mit dem Messerheft etwas platt geklopft; nun wird ein Eßlöffel voll fein gehackter Petersilie, eben so viel fein gehackte Schalottenzwiebeln, und eben so viel fein gehackte Kapern mit ¼ Pfund Butter eine Minute langsam gedämpft, und ist es wieder etwas verkühlt, ein Ei groß Sardellenbutter, welche von sechs Sardellen gemacht wird, gut schaumig darunter gerührt; nehme jetzt ein breites flaches Geschirr, bestreiche es ganz mit der Kräuterbutter, dann belege den Boden und die Seiten mit den Fleischblättchen fest neben einander, bis alle auf solche Art in dem Geschirr sind. Streue nun etwas feines Salz, Muskatnuß und die fein gehackte Schale einer halben Citrone, sammt einer Hand voll feinem weißem Reibbrod darin herum; von dem Abgang des Fleisches aber koche eine blonde Brühe und lasse sie durch ein Sieb laufen, eine Viertelstunde vor dem Anrichten wird das Geschirr, mit dem Escalop zugedeckt, auf starkes Feuer gestellt und schnell eine Minute gedämpft, dann aufgedeckt, gut unter einander gerüttelt, 2 Trinkgläser voll von der vorher gekochten blonden Brühe recht heiß dazu gegossen und über dem Feuer gut untereinander gerüttelt, ohne daß es jedoch kocht; verrühre nun noch das Gelbe von 4 Eiern sammt dem Saft einer Citrone gut darunter, gebe es recht heiß auf die Platte, garnire es mit walzenförmig geschnittenen Kleinfinger langen, in Schmalz gelb ausgebackenen Weckschnitten, oder auch mit ausgebackenen, Thaler großen runden Blättchen von Butterteig.

Zubereitung von Hammelfleisch.

409. Hammelszungen en Braisées mit Sauce Hachée.

8—10 Hammelszungen werden einigemal in warmem Wasser gut ausgewaschen, dann mit kaltem Wasser aufgesetzt und eine Viertelstunde gekocht; nun werden sie sorgfältig gereinigt, die weiße Haut davon abgeschält und wieder ausgewaschen; jetzt gebe sie, wenn sie mit etwas mit Kräutern und Gewürz vermengtem Speck durchgespickt sind, in ein dazu schickliches Geschirr sammt einigen in Scheiben geschnittenen Zwiebeln, gelben Rüben und Petersilienwurzeln, auch etwas in Scheiben geschnittenem rohem Schinken, Thymian, Gewürzsalz und ½ Pfund in kleine Stücken geschnittenem Ochsennierenfett; decke sie nun mit einigen Speckbatten zu und fülle sie mit Wasser oder Fleischbrühe auf, daß solches gerade darüber geht, lasse es aufkochen, dann, zugedeckt, auf schwachem Feuer 5 Stunden langsam kochen; bei dem Anrichten gieße die Brühe davon, parire die Zungen gut ab, lege sie, der Länge nach in der Mitte durchgeschnitten, auf die Platte und gebe folgende Sauce darüber: bringe in einem kleinen Geschirr einen Kaffelöffel voll fein gehackte Schalottenzwiebel, eben so viel fein gehackte Petersilie, auch so viel gehackte Champignons, etwas groben Pfeffer und ein halbes Glas Essig auf das Feuer, lasse es ganz einkochen und gebe dann 2 Trinkgläser voll gute Coulis (s. Coulis) sammt einem Glas Fleischbrühe dazu, lasse auch dieß wieder zur Hälfte an der Seite des Feuers einkochen und gebe dann, ist das Fett gut davon genommen, einen Eßlöffel voll fein gehackte Kapern und eben so viel fein gehackte Cornichons darein; stelle nun die Sauce, bis sie gebraucht wird, recht warm, bei dem Anrichten gebe noch eine Nuß groß Sardellenbutter darunter.

410. Hammelszungen mit weißen Rüben.

Die Hammelszungen werden wie oben zubereitet und gekocht, dann kranzartig auf die Platte gelegt, statt der Sauce aber werden weiße Rüben auf folgende Art dazu bereitet: 4—5 Hände voll fingerdick und fingergleich lang ausgestochene weiße Rüben werden mit ¼ Pfund Butter, etwas Salz und einem Eßlöffel voll Zucker langsam auf dem Feuer gedämpft, bis sie etwas blond geworden und noch nicht ganz weich sind, dann werden sie mit zwei Trinkgläsern voll gut verkochter Coulis oder weißer Sauce und einem Eßlöffel voll fein gehackter Petersilie einige Minuten durchgekocht (die Rüben dürfen aber nicht verweichen, sondern müssen schön ganz bleiben) und in die Mitte der Zungen angerichtet.

411. Hammelszungen mit Zwiebelpurée.

Die Hammelszungen werden wie oben zubereitet und gekocht, auch auf dieselbe Art auf die Platte gegeben, aber folgende Zwiebelpurée dazu gemacht: 20 Stück Zwiebeln werden in Hälften, dann in dünne Scheiben geschnitten und mit ¼ Pfd. Butter gedämpft, bis sie hochgelb geworden sind; hierauf werden sie mit einem Glas voll guter Coulis und eben so viel guter Fleischbrühe gekocht, bis sie weich und dick geworden sind; die Purée wird jetzt durch ein Haartuch getrieben, etwas Salz, gestoßener Pfeffer und ein Kaffelöffel voll feiner Zucker darunter gerührt und recht heiß erhalten, sie darf aber nicht mehr kochen; bei dem Anrichten wird solche recht heiß in die Mitte der Zungen gegeben.

412. Hammelszungen au gratin mit Sardellensauce.

Bereite die Hammelszungen wie oben und wenn sie weich und erkaltet sind, dann mache folgende Farce dazu: zwei Pfund Kalbfleisch und ein Pfund Ochsennierenfett, beides ohne Haut, wird fein wie ein Teig gehackt; dann verrühre 3 ganze Eier, ein Ei groß Butter und etwas Salz und Muskatnuß auf dem Feuer unter dieses, bis es dick geworden ist; gebe nun einen in Wasser eingeweichten und wieder ganz trocken ausgedrückten Kreuzerweck und dann auch das fein gehackte Fleisch und Fett dazu und rühre und stoße alles in einem Mörser gut durcheinander; nach einer halben Stunde etwa nehme das Gestoßene aus dem Mörser und rühre noch zwei Anrichtlöffel voll Coulis, einen Eßlöffel voll fein gehackte Petersilie und eben soviel fein gehackte Schalottenzwiebeln darunter, dann bestreiche eine passende Platte mit Butter und gebe die Farce in der Form eines Turbans darauf, die Zungen aber drücke in schöner Form schön darum ein, lege dann feine Speckbatten darüber und über diese einen dünn ausgewalzten Wasserteig; dann stelle die Platte auf ein Blech, welches 2 Finger dick mit Salz bestreut ist, damit die Platte nicht springen kann, und bringe es so in einen mittelheißen Backofen, nach 1½ Stunden ist es gut; nehme hierauf den Teig und die Speckbatten gut davon herunter und gebe folgende Sauce darüber: zwei Trinkgläser voll gute kräftige Coulis, welche mit etwas Pfeffer und einem Glase weißen Wein an der Seite des Feuers eine Viertelstunde gut gekocht und von welchem das Fett abgehoben wurde, wird bei dem Anrichten mit einem Ei groß Sardellenbutter, dem Saft einer Citrone und etwas Salz gut über dem Feuer mit dem Löffel aufgezogen, bis die Butter ganz zergangen ist, ohne daß es kocht und heiß über den Gratin gegeben.

NB. Man kann auch eine Tomate- oder Paradiesäpfelsauce, oder auch Trüffelsauce, auch eine Sauce mit Champignons darüber geben.

413. Hammelshals à la Sainte Menehould.

Aus zwei Hammelshälsen schneide die Knochen sorgfältig heraus, auch das Blutige davon, rolle jeden einzeln wieder schön zusammen, umwinde ihn mit Bindfaden und lege ihn in ein dazu passendes Geschirr auf Speckbatten, bedecke ihn auch mit solchen, dann lege einige Zwiebeln, gelbe Rüben, ein Bouquet Petersilie, einige Lorberblätter, etwas Thymian, Gewürznägelein, Salz und den Abgang von dem Fleisch darum, gebe Fleischbrühe oder Wasser in gleicher Höhe mit dem Fleisch darüber und lasse es auf starkem Feuer aufkochen, dann setze es auf schwaches Kohlenfeuer und lasse es zugedeckt langsam 4 Stunden kochen; ist es weich, dann nehme es aus der Braise heraus, bestreue es mit Salz und Pfeffer und wende es in zerlassener Butter, dann auch in fein geriebenem Weißbrod herum und drücke letzteres gut an. Eine Stunde vor dem Anrichten lasse es auf dem Rost über schwachem Kohlenfeuer, unter öfterem Nachgießen von etwas klarer Butter, langsam von allen Seiten braten und ringsherum schöne braungelbe Farbe nehmen; lege es dann auf die Platte und gebe eine gute kräftige und heiße jus darunter.

414. Hammelshals mit grüner Erbsenpurée.

Der Hammelshals wird auf die obige Art zubereitet, statt aber mit Brod bestreut, wird er, wenn er weich geworden, aus der Brühe herausgenommen, diese durchgeseiet, das Fett davon abgenommen und die Brühe ganz dick zu einer Glace eingekocht; in diese nun legt man den Hals und läßt ihn heiß stehen bis zum Anrichten, vorher aber muß folgende Purée bereitet werden: 2 Schoppen grüne Erbsen werden, gut ausgewaschen, mit ¼ Pfd. Butter, einer Hand voll grünen Petersilienblättern, auch einigen Zwiebelröhren auf schwachem Feuer eine Viertelstunde zugedeckt gedämpft; nach diesem gebe 2 Trinkgläser voll Fleischbrühe oder Wasser sammt etwas Salz dazu, lasse es wieder auf schwachem Feuer ¾ Stunden langsam dämpfen, dann gebe alles in einen Mörser, stoße es recht gut und treibe es unter öfterem Nachgießen von kalter Brühe oder Consommé durch ein Haartuch; ist alles gut durchgetrieben, dann gebe es in ein dazu passendes Geschirr, rühre es wohl unter einander und lasse es kalt stehen, bis es Zeit zum Anrichten ist; dann wird es erst auf dem Feuer gerührt, bis es heiß geworden und nun auf die Platte gerichtet und die Hammelshälse darauf gelegt.

415. Hammelshals mit Cornichons.

Der Hammelshals wird auf oben angegebene Art bereitet, statt der Erbsenpurée aber folgende Sauce dazu gemacht: 2 Trinkgläser voll gute Coulis (f. Coulis), ein Glas Consommé und etwas grober Pfeffer wird langsam bis auf zwei Gläser voll eingekocht, dann werden 6—8 kleine Cornichons in dünne Blättchen geschnitten, in die Sauce gelegt und an der Seite des Feuers eine Minute langsam gekocht, das darauf befindliche Fett wird dann davon genommen, und wenn der Hals auf der Platte ist, die Sauce heiß darüber gegeben.

416. Hammelshirn.

Alle Arten von Hammelshirn werden eben so wie Kalbshirn bereitet (f. Kalbshirn).

417. Hammelsbug mit glasirten Zwiebeln.

Nehme einen schönen fetten und schweren Hammelsbug, schneide ihn an dem untern Theil auf und befreie ihn von den Knochen, nur den vordern Knochen lasse fingerlang daran; spicke ihn dann inwendig mit grobem Speck, welcher mit feinem Kräutergewürz vermengt wurde und nähe ihn mit Bindfaden gut zusammen, damit er die Form eines Schlägels erhält; dann gebe in ein dazu schickliches Geschirr einige Speckbatten, lege den Bug darauf, auch einige Zwiebeln, mit drei Gewürznägelein gespickt, einige gelbe Rüben und Lorberblätter, Thymian, Salz, den Abgang und die Knochen von dem Bug und etwas rohen Schinken dazu, dann fülle ihn mit Wasser bis zur Höhe des Buges auf, lasse ihn auf starkem Feuer aufkochen, und dann zugedeckt und auf schwachem Kohlenfeuer 3 Stunden dämpfen; ist er gut weich, dann ziehe ihn aus der Brühe heraus, gieße solche durch ein Sieb, mache das Fett gut davon und koche dann den Saft ganz dick zu einer schönen gelben Glace ein, lege den Bug darein oder gebe ihn recht heiß auf die Platte und glasire ihn mit der eingekochten Glace gut von allen Seiten und gebe die glasirten Zwiebel darum, welche auf folgende Art bereitet werden: Es werden vier Hände voll kleine und geschälte, aber nicht zu kurz abgeschnittene Zwiebeln in ein dazu passendes Geschirr, dessen Boden mit Butter bestrichen ist, neben einander gelegt, dann mit Brühe oder Wasser so hoch die Zwiebeln gehen angefüllt, auch etwas Salz und zwei Eßlöffel voll gestoßener Zucker dazu gegeben, dieses wird auf starkem Feuer zu einem Viertel eingekocht, dann auf ganz schwachem Feuer sachte gedämpft, bis die Zwiebeln gut glasirt sind, worauf sie um den Hammelsbug herum gegeben werden.

418. Hammelsbrust en haricot.

Dazu nehme eine schöne Hammelsbrust, wasche sie in warmem Wasser gut ab und hacke sie quer über die Brustknochen in der Mitte durch, dann schneide sie in willkührliche Stücke oder Portionen, gebe in ein dazu schickliches Geschirr einige große Zwiebelscheiben, lege die Bruststücke darauf, auch einige Scheiben gelbe Rüben, etwas Thymian und zwei Lorberblätter, sammt einem großen Glas guter Fleischbrühe dazu, dann lasse es ganz einkochen bis es unten eine braune Farbe erhalten hat und setze dann wieder 8 Trinkgläser voll Wasser und etwas Salz zu, lasse es auf schwachem Feuer zugedeckt zwei Stunden langsam kochen, bis es weich ist, dann gieße das Ganze durch ein Sieb, befreie die Bruststückchen von den Knochen und gebe sie in ein besonderes Geschirr; in ein anderes Geschirr aber gebe 3 Hände voll in fingergleich lange und fingerdicke Stückchen ausgestochene weiße Rüben und lasse sie mit ¼ Pfd. Butter dämpfen, bis sie ganz blond geworden sind, dann streue einen Eßlöffel voll Weißmehl darüber, rüttle sie gut unter einander und gieße 3 Gläser voll von der Brühe, in welcher die Brust gekocht hat, dazu, sammt einem Eßlöffel voll feinem Zucker; lasse die Rüben nun kochen, bis sie weich, jedoch noch ganz sind, dann gebe sie ohne die Sauce zu den Bruststückchen, die Sauce aber wird etwas eingekocht und das Fett gut davon abgenommen, dann die Bruststückchen sammt den Rüben in die Sauce gelegt und eine Viertelstunde mit einander gedämpft, hierauf auf eine tiefe Platte angerichtet.

419. Haricot von Hammelsbrust.

Schneide eine Hammelsbrust, nachdem sie gut trocken abgerieben ist, in beliebige Stücke, dann gebe in ein dazu schickliches Geschirr ¼ Pfund Butter, lasse sie etwas klar werden, und gebe dann 3 Kochlöffel voll Mehl dazu; dieß lasse nun auf glühender Asche, oder auf ganz schwachem Kohlenfeuer langsam unter öfterem Umrühren, damit es nicht anbrennt, dämpfen, bis es eine schöne blonde Farbe erhalten hat; dann gebe die Fleischstückchen darein und lasse auch diese auf schwacher Glut unter öfterem Umrühren und Durcheinanderschütteln damit eine Viertelstunde dämpfen; hierauf fülle es mit 3 Schoppen warmem Wasser auf, rüttle es recht gut untereinander, bis es kocht, schäume es auch gut ab, dann gebe Salz, etwas groben Pfeffer, ein Lorberblatt, etwas Thymian, fein gehackt, ein Bouquet von Petersilie, eine Zwiebel mit 2 Gewürznägelein gespickt dazu; lasse es nun noch zwei Stunden auf schwachem Feuer kochen, dann gebe 2 Hände voll fingergleich lange und fingerdick ausgestochene weiße Rüben und ¼ Pfund Butter in ein Geschirr, lasse sie darinnen dämpfen bis sie schön blond geworden, dann gieße das Fett davon und gebe sie in das Ragout; sind sie fast ganz weich gekocht, jedoch noch ganz, dann gebe einen Kaffeelöffel voll Zucker dazu, befreie sie von dem Fett, nehme die Zwiebel, das Lorberblatt und die Petersilie heraus und richte sie auf eine tiefe Platte.

420. Hammelsbrust à la Sainte Menehould.

Eine schöne fette Hammelsbrust wird, wenn sie gut in warmem Wasser ausgewaschen ist, in ein dazu passendes Geschirr auf einige Speckbatten gelegt, und einige Stückchen roher Schinken, einige Zwiebeln, mit zwei Gewürznägelein gespickt, auch einige gelbe Rüben, Thymian, ein Lorbeerblatt und Salz dazu gegeben; hierauf wird sie mit einigen Speckbatten zugedeckt und ein Schöpflöffel voll Wasser darüber gegossen; jetzt läßt man das Ganze aufkochen, dann zugedeckt auf schwachem Kohlenfeuer 2 Stunden kochen, ist sie nach dieser Zeit weich, dann nehme die Hammelsbrust aus der Brühe heraus und befreie sie von den Knochen; dann bestreue sie mit feinem Pfeffer und Salz und wende sie in klarer Butter und dann in fein geriebenem Weißbrod um, welches gut angedrückt werden muß; eine halbe Stunde vor dem Anrichten bringe sie auf den Rost und lasse sie über Kohlenfeuer langsam von allen Seiten braten, doch muß öfter etwas klare Butter darauf geträufelt werden; hat sie schöne braungelbe Farbe erhalten, dann gebe sie auf die Platte und eine gute jus darüber.

421. Hammelsbrust farçé à la Jardinière.

Eine schöne Hammelsbrust wird, wenn sie in warmem Wasser gut gewaschen und wieder abgetrocknet ist, an dem oberen Theil zwischen Haut und Fleisch aufgeschnitten, und die ganze Brust zum Füllen gut untergriffen und mit folgender Farce gefüllt: Ein Pfund Kalbfleisch ohne Haut und ½ Pfund Speck wird, jedes besonders, recht fein gehackt, und mit einem Eßlöffel voll ebenfalls fein gehackten Schalottenzwiebeln und eben so viel Petersilie einige Minuten, und dann das Gelbe von 3 Eiern und etwas Salz und Pfeffer dazu gestoßen; dieses wird in die Brust eingefüllt und solche wieder zugenäht; hierauf wird sie in ein dazu passendes Geschirr auf Speckbatten gelegt und einige Stückchen roher Schinken, etwas Kalbfleisch, einige gelbe Rüben, auch Zwiebeln, mit zwei Gewürznägelein gespickt, etwas Thymian, Lorberblätter und Salz dazu gegeben, dann wieder mit Speckbatten bedeckt und ein mit Butter bestrichenes Papier darauf gelegt; man gießt nun auch einen großen Schöpflöffel voll Brühe oder Wasser darüber, läßt das Ganze aufkochen, bedeckt das Gefäß dann mit einem mit glühenden Kohlen belegten Deckel und läßt es auf schwachem Kohlenfeuer 2½ Stunden langsam kochen. Ist die Brust weich, dann wird der Faden und die Knochen davon gemacht, und die Brühe, worin die Brust gekocht hat, durch ein Sieb gelassen; hierauf wird das Fett davon genommen, die Brühe aber ganz dick eingekocht und die Brust darin umgewendet, dann auf die Platte gegeben und folgendes Gemüse darum gelegt: zwei Hände voll fingergleich lang und Kleinfinger dick abgedrehte junge gelbe Rüben werden in Butter und fein gehackter Petersilie weich gedämpft, eben so viel auf gleiche Art geschnittene oder ausgestochene weiße Rüben werden in Butter mit etwas Zucker weich gedämpft, doch müssen sie schön ganz bleiben, alsdann werden auch zwei Hände voll kleine Zwiebeln in Butter gedämpft, die aber auch schön weiß und ganz bleiben müssen; dieses gebe nun in ein Geschirr und der. Saft dazu, rüttle es wohl unter einander und gebe noch etwas geriebene Muskatnuß und die übrige eingekochte Glace von der Hammelsbrust darunter und garnire alles recht heiß um die Brust herum.

422. Hammelsrücken en Braisée mit Tomatésauce.

Dazu nimm einen schönen Hammelsrücken, von den Rippen bis an die Schlägel, befreie ihn von allen Knochen und reibe ihn mit feinen Kräutern (Schalottenzwiebeln, Petersilie, Thymian und Gewürzsalz) aus, alsdann wird er von beiden Seiten zu einem Viereck aufgerollt, und gut mit Bindfaden umbunden, dann gebe in ein dazu passendes Geschirr einige Speckbatten, lege den Rücken darauf und decke ihn mit Speckenbatten zu, gebe auch ein Papier mit Butter bestrichen darüber; dann gebe neben darum einige mit 3 Gewürznägelein gespickte Zwiebeln, 4 gelbe Rüben, etwas rohen Schinken, Thymian, 2 Lorberblätter, Salz und den Abgang von dem Rücken; hierauf fülle ihn mit zwei großen Schöpflöffeln voll Fleischbrühe auf und lasse es auf starkem Feuer aufkochen;

bedecke nun das Gefäß mit einem mit glühenden Kohlen belegten Deckel und lasse den Rücken 2½ Stunden langsam kochen, nach dieser Zeit nehme solchen heraus, löse den Bindfaden und die obere dünne Haut sorgfältig davon ab; die Brühe, in welcher der Rücken gekocht hat, lasse durch ein Sieb und koche solche, wenn das Fett davon genommen ist, zu einer dicken und gelbbraunen Glace, bestreiche den Rücken damit und gebe ihn dann auf die Platte und folgende Sauce darunter: Von 8—10 Tomato- oder Paradiesäpfeln wird das Wasser ausgedrückt und solche in einem Geschirr mit ¼ Pfund Butter, einigen in Scheiben geschnittenen Zwiebeln, etwas in Würfel geschnittenem rohem Schinken, zwei gelben Rüben, in Scheiben geschnitten, zwei Knoblauchzinken und einem Lorberblatt eine Viertelstunde unter öfterem Umrühren gut verdämpft; in dieses rühre dann zwei Kochlöffel voll Mehl und fülle es mit 1½ Schoppen guter Fleischbrühe auf, verrühre dieß gut auf dem Feuer bis es kocht, und lasse es auf schwachem Feuer noch eine halbe Stunde langsam kochen, dann treibe es durch ein Haarsieb, verrühre es recht gut und gebe die Sauce in ein Geschirr und etwas Pfeffer, den Saft einer Citrone und etwas Salz dazu, ziehe es nun auf dem Feuer mit dem Löffel auf, bis die Sauce etlichemal aufgekocht hat, dann lasse sie noch etwas an der Seite des Feuers kochen und richte sie über den Rücken an.

423. Englischer Hammelsrücken.

Von einem schönen fetten Hammel wird der ganze Rücken, von den Rippen bis zu den Schlägeln abgeschnitten, von den Knochen befreit und innen mit feingehackten Schalottenzwiebeln, Petersilie, Thymian, Pfeffer und Salz eingerieben, hierauf von beiden Seiten aufgerollt und mit Bindfaden umbunden, damit er einem schönen Viereck gleicht; der so bereitete Rücken wird nun in ein mit Speckbatten belegtes passendes Geschirr gebracht und mit Speckbatten zugedeckt, auch ein mit Butter bestrichenes Papier darüber gelegt; der Rücken wird nun auf eben dieselbe Art und mit derselben Zuthat, wie der obige vollends bereitet; ist er dann weich und gut, so wird er herausgenommen, auf ein flaches Geschirr gelegt, von dem Bindfaden und der obern dünnen Haut befreit, dann überall mit Pfeffersalz bestreut, auch mit klarer Butter überstrichen und dann mit fein geriebenem Weißbrod bestreut, welches gut angedrückt werden muß. Jetzt werden 8 Eier aufgeschlagen und verklappert, dann ¼ Pfund klare Butter darunter gerührt, mit diesem wird der Rücken oben und an den Seiten mit einem Pinsel bestrichen, dann wieder Reibbrod darauf gestreut und wieder klare Butter oben darauf gegossen. Man bringt ihn jetzt in einen mittelheißen Ofen und läßt ihn ¾ Stunden stehen, bis er schöne braungelbe Farbe genommen hat, dann wird er sorgfältig von dem Geschirr mit einem scharfen Deckel herunter gehoben, auf die Platte gelegt und rund abgedrehte und mit feiner Petersilie in Butter gedämpfte Kartoffeln und etwas kräftige jus dazu gegeben.

424. Hammelschlägel à la Bourgeoise.

Ein schöner Hammelschlägel wird ganz ausgebeint bis auf den Stotzen, welcher daran bleibt, alsdann schneide fingerlange und kleinfingerdicke Speckriemen, gebe darunter fein gehackte Schalottenzwiebeln und fein gehackte Petersilie, auch fein gestoßenen Thymian, Lorberblätter, Pfeffer und Salz, alles gut unter einander gemengt; diese Speckriemen nun stecke in das Innere des Schlägels, mit den Kräutern aber reibe ihn gut ein, hierauf nähe solchen zusammen, damit er seine vorige Gestalt wieder erhält; bringe ihn hierauf in ein dazu passendes mit Speckbatten belegtes Geschirr und gebe darum 12 große ganze Zwiebeln, eben so viel große aber ganz gleich abgedrehte gelbe Rüben, auch eben so viel große abgedrehte Kartoffeln, 1 Pfund Halbspeck, welcher oben und unten etwas dünne abgeschnitten und in 6 Theile geschnitten ist, ein Bouquet von Petersilie und etwas Thymian, auch ein Lorberblatt und etwas Gewürz und Salz, fülle es nun mit einem großen Schöpflöffel voll Fleischbrühe auf und lasse es ins Kochen kommen, dann decke es zu und lasse es auf schwachem Feuer 3½ Stunden langsam dämpfen, wende den Schlägel auch öfters auf die andere Seite und ist er mürbe und gut, dann richte ihn auf die Platte, mache den Bindfaden davon, die Zwiebeln, gelben Rüben, Kartoffeln und den Halbspeck aber lege darum und lasse den übrigen Saft durch ein Sieb laufen; ist er dann vom Fett befreit, so lasse ihn bis zu einem Glas voll einkochen und gebe ihn über den Schlägel.

425. Emincée von Hammelfleisch mit Kapern.

Von einem gebratenen und wieder erkalteten Hammelschlägel wird das Fleischige oder die Quallen herausgeschnitten und das

Fett und die Haut davon genommen; dann schneide das Fleisch in zwei Finger breite und eben so lange ganz dünne Blättchen, gebe sie in ein dazu passendes Geschirr und Folgendes darauf: Zwei Trinkgläser voll gute Coulis (s. Coulis), eben so viel Consommé und etwas grober Pfeffer wird bis zur Hälfte eingekocht, dann gebe 3 Eßlöffel voll feine Kapern dazu, lasse sie auch noch einige Minuten an der Seite des Feuers damit kochen, drücke den Saft einer halben Citrone dazu und gebe es über das Emincée. Stelle es hierauf recht heiß, ohne daß es kochen kann, und ist es Zeit zum Anrichten, dann gebe es schön tressirt und recht heiß auf die Platte. (Auf diese Art zubereitet kann man auch statt der Kapern in Blättchen geschnittene Cornichons dazu nehmen, auch auf dieselbe Art feine Kräuter, Schalottenzwiebeln, Petersilie und Champignons.)

426. Emincée von Hammelfleisch mit Kopfsalat.

Das Hammelfleisch wird wie oben zubereitet und geschnitten, nur statt der Sauce wird Kopfsalat auf folgende Art zubereitet: 4—6 schöne Salatköpfe werden, nachdem sie geputzt und gewaschen sind, in etwas Salzwasser weich abgekocht, dann gut ausgedrückt und etwas gehackt, hierauf in ¼ Pfund Butter gut abgedämpft, auch mit 3 Anrichtlöffeln voll guter kräftiger Coulis aufgefüllt und etwas Salz und Muskatnuß, auch 3 Anrichtlöffel voll Consommé auf dem Feuer darunter gerührt bis es kocht. Das Ganze wird jetzt noch ¼ Stunde langsam gedämpft, dann zu dem Emincée gegeben und tüchtig unter einander gerüttelt, hierauf recht heiß gestellt, ohne daß es jedoch weiter kocht, alsdann zur Zeit recht heiß angerichtet und in Butter gebackene Croutons darum gegeben.

427. Emincée mit Pilave à la Turk.

Von einem gebratenen Hammelschlägel werden die Fleischquallen herausgeschnitten und diese mit Haut und Fett in zwei Finger breite, fingerlange und messerrückendicke Blättchen geschnitten; diese werden nun in ein passendes Geschirr gelegt und folgender Reis dazu gegeben: Ein halbes Pfund Reis wird gereinigt und ausgewaschen, dann eine Viertelstunde in einer Maaß Wasser gekocht, und in kaltem Wasser wieder abgekühlt und hierauf abgetrocknet. Jetzt gebe in ein Geschirr ¼ Pfd. Butter, eine Hand voll fein gehackte Zwiebeln, einen halben Kaffeelöffel voll gestoßenen Safran und etwas groben Pfeffer, lasse es eine Minute zusammen auf dem Feuer dämpfen, dann gebe den Reis darein, sammt etwas Salz und Muskatnuß; lasse auch dies eine Minute unter öfterem Umrütteln etwas zusammendämpfen, dann fülle es mit 3 Trinkgläsern voll guter Fleischbrühe auf, stelle es auf schwache Glut, lasse es noch eine halbe Stunde langsam dämpfen, bis keine Brühe mehr daran zu sehen ist, und der Reis weich, aber noch ganz ist; dann gebe ihn über das geschnittene Hammelfleisch, rüttle es tüchtig unter einander, stelle es heiß und ist es Zeit zum Anrichten, dann gebe ihn aufgehäuft auf die Platte.

428. Emincée von Hammelfleisch mit Oliven à la Provençale.

Von einem gebratenen und wieder erkalteten Hammelschlägel wird das Fleisch oder die Quallen herausgeschnitten, dann die Haut und das Fett gut davon genommen und das Fleisch in zwei Finger breite und lange ganz dünne Blättchen geschnitten und in ein passendes Geschirr gelegt; in ein anderes Geschirr gebe dann ein halbes Trinkglas voll gutes Provenceröl, einen Eßlöffel voll fein gehackte Schalottenzwiebeln, eben so viel gehackte Petersilie und etwas groben Pfeffer, lasse es etliche Minuten dämpfen, ohne daß die Kräuter Farbe erhalten, dann gebe drei Trinkgläser voll gute Coulis (s. Coulis), zwei Gläser voll Consommé und einen halben Zinken Knoblauch dazu, lasse dies bis zur Hälfte gut einkochen, das Fett aber nehme davon; dann gebe 2 Hände voll gute, von den Steinen befreite und in Scheiben geschnittene Oliven und etwas Citronensaft in die Sauce und lasse sie noch etliche Minuten an der Seite des Feuers langsam kochen, dann gebe sie über das geschnittene Fleisch und stelle dieß recht heiß, es darf aber nicht mehr kochen; ist es Zeit zum Anrichten, dann rüttle alles gut unter einander und richte es recht heiß auf die Platte; gebe auch Croutons von ausgebackenem Butterteig darum.

429. Haché von Hammelfleisch aux fines herbes.

Von einem gebratenen Hammelschlägel wird das von Haut und Fett befreite Fleisch klein geschnitten, dann fein wie Mehl gehackt; hierauf gebe in ein schickliches Geschirr ¼ Pfund Butter, einen Eßlöffel voll fein gehackte Schalottenzwiebeln, eben so viel fein gehackte Petersilie und eben so viel fein gehackte Kapern, lasse es eine Minute zusammen langsam dämpfen, dann gebe zwei

Trinkgläser voll gute Coulis, ein Glas Consommé, auch etwas Pfeffer und Salz dazu, lasse es bis zur Hälfte einkochen, schöpfe auch das Fett davon und rühre jetzt den Saft einer halben Citrone, etwas Muskatnuß und dann das gehackte Fleisch darunter, stelle dieß recht heiß, es darf aber nicht mehr kochen; beim Anrichten wird es recht heiß auf die Platte gegeben und verlorene Eier (s. verlorene Eier bei den Garnituren) darum gelegt. (Man kann auch Croutons von Weißbrod oder von ausgebackenem Butterteig darum legen.)

430. Hammelsschwänze en Braisée mit Sauçe d'Orleans.

Nehme zu einer Platte 8 Stück schöne fette Hammelsschwänze, bringe sie, sorgfältig gereinigt, in ein mit einigen Speckbatten belegtes Geschirr und decke sie auch mit Speckbatten wieder zu; dann gebe rings darum 4 Zwiebeln mit zwei Gewürznägelein gespickt, 4 gelbe Rüben, etwas Thymian, ein Lorberblatt, auch etwas rohen Schinken, rohes Hammelfleisch, etwas Pfeffer und Salz, dann ½ Maas Fleischbrühe darüber und lasse es auf Kohlen 4 Stunden dämpfen; beim Anrichten nimm die Schwänze heraus, den Saft aber lasse durch ein Sieb laufen, auch nimm das Fett davon; dann lasse den Saft dick zu einer braungelben Glace einkochen, lege die Schwänze darein und lasse solche bis zum Gebrauch heiß stehen, bereite auch folgende Sauce dazu: Gebe in ein Geschirr 4 Eßlöffel voll Essig, etwas groben Pfeffer, einen Eßlöffel voll fein gehackte Schalottenzwiebeln und ½ Ei groß Butter, lasse den Essig daran ganz einkochen, dann gebe zwei Trinkgläser voll gut verkochte Coulis dazu und lasse es damit aufkochen; bei dem Anrichten gebe 4—5 in dicke Blättchen geschnittene Cornichons, auch von 3 hartgesottenen Eiern das Weiße, in gleiche Theile geschnitten, dann auch 4—5 gereinigte Sardellen, ohne Gräten in Vierecke geschnitten, auch einen Löffel voll ganze Capern in die heiße Sauce und rüttle alles auf dem Feuer gut unter einander, darf aber nicht mehr kochen; dieß gebe nun auf die Platte und die Schwänze oben darauf.

431. Hammelsschwänze en Matelote.

Acht Hammelsschwänze werden auf obige Art en Braise zubereitet und gekocht, vorher aber wird jeder einzelne in zwei gleiche Theile geschnitten; sind sie weich, dann werden sie herausgenommen, auf ein Sieb gelegt, abgetrocknet und in ein passendes Geschirr gebracht, dann gebe auch 4 in Hälften geschnittene Kalbsbrieslen, welche vorher in Butter gedämpft wurden, zu den Hammelsschwänzen, auch einige in Butter weich gedämpfte und in 4 Theile geschnittene Artischokenböden und 12 Stück Klöße von Kalbfleisch, in Fleischbrühe abgesocht und wieder gut abgetrocknet; dann werden zwei Hände voll gereinigte Champignons mit ¼ Pfund Butter einige Minuten gedämpft, hierauf die Butter davon abgegossen und ein Schoppen gute verkochte Coulis, auch etwas Salz und Pfeffer und ½ Schoppen Consommé dazu gegeben; lasse dieß nun mit den Champignons bis zur Hälfte einkochen, dann gebe alles zu dem Ragout und stelle es recht heiß, bis es angerichtet wird, hierauf rüttle es sachte über dem Feuer unter einander, bis es recht heiß ist, gebe aber wohl Acht, daß die einzelnen Stücke ganz bleiben, und richte dann alles auf eine tiefe Platte.

432. Hammelsschwänze mit Italienischem Reis.

Acht Hammelsschwänze werden wie oben zubereitet, auch auf dieselbe Art gekocht und wieder in ihre Glace gelegt, dann aber folgender Reis dazu gemacht: ½ Pfund Reis wird gereinigt, gewaschen, ¼ Stunde in einem Maas Wasser gekocht und wieder in kaltem Wasser abgekühlt und abgetrocknet; dann wird in ein dazu passendes Geschirr ¼ Pfd. Butter, ein Eßlöffel voll fein gehackter Zwiebeln und grober Pfeffer gegeben, und dieses einige Minuten mit einander gedämpft, die Zwiebeln müssen aber weiß bleiben; dann gebe auch den Reis dazu und lasse ihn, unter öfterem Umschütteln, auch einige Minuten damit auf schwachem Kohlenfeuer dämpfen, dann fülle ihn mit einem Schoppen guter Fleischbrühe auf, und gebe auch etwas Salz und Muskatnuß dazu und lasse ihn auf Kohlenfeuer zugedeckt langsam dämpfen, bis keine Brühe mehr daran zu sehen ist, der Reis muß aber ganz und etwas kernhaft bleiben. Ist es Zeit zum Anrichten, dann menge 3 Hände voll geriebenen Parmesankäse unter den Reis, richte ihn in die Mitte der Platte aufgehäuft an, schneide die Schwänze in der Mitte durch, wende solche in der Glace um und garnire sie dann um den Reis herum.

433. Englische Hammelsschwänze.

Acht Hammelsschwänze werden wie oben bereitet und weich gekocht; sind sie weich, nehme sie aus dem Gefäß heraus und bestreue sie mit feinem Pfeffer und Salz, lasse hierauf Butter zergehen und wende die Schwänze in diesem und dann auch in fein geriebenem Weißbrod um, drücke dieß auch gut an; alsdann werden vier ganze Eier verkläppert, ¼ Pfund klar gemachte Butter gut darunter gerührt, nochmals die Schwänze erst darinnen und dann wieder in fein geriebenem Weißbrod umgewendet und das Brod fest angedrückt; hierauf werden die Schwänze auf einen Rost gelegt und ½ Stunde auf schwacher Gluth vor dem Anrichten langsam gebraten, daß sie auf allen Seiten gelbe Farbe nehmen, worauf sie auf die Platte gelegt werden und eine gute jus dazu gegeben wird.

434. Hammelsrippen à la Soubise.

Sechs Pfund Hammelsrippen werden vom untern Rückenknochen befreit, dann in zwei Finger breite Rippen geschnitten und die obere dünne weiße Haut davon gemacht; diese Rippen werden alsdann mit dem flachen Theil des großen Messers ein wenig platt geklopft und nun mit fein geschnittenem Speck und auf dieselbe Art geschnittener und abgekochter gesalzener Rindszunge voll gespickt; dann wird in ein dazu passendes Geschirr ¼ Pfd. Butter, einige in Scheiben geschnittene Zwiebeln, etwas auf diese Art geschnittener roher Schinken, etwas Kalbfleisch, drei in Scheiben geschnittene gelbe Rüben, ein Lorberblatt und etwas Gewürz gethan und eine Viertelstunde miteinander gedämpft, bis es etwas hochgelb geworden ist, dann lege die gespickte Cotelette neben einander darauf, so daß das Gespickte oben ist, und decke sie mit dünnen Speckbalten zu, auch ein mit Butter bestrichenes Papier darüber; fülle es nun mit einem starken Suppenlöffel voll Fleischbrühe auf und gebe auch etwas Salz dazu, lasse sie nun zugedeckt 2 Stunden langsam dämpfen und nehme sie dann vorsichtig, damit sie nicht zerreißen, auf einen Deckel heraus, gieße den Saft durch ein Sieb, nehme das Fett gut davon herunter, den Saft aber koche zu einer dicken Glace ein, lege dann die Rippen auf die gespickte Seite darein, lasse sie heiß stehen bis es Zeit zum Anrichten ist, dann werden sie auf die Platte kranzartig gelegt und folgende Purée in die Mitte gegeben: 10—12 große Zwiebeln werden in Hälften und dann in dünne Scheiben geschnitten und in einem Geschirr mit ¼ Pfund Butter gut verdämpft, sie müssen aber ganz weiß bleiben; zu diesem gebe 3 Kochlöffel voll Mehl und verrühre es auf dem Feuer etwas, dann fülle es mit

4 Trinkgläsern voll heißem süßem Rahm auf, verrühre es gut auf dem Feuer bis es kocht, dann lasse es eine halbe Stunde langsam kochen, alsdann treibe es durch ein Haartuch und bringe es in ein kleines Geschirr, gebe auch noch etwas Salz, Muskatnuß und einen Kaffeelöffel voll gestoßenen Zucker dazu, rühre alles auf dem Feuer wohl untereinander und gebe es dann in die Mitte der Rippen.

435. Hammelsrippen au petites racines.

So viel Rippen, als man zu einer Platte nöthig hat, werden auf dieselbe Art wie die obigen gespickt, nur keine Rindszunge dazu genommen, auch auf obige Art zubereitet, gedämpft, glasirt und auf die Platte franzartig angerichtet, dann aber Folgendes in die Mitte gegeben: Zwei Hände voll junge fingergleichlange und halbfingerdicke abgedrehte gelbe Rüben werden mit etwas Butter, Salz und einer Nuß groß Zucker recht weich gedämpft, dann eben so viel weiße Rüben, auch ausgestochen oder abgedreht und auch mit Butter, Salz und etwas Zucker weich gedämpft, sie müssen aber schön ganz bleiben; ferner werden auch so viel kleine Zwiebeln in Salzwasser abgekocht, bis sie fast weich sind, dann wird auch eine Hand voll Brockelerbsen in Salzwasser weich gekocht und mit den Zwiebeln auf ein Sieb gelegt, damit sie abtropfen; gebe hierauf die genannten Gemüse zusammen in ein Geschirr und 3 Trinkgläser voll weiße Sauce, etwas Muskatnuß, ein halb Ei groß frische Butter und etwas Salz dazu, lasse es schnell einige Minuten einkochen und richte es dann in die Mitte der Hammelsrippen.

436. Hammelsrippen à la Minute.

Es werden so viel Hammelsrippen, als man zu einer Platte nöthig hat, schön geschnitten, und rings herum, wenn sie mit dem flachen Messer etwas breiter geklopft sind, das Fett aparirt, dann auf beiden Seiten mit feinem Pfeffer und Salz bestreuet; hierauf gebe klare Butter auf ein flaches Geschirr, lege die Rippen neben einander darauf und stelle sie eine Viertelstunde vor dem Anrichten auf starkes Feuer, lasse sie eine Minute auf der einen, dann umgewendet eben so lang auf der andern Seite braten, damit sie auf beiden Seiten Farbe erhalten; nun richte sie franzartig auf die Platte, gebe in das nämliche Geschirr, in welchem die Rippen gebraten wurden, abgekochte und rund abgedrehte, muskatnußgroße

Kartoffeln, einen Eßlöffel voll gehackte Petersilie und etwas Pfeffer=
salz, laſſe dieſe Kartoffeln eine Minute unter fortwährendem Umrütteln etwas röſten und gebe ſie dann ſammt dem Fett in die
Mitte der Rippen.

Zubereitung von Lammfleiſch.

437. Lammsbug à la Polonaise.

Zwei Lammsbüge werden ſchön ausgebeint, alsdann inwendig mit Gewürzſalz und feinen Kräutern eingerieben, dann nähe
ſie wieder zu einem runden Ballen zuſammen, damit ſie eine
ſchöne Form erhalten; nun lege ſie eine Minute in kochendes
Waſſer, damit ſie etwas ſteif werden, laſſe ſie dann wieder erkalten und ſpicke ſie hierauf ſchön mit feinem Speck, doch müſſen ſie
unten ringsherum zwei Finger breit ungeſpickt bleiben, dann gebe
in ein paſſendes Geſchirr Speckbatten, auch einige rohe Kalb-
fleiſchſcheiben und die geſpickten Büge darauf, auch 4 gelbe Rüben,
4 Zwiebeln, zwei Lorberblätter, ein wenig Thymian, ¼ Pfd. klar
gemachte Butter, etwas Salz und 4 Glas gute Fleiſchbrühe oder
Conſommé dazu, darauf aber decke ein mit Butter beſtrichenes Papier; laſſe es jetzt zwei Stunden gut dämpfen, gebe auch auf den
Deckel, womit das Gefäß bedeckt iſt, glühende Kohlen, damit der
Speck eine ſchöne gelbe Farbe erhält; ſind die Büge gut und
ſchön glaſirt, dann nehme ſie heraus, mache den Bindfaden davon
und ſchneide von großen Trüffeln Stückchen zum Spicken, dann
mache mit einem Spießchen ringsum in den nicht geſpickten Theil
der Büge Einſtiche und ſtecke die Trüffelſtückchen hinein, damit es
wie geſpickt ausſieht, dann gebe ſie auf die Platte und folgende
Sauce darüber: 3 Eßlöffel voll fein gehackte Trüffeln werden mit
einem Ei groß Butter und einem Lorberblatt eine Minute langſam
gedämpft, dann zwei Trinkgläſer voll gut verkochte Coulis, etwas
Salz und grober Pfeffer dazu gegeben; dieſes laſſe eine Minute
an der Seite des Feuers langſam dämpfen und gebe es über
den Bug.

NB. Auf dieselbe Art wird auch der Bug zubereitet, nur daß er statt von außen inwendig mit Speck gespickt wird; auf dieselbe Art wird er auch gedämpft und glasirt, statt der Sauce aber ein Fricassee von Gurken oder auch Tomate- oder Paradies-äpfelsauce darunter gegeben.

438. Coteletten von Lammfleisch à la Constance.

Schneide 18 schöne Lammsrippen auf dieselbe Art, wie sie bei Hammelsrippen angegeben ist, gebe ihnen eine schöne Form und bestreue sie mit grobem Pfeffer, dann lege sie auf ein flaches Geschirr, gebe darüber ein halbes Trinkglas voll gute Coulis, auch ein Glas Consommé und ein Ei groß Glace; ½ Stunde vor dem Anrichten stelle das Geschirr auf ein mäßig starkes Feuer und lasse es unter öfterem Umrütteln, damit es nicht anhängen kann, einkochen bis es eine dicke Glace geworden ist; im Augenblick des Anrichtens werden dann die Coteletten kranzartig auf die Platte gerichtet und folgendes Ragout in die Mitte gegeben: 12—16 schöne Hahnenkämme, welche gut gebrüht und in Butter weich gedämpft wurden, eine halbe in fingerdicke Stücke geschnittene gebratene und wieder erkaltete Gansleber, auch eine Hand voll gereinigte, in Butter weich gedämpfte Champignons und einige weich gekochte Artischockenböden werden gut abgetrocknet, die Gansleber und die Artischocken aber rund in der Größe eines Kreuzers ausgestochen und nun alles in eine gut verkochte Bechamell (s. Bechamell) gegeben; dieses nun rüttle wohl unter einander und lasse es einige Minuten auf schwachem Feuer dämpfen, setze auch etwas Salz und Muskatnuß dazu und gebe es dann in die Mitte der Coteletten.

NB. Sollte man keine Glace zu diesen Coteletten haben, so wird 1 Pfd. Kalbfleisch, 1 Pfd. Rindfleisch, ½ Pfd. roher Schinken, alles in Scheiben geschnitten, einige Zwiebeln und gelbe Rüben, auch in Scheiben geschnitten, mit ¼ Pfund Butter gut gedämpft, bis es von allen Seiten hochgelbe Farbe erhalten hat, dann mit 3 Schoppen Fleischbrühe aufgefüllt und langsam 2 Stunden gekocht, hierauf durch ein Tuch geseiet, das Fett davon gut abgenommen, die Brühe aber ganz dick zu einer Glace eingekocht, worauf man es erkalten läßt und zu diesen Coteletten verwendet.

439. Epigramme von Lammfleisch.

Dazu nehme das vordere Viertel von einem Lamm, schneide

den Bug davon herunter, brate ihn am Spieß oder in dem Ofen und schneide, ist er wieder erkaltet und die Haut davon abgezogen, das Fleisch davon herunter in zwei Fingergleich lange und messerrücken dicke Blättchen zu einem Blanquet, alle diese Blättchen klopfe mit dem Hefte des Messers etwas und schneide auch das Ungleiche davon ab; jetzt schneide auch eine Hand voll gereinigte Champignons in dünne Scheiben, dämpfe sie in einem Ei großen Stückchen Butter einige Minuten, dann gebe sie ohne die Butter mit dem geklopften Fleisch in ein passendes Geschirr, zu der zurückgebliebenen Butter aber gebe einen starken Kochlöffel voll Mehl, rühre es wohl damit, gebe dann 4 Gläser voll gute Fleischbrühe dazu und lasse es ¼ Stunde damit kochen, bis es zur Hälfte eingekocht ist, dann lasse die Brühe durch ein Sieb laufen und gebe sie zu dem bereiteten Lammfleisch, nebst etwas Salz und Muskatnuß und lasse es stehen bis zu dem Anrichten; alsdann werden die Rippen von dem Lammviertel schön herunter geschnitten, in schöne Rippen abparirt und mit Pfeffer und Salz bestreut, dann werden ein oder zwei ganze Eier gut verrührt und feingehackte Schalottenzwiebeln und Petersilie darunter gegeben, dieses wird nun nochmals wohl gerührt und die Lammsrippen darin und dann in fein geriebenem Weißbrod umgewendet, gut darum angedrückt und dann auf einen Deckel bis zum Anrichten gelegt; nun wird die Brust, wenn die Knochen davon dünne abgeschnitten sind, so viel als möglich fein gespickt, dann die obern ungleichen Speckspitzen mit der Scheere abgeschnitten, damit der Speck wie Perlen darauf aussieht; dann gebe in ein Geschirr Speckbatten und einige Scheiben rohen Schinken, auch rohes Kalbfleisch, einige Zwiebeln und gelbe Rüben, Salz und etwas Gewürz und ein Lorberblatt und die gespickte Brust darauf, auch den Lammshals (welcher vorher gut ausgebeint und mit feinen Kräutern und Gewürzsalz eingerieben, aufgerollt und umbunden wurde) dazu und ein mit Butter bestrichenes Papier darauf, gebe nun auch noch einen starken Suppenlöffel voll Consommé darüber und lasse das Ganze, zugedeckt mit einem mit glühenden Kohlen belegten Deckel, 1½ Stunden auf dem Kohlenfeuer dämpfen, bis der Speck schön gelb glasirt und alles weich geworden ist; hierbei muß öfters von dem untern Saft oben aufgegossen werden, bis es gut glasirt ist. Hierauf ziehe die Brust und den Hals heraus, nehme den Bindfaden davon, schneide den Hals in fingerdicke Scheiben und wende solche, sind sie erkaltet, zuerst in Mehl, dann in verkläpperten Eiern

und dann in fein geriebenem Weißbrod um, auch drücke dieses
gut an; ist es Zeit zum Anrichten, dann lege die Lammsrippen
auf ein flaches Geschirr mit heißer Butter und brate sie schnell
auf beiden Seiten etwas hochgelb, die Halsstücke aber backe in
heißem Schmalz ebenfalls hochgelb; die Brust wird jetzt wie Coteletten, doch etwas größer, geschnitten, dann auf die Platte auf
folgende Art gelegt: Ein Cotelette, dann ein gespicktes Bruststückchen, dann ein gebackenes Halsstück und so fortgefahren bis
der Kranz voll ist; dann gebe in die Mitte das auf folgende Art
bereitete Blanquet: Rüttle dieses auf dem Feuer herum, bis es
recht heiß ist, dann gebe das Gelbe von 3 Eiern und den Saft
einer Citrone darunter und rüttle es wohl durcheinander, ohne
daß es jedoch kocht.

Zubereitung von Schweinefleisch.

440. Boudin noir oder schwarze Würste.

Schneide 30 Zwiebel oben und unten ab, dann in dünne
Scheiben und dämpfe diese mit ¼ Pfund Schweineschmalz weich,
sie dürfen aber keine Farbe erhalten; sind sie weich geworden,
dann schneide darunter 3 Pfund Fett vom Bauchlampen, ohne
Fleisch in kleine Würfel, und setze diesem 4 Schoppen Schweine-
blut, 1 Schoppen süßen Rahm, Salz, Pfeffer und Allerhandgewürz
zu, vermenge dieß alles recht gut, damit der Speck oder das geschnittene Schweinefett nicht zusammenballt, dann fülle es sorgfältig, damit keine Luft darin bleibt, in die dazu bestimmten Bratwurstdärme, und binde nun die Würste in willkührlicher Größe
ab; jetzt gebe sie in einen Kessel in heißes Wasser und lasse sie,
unter öfterem Untertauchen, langsam sieden, aber ja nicht aufkochen; wenn dann beim Einstechen in die Würste nur Fett und
kein Blut mehr herausquillt, so sind sie fertig.

441. Weiße Würste.

Vier Hände voll fein gehackte Zwiebeln werden mit ½ Pfd.
Butter ganz weich gedämpft, sie müssen aber weiß bleiben; dann

nehme zwei gebratene Hühner, befreie solche von Haut und Knochen und hacke und stoße das Fleisch recht fein, dann hacke eben so viel Schweinebauchlampenspeck und stoße es unter das Hühnerfleisch, stoße auch eben so viel in Milch eingeweichtes und wieder gut ausgedrücktes Weißbrod dazu; rühre nun die gedämpften Zwiebel und dann einen Schoppen süßen Rahm, mit dem Gelben von 8 Eiern vermengt, nach und nach recht gut darunter, auch Salz, Pfeffer und Muskatnuß. Diese Masse fülle jetzt in Bratwurstdärme und lege die so bereiteten Würste in ein großes mit Wasser und etwas Milch gefülltes Geschirr und lasse sie an der Seite des Feuers langsam sieden, sie dürfen aber ja nicht kochen, weil sie sonst aufspringen würden; sind sie recht fest geworden, dann sind sie gut. Lasse sie hierauf erkalten und stupfe sie etwas mit der Gabel, dann lege sie auf einen Rost, auf welchem ein mit Oel bestrichenes Papier liegt, und lasse sie eine halbe Stunde vor dem Anrichten auf schwachem Feuer von allen Seiten schöne braungelbe Farbe nehmen; sie werden dann nach der Suppe aufgetragen.

442. Französische Bratwürste.

Dazu nehme 2 Pfund gutes mageres Schweinenfleisch ohne Haut und Flechsen, eben so viel Speck und hacke alles fein wie ein Teig, dann gebe einen Eßlöffel voll fein gehackte Petersilie, auch so viel gehackte Schalottenzwiebeln, etwas Allerhand- oder Modegewürz, die fein gehackte Schale einer halben Citrone, einen halben Kaffelöffel voll grob gestoßenen Pfeffer und Salz, dann ein Trinkglas voll Madeira, oder Rheinwein, oder auch Champagner dazu, dieß alles menge wohl untereinander und fülle es in die Därme.

443. Hure von Schweinefleisch.

Dazu nehme einen Schweinskopf, welcher nicht zu kurz abgeschnitten ist, beine ihn gut aus und schneide ihn von unten der Länge nach auf, dann löse den ganzen Knochenkopf heraus, jedoch sorgfältig, daß die Haut nicht zerschnitten wird; hierauf stoße Allerhand- oder Modegewürz nebst Pfeffer und Salz, reibe den innern Theil des Kopfes damit gut ein und bereite nun eine Bratwurstfarce von 6 Pfund gehacktem Schweinefleisch auf dieselbe Art, wie oben bei den Französischen Bratwürsten angegeben, dann menge noch gut darunter: eine abgekochte gesalzene und in große Würfel geschnittene Rindszunge, ein Pfund auf dieselbe Art geschnittener geräucherter Speck, auch ein Pfund weich gekochte und nudelartig geschnittene Schweinsohren, gut gestoßenes Modegewürz, ein Eßlöffel voll grob gestoßenen Pfeffer und Salz; ist alles gut unter einander gemengt, dann fülle es in den Kopf, welcher vorher gut mit Bindfaden zusammen genäht wurde, drücke die Farce auch recht fest ein, so daß der Kopf seine vorige Gestalt wieder erhält; über die Oeffnung aber wird ein starkes Kalbsnetz genäht; jetzt wickle ihn in eine Serviette ein, nähe diese übereinander und umbinde sie mit Bindfaden recht fest; lege nun den Kopf in ein großes, dazu passendes Geschirr und gebe einige gelbe Rüben, 8 Zwiebeln, eine in Scheiben geschnittene Citrone ohne Kern, 4 Lorberblätter, Thymian, einige Petersilienwurzeln, ganzes Gewürz, zwei Hände voll Salz, 6—8 zerhackte Kalbsfüße, 2 Bouteillen weißen Wein, ein Schoppen Essig und Wasser, bis es zwei handhoch über den Kopf geht, dazu, lasse ihn aufkochen und schäume ihn dann gut ab; hierauf lasse ihn zugedeckt und den Deckel ringsherum mit Papier verklebt 8 Stunden langsam kochen; ist er dann gut, so wird er von dem Feuer gestellt und bis er kalt ist stehen gelassen; hierauf wird er aus der Brühe herausgenommen und zwischen zwei Brettern einen Tag gepreßt, dann die Serviette davon abgenommen, auch der Bindfaden herausgezogen; man kann ihn nun ganz oder in Scheiben geschnitten aufstellen und gibt folgende Aspic dazu: die Brühe, in welcher der Kopf gekocht hat, wird durch ein Tuch gelassen, das Fett davon abgenommen und bis zur Hälfte eingekocht, sodann werden in einem besonderen Geschirr 3 ganze Eier sammt der Schale verklopft, die halb eingekochte Brühe, wenn sie etwas verkühlt ist, darunter gerührt, dann auf dem Feuer gerührt, bis es eine Minute gekocht hat; hierauf ziehe es von dem Feuer, gebe einen Deckel mit glühenden Kohlen darauf und lasse es eine halbe Stunde stehen, dann nehme den Deckel davon und gieße es auf eine, auf einen umgekehrten Stuhl aufgebundene Serviette, worunter ein Geschirr stehet, lasse alles langsam durchlaufen, dann erkalten und fest werden.

444. Schweinsfüße à la Perigot.

Von 8—10 Füßen werden die Haare abgestammt, dann wird ein jeder Fuß gut mit Bindfaden eingeschnürt, damit die Knochen die Füße im Kochen nicht zerreißen; hierauf lege sie in ein dazu passendes Geschirr, sammt 4 Zwiebeln, 4 gelben Rüben, einigen Petersiliewurzeln, etwas Salbey, Thymian, Lorberblättern, ganzem Gewürz, einer halben Bouteille weißem Wein, zwei Suppenlöffeln voll Wasser und Salz, lasse sie nun 8 Stunden langsam kochen, dann verkühlen und nehme jetzt die Bindfäden davon, die Knochen aber ziehe sorgfältig oben heraus, daß die Haut nicht zerrissen wird. Jetzt wird folgende Farce hineingefüllt: Von einem gebratenen Boularden oder großen Huhn wird das Fleisch ohne Haut genommen und mit drei weich gekochten Kalbseutern sehr fein gehackt, dann in einem Mörser, sammt dem in Milch eingeweichten und wieder ausgedrückten Weichen von zwei Kreuzerwecken einige Minuten gut gestoßen, dann gebe das Gelbe von 4 Eiern, eine Hand voll fein gehackte Trüffeln, einen Eßlöffel voll fein gehackte Petersilie und Schalottenzwiebeln, etwas groben Pfeffer, Muskatnuß und Salz dazu, stoße alles recht gut unter einander, nimm es aus dem Mörser heraus, rühre noch ein oder zwei in dünne Blättchen geschnittene Trüffeln und 2 bis 4 Eßlöffeln voll süßen Rahm gut darunter; diese Farce fülle nun so gut als möglich in die Füße ein und binde die Oeffnung mit Schweinenetz zu, dann bestreiche die Füße gut mit zerlassener Butter, wende sie in fein geriebenem Weißbrod um, drücke es auch gut an. ½ Stunde vor dem Anrichten lasse sie dann auf dem Rost über schwachem Kohlenfeuer braungelbe Farbe nehmen und langsam braten; sind sie gut nach dieser Zeit, dann richte sie recht heiß auf die Platte ohne Sauce.

445. Foie de Cochon en frommage.

3 Pfund Schweineleber, 2 Pfund Speck und ¼ Pfund Schweinelampen werden mit einander recht fein gehackt, diesem dann ein Eßlöffel voll fein gehackte Petersilie, eben so viel gehackte Schalottenzwiebeln, grob gestoßener Pfeffer, Modegewürz und Salz beigemengt; streiche nun eine dazu passende platte Form oder Casserolle mit Schweinenschmalz gut aus und belege den Boden derselben mit dünn geschnittenen Speckbatten, dann gebe eine drei Finger dicke Lage von dem Gehackten darauf, dann wieder Speckbatten und so fort, bis die Form gefüllt ist; hierauf decke das Ganze mit Speckbatten zu und stelle es in einen heißen Ofen; nach 3 Stunden ist es gut; lasse es hierauf erkalten. Vor dem Auftragen erwärme die Form von allen Seiten und mache den inneren Rand etwas mit dem Messer von derselben los, dann

stürze das Ganze auf eine Platte und garnire es mit Aspic (s. Aspic).

446. Bratwürste en Tortue.

Sechs Bratwürste werden, nachdem jede in fünf Theile mit einem Bindfaden abgebunden ist, mit ½ Pfund Butter langsam gebraten, gebe aber wohl Acht, daß keine davon aufspringt; dann lasse sie verkühlen und schneide die Theile da ob, wo sie gebunden sind, dann nehme auch sorgfältig, daß sie nicht zerreißen, die Haut gut davon und lege sie in ein besonderes Geschirr; schneide auch hierauf zwei Hände voll Trüffeln in runde Kugeln, ungefähr wie die Bratwurststückchen, dämpfe sie mit fein gehackten Schalottenzwiebeln und fein gehackter Petersilie in der Butter, in welcher die Bratwürste gebraten wurden, einige Minuten und gebe sie sammt den Kräutern zu den Würsten, dann dämpfe auch zwei Hände voll ganz kleine Zwiebel in derselben Butter, bis sie schöne gelbe Farbe erhalten haben, und gebe sie ebenfalls zu den Würsten; dann brate auch zwei Hände voll Kastanien, schäle sie gut ab und lege sie auch dazu, dann schneide 4 Stück Schweinenieren in je vier Theile und dämpfe sie in jenem, in welchem die Trüffel gedämpft wurden, eine Minute; endlich nehme von 10 hart gesottenen Eiern das Gelbe auch schön ganz dazu. Bereite nun folgende Sauce: Schneide 8 große Zwiebeln in dünne Scheiben, auf gleiche Art etwas rohen Schinken und dämpfe es in der Butter, in welcher die Bratwürste, Zwiebeln, Trüffeln und Nieren gedämpft wurden, bis sie braungelb und weich geworden, rühre dann einen Eßlöffel voll Mehl gut darunter, fülle es mit einem Glas weißem Wein und eben so viel Consommé auf und verrühre es recht gut auf dem Feuer bis es kocht, dann gebe ein Lorberblatt, etwas Citronenschale, etwas grob gestoßenen Pfeffer, etwas gestoßenes Modegewürz und etwas Salz dazu und lasse es eine halbe Stunde langsam verkochen, dann treibe alles gut durch ein Haarsieb über das Ragout und setze noch ein starkes Glas Madeira und eine Messerspitze spanischen Pfeffer dazu, lasse es eine Viertelstunde mit einander gut durchkochen und richte es dann auf eine tiefe Platte.

447. Filets mignon aux Truffes.

6—8 Schweinelümmel werden schön perlenartig gespickt, dann auf Speckbatten in ein passendes Geschirr gelegt, und ¼ Pfund klar gemachte Butter, etwas in dünne Scheiben geschnittener roher Schinken, auch in Scheiben geschnittene Zwiebeln, ein Lorberblatt, etwas Gewürz und Salz, ein Glas weißer Wein und ein Suppenlöffel voll gute Fleischbrühe darüber gegeben; dieses lasse aufkochen und dann, mit einem mit glühenden Kohlen belegten Deckel bedeckt, auf Kohlenfeuer langsam 2 Stunden dämpfen, unter öfterem Uebergießen des untern Saftes, bis der Speck schön darauf glasirt ist; sind sie mürbe und gut glasirt, dann schneide jedes in fingerdicke schräge Scheiben, richte sie kranzartig auf die Platte (man kann sie auch ganz darauf legen) und gebe folgende Sauce darüber: bringe in ein kleines Geschirr ein Ei groß Butter und dämpfe darin 4 in Scheiben geschnittene Trüffeln, etwas fein gehackte Schalottenzwiebeln und ein Lorberblatt eine Minute; dann gebe ein Glas Wein, zwei Trinkgläser voll gute Coulis, etwas groben Pfeffer und Salz dazu und lasse es bis zur Hälfte einkochen, dann gebe auch ein Glas Fleischbrühe und den Saft, worin die Filets gedämpft wurden, dazu und lasse es gut damit aufkochen, dann gieße alles durch ein Sieb, nehme das Fett davon, den Saft aber koche ganz dick zu einer Glace ein und gebe einen Theil davon in die Sauce, den andern über die Filets. Dann nehme das Fett auch von der Sauce gut ab und gebe sie recht heiß über die Filets.

448. Kleine Granaten von Schweinefleisch.

Zwei Pfund Schweinscarré mit dem darauf befindlichen Speck wird fein wie zu Bratwürsten gehackt, dann dämpfe zwei Hände voll fein gehackte Zwiebeln mit ¼ Pfund Butter einige Minuten, sie müssen aber weiß bleiben, dann rühre einen Kochlöffel voll Mehl gut darunter und lasse dieß auch eine Minute damit dämpfen, dann gieße 2 Gläser voll heiße Milch dazu, rühre es wohl unter dem Feuer untereinander und lasse es ¼ Stunde langsam abdämpfen, bis es ein ganz dicker Brei geworden ist, hierauf rühre das Gelbe von 6 Eiern gut heiß darunter, gebe etwas Salz, Muskatnuß und feinen Pfeffer dazu, auch dieß rühre wohl auf dem Feuer unter einander und lasse es dann gut verkühlen; nun schneide 3 Trüffeln in Würfel, ebenso etwas abgekochte gesalzene Rindszunge und rühre dieses mit einer Hand voll geschälten und etwas grob gehackten Pistacien unter das gehackte Fleisch. Jetzt werden kleine glatte Förmchen mit Butter ausgestrichen und der Boden mit einem dünnen Speckblättchen belegt, dann die Masse hineingefüllt und wieder auf jedes ein dünnes Speckblättchen gelegt. Die so gefüllten Förmchen werden nun in ein mit heißem Wasser gefülltes flaches Geschirr gebracht, dieses mit einem mit glühenden Kohlen belegten Deckel zugedeckt und auf schwaches Kohlenfeuer oder in einen heißen Ofen gestellt; nach einer Stunde, wenn sie gut und oben darauf etwas glasirt sind, werden die Förmchen heraus genommen, ihr Inneres auf eine Platte gestürzt und eine auf folgende Art bereitete Sauce darüber gegeben: Mache von 24 Krebsen eine gute rothe Krebsbutter, die Schwänze aber werden gereinigt, der Länge nach in zwei Theile geschnitten und in ein besonderes Geschirr gebracht; dann gebe in ein Geschirr ¼ Pfund Butter, etwas in Würfel geschnittenen rohen Schinken, auch etwas in dünne Blättchen geschnittenes rohes Kalbfleisch, einige Zwiebelscheiben und ein Lorberblatt, dämpfe es mit einander, bis alles eine blonde Farbe erhalten hat, dann rühre einen starken Kochlöffel voll Mehl darunter, fülle es mit 3 Trinkgläsern voll guter Fleischbrühe auf, verrühre es gut auf dem Feuer, lasse es langsam ½ Stunde auf schwacher Gluth kochen und winde es dann durch ein Haartuch, gebe dann etwas Salz und Muskatnuß dazu und lasse es noch ein Drittel unter fortwährendem Umrühren einkochen, dann gebe ein Ei groß Krebsbutter dazu und ziehe die Sauce mit einem Löffel auf dem Feuer gut auf, bis die Krebsbutter sich mit der Sauce vermischt hat, sie darf aber nicht mehr kochen, und gebe die Krebsschwänze darunter.

449. Schweinsnieren au vin de Champagne.

So viel Schweinsnieren, als zu einer Platte nöthig, werden in dünne Blättchen geschnitten, dann gebe ein Stück Butter auf ein flaches Geschirr, stelle es auf das Feuer, gebe die Nieren darauf und Salz, Pfeffer, Muskatnuß, fein gehackte Petersilie und Schalottenzwiebeln dazu, in dem Augenblick des Anrichtens werden sie auf starkes Feuer gegeben und schnell gedämpft, doch öfters unter einander gerüttelt, damit sie nicht anhängen; nachdem sie etwas gebraten sind gebe einen Eßlöffel voll Mehl dazu, rüttle es gut unter einander und gieße dann ein starkes Glas Champagnerwein dazu, rüttle es auf dem Feuer, ohne daß es kocht, gut untereinander und richte es hierauf an.

450. Schweins-Coteletten.

Wenn die Rippen, nach Art der Hammelsrippen geschnitten,

und auf der Seite einen halben Finger breit Speck daran gelassen und schön geformt sind, so werden sie von beiden Seiten mit Pfeffer und Salz bestreut, dann in zerlassener Butter umgewendet und auf den Rost gelegt; eine Viertelstunde vor dem Anrichten werden sie dann auf starkem Kohlenfeuer auf beiden Seiten gebraten, bis sie schöne Farbe erhalten haben, dann kranzartig auf die Platte gegeben und folgende Sauce dazu bereitet: Zwei Trinkgläser voll gute Coulis, ein Trinkglas voll Consommé, etwas grober Pfeffer und Salz, auch ein Glas Wein, wird zusammen bis zur Hälfte eingekocht, dann eine Hand voll schöne grüne und kleine Cornichons, in dünne Blättchen geschnitten, in die Sauce gelegt, dieses läßt man noch einige Minuten an der Seite des Feuers kochen und richtet es dann zu den Rippen an.

451. Cochon de lait farci.

Ein gut gebrühtes und gereinigtes Spanferkel wird recht vorsichtig ausgebeint und auch der Kopf davon abgeschnitten; dann nehme so viel schöne weiße Kalbsleber, als zu dieser Farce nöthig ist, auch eben so viel Speck, so daß ein Pfund Speck auf ein Pfund Kalbsleber kömmt; dieses hacke mit einander sehr fein, dann rühre etwas gedörrten und fein gestoßenen Salbei, fein gestoßenes Modegewürz, groben Pfeffer und Salz gut darunter und breite jetzt das Spanferkel auf einem reinen Tuch auseinander; nun schneide Kleinfinger dicke Riemen von Speck, auch solche von gesalzener und abgekochter Rindszunge und lege sie der Länge nach in das ausgebreitete Spanferkel, auch in die Glieder, die Farce aber gebe darüber; ist alles eingefüllt, so nähe es wieder zusammen, damit es seine vorige Gestalt wieder erhält, und reibe es gut mit Citronensaft ein, sodann lege auf eine ausgebreitete Serviette einige Blätter Salbei, auch einige Lorberblätter, dann gebe Speckbatten und etwas Salz darauf, auf dieses nun lege das gefüllte Spanferkel mit dem Rücken und wickle es recht fest in die Serviette ein, dann nähe auch diese über einander und schnüre sie mit Bindfaden ein; hierauf bringe es in ein dazu passendes Geschirr und gebe sechs Zwiebeln, drei gelbe Rüben, ein Bouquet Petersilie, zwei Lorberblätter, etwas Thymian, ganzes Gewürz, zwei Hände voll Salz, auch die Knochen und den Kopf von dem Spanferkel, vier Stück zerhackte Kalbsfüße, 2 Bouteillen weißen Wein und eine Maaß Wasser darüber und lasse es aufkochen, dann gebe es auf schwaches Kohlenfeuer und lasse es ganz sachte 3½ Stunden kochen, dann ziehe es von dem Feuer zurück und lasse es noch eine Stunde in dem Gefäß liegen, dann ziehe das Spanferkel aus der Brühe heraus und beschwere es zwischen zwei Brettchen, damit es eine schöne Form erhält; ist es dann erkaltet, so nehme es aus der Serviette und reinige es vom Anhängenden; hierauf gebe auf eine lange Platte eine schöne zusammen gelegte Serviette, lege es darauf und garnire es schön. Man kann auch saure Sulz oder Aspic (s. Aspic), welche aus der durchgelassenen Brühe gemacht wird, darum garniren.

Zubereitung von Schwarzwild.

452. Schwarzwild à la Bourgois.

Nehme so viel Schwarzwild, als man zu einer Platte nöthig hat, von dem Carré oder der Brust, ist es gut gereinigt und abgeschaben, dann gebe es in ein Geschirr nebst vier ganzen Zwiebeln, einigen gelben Rüben, drei Lorberblättern, so viel Salbeiblättern, einem Eßlöffel voll Wachholderbeeren, einigen Citronenscheiben, ganzem Gewürz, etwas Salz, ferner einer Bouteille weißem Wein und eben so viel Wasser und lasse dieß zugedeckt langsam drei Stunden kochen, bis die Schwarte weich ist, dann nehme es aus der Brühe heraus, lasse es gut verkühlen und bringe es, in gleiche Portionen geschnitten, in ein anderes Geschirr und gebe folgende Sauce darüber: Vier starke Hände voll geriebenes Schwarzbrod wird in zwei Ei groß Butter langsam geröstet, bis es stark braun geworden, dann rühre einen Eßlöffel voll fein gehackte Schalottenzwiebeln und eben so viel Mehl darunter, lasse es auch eine Minute damit rösten, dann fülle es mit vier Gläsern voll von der durchgeseiten und von dem Fett befreiten Brühe, worin das Wildpret gekocht hat, auf, gebe noch zwei Gläser voll rothen Wein, einige Citronenscheiben ohne Kern, zwei Lorberblätter, zwanzig fein gestoßene Wachholderbeeren und etwas gestoßenen Pfeffer dazu, lasse es aufkochen, gebe es über das Ragout und lasse es langsam auf schwachem Feuer ½ Stunde kochen, nehme auch das Fett davon und richte es auf eine tiefe Platte an.

453. Rippen von Schwarzwild aux Truffes.

So viel Rippen, als man zu einer Platte nöthig hat, werden auf dieselbe Art wie die Schweinsrippen geschnitten und etwas breit geklopft, dann auf beiden Seiten mit fein unter einander gestoßenem Pfeffer, Salz und Wachholderbeeren bestreut, dann in ein flaches Geschirr gelegt und klar gemachte Butter darüber gegeben. ½ Stunde vor dem Anrichten bringe das Geschirr auf das Feuer und lasse die Rippen schnell von einer Seite braten, dann wende sie um und lasse sie auch auf der andern Seite schöne Farbe nehmen, hierauf lege sie kranzartig auf die Platte und gebe folgende Sauce darüber: 4—6 in Scheiben geschnittene Trüffeln werden auf das Geschirr, auf welchem die Rippen gebraten wurden, gelegt und mit einem Lorberblatt eine Minute gedämpft, dann gebe zwei Gläser voll Coulis (s. Coulis), ein Glas Consommé und ein Glas rothen Wein dazu und lasse es bis zur Hälfte einkochen.

454. Filets von Schwarzwild.

Von einem Schwarzwildrücken werden die zwei Filets heraus geschnitten und, nachdem man die Schwarte heruntergezogen, fein gespickt, hierauf in eine Schüssel gelegt und Folgendes darüber gegeben: Zwei Hände voll Salz, drei Lorberblätter, einige Salbeiblätter, etwas Basilicum, Thymian, gestoßener und ganzer Pfeffer, eine halbe Hand voll Wachholderbeeren, einige Zwiebeln in Scheiben und etwas Petersilie, auch einige Schalottenzwiebeln und Citronenscheiben werden unter einander gemischt und über die Filets gegeben oder diese damit eingerieben, worauf man sie zwei Tage zugedeckt stehen läßt; alsdann gebe in ein passendes Geschirr einige Speckbatten und lege die Filets, nachdem sie gut gereinigt sind, darauf, darum aber einige in Scheiben geschnittene Zwiebeln und gelbe Rüben, vier Lorberblätter, etwas Thymian, einige Salbeiblätter, dann auch ¼ Pfund klare Butter, decke nun ein mit Butter bestrichenes Papier darauf, fülle es mit zwei Gläsern voll Wein und eben so viel Fleischbrühe auf, auch etwas Salz und ganzes Gewürz dazu und lasse sie langsam, oben und unten Kohlenfeuer, 2½ Stunden dämpfen, bis sie oben gut glasirt sind, dann gebe sie auf die Platte und folgende Sauce darüber: Dämpfe mit einem Ei groß Butter einen Kochlöffel voll Mehl langsam auf schwachem Kohlenfeuer ganz hochgelb, dann gebe einen Suppenlöffel voll Consommé zu dem Saft, in welchem die Filets gedämpft wurden, lasse es recht gut damit aufkochen und dann durch ein Sieb laufen, nehme auch das Fett davon, dann gebe den Saft zu dem gelb gedämpften Mehl, verrühre es gut auf dem Feuer, gebe noch ein Glas Wein dazu, lasse die Sauce ¼ Stunde verkochen, dann gebe sie durch ein Haarsieb in ein anderes Geschirr, sammt einer Hand voll Kapern und etwas Pfeffer, lasse sie einige Minuten damit langsam kochen und gebe sie nun über die Filets.

NB. Man kann auch eine süße Sauce, mit eingemachten Johannisbeeren und Wein aufgekocht, darüber geben.

Zubereitung von Rothwild.

455. Filets von Reh.

Von einem Rehrücken werden die Filets herausgeschnitten, die Haut davon gemacht, dieselben schön aparirt und fein perlenartig gespickt; hierauf gebe in ein passendes Geschirr dünne Speckbatten, darauf aber einige Scheiben rohen Schinken, auch einige Zwiebeln und gelbe Rüben, in Scheiben geschnitten, zwei Lorberblätter, etwas Thymian und zwei Gewürznägelein, und auf dieses die Filets; darüber aber gebe ¼ Pfund klar gemachte Butter und decke das Ganze mit einem mit Butter bestrichenen Papier zu; gieße auch eine halbe Bouteille weißen Wein und eben so viel Fleischbrühe sammt etwas Salz dazu; bedecke es nun mit einem mit glühenden Kohlen belegten Deckel und lasse es 1½ Stunden auf Kohlenfeuer dämpfen, bis es auf der gespickten Seite schön braungelb glasirt ist, auch muß von dem untern Fett öfters das obere begossen, auch das Feuer auf dem Deckel gut unterhalten werden. Ist es Zeit zum Anrichten, dann gebe die Filets auf die Platte und zu dem Zurückgebliebenen einen Suppenlöffel voll jus, koche dieses mit einander auf und lasse es durch ein Sieb und nehme auch das Fett davon, den Saft aber koche bis zur Glacedicke ein und glasire die Filets damit; zu der übrigen Glace gebe ein Trinkglas voll gute Coulis und ½ Schoppen guten dicken sauren Rahm nebst etwas grobem Pfeffer, lasse es einige Minuten unter fortwährendem Umrühren gut verkochen und gebe es unter die Filets.

456. Ratro von Hirschfleisch mit Tomatésauce.

Von der untern Schale eines Hirschschlägels werden 12—14 fingerdicke Stücke in der Größe und Form von Kalbsrippen geschnitten, mit dem flachen Theil eines großen Messers etwas platt geklopft und ringsherum mit dem Messer etwas aparirt, damit sie wie schöne Kalbsrippen aussehen; dann werden sie ganz fein voll gespickt, auf ein flaches Geschirr gelegt und ½ Pfund klare Butter sammt ½ Glas Essig und 4 Gläser jus oder Consommé, etwas Salz und 2 Lorberblättern, auch einigen in Scheiben geschnittenen Zwiebeln und etwas rohem Schinken dazu gegeben; 1½ Stunden vor dem Anrichten bringe sie auf schwaches Feuer, bedecke sie mit einem mit glühenden Kohlen belegten Deckel und lasse sie dämpfen, bis das Gespickte gut glasirt und mürbe geworden ist, es muß aber öfters von dem Untern oben darauf gegossen werden; haben sie schöne Farbe erhalten und sind sie gut mürbe, auch schön glasirt, dann richte sie kranzartig auf die Platte, gebe auch zwischen ein jedes der Ratro eine gleich geformte und federkieldick geschnittene, in Schmalz gelb gebackene Weckschnitte oder Crouton und folgende Sauce in die Mitte: 6—8 Paradies- oder Tomatéäpfel werden von ihrem Wasser befreit, dann gebe in ein Geschirr ¼ Pfund Butter, einige in Scheiben geschnittene Zwiebeln und gelbe Rüben, dann auch etwas in Würfel geschnittenen rohen Schinken, einen Knoblauchzinken und einige Pfefferkörner, lasse dieß eine Minute miteinander dämpfen, dann gebe auch die Tomatéäpfel dazu und lasse es auch mit diesen noch eine Viertelstunde unter öfterem Umrühren dämpfen; dann gebe einen starken Kochlöffel voll Mehl darunter und rühre es wohl unter einander; jetzt fülle es mit 4 Trinkgläsern voll Fleischbrühe auf, verrühre es gut auf dem Feuer bis es kocht, dann lasse es eine halbe Stunde langsam kochen, rühre aber öfters darin, damit es nicht anhängen kann; nun wird die Sauce durch ein Haarsieb in ein kleines Geschirr getrieben und dazu etwas Salz, grober Pfeffer und der Saft einer Citrone gethan; hierauf wird sie mit dem Löffel auf dem Feuer aufgezogen, bis sie kochend heiß geworden ist und dann in die Mitte der Ratro gegeben.

457. Coteletten von Reh.

Schneide so viel Rehrippen, als man für eine Platte nöthig hat, auf die Art wie Hammelsrippen, und parire sie eben so ab, dann bestreue sie mit Pfeffer und Salz, gebe sie auf ein flaches Geschirr neben einander und gieße ½ Pfund klar gemachte Butter darüber; eine Viertelstunde vor dem Anrichten stelle sie auf das Feuer und lasse sie auf der einen und dann auf der andern Seite schöne Farbe nehmen; hierauf richte sie kranzartig auf die Platte und gebe folgende Sauce darüber: Ein Eßlöffel voll fein gehackte Schalottenzwiebeln, eben so viel fein gehackte Petersilie und fein gehackte Trüffeln, ein halbes Glas Essig und ein halb Ei groß Butter wird zusammen gekocht, bis der Essig ganz eingekocht ist, dann gebe zwei Trinkgläser voll gute Coulis, ein Glas Consommé, etwas Salz und groben Pfeffer dazu und lasse es bis zur Hälfte einkochen.

458. Hasen=Sivet.

Lasse 12 Loth Butter warm werden, gebe dazu 4 Kochlöffel voll Mehl und lasse es auf schwacher Glut langsam dämpfen, bis es etwas blonde Farbe erhalten hat; dann schneide ½ Pfd. unterwachsenes Dürrfleisch in zolllange und fingerdicke Vierecke, gebe sie zu dem gedämpften Mehl, lasse sie auch eine Minute unter fortwährendem Umrühren damit dämpfen, dann gebe auch den Hasen, wenn er vorher in schöne Portionen geschnitten, ausgewaschen und gut abgetrocknet ist, dazu, rüttle alles eine Minute über dem Feuer wohl unter einander, dann gebe eine Bouteille rothen Wein und eben so viel Wasser dazu und rüttle es recht gut über dem Feuer unter einander, bis es zu kochen anfängt; dann gebe ein Bouquet Petersilie, zwei Lorberblätter, etwas grob gestoßenen Pfeffer, drei Zwiebeln mit drei Gewürznägelein gespickt, etwas Salz und eine Hand voll gereinigte Champignons dazu, und lasse es auf starkem Feuer kochen, bis die Sauce zur Hälfte eingekocht und die Hasenstückchen beinahe weich sind, alsdann brate 3 Hände voll kleine, aber ganz gleiche Zwiebeln in Butter etwas gelb, gebe sie zu dem Hasen, lasse sie noch 1½ Viertelstunden mit demselben auf schwachem Feuer dämpfen, dann stelle das Ragout zurück auf heiße Asche, damit es bis zum Anrichten recht heiß bleibt.

495. L'etouffade von Hasen auf Italienisch.

Schneide einen Hasen in schöne und gleiche Stücke, wasche diese gut, dann lasse sie eine Minute in heißem Wasser kochen, wieder in kaltem Wasser abkühlen und trockne sie mit einem Tuch gut ab; dann lege in ein dazu passendes Geschirr Speckbatten, die Hasenstückchen darauf und auf diese wohl vermengt: 2 Eßlöffel voll fein gehackte Schalottenzwiebeln, einen Eßlöffel voll fein gehackte Petersilie, ¼ Pfd. rohen Schinken, in ganz kleine Würfel geschnitten, die Schale von einer Citrone, fein gehackt, eben so 2 Lorberblätter, eine Messerspitze voll Modegewürz, wie auch grob gestoßenen Pfeffer und Salz, ferner eine Hand voll in dünne Blättchen geschnittene Trüffeln, dann gebe noch ein starkes Trinkglas voll Provenceröl und den Saft von zwei Citronen dazu und ein mit Oel bestrichenes Papier darauf; hierauf lasse es, zugedeckt mit einem mit glühenden Kohlen belegten Deckel, auf schwachem Feuer langsam zwei Stunden dämpfen, bis alles gut weich ist; dann richte die Hasenstückchen schön auf die Platte und gebe die Trüffeln sammt den Kräutern und Oel und etwas Citronensaft darüber.

460. Matelot von Hasen.

Von einem Hasen werden die Brust und Büge zusammen in kleine Stückchen geschnitten, dann gebe in ein Geschirr einige Speckbatten, einige in Scheiben geschnittene Zwiebeln und gelbe Rüben, etwas rohen Schinken und die Hasenstückchen darauf, auch etwas Gewürz, einige Lorberblätter, ein Ei groß Butter und eine halbe Bouteille weißen Wein dazu, lasse es gut kochen bis der Wein ganz eingekocht ist, dann stelle es auf schwaches Feuer, damit es langsam dämpft und alles eine hochbraune Farbe annimmt, hierauf fülle es mit ½ Maß Wasser auf und lasse es wieder langsam kochen bis alles recht weich geworden ist, dann gieße die Brühe durch eine Serviette, nehme das Fett davon herunter und bereite folgende Coulis davon: Dämpfe mit einem Ei groß Butter zwei Kochlöffel voll Mehl ganz langsam, bis es eine blonde Farbe erhalten hat, dann rühre all die Hasenbrühe darunter, verrühre es gut auf dem Feuer bis es kocht, dann lasse es eine halbe Stunde an der Seite des Feuers verkochen und durch ein Sieb oder Haartuch laufen. Der Hasenrücken und die Schlägel werden nun, nachdem sie gut abgehäutet und fein gespickt sind, in einem dazu passenden Geschirr mit Speck und Butter, etwas Salz, Pfeffer und einem Lorberblatt gut von allen Seiten gebraten und wieder verkühlt, dann wird das Filet von den Knochen abgelöst, in stark nußgroße Stückchen geschnitten und in ein Geschirr gelegt. Brate nun auch sechs Bratwürste, welche vorher je in fünf Theile mit einem Bindfaden unterbunden wurden, lasse sie wieder erkalten und schneide die Bratwürste, wo sie unterbunden sind, in Stückchen; mache auch die Haut sorgfältig davon, damit sie nicht zerreißen und lege sie auch zu den Hasenstückchen, ferner gebe dazu eine Hand voll gleich groß abgedrehten Trüffeln, welche vorher in Butter einige Minuten gedämpft wurden, dann auch 3 Hände voll hochgelb gebratene kleine Zwiebeln und eine Hand voll gut ausgesteinte Oliven; dann gebe zu der Hasen-Coulis ein Glas rothen Wein, eine Messerspitze voll grob gestoßenen Pfeffer, eben so viel Modegewürz, etwas Salz und einen Eßlöffel voll feingehackte Schalottenzwiebeln, lasse dieß eine Viertelstunde gut verkochen und gebe dann diese Coulis über das zubereitete Ragout, lasse es auch eine Viertelstunde langsam damit kochen, dann richte es auf eine tiefe Platte.

461. Escalop von Hasen auf Wiener Art.

Von dem Bug, der Brust und dem übrigen Abgang wird eine Coulis nach obiger Art bereitet und zum vorkommenden Gebrauch verwendet; nun schneide die Filets von dem Hasenrücken herunter und befreie sie von der Haut, dann schneide sie der Quere nach in Messerrücken dicke Blättlein in der Größe eines Thalers; hierauf wird ein jedes mit dem Messerrücken etwas breit geklopft; sodann mache feine Kräuter von Schalottenzwiebeln und Petersilie, gebe sie in ein großes flaches Geschirr und lasse sie mit einem starken Viertelpfund Butter dämpfen und wieder erkalten, dann gebe etwa eine nußgroß Sardellenbutter, auch eine auf einem Reibeisen abgeriebene Schale einer Citrone, eine Prise Allerhandgewürz und eben so viel Pfeffer, Muskatnuß und Salz dazu und verrühre alles wohl und streiche es auf dem Boden des Geschirrs auseinander; dann lege die Hasenblättchen fest neben einander darauf, bis zur Zeit des Anrichtens; die Hasenschlägel werden nun von Haut, Sehnen und Knochen befreit und mit ¼ Pfund Speck recht fein wie ein Teig gehackt, dann auch etwas feingehackte Schalottenzwiebeln und Petersilie darunter gemengt; nun werden Cotelettes in der Größe wie die Lamms-Cotelettes daraus geformt, und die Beinchen von den abgekochten Hasenbrüsten darein gesteckt, dann auf ein flaches Geschirr gelegt, mit etwas Muskatnuß und Salz bestreut und ¼ Pfd. klare Butter darüber gegeben. Eine Viertelstunde vor dem Anrichten wird das Escalop auf starkes Feuer gesetzt und schnell zwei Minuten gedämpft und gut unter einander gerüttelt, dann gebe ein Trinkglas von der gut verkochten Hasen=Coulis, eben so viel Madeirawein sammt einer Messerspitze spanischem Pfeffer dazu und lasse es schnell eine halbe Minute durchkochen; jetzt gebe auch die Hasenrippen auf starkes Feuer und lasse sie eine Minute lang unter stetem Umwenden schnell braten, sie dürfen jedoch keine Farbe erhalten, dann richte sie kranzartig auf die Platte und das Escalop in die Mitte; sollten die Cotelettes zu wenig für einen Kranz seyn, dann schneide dünne Weckschnitten in der Form wie die Cotelettes, bestreiche solche mit guter Glace, backe sie schön gelb in Butter und gebe dann zwischen jede der Cotelettes eine solche Schnitte.

462. **Gespickte Hasen=Filets mit Olivensauce.**

Von drei Hasenrücken werden die Filets recht vorsichtig heruntergeschnitten und die Haut davon abgelöst, dann die ganzen Filets schön perlenartig voll gespickt und auf ein flaches Geschirr auf Speckbatten neben einander gelegt; nun wird ½ Pfund klar gemachte Butter darüber gegossen und Pfeffer und Salz darauf gestreut, dann ein mit Butter bestrichenes Papier darüber gelegt; nun wird von dem Abgang der Hasen eine gute jus und Coulis gemacht, auf die Art wie bei dem Hasen=Matelot (s. Hasen=Matelot); eine Stunde vor dem Anrichten werden die Filets auf glühende Kohlen gesetzt, mit einem mit glühenden Kohlen belegten Deckel bedeckt und langsam gedämpft, bis sie mürbe sind und der Speck durch das Papier hochgelb glasirt ist, es muß aber öfters von dem untern Fett oben übergegossen werden, man kann auch öfters etwas Hasenjus dazu geben; nun werden sie schön auf die Platte gelegt und folgende Sauce darüber gegeben: Drei Gläser voll gut verkochte Hasen=Coulis, ein Glas weißer Wein und etwas Salz und grober Pfeffer werden zur Hälfte eingekocht, dann eine Hand voll in Blättchen geschnittene Oliven und der Saft einer halben Citrone dazu gegeben und noch einige Minuten damit an der Seite des Feuers gekocht und dann unter die Filets angerichtet.

16.

463. Hasen-Cotelettes mit Kapern.

Von einem Hasen wird das Fleisch alles gut herunter geschnitten, dann ohne Haut und Sehnen sammt ½ Pfund Speck fein wie ein Teig gehackt; ist dieses geschehen, dann mische etwas Salz, Pfeffer und eine Messerspitze voll Modegewürz darunter, dann formire kleine Cotelettes, ungefähr so groß wie die Lammsrippen, daraus und stecke Beinchen von der ausgekochten Hasenbrust darein; dann gebe auf ein flaches Geschirr ¼ Pfund klar gemachte Butter, lege die Coteletts schön neben einander darauf, gebe eine Hand voll fein gehackte Kräuter und etwas Salz und Muskatnuß darüber und mache von dem Abgang des Hasen eine gute jus und Coulis, wie oben angegeben wurde. Eine Viertelstunde vor dem Anrichten werden die Cotelettes auf starkes Feuer gesetzt und schnell gebraten, bis sie etwas blond geworden sind, dann umgewendet und wieder gebraten, dürfen aber keine Farbe mehr erhalten; hierauf werden sie franzartig auf die Platte gerichtet und folgende Sauce darüber gegeben: Gieße die Butter, worauf die Cotelettes gebraten wurden, von dem Geschirr gut ab, dann gebe zwei Trinkgläser voll gute Hasen-Coulis, ein Glas Hasenjus und eine Hand voll Kapern darauf, lasse es etwas einkochen und gebe dann eine nußgroß Sardellenbutter und den Saft einer halben Citrone dazu, verrühre es bis die Butter vermischt ist untereinander und gebe es dann gleich unter die Cotelettes.

464. Sauté von jungen Hasen mit Trüffeln und Champagner.

Von drei Hasenrücken werden die Filets recht vorsichtig herunter geschnitten, dann die Haut davon abgelöst und nun jedes der Filets in zwei Theile der Quere durchgeschnitten, auch schön abparirt, der obere Theil schön glatt gestrichen und 5—6 schräge Einschnitte auf jeden Theil gemacht, so daß jeder Einschnitt fingerbreit von dem andern entfernt ist und halb durchgehet; dann werden Messerrücken dicke Trüffelscheiben in der Größe wie die Filetsbreite und in der Form wie Hahnenkämme geschnitten und in die Einschnitte der Filets gespickt, so daß der ausgezackte Theil heraus zu stehen kommt; sind alle auf diese Art zubereitet, dann werden sie neben einander in ein flaches Geschirr auf Speckbatten gelegt, ½ Pfd. klar gemachte Butter darüber gegeben, mit grobem

Pfeffer und feinem Salz bestreut und nun mit einem mit Butter bestrichenen Papier bedeckt; eine halbe Stunde vor dem Anrichten setze das Geschirr auf glühende Kohlen, bedeckt mit einem mit glühenden Kohlen belegten Deckel und lasse die Filets eine halbe Stunde dämpfen; nun wird folgende Sauce dazu bereitet: fünf in Blättchen geschnittene Trüffeln werden mit einem Ei großen Stückchen Butter einige Minuten gedämpft, dann 2 Gläser voll Hasen = Coulis (siehe bei dem Hasenmatelot die Coulis), etwas Pfeffer und Salz zur Hälfte eingekocht, dann gebe ein Trinkglas voll Champagnerwein dazu, koche es unter fortwährendem Aufziehen mit dem Löffel einige Minuten gut auf, gebe es auf die Platte und die Filets gut glasirt darauf.

465. Boudin à la Richelieu von Hasen.

Von einem Hasenrücken wird das Fleisch, befreit von Haut und Sehnen, abgeschnitten, fein wie ein Teig gehackt, dann durch ein starkes Sieb gedrückt; ferner werden zwei weich gekochte und wieder gut erkaltete Kalbseuter fein wie Mehl gehackt, dann auch das Weiche von zwei Kreuzerwecken, welches in Wasser eingeweicht und wieder mit einer Serviette gut abgetrocknet oder ausgewunden wurde; diese 3 Theile stoße nun eine Viertelstunde lang wie ein Teig zusammen, dann gebe das Gelbe von vier Eiern, einen Eßlöffel voll fein gehackte Schalottenzwiebeln, halb so viel fein gehackte Petersilie, etwas Pfeffer, auch eine Messerspitze voll Allerhandgewürz, Salz und Muskatnuß dazu, nun wird alles gut unter einander gestoßen, auf den Tisch etwas Mehl gestreut, die Farce darauf gelegt und mit der flachen Hand zu einer langen drei Finger dicken Wurst ausgewalzt, diese Wurst wird dann in stark Finger lange Stücke zerschnitten und in kochendem und gesalzenem Wasser in einem unbedeckten Geschirr abgekocht, dann auf ein Tuch herausgezogen und gut verkühlt; diese Stücke werden nun in Butter und dann in geriebenem Weißbrod umgewendet und dieses gut angedrückt, dann, auf einem Rost, $1/4$ Stunde auf schwachem Kohlenfeuer gebraten, bis sie auf allen Seiten schöne hochgelbe Farbe erhalten haben; endlich wird noch eine zu Glace eingekochte Hasenjus darunter gegeben.

466. Hasenkuchen.

Auf dieselbe Art wie bei voriger Nummer wird nach der Größe der Form eine Farce gemacht und nun noch die Leber des

Hasen, sehr fein gehackt und durch ein Sieb gestrichen, und sodann auch ¼ Pfund Speck, in kleine Würfel geschnitten, mit der Farce vermengt; alsdann wird die Form ganz mit dünnen Speckbatten ausgelegt, die Farce darein gefüllt und wieder mit einer Speckbatte zugedeckt; dann stelle es in ein mit kochendem Wasser halb angefülltes Geschirr, gebe einen Deckel mit glühenden Kohlen darauf und stelle es auf schwaches Kohlenfeuer, damit es 1½ Stunden fortkochen kann, habe aber Acht, daß kein Wasser in die Form laufen kann; ist es gut, dann stürze es auf eine Platte, glasire es schön und gebe folgende Sauce darunter: Es wird von dem Abgang des Hasen eine gute jus und Coulis wie bei dem Has à la Matelot gemacht, sodann mache eine Hand voll fein gehackte Kräuter von Schalottenzwiebeln, Petersilie und Trüffeln und koche es mit einem Ei groß Butter, etwas grobem Pfeffer und ½ Glas Essig ein, bis kein Essig mehr daran zu sehen ist; sodann gebe ein Glas gut verkochte Hasen-Coulis und ein Glas gut eingekochte Hasenjus dazu, lasse es eine Viertelstunde an der Seite des Feuers kochen und gebe sie dann um den Hasenkuchen.

467. Filets von jungen Hasen in einer Papierkapsel.

Von drei Hasenrücken werden die Filets herausgeschnitten, die Haut davon gemacht, dann in gleiche Portionen oder Theile geschnitten, dann gebe ein Ei groß geschabenen Speck, zweimal so viel Butter und zwei Eßlöffel voll Provenceröl in ein dazu passendes Geschirr, lasse alles mit einander zergehen, dann gebe die Filets dazu und lasse sie eine Minute damit dämpfen, hierauf gebe einen Eßlöffel voll fein gehackte Schalottenzwiebeln, eben so viel fein gehackte Petersilie, auch so viel fein gehackte Trüffeln, etwas Salz, groben Pfeffer, Muskatnuß und Allerhandgewürz dazu, lasse es, wohl unter einander gerüttelt, 10 Minuten dämpfen, dann mache von doppeltem Papier eine runde Kapsel, so groß, als sie zu diesem Ragout nöthig ist, bestreiche sie mit Oel, gebe auf den Boden der Kapsel ganz dünne Speckbatten und dann die Filets sammt allem darein; bedecke das Ganze nun noch mit ganz dünn geschnittenen Speckbatten und streue etwas fein geriebenes Brod darauf; ½ Stunde vor dem Anrichten gebe es, auf einem Rost, auf schwaches Kohlenfeuer und bedecke es mit einem mit glühenden Kohlen belegten Stürzdeckel, statt auf Kohlenfeuer kann man es jedoch auch in einen mittelheißen O[...] stellen und schöne Farbe nehmen lassen; in einer halben Stunde ist es gut, worauf man es vorsichtig auf die Platte stellt und folgende italienische Sauce darüber gibt: In einem Geschirr läßt man einen Eßlöffel voll fein gehackte Petersilie, halb so viel fein gehackte Trüffeln, eben so viel fein gehackte Schalottenzwiebeln, ein Ei groß Butter und 2 Trinkgläser voll weißen Wein zusammen ganz einkochen, damit kein Wein mehr zu sehen ist, und gibt dann zwei Gläser voll gute Hasen-Coulis, ein Glas gute Hasenjus (s. Coulis bei dem Hasenmatelot) und etwas Salz und Pfeffer dazu; dieses lasse an der Seite des Feuers langsam eine Viertelstunde kochen, schäume es gut ab und nehme das Fett davon, ist sie nun zur Hälfte eingekocht, dann gebe sie in die Kapsel.

Zubereitung von Wildgeflügel.

468. Faisan à l'etouffade.

Wenn der Fasan geflammt, schön gereinigt und bressirt oder aufgezäumt ist, werden die Brust und Schlägel desselben mit Federkiel dicken, fingergleich langen und mit gutem Gewürzsalz vermengten Speckstückchen durchgespickt, der Speck darf aber außen nicht sichtbar seyn, dann wird der Fasan mit Speckbatten umbunden und in ein dazu passendes Geschirr auf einige Speckbatten gelegt, auch einige Schnitten roher Schinken, eben so rohes Kalbfleisch, einige Zwiebeln und gelbe Rüben, etwas Salz, Thymian, ganzes Gewürz, ein halber Schoppen weißer Wein und so viel Fleischbrühe dazu gegeben; jetzt wird ein mit Butter bestrichenes Papier darauf gelegt und das Ganze, zugedeckt, 2 Stunden auf schwachem Feuer gedämpft; in dem Augenblick des Anrichtens wird der Fasan aus dem Gefäß genommen von Bindfaden und Speck befreit und auf die Platte gelegt, das im Gefäß Gebliebene aber wird mit zwei Gläsern voll Consommé aufgekocht und dann alles durch ein Sieb gelassen; jetzt wird noch das Fett davon genommen und dann der Saft zu einem starken Glas voll eingekocht und über den Fasan gegeben.

469. Fasan mit Kraut.

Der Fasan wird wie der obige zubereitet und in Speckbatten

eingewickelt, sodann werden in ein dazu passendes Geschirr auf den Boden Speckbatten und dann der Fasan in die Mitte darauf gelegt; jetzt wird 1 Pfund durchwachsenes, vorher ausgewaschenes Dörrfleisch von der Brust in zwei Theile geschnitten und nebst einer mittelmäßigen Servila auch dazu gelegt; dann werden vier schöne feste Wirsingköpfe gereinigt, ausgewaschen, in Viertel geschnitten und in kochendem Wasser halb weich abgekocht, hierauf verkühlt, gut ausgedrückt und jeder Theil mit Bindfaden gut umbunden; diese werden nebst 4 gelben Rüben, 4 großen Zwiebeln, mit 3 Gewürznägelein gespickt, etwas rohem Kalbfleisch und rohem Schinken und etwas grobem Pfeffer auch zu dem Fasan gelegt; nun wird das Ganze mit Speckbatten zugedeckt und mit Fleischbrühe aufgefüllt, welche aber nicht darüber gehen darf, lasse es nun auf schwachem Feuer zwei Stunden dämpfen, und ist es Zeit zum Anrichten, dann nehme alles aus der Brühe heraus, befreie den Fasan von dem Speck und den Bindfäden, lege ihn auf die Mitte der Platte und das Kraut schön darum, das Dörrfleisch aber und die Servila schneide in schöne Portionen und lege solche dazwischen; jetzt gieße zum Uebrigen etwas Consommé, lasse es damit aufkochen und dann durch ein Sieb laufen, nehme auch das Fett davon und gieße den dick eingekochten Saft über den Fasan und das Gemüse.

270. Filets von Fasan à la Chevalier.

Von vier Fasanen werden die Brüste herunter geschnitten, dieselben von der Haut befreit und dann gedrängt voll mit feinem Speck perlenartig gespickt; von den schmalen Filets aber, welche unter den obern Brüsten liegen und leicht davon losgehen, wird das dünne Häutchen, welches darauf ist, mit dem Messer abgeschlitzt und solche mit dem Messer etwas glatt gestrichen, dann werden 4 bis 5 schräge Einschnitte, fingerbreit von einander entfernt, darein gemacht; nun wird ein Trüffel walzenartig daumendick und dann in dünne Blättchen geschnitten und in jeden Einschnitt ein solches Blättchen eingesteckt, so daß die Hälfte davon sichtbar bleibt; sind die acht kleinen Filets auf solche Art bereitet, dann werden sie auf ein kleines flaches Geschirr gelegt, ¼ Pfd. klare Butter darüber gegeben und mit feinem Pfeffer und Salz bestreut, auch ein mit Butter bestrichenes Papier darüber gelegt; die 8 mit Speck gespickten Brüste werden in ein dazu passendes Geschirr, dessen Boden mit Speckbatten belegt ist, neben einander auf diese gelegt; dann gebe darum etliche dünne Scheiben rohen Schinken, eben so rohes Kalbfleisch, 4 Zwiebeln, mit 2 Gewürznägelein gespickt, auch 2 gelbe Rüben, 2 Lorberblätter und den Abgang (ohne die Schlägel) der Fasanen, in Stücke geschnitten, auch etwas Salz, decke es mit einem mit Butter bestrichenen Papier zu, gebe darüber ein Glas weißen Wein, 2 Gläser voll Consommé und ¼ Pfd. klare Butter; eine Stunde vor dem Anrichten gebe es, bis es kocht, auf starkes Feuer, alsdann gebe einen mit glühenden Kohlen belegten Deckel darauf, stelle es auf schwaches Kohlenfeuer und lasse es gut glasiren und mürbe werden, hierbei muß öfter vom untern Saft darauf gegossen werden. Ist es Zeit zum Anrichten, dann ziehe die gespickten Filets aus der Brühe, schneide ganz dünne Weckschnitten oder Croutons in derselben Form und Größe, wie die gespickten Filets, backe sie schön gelb in Butter, lege sie wie ein Stern auf die Platte und eben so darauf die gespickten Filets; dann gebe die kleinen Filets mit den Trüffeln auf starkes Flammfeuer, lasse sie, zugedeckt mit einem Deckel mit glühenden Kohlen, eine Minute dämpfen, sind sie nun gut, dann lege sie schön in die Mitte der gespickten Filets und gebe folgende Sauce darüber: gebe zwei Gläser voll Consommé zu der Brühe, in welcher die Filets gedämpft wurden, lasse sie damit gut aufkochen, nehme das Fett davon und lasse dann das Ganze durch ein Sieb laufen; nun lasse den Saft bis zu einem Glas voll einkochen, dann gebe es in ein kleines Geschirr und ein Trinkglas voll gut verkochte Coulis (s. Coulis) dazu, lasse es damit unter fortwährendem Aufziehen einigemal durchkochen, dann durch ein Sieb in die Mitte der Filets laufen.

471. Fasanenschlägel mit Linsenpuré, oder durchgetriebenen Linsen.

Von vier Fasanen werden die Schlägel vorsichtig ausgebeint, damit die Haut nicht zerrissen wird, sodann wird ¼ Pfd. Speck fein gehackt, dann gebe einen Eßlöffel voll fein gehackte Schalottenzwiebeln, eben so viel gehackte Petersilie, etwas fein gestoßenes Gewürz (Muskatnuß, Pfeffer, ein Lorberblatt, Modegewürz) und Salz dazu, stoße dieß alles gut untereinander, rühre auch das Gelbe von 2 Eiern darunter und streiche es dann in die Schlägel ein; nähe diese nun wieder in schöner Form zusammen und bringe sie in ein mit Speckbatten belegtes passendes Geschirr; gebe auch einige Stückchen rohes Kalbfleisch und rohen Schinken, einige in

Scheiben geschnittene Zwiebeln und gelbe Rüben, 2 Lorberblätter, etwas Thymian, 2 Gewürznägelein und etwas Salz, auch einen Suppenlöffel voll Consommé dazu; das Ganze bedecke nun mit einem mit Butter bestrichenen Papier und lasse es zugedeckt auf schwachem Feuer 1½ Stunden dämpfen. Ist es Zeit zum Anrichten, dann nehme die Schlägel aus der Brühe, mache die Fäden davon, die Brühe aber lasse durch ein Sieb laufen und, wenn das Fett davon genommen ist, zu einer Glace einkochen; damit bestreiche nun die Schlägel, gebe dann die Linsenpuré auf die Platte und die Schlägel darauf, der übrige eingekochte Saft wird vorher schon unter die Linsen gerührt.

472. Fasanen à la Perigot.

Ein Fasan wird gereinigt, ausgenommen und abgeflammt, auch das innere Brustbein sorgfältig heraus gebrochen, daß die äußere Haut nicht zerrissen wird, auch gut ausgewaschen und mit einem Tuch ausgetrocknet, dann wieder unten zugenäht (hierbei ist noch zu bemerken, daß die Halshaut recht lang bleiben muß und ja nicht zerrissen werden darf); nun wird Folgendes hineingefüllt: 1 Pfund gereinigte Trüffeln werden in Haselnuß große Kugeln abgedreht und der Abgang hievon fein gehackt, dann gebe in ein Geschirr ½ Pfund geschabenen Speck, ¼ Pfund Butter und ein Glas Provenceröl, lasse dies mit einander auf dem Feuer zergehen, dann gebe die abgedrehten und die fein gehackten Trüffeln, nebst einem Eßlöffel voll fein gehackten Schalottenzwiebeln und eben so viel Petersilie dazu, stoße auch 2 Lorberblätter, ¼ Muskatnuß, etwas ganzen Pfeffer und Allerhandgewürz und Salz, gebe dieß ebenfalls darunter, lasse alles 5 Minuten mit einander dämpfen und wieder erkalten; jetzt schabe noch den vierten Theil einer Gansleber und rühre es ebenfalls darunter; fülle nun alles in den Fasan ein und nähe die Haut über dem Rücken zusammen, die Schlägel aber spanne mit der Packnadel ein, damit es eine schöne Form erhält. Jetzt gebe in ein passendes Geschirr Speckbatten, lege den Fasan darauf, bedecke ihn auch mit solchen, und gebe etwas in kleine Scheiben geschnittenen rohen Schinken, eben so rohes Kalbfleisch, auch einige in Scheiben geschnittene Zwiebeln, 2 Lorberblätter, etwas Thymian, einen Knoblauchzinken, Salz, ¼ Pfd. klare Butter und einen Suppenlöffel voll Fleischbrühe dazu; nun lege ein mit Butter bestrichenes Papier darüber und lasse ihn zugedeckt eine Stunde auf Kohlenfeuer dämpfen.

Ist es Zeit zum Anrichten, dann nehme ihn aus der Brühe, mache die Fäden sorgfältig davon, daß er nicht zerreißt, lege ihn auf die Platte und gebe folgende Sauce darüber: 2 fein gehackte Trüffeln werden mit etwas Butter eine Minute lang gedämpft, dann mit einem Trinkglas voll gut verkochter Coulis und eben so viel von der Brühe, in welcher der Fasan gedämpft wurde, jedoch vom Fett befreit, aufgefüllt; dieses wird zur Hälfte eingekocht, das Fett davon genommen und dann über den Fasan gegeben.

473. Feldhühner à l'étouffade.

Drei Feldhühner werden gereinigt, geflammt und ausgewaschen und dann die Brüste derselben mit etwas grobem Speck, welcher gut mit Gewürzsalz vermengt wurde, voll gespickt, in der Art, daß der Speck mit dem Brustfleisch gleich ist und nicht darüber heraussteht; nun lege in ein passendes Geschirr einige Speckbatten, dann die Feldhühner darauf und bedecke sie wieder mit Speckbatten; hierauf gebe einige Scheiben rohen Schinken und eben so rohes Kalbfleisch, auch einige in Scheiben geschnittene Zwiebeln und gelbe Rüben, etwas Thymian, zwei Lorberblätter, zwei Gewürznägelein und etwas Salz darum, darauf aber lege ein mit Butter bestrichenes Papier; dieß fülle nun mit zwei Gläsern voll Fleischbrühe und einem Glas weißem Wein auf, gebe einen Deckel mit glühenden Kohlen darauf, stelle es auf Kohlen und lasse es 1½ Stunden gut dämpfen; beim Anrichten nehme die Feldhühner aus der Brühe, mache den Bindfaden davon, lege sie auf die Platte und gebe folgende Sauce darüber: Die Brühe wird durch ein Sieb gelassen und das Fett davon abgenommen, der Saft aber bis zu einem halben Trinkglas voll eingekocht und nun noch ein Trinkglas voll gute Coulis zu dem eingekochten Saft gegeben; dieses läßt man noch einige Minuten verkochen und gibt es dann über die Feldhühner.

474. Feldhühner aux truffes.

Drei große Feldhühner werden vorsichtig ausgenommen, damit sie nicht zerreißen, dann geflammt, ausgewaschen und mit einem Tuch ausgetrocknet, alsdann der untere Theil wieder zugenäht; nun hacke und stoße, oder schabe ein Pfund Speck, gebe ihn in ein Geschirr und schneide 3 Hände voll mittelmäßige Trüffeln, jeden in 4 Theile; diese Theile drehe rund ab, den Abgang aber zerhacke fein, gebe nun die abgedrehten Trüffeln in den gestoßenen Speck und lasse dieses mit etwas fein gestoßenem Lorberblatt, ¼ Muskatnuß, etwas Pfeffer und Modegewürz, gedörrtem Thymian und Salz 10 Minuten dämpfen, dann menge die gehackten Trüffeln darunter, und ist das Ganze erkaltet und wohl unter einander gerührt, dann fülle die Feldhühner damit, nähe sie hierauf wieder zu und spanne sie auch ein, damit sie eine schöne Form erhalten; gebe jetzt in ein Geschirr Speckbatten, die Feldhühner darauf und auf diese wieder Speckbatten, darum aber gebe einige Scheiben rohen Schinken und rohes Kalbfleisch, einige in Scheiben geschnittene Zwiebeln und gelbe Rüben, einen Knoblauchzinken, etwas Thymian, zwei Lorberblätter, etwas ganzes Gewürz und Salz, auch ein Glas weißen Wein und drei Gläser voll Consommé und ein mit Butter bestrichenes Papier darüber und lasse es nun, zugedeckt mit einem mit glühenden Kohlen belegten Deckel, auf Kohlenfeuer langsam 1½ Stunden dämpfen. Beim Anrichten werden die Feldhühner heraus genommen, von den Bindfäden befreit, auf die Platte gelegt und folgende Sauce darüber gegeben: Dämpfe zwei fein gehackte Trüffeln mit ½ Ei groß Butter in einem Geschirr eine Minute lang, dann gebe ein Trinkglas voll Coulis und den Saft, worin die Feldhühner gedämpft worden, dazu, lasse es durch ein Sieb laufen und nehme das Fett davon, dann koche es zu einem Glas voll ein, lasse es mit der Sauce einige Minuten verkochen und gebe es dann über die Feldhühner.

475. Sauté von jungen Feldhühnern.

Von drei jungen Feldhühnern werden, wenn sie gereinigt, geflammt und ausgenommen sind, die Füße abgeschnitten, dann die Schlägel nach innen eingesteckt, damit sie aussehen, als wären sie mit Bindfaden eingespannt; hierauf schneide sie der Länge nach über die Brust in zwei Theile und klopfe mit dem breiten Theile des Hackmessers jeden Theil etwas breiter auf dem Brustblatte, dann gebe in ein Geschirr ½ Pfund klare Butter, lege die platt geklopften Feldhühner auf die Brustseite darauf und gebe feines Salz und grob gestoßenen Pfeffer dazu; eine starke Viertelstunde vor dem Anrichten gebe sie auf starkes Kohlenfeuer und lasse sie, nicht zugedeckt, schnell braten; nach einer Viertelstunde, wenn sie gut sind, aber noch keine Farbe erhalten haben, gebe sie auf die Platte und folgende Sauce darüber: Ein Trinkglas voll gute verkochte Coulis (s. Coulis), ein Glas Consommé oder Kraftbrühe und etwas Salz und groben Pfeffer lasse unter öfterem Umrühren bis zur Hälfte einkochen und gebe dann den Saft einer halben Citrone dazu; hat man keine Coulissauce, auch keine Citrone, dann nehme 3 Theile von der Butter, in welcher die Feldhühner gebraten wurden, hinweg, zu der übrigen aber gebe einen halben Eßlöffel voll Mehl und verrühre dieß mit einander, dann gebe ½ Glas voll weißen Wein, eben so viel Consommé und etwas Pfeffer und Salz dazu, lasse es einigemal damit aufkochen und gebe es so über die Feldhühner.

476. Salmis von Feldhühnern.

Dazu nehme vier Feldhühner, brate sie an dem Spieß oder besser in einem Geschirr mit etwas rohem Schinken, einigen Zwiebelscheiben und etwas Thymian, sind sie wieder erkaltet, dann werden die Brüste und Schlägel schön davon geschnitten, von der Haut befreit und solche in ein besonderes Geschirr gelegt, dann auch drei in Scheiben geschnittene und in Butter gedämpfte Trüffeln dazu gegeben, sodann zerhacke mit dem Messer den Abgang von den Feldhühnern und stoße 6 Schalottenzwiebeln darunter; nun wird in dem Geschirr, in welchem die Feldhühner gebraten wurden, ein Eßlöffel voll Mehl eine Minute gedämpft und der gestoßene Abgang der Feldhühner darunter gethan; dieses wird nun noch eine Minute mit einander gedämpft und dann mit einem Glas weißem Wein und 2 Gläsern Consommé oder Fleischbrühe aufgefüllt, es wird dann auf dem Feuer gerührt bis es kocht und noch etwas Salz, Pfeffer und ein Lorberblatt dazu gegeben; ist es bis zur Hälfte eingekocht, dann treibe es recht gut über die Feldhühner mit einem Kochlöffel durch, doch so, daß nur das Dickere zurückbleibt, dann stelle es in ein mit kochendem Wasser halb angefülltes Geschirr auf glühende Asche, damit es bis zum Anrichten recht heiß bleibt, ohne jedoch zu kochen; ist es Zeit zum Anrichten, dann richte es ordnungsmäßig auf die Platte, gebe darum Croutons oder daumengroße, walzenartig geschnittene und in Butter gelb ausgebackene Weißbrodstückchen.

477. Filets von Feldhühnern à la bigarades.

Sechs junge Feldhühner werden in einem Geschirr mit etwas in Scheiben geschnittenem rohem Schinken, einigen Zwiebeln und ¼ Pfund Butter, sammt einer Speckbatte gebraten, doch nicht zu stark, damit sie noch etwas Saft behalten, auch nicht früher als

¾ Stunden vor dem Anrichten, damit die Filets heiß auf die Platte gerichtet werden können; ist es Zeit zum Anrichten, dann schneide die Filets oder Brüste schön von den gebratenen Feldhühnern herunter und lege sternartig gelb in Butter ausgebackene und in Glace umgewendete dünne Weckschnitten in der Form wie die Feldhühnerfilets auf die Platte, dann die Filets darauf, und gebe folgende Sauce darüber: Verrühre in dem Geschirr, in welchem die Feldhühner gebraten wurden, einen starken Kaffelöffel voll Mehl auf dem Feuer, dann gebe 3 Gläser voll gute jus dazu und verrühre es nochmals auf dem Feuer bis es kocht, lasse es dann bis zur Hälfte einkochen, winde es durch ein Haartuch oder durch ein Sieb, gebe es in ein kleines Geschirr und etwas groben Pfeffer, die abgeschärfte Schale einer großen bitteren Orange und den Saft derselben dazu, lasse es einigemal damit aufkochen und gebe es, ist es gut im Salz, über die Filets.

478. Junge Feldhühner à la Saint-Laurent.

Vier Feldhühner werden gut gereinigt, geflammt und ausgenommen, die Füße davon geschnitten und die Schlägel nach innen eingesteckt, daß sie das Ansehen erhalten, als wären sie mit Bindfaden eingespannt; dann schneide sie der Länge nach in der Mitte durch, klopfe jede Hälfte mit dem breiten Theil des Hackmessers auf der Brustseite etwas platt und breiter und bestreue sie mit feinem Salz und etwas grobem Pfeffer; jetzt gebe in ein dazu passendes Geschirr 1½ Gläser voll feines Oel, lege die Feldhühner auf die Brustseite hinein und lasse sie auf beiden Seiten auf Kohlenfeuer dämpfen bis sie gut sind, sie dürfen aber keine Farbe erhalten; ½ Stunde vor dem Anrichten werden sie auf den Rost gelegt und auf schwachem Kohlenfeuer eine halbe Stunde unter öfterem Umwenden und Bestreichen mit dem Oel, in welchem sie gebraten wurden, langsam durch und durch heiß gedämpft; sind sie gut, so werden sie auf die Platte gelegt und folgende Sauce darüber gegeben: Ein Trinkglas voll gute Coulis, etwas Salz, etwas grober Pfeffer, die fein abgeschärfte Schale einer Citrone und den Saft von 1½ Citronen läßt man einigemal aufkochen und gibt es dann über die Feldhühner.

479. Junge Feldhühner à la tartare.

Vier Feldhühner werden auf obige Art zubereitet, statt des Oels aber wird ½ Pfund klare Butter auf ein flaches Geschirr gethan, die breitgeklopften Feldhühner darauf gelegt und in der Butter umgewendet, dann werden sie mit Salz und grobem Pfeffer bestreut und in fein geriebenem Weißbrod umgewendet, auch dieses gut angedrückt; ³/₄ Stunden vor dem Anrichten werden sie auf einen Rost gelegt, schwaches Kohlenfeuer darunter gegeben und langsam gebraten, bis sie auf allen Seiten schöne braungelbe Farbe genommen haben; hierauf werden sie kranzartig auf die Platte gelegt und folgende Tartarsauce darunter gegeben: Ein Eßlöffel voll fein gehackte Petersilie, eben so viel Schalottenzwiebeln, halb so viel fein gehackter Estragon und ein Eßlöffel voll gehackte Kapern werden in einem Mörser mit dem Gelben von 4 hartgesottenen Eiern und 6 gut gereinigten Sardellen fein wie ein Teig gestoßen und dann durch ein Haarsieb in ein kleines Geschirr getrieben; diesem rühre nach und nach noch 2 Eßlöffel voll Senf, 6 Eßlöffel voll gutes Oel, 4 Eßlöffel voll Estragonessig, 2 Eßlöffel voll Wasser, etwas feines Salz und eine Priese groben Pfeffer bei, verrühre es recht glatt und gebe es dann unter die Feldhühner.

480. Puré von Feldhühnern en Mayonnaise.

Zehn Feldhühner werden, wenn sie gereinigt und geflammt sind, mit etwas in Scheiben geschnittenem Schinken, einigen Zwiebeln, einem Lorberblatt, etwas Thymian, ¼ Pfd. Butter, einigen Speckscheiben und Salz gebraten, dann herausgenommen und verkühlt; in das, in dem Geschirr, in welchem die Feldhühner gebraten wurden, noch Befindliche wird nun ein Kochlöffel voll Mehl gerührt, und solches dann mit 3 Trinkgläsern voll Fleischbrühe aufgefüllt; dieses wird nun auf dem Feuer verrührt, bis es kocht, lasse es dann zur Hälfte langsam einkochen, nehme das Fett davon und winde die Sauce durch ein Haartuch. Nun wird das Fleisch der Brüste und Schlägel von 5 Feldhühnern heruntergeschnitten, dieses von der Haut befreit und dann in einem Mörser fein wie Teig gestoßen; dann gebe von der schon bereiteten Coulis nach und nach 1½ Gläser voll dazu und stoße es nochmals damit gut untereinander, hierauf nehme es sauber aus dem Mörser und treibe alles durch ein Haartuch mit dem Kochlöffel in ein Geschirr und rühre 3—4 Trinkgläser voll gute und starke Aspic (siehe Aspic), welche vorher etwas warm gemacht wurde, sammt etwas Muskatnuß und feinem Pfeffer darunter; ist alles gut mit einander verrührt und vermengt, dann gieße es

in eine zollhohe Form, welche in der Mitte eine Oeffnung von
1½ Finger im Durchschnitt hat, so daß die Form nur einen zoll-
breiten Kranz bildet, in dessen Mitte man ein Ragout legen kann;
hat man keine solche Form, so werden so viel kleine glatte Förmchen genommen, daß man einen Kranz auf der Platte bilden
kann; ist nun die Puré eingefüllt, dann wird das Ganze auf
Eis oder in kaltes Wasser gestellt, damit die Puré fest gesteht.
Ist sie fest geworden, dann wird sie auf eine Platte gestürzt, doch
vorher die Form in warmes Wasser getaucht, damit es gut, ohne
zu zerreißen, heraus geht; nun bereite folgendes Mayonnaise:
Von den übrigen 5 Feldhühnern werden die Brüste, so wie auch
die Schlägel schön von dem Körper abgelöst, auch die Haut davon gemacht und schön parirt; dann gebe in eine irdene Schüssel
zwei Trinkgläser voll Provenceröl, ein Trinkglas voll kalte zer-
schlichene gute Aspic, etwas feines Salz, zwei Priesen groben Pfeffer und den Saft einer Citrone, stelle die Schüssel auf Eis und
rühre eine Stunde darin, bis es ganz dick und weiß geworden
ist, dann wende die Feldhühnerstückchen in dem Gerührten herum,
daß sich die Sauce recht dick darum anhängt; nun werden die
Stückchen schön in die Mitte der umgestürzten Form gegeben, die
Schlägel unten, die Brüste oben darauf, mit einigen in Wein abgekochten Trüffeln, Krebsschwänzen und von den Steinen abgedrehten Oliven schön garnirt und mit der Platte bis zum Auftragen auf Eis gestellt.

481. Croustade von jungen Feldhühnern-Filets.

Von 5 gereinigten und geflammten Feldhühnern werden die
Brüste abgelöst, und solche, von der Haut befreit, schön perlenartig gespickt; dann werden Speckbatten in ein Geschirr gegeben,
die 10 gespickten Filets darauf gelegt, ½ Pfd. klar gemachte Butter darüber gegossen und Muskatnuß, Pfeffer und Salz darauf
gestreut, auch ein mit Butter bestrichenes Papier darüber gelegt;
nun werden 5 junge Feldhühner mit dem Abgang jener, von welchen die Filets genommen wurden, auf obige Art gebraten, wieder verkühlt und eine Puré auf oben bemerkte Art dazu gemacht,
diese Puré wird dann in ein Geschirr getrieben, etwas Salz,
Muskatnuß, grober Pfeffer und ein Ei groß gute Butter dazu
gegeben; rühre nun alles warm untereinander, es darf aber nicht
kochen, sondern nur heiß werden, und stelle es in heißes Wasser,
bis es gebraucht wird. Jetzt schneide von Weißbrod, ohne Kruste,

zwei Finger dicke Croutons in Form und Größe wie die Feldhühner=
filets und schneide in jedes der Croutons auf der obern Seite mit
dem Federmesser ringsherum einen tiefen Einschnitt, ungefähr ein
Federkiel dick; dann backe alle diese Stücke in heißem Schmalz,
bis sie hochgelbe Farbe erhalten haben, schneide dann die Deckel,
da wo der Einschnitt gemacht ist, schön heraus und höhle sie wie
Pastetchen aus. Eine Viertelstunde vor dem Anrichten gebe die
Feldhühnerfilets auf starkes Kohlenfeuer und einen mit glühenden
Kohlen belegten Deckel darauf, lasse sie einige Minuten dämpfen
und gieße öfters von der untern Butter oben darauf, bis sie
mürbe geworden sind, dann fülle die heiße Purs in die ausge=
höhlten Croutons, lege auf ein jedes ein Filet und gebe sie schön
glasirt sternartig auf die Platte.

482. **Pot-D'espanien von Feldhühnern.**

Vier gereinigte Feldhühner werden mit einigen Scheiben
rohem Schinken, einigen Speckbatten, einigen Zwiebeln, Thymian,
einem Lorberblatt, etwas Salz und 4 Loth Butter gebraten, und,
sind sie wieder erkaltet, dann schneide all das daran befindliche
Fleisch davon herunter und befreie es von Haut und Knochen;
von dem, in welchem die Feldhühner gebraten wurden, gieße dann
das Fett ab und rühre nach und nach einen Kochlöffel voll Mehl
und 4 Gläser voll Fleischbrühe darunter, rühre es noch so lange
auf dem Feuer bis es kocht und gebe dann den Abgang der
Feldhühner dazu, lasse es langsam eine halbe Stunde damit ver=
kochen, dann winde es durch ein Tuch oder Haarsieb. Jetzt hacke
das Fleisch der Feldhühner recht fein und stoße es dann mit sechs
Anrichtlöffeln voll von der Sauce fein wie ein Teig; gebe hier=
auf alles aus dem Mörser wieder heraus in ein Geschirr, rühre
das Gelbe von 8 Eiern darunter und streiche alles durch ein
Haartuch, damit nichts zurück bleibt, rühre dann noch von der
Sauce 4 Anrichtlöffel voll, sammt etwas feinem Salz, Muskatnuß
und Pfeffer gut darunter und bestreiche so viel kleine glatte Förm=
chen, als zu dieser Masse nöthig sind, mit Butter, fülle die Masse
darein und stelle sie in ein mit kochendem Wasser gefülltes Ge=
schirr, das Wasser darf aber nur bis an die Hälfte der Förmchen
gehen; das Geschirr wird jetzt auf schwaches Kohlenfeuer gestellt
und ein mit glühenden Kohlen belegter Deckel darauf gethan, man
läßt sie nun langsam kochen, stürzt sie, wenn sie fest geworden,
aus den Förmchen auf die Platte und gibt folgende Sauce dazu:

Ein Trinkglas von der übrigen Feldhühner-Coulis, ein Glas gute Fleischbrühe und von einer bitteren Orange die dünne, fein nudelartig geschnittene Schale, etwas grober Pfeffer und Salz wird bis zu der Hälfte eingekocht und darüber gegeben; auch kann man gedämpfte Trüffelnscheiben oder in Blättchen geschnittene Oliven statt der Orangen in die Sauce geben.

483. Salmis von Schnepfen.

Nehme drei gebratene, nicht ausgenommene Schnepfen, schneide die Brüste und die Schlägel so schön als möglich davon herunter und lege diese in ein dazu passendes Geschirr; dann stoße den ganzen Körper mit seinem Innern, jedoch ohne Magen, recht fein und unter dieses stoße 6 Schalottenzwiebeln, etwas grüne Petersilienblätter, einen Knoblauchzinken und ein Lorberblatt; nun gebe in ein Geschirr ¼ Pfund Butter und einen Kochlöffel voll Mehl und lasse es auf schwachem Kohlenfeuer langsam dämpfen, bis es blond geworden ist, dann gebe das Gestoßene darunter, lasse es 8 Minuten unter öfterem Umrühren auch langsam mitdämpfen und gebe dann ein Glas weißen Wein, zwei Gläser Consommé, ein Gewürznägelein und etwas Salz dazu, rühre es bis es zu kochen anfängt und lasse es bis auf die Hälfte einkochen, treibe es hierauf durch ein Haartuch mit dem Kochlöffel und gebe es über die geschnittenen Schnepfen; das Ganze stelle nun in heißes Wasser, bis es gebraucht wird, damit es recht heiß bleibt. Jetzt werden halb Federkiel dicke Weckschnitten mit einem runden oder ovalen Ausstecher in der Größe eines Thalers ausgestochen und hochgelb in Butter ausgebacken, ist es dann Zeit zum Anrichten, so werden die ausgebackenen Schnitten auf die Platte neben einander gelegt und das Salmis, wenn es recht heiß ist, schön darauf gerichtet, die Schnepfenköpfe aber darauf gegeben.

484. Filets-Sauté von Schnepfen en Canapé.

Von 4 Schnepfen werden die Brüste abgenommen, die Haut abgeschnitten, auch die ganz dünne Haut davon abparirt; die so bereiteten 8 Filets werden dann auf ein flaches Geschirr neben einander gelegt, ½ Pfd. klar gemachte Butter darüber gegossen und mit feinem Salz, etwas grobem Pfeffer und etwas gedörrtem und fein gestoßenem Rosmarin bestreut, alsdann hacke das Innere der Schnepfen, jedoch ohne die Mägen, mit dem Messer recht fein, dann gebe dazu ein Ei groß abgekochten und fein gehackten Speck, auch einen Eßlöffel voll fein gehackte Schalottenzwiebeln, eben so viel fein gehackte Petersilie, etwas Salz, groben Pfeffer und fein gestoßenes Allerhandgewürz und hacke alles fein unter einander; dann schneide eben so viel, als es Filets sind, fingerdicke Croutons von Weißbrod, alle in gleicher Größe, und mache mit dem Federmesser auf dem obern Theil der Schnitten rings herum einen Einschnitt, Federkiel breit von dem Rand entfernt; diese backe dann in Schmalz hochgelb und nehme den Deckel, welcher durch den Randeinschnitt gut heraus geht, davon, höhle sie wie ein Pastetchen innen aus und fülle das Gehackte hinein; eine Viertelstunde vor dem Anrichten werden die gefüllten Croutons in einen mittelheißen Ofen gegeben, oder in einem Geschirr auf schwaches Kohlenfeuer, zugedeckt mit einem mit glühenden Kohlen belegten Deckel, bis sie gut sind; zu gleicher Zeit werden die Filets auf starkes Kohlenfeuer gesetzt und einige Minuten gebraten, sind sie auf einer Seite gut, dann werden sie umgewendet und nur eine halbe Minute gebraten, hierauf werden sie in der Art auf die Platte gelegt, daß zuerst ein Crouton, dann ein Filet kommt, und folgende Sauce darüber gegeben: Der Abgang von den Schnepfen wird in Stücke geschnitten und mit einigen kleinen Scheiben von rohem Schinken, einem Glas weißem Wein und 3 Gläsern guter Fleischbrühe auf Kohlenfeuer gestellt, bis es ganz dick eingekocht ist; dann gebe noch ein Glas Wein und ein Glas gute Fleischbrühe dazu, lasse es noch einige Minuten langsam damit kochen und nun durch ein Sieb laufen, auch nehme das Fett davon; hierauf dämpfe einen Eßlöffel voll Mehl mit einem Ei groß Butter etwas blond, fülle es mit der abgegossenen Schnepfenbrühe auf und ist es gut verrührt und verkocht, dann gebe etwas Salz und Pfeffer dazu, lasse es nun bis zur Hälfte einkochen und winde es dann durch ein Haartuch, dann gebe auch etwas Citronensaft dazu.

485. Salmis von Schnepfen à la chasseur.

Von drei oder vier gebratenen Schnepfen werden die Brüste und Schlägel genommen und diese, ist die Haut davon gemacht, in ein passendes Geschirr gelegt, die Leber und das Innere der Schnepfen (nur nicht der Magen) aber wird fein gehackt und sammt einem Eßlöffel voll fein gehackten Schalottenzwiebeln, zwei Gläsern voll weißem Wein, etwas feinem Salz und Pfeffer und einer Hand voll fein geriebener Weißbrodkruste zu den zerlegten

Schnepfen gegeben. Eine Viertelstunde vor dem Anrichten lasse es dreimal auffochen, dann gebe es auf die Platte und garnire Croutons darum.

486. Puré von Schnepfen en Crouton.

Nehme 3 oder 4 gebratene und wieder erkaltete Schnepfen, schneide die Brüste gut davon herunter, auch mache die Haut gut davon ab, dann gebe das Brustfleisch in einen Mörser und stoße es mit 1½ Ei groß fettem gekochtem Speck, dem Inneren der Schnepfen, ohne den Magen, und etwas Allerhandgewürz recht fein wie ein Teig; auch den Rest der Schnepfen zerhacke in kleine Stücke und gebe sie sammt einem Glas Wein, zwei Gläsern voll guter Fleischbrühe, sechs Anrichtlöffeln voll guter Coulis (s. Coulis), einigen Petersilienblättern, einem Gewürznägelein und einem Lorberblatt in ein Geschirr, lasse dies gut bis zur Hälfte einkochen, dann treibe es durch ein Haartuch und rühre nach und nach all das Gestoßene darunter, dann treibe nochmals alles durch ein Haartuch, damit nichts zurückbleibt; ist es gut im Salz, dann stelle es in heißes Wasser, bis es gebraucht wird, es darf aber nicht kochen; jetzt schneide so viel zwei Finger hohe Weißbrodschnitten, als zu dieser Puré nöthig sind, rund oder oval, in der Größe eines Kronenthalers, dann mache auf jeden der Weckschnitte mit dem Federmesser, Federkiel breit von dem obern Rand entfernt, einen tiefen Einschnitt ringsherum und backe sie in Schmalz schön hochgelb, alsdann schneide die Deckel heraus und höhle sie wie hohle Pastetchen aus; ist es Zeit zum Anrichten, dann fülle die Puré recht heiß in die Croutons, bestreiche den Rand mit etwas Glace und richte sie schön auf die Platte.

487. Becassine à la Minute.

4—6 Becassinen oder kleine Schnepfen, welche auch nicht ausgenommen werden, werden gereinigt, geflammt und schön eingespannt oder aufgezweckt, dann in ein passendes Geschirr mit einem guten Stück Butter, einem Eßlöffel voll fein gehackten Schalottenzwiebeln, etwas feinem Salz, Muskatnuß und Pfeffer gegeben; dieses läßt man 8 Minuten mit einander dämpfen, gibt dann noch den Saft von zwei Citronen, ½ Glas voll weißen Wein und eine halbe Hand voll geriebene Brodkruste von Weißbrod dazu, läßt es auf dem Feuer einmal auffochen und richtet es dann an.

488. Wachteln mit Trüffeln.

6—8 Wachteln werden bei dem Kropf sorgfältig ausgenommen, daß die Haut nicht zerreißt, alsdann ganz leicht geflammt und gereinigt; dann gebe in ein Geschirr zwei Hände voll geschälte und in große Würfel geschnittene Trüffeln, ¼ Pfd. geschabenen fetten Speck, eben so viel Butter, etwas gehackte Petersilie, einige Eßlöffel voll fein gehackte Trüffeln und Schalottenzwiebeln, auch etwas Salz, Pfeffer und eine Priese Allerhandgewürz, lasse alles 8 Minuten auf schwachem Feuer dämpfen und dann wieder erkalten; dieses fülle in die Wachteln, nähe sie wieder zu, daß nichts heraus laufen kann, und spanne sie schön ein, damit sie eine schöne Form erhalten; dann gebe in ein Geschirr einige Speckbatten, auf diese die Wachteln und decke sie wieder mit Speckbatten zu; alsdann schneide ½ Pfund Kalbfleisch in kleine Stückchen, eben so eine gelbe Rübe, 6 ganze kleine Zwiebeln, ein Gewürznägelein und ein halbes Lorberblatt, gebe auch die Schale oder den Abgang der Trüffeln hinzu, lasse alles mit ¼ Pfund Butter auf schwachem Kohlenfeuer eine Viertelstunde gut dämpfen, dann gebe ein Glas weißen Wein und so viel Fleischbrühe und etwas Salz dazu, lasse es zwei bis dreimal aufkochen und gebe es über die Wachteln; haben diese eine gute halbe Stunde damit gekocht, dann sind sie gut, richte sie dann auf die Platte, mache die Fäden davon und gebe 4—6 große Trüffeln, in Blättchen geschnitten, in ein Geschirr und ein Ei groß Butter, ein Lorberblatt, etwas groben Pfeffer und ein Glas Wein dazu, lasse es gut einkochen, bis es keine Feuchtigkeit mehr hat, dann gebe ein Glas voll gut verkochte Coulis dazu, lasse sie gut durchkochen und gebe sie so unter die Wachteln. In Ermanglung der Coulis vermenge einen halben Kaffelöffel voll Mehl mit den eingedämpften Trüffeln und setze diesem ein halbes oder ganzes Glas von dem Saft, in welchem die Wachteln gekocht wurden, zu, lasse es durch ein Sieb laufen, befreie es von Fett und lasse es dann bis zur Hälfte damit einkochen.

489. Wachteln au gratin.

8—10 frische Wachteln werden gereinigt, ausgebeint, dann die Lebern davon ganz fein gehackt; sodann nehme von zwei Hühnern die Brüste, in Ermanglung dieser eben so viel Kalbfleisch ohne Haut, schneide es in kleine Stücke und lasse es in einem

Geschirr mit etwas Butter, Salz, gestoßenem Pfeffer und Muskatnuß auf schwachem Kohlenfeuer 8 Minuten langsam dämpfen, es darf aber keine Farbe erhalten, nehme es dann aus dem Geschirr trocken heraus, lasse es erkalten und gebe dann in das nämliche Geschirr das Weiche von zwei Kreuzerwecken, sammt einem halben Glas Wasser oder Fleischbrühe, lasse die Wecke damit weich dämpfen, und verrühre sie mit dem Kochlöffel ganz dick, dann drücke sie durch ein Sieb und lasse sie erkalten, jetzt verstoße auch das gedämpfte Fleisch zu einem Teig und drücke auch dieses durch ein Sieb. Endlich stoße auch noch 2 oder 3 gekochte und wieder erkaltete Kalbseuter und drücke sie ebenfalls durch das Sieb; dann gebe die 3 durchgedrückten Theile wieder in den Mörser, sammt dem Gelben von 5—6 Eiern, etwas Salz, Muskatnuß und Pfeffer und stoße alles eine Viertelstunde zusammen, nach diesem nehme es wieder aus dem Mörser heraus und menge die gehackte Wachtelleber darunter. Jetzt fülle einen Theil der Farce in die Wachteln, wickle oder lege sie wieder gut zusammen, damit sie ihre vorige Gestalt wieder erhalten, dann rühre unter die noch übrige Farce einen Anrichtlöffel voll Coulis, streiche solche ein oder zwei Finger dick, je nachdem es mehr oder wenig Farce ist, auf die Platte, lege die gefüllten Wachteln in schöner Ordnung darauf und decke sie mit Speckbatten zu; eine gute halbe Stunde vor dem Anrichten gebe sie in einen heißen Ofen, bis zum Anrichten sind sie dann gut; nehme hierauf den Speck und das Fett davon herunter und bereite folgende italienische Sauce dazu: Gebe in ein Geschirr einen Eßlöffel voll fein gehackte Petersilie, halb so viel fein gehackte Schalottenzwiebeln, auch so viel fein gehackte Champignons, ein Ei groß Butter und eine halbe Bouteille weißen Wein, lasse dies gut mit einander einkochen, bis keine Feuchtigkeit mehr daran ist, dann gebe zwei Gläser voll Coulis (s. Coulis) und ein Glas Consommé, sammt etwas Pfeffer und Salz dazu, lasse es langsam kochen und nehme auch das Fett davon; ist es zur Hälfte eingekocht, dann gebe es über die Wachteln.

490. Wildenten en poélé Sauce Bigarade.

Von der ausgenommenen, gereinigten und geflammten Wildente werden die Füße abgeschnitten und die Schlägel nach innen eingesteckt, auch der Pürzel gegen innen eingesteckt und mit der Pack- oder Tresirnadel und Bindfaden eingespannt, damit die Ente ein schönes Ansehen, mehr rund als lang, erhält; dann reibe sie auf der Brust mit dem Saft einer Citrone ein, gebe in ein dazu passendes Geschirr einige Speckbatten und die Ente darauf, auch decke sie mit Speckbatten zu; nun bereite folgendes Poelé: Gebe in ein Geschirr ½ Pfund Kalbfleisch, auch etwas rohen Schinken, 4 Loth Speck, alles in kleine Scheiben geschnitten, dann auch einige in Scheiben geschnittene Zwiebeln, etwas Thymian, Basilicum, ein Lorberblatt, einen Knoblauchzinken, etwas ganzen Pfeffer und Allerhandgewürz, auch etwas Salz, dieses alles dämpfe mit ¼ Pfund Butter einige Minuten, dann fülle es mit 2 Schöpflöffeln voll fetter Brühe auf und lasse es kochen bis alles weich ist, dann treibe es durch ein Sieb auf die Ente und drücke den Saft einer Citrone dazu; 1½ Stunden vor dem Anrichten stelle es auf das Feuer und lasse es langsam bis zum Anrichten kochen, dann richte es auf die Platte, nehme die Bindfäden davon und gebe folgende Sauce darüber: Bringe in ein kleines Geschirr ein Glas voll gute Coulis, etwas groben Pfeffer, die feine nudelartig geschnittene Schale einer großen gelben Orange sammt ihrem Saft, lasse die Sauce einigemal aufkochen und gebe sie dann über die Ente.

491. Enten mit Oliven.

Bereite und dämpfe die Ente auf die oben beschriebene Art en Poelé, dann mache folgende Sauce dazu: Eine Hand voll schöne grüne Oliven werden von den Steinen abgedreht (das Abgedrehte muß an einem Stücke bleiben) und wieder aufgerollt, damit sie die vorige Gestalt erhalten, dann gebe sie in ein Geschirr mit einem Trinkglas voll guter Coulis, zwei Gläsern voll Consommé, etwas grobem Pfeffer und etwas Salz, lasse dieß auf starkem Kohlenfeuer zu einem Drittel einkochen und stelle es bis zum Gebrauch heiß, es darf aber nicht mehr kochen; ist es Zeit zum Anrichten, dann nehme die Ente aus dem Poelé, mache den Bindfaden davon, gebe sie auf die Platte und die Sauce darüber.

492. Ente en aiguilletes.

Auch diese Ente wird wie die en Poelé zubereitet und gedämpft, aber folgende Sauce dazu gemacht: Ein Eßlöffel voll fein gehackte Schalottenzwiebeln, etwas grober Pfeffer, etwas geriebene Muskatnuß, ein wenig Salz und ein Trinkglas voll gut verkochte weiße Sauce, auch ein Glas Consommé läßt man zur Hälfte

einkochen und gibt dazu noch den Saft von zwei Citronen, es
darf aber nicht mehr kochen; hierauf nimmt man die Ente aus
dem Poelé heraus, macht den Bindfaden davon, legt sie auf die
Platte, macht auf jeder Brustseite vier schräge tiefe Einschnitte und
gibt die Sauce über die Einschnitte.

493. Ente mit weißen Rüben.

Die Ente wird gereinigt, geflammt und auf die Art, wie die
en Poelé eingespannt; alsdann gebe in ein dazu passendes Ge=
schirr ¼ Pfund Butter und 2 Kochlöffel voll Mehl, lasse dieß auf
schwachem Kohlenfeuer langsam dämpfen, bis das Mehl schön
blond geworden ist, dann gebe die eingespannte Ente darein,
dämpfe sie von allen Seiten in dem Mehl einige Minuten, doch
so, daß das Mehl keine stärkere Farbe mehr erhält, nur die Ente
muß auf allen Seiten recht fest und steif, auch etwas blond wer=
den; alsdann gieße unter fortwährendem Untereinanderrütteln
zwei Schöpflöffel voll gute und durchgeseihte Fleischbrühe dazu,
auch ein Lorberblatt und etwas feinen Pfeffer, rüttle alles auf
dem Feuer bis es zu kochen anfängt, dann gebe auch ein Bouquet
Petersilie sammt einer Zwiebel dazu und lasse jetzt alles auf star=
kem Kohlenfeuer kochen; ist die Ente fast weich, dann gebe 5—6
Hände voll ausgestochene weiße Rüben, alle in der Größe und
Dicke wie Oliven, dazu, dämpfe sie mit ½ Pfund Butter auf
starkem Feuer, bis sie schön blond geworden sind, dann lasse das
Fett davon ablaufen und gebe sie zu den Enten, sammt einem
Kaffelöffel voll Zucker; stelle die Ente jetzt auf schwaches Feuer,
damit sie noch langsam ganz gut wird; mache dann das Fett
davon und habe Acht, daß die Rüben schön ganz bleiben; ist
alles gut und die Zeit zum Anrichten, dann gebe die Ente auf
eine tiefe Platte, mache den Bindfaden davon, nehme auch das
Bouquet und das Lorberblatt aus der Sauce, gebe die Rüben um
die Ente herum und die Sauce darüber.

494. Welscher Hahn en daube.

Dazu wird gewöhnlich ein großer alter welscher Hahn gerei=
nigt, geflammt und demselben die Flügel und Vorderfüße abge=
schnitten und die Schlägel nach Innen eingesteckt, auch wird er,
damit er eine schöne Gestalt erhält, eingespannt und mit Folgen=
dem gespickt: Halb Finger dicke und zwei Finger lange Speck=
schnitten werden mit fein gehackten Schalottenzwiebeln und Peter=

silie, feinem Salz, fein gestoßenem Pfeffer, Muskatnuß, Allerhand=
gewürz, fein gehacktem Thymian und einem Lorberblatt gut
unter einander gemengt, dann die ganze Brust und die Schlägel
des Hahns recht dicht neben einander vollgespickt, doch so, daß
man die Speckschnitten von außen nicht sieht; hierauf gebe in ein
dazu passendes Geschirr mehrere Speckbatten, lege den Hahn dar=
auf und bedecke ihn wieder mit Speckbatten, dann gebe noch
darum zwei zerhackte Kalbsfüße und einen in Stücke gehackten
Kalbsbug, auch die Füße und den Kragen des Hahnes, ferner
4 gelbe Rüben, 6 Zwiebeln, 3 Gewürznägelein, etwas Thymian,
2 Lorberblätter, einen Eßlöffel voll Salz und ein Bouquet von
Petersilie, dann gebe noch ein mit Butter bestrichenes Papier dar=
über und fülle so viel Fleischbrühe auf, daß es eine halbe Hand
hoch über den Hahn geht; jetzt decke ihn mit einem mit glühen=
den Kohlen belegten Deckel zu und lasse ihn 3½ Stunden, wenn
er aufgekocht hat, langsam dämpfen; ist er gut, dann stelle ihn
von dem Feuer und lasse ihn noch eine halbe Stunde in der
Brühe liegen, darnach gebe ihn auf eine Platte und mache, wenn
er erkaltet ist, den Bindfaden und alles Anhängende davon. Die
Brühe aber lasse, wenn das Fett davon genommen ist, durch ein
Tuch laufen und dann bis zu 3 Schoppen einkochen; dann ver=
klopfe ein ganzes Ei sammt der Schale, gebe es in ein passendes
Geschirr und die eingekochte Brühe, wenn sie etwas verkühlt ist,
sammt einem Glas weißem Wein dazu; rühre dieses nun auf
dem Feuer, bis es zu kochen anfängt und lasse es eine Minute
an der Seite des Feuers kochen, dann ziehe sie von dem Feuer
zurück, gebe einen Deckel mit glühenden Kohlen darauf, lasse es
entfernt vom Feuer eine Viertelstunde stehen und nehme hierauf
den Deckel sorgfältig herunter; die Gelée lasse nun langsam durch
eine Serviette laufen, sie wird hell wie klarer Wein seyn, und
an einem kalten Ort fest gestehen; damit und mit gekochten Trüf=
feln, Oliven, harten Eiern, Blumenkohl, grünen eingemachten
Essigbohnen, Sardellen, Kapern u. s. w. garnire dann den wel=
schen Hahn.

495. Galantine von welschem Hahn.

Ein schöner und gut gestopfter welscher Hahn wird gereinigt,
geflammt und schön ausgebeint, aber recht sorgfältig, daß die Haut
nicht verletzt wird, auch werden Flechsen und Nerven aus den Schlä=
geln heraus genommen; schneide dann ½ Pfd. Speck in Finger=

gleich lange und halb Finger dicke Stückchen, menge darunter fein gehackte Petersilie und Schalottenzwiebeln, auch etwas Salz, groben Pfeffer und Allerhandgewürz, und spicke diese Schnitten in den inneren Theil der Brust und die Schlägel ein, doch so, daß der Speck nicht durch die Haut gehet, mit den übrigen Kräutern aber reibe ihn wohl ein; sodann nehme 2 Pfund Kalbfleisch ohne Haut von der Schale, auch so viel fetten Speck, hacke beide Theile fein wie Teig zusammen, dann gebe Salz, fein gestoßenen Pfeffer und Allerhandgewürz darunter und streiche diese Farce daumenhoch in den auseinander gelegten welschen Hahn ein und streiche es recht gleich; alsdann schneide in schmale Riemen 8—10 Stück geschälte Trüffeln, dann auch eine gesalzene und abgekochte Rindszunge, auch Speck und Gansleber, lege einen Theil davon, unter einander gemengt, auf die ausgestrichene Farce gedrängt nebeneinander, dann streiche wieder so viel von der Farce darüber und lege nun den Rest der vermengten Riemen darauf, mit der übrigen Farce zugestrrichen; dann rolle den welschen Hahn schön zusammen, damit er seine vorige Gestalt wieder erhält; jetzt wird er sorgfältig zusammen genäht, damit keine Farce heraus dringen kann, dann binde Speckbatten darum, salze ihn gut, binde ihn in feine Leinewand oder Haartuch und schnüre ihn mit Bindfaden fest ein; dann gebe in ein dazu passendes Geschirr mehrere Speckbatten, lege den welschen Hahn darauf und einen in Stücke gehackten Kalbsbug, 2 Kalbsfüße, den Abgang des welschen Hahns, 6 gelbe Rüben, 6 Zwiebeln, 3 Lorberblätter, etwas Thymian, ein Bouquet Petersilie, 2 Eßlöffeln voll Salz, 3 Gewürznägelein, eine in Scheiben geschnittene Citrone, 4 Schöpflöffeln voll Fleischbrühe und einen Schoppen weißen Wein dazu, lasse ihn nun auf starkem Feuer aufkochen und abschäumen, dann auf starkem Kohlenfeuer 3 Stunden gut dämpfen; ist er gut, dann stelle ihn von dem Feuer, lasse ihn in der Brühe eine halbe Stunde ruhen und nehme ihn dann heraus auf ein flaches Geschirr, presse ihn etwas, damit der Saft herausgeht, bis er erkaltet ist, hierauf nehme die Leinwand oder das Haartuch davon, mache auch die Bindfäden heraus und befreie ihn vom Anhängenden. Gieße nun die Brühe, in welcher der welsche Hahn gedämpft wurde, durch eine Serviette, nehme das Fett davon ab und koche solche bis zu 3 Schoppen ein, lasse sie nun wieder etwas verkühlen, verklopfe ein ganzes Ei sammt der Schale in die eingekochte Brühe und setze dem Ganzen ein Glas weißen Wein zu; nun rühre es auf dem Feuer, bis es

4 bis 6 mal aufgekocht hat, dann stelle es von dem Feuer hinweg, gebe einen Deckel mit glühenden Kohlen darauf und lasse es eine Viertelstunde damit stehen, nehme dann den Deckel wieder herunter und gieße es langsam durch eine reine Serviette, es wird wie klarer Wein durchlaufen; dieß stelle nun an einen kalten Ort oder auf Eis, bis es fest gestanden ist, und garnire dann den welschen Hahn auf oben angegebene Art.

496. Welsche Hahnenflügel en harigot.

10 welsche Hahnenflügel werden gereinigt und geflammt, auch schön abparirt und ausgebeint, dann in ein Geschirr auf Speckbatten gelegt und mit Speckbatten zugedeckt; dann gebe in ein anderes Geschirr ein Pfund rohes Kalbfleisch und ½ Pfd. Speck, beides in kleine Stücke geschnitten, auch einige Scheiben Zwiebeln, etwas Thymian, Lorberblätter, Basilicum, einen Knoblauchzinken, ganzer Pfeffer, Allerhandgewürz und ¼ Pfund Butter dazu, lasse dieß einige Minuten mit einander dämpfen, dann gebe 6 Trinkgläser voll fette Fleischbrühe dazu und lasse es langsam eine halbe Stunde kochen bis es weich ist, hierauf lasse es durch ein Sieb laufen, gebe den Saft einer Citrone und etwas Salz dazu, dieß gieße nun alles über die Flügel und gebe ein mit Butter bestrichenes Papier darüber; lasse die Flügel nun langsam 1½ Stunden zugedeckt dämpfen, auch etwas länger, wenn sie noch nicht weich genug seyn sollten; beim Anrichten gieße sie dann auf ein Sieb, lege sie kranzartig auf die Platte und gebe in die Mitte Folgendes: Vier Hände voll gleichartig abgedrehte oder ausgestochene weiße Rüben in der Form und Größe von Oliven werden in einem Stück Butter, einem Kaffelöffel voll Zucker und etwas Salz gut gedämpft, doch müssen sie ganz weiß bleiben und dürfen auch nicht ganz weich seyn, dann gebe vier Gläser voll ganz blonde Coulis dazu, lasse sie etliche Minuten damit verkochen und gebe sie dann in die Mitte der Flügel. In Ermanglung von Coulis wird, wenn die Rüben auf starkem Feuer gedämpft haben, ein Eßlöffel voll Mehl darunter gestreut und wohl unter einander gerüttelt, dann von der Brühe, in welcher die Flügel gedämpft wurden, vier Gläser voll darüber gegossen, gut gerüttelt und schnell zu einem Drittel eingekocht, dann zu den Flügeln gegeben.

497. Welsche Hahnenflügel à la Chipolata.

10 welsche Hahnenflügel werden gereinigt, geflammt, ausge-

beint und gut abparirt, dann gebe in ein Geschirr 12 Loth Butter und lasse die Flügel damit auf starker Gluth eine Minute schnell dämpfen; dann gebe einen Eßlöffel voll Mehl darunter, rüttle es wohl untereinander und fülle es mit 2 Schöpflöffeln voll guter Fleischbrühe auf; damit sich alles wohl vermengt, rüttle es nochmals unter einander; lasse alles nun auf starker Gluth gut kochen und schäume es auch ab, dann schneide ½ Pfund geräuchertes junges Dürrfleisch, Bruststück, oben und unten gut abparirt, in kleine Vierecke, koche sie einige Minuten in Wasser ab, dann gebe sie auch zu den Flügeln, auch eine Hand voll gereinigte schöne weiße Champignons und ein Bouquet von Petersilie dazu; wenn dieses Ragout fast weich ist, dann füge noch 20 ganz kleine geschälte Zwiebeln, von gleicher Größe, eben so viel geschälte Kastanien und 10 Stück Kleinfinger lange und fingerdicke Bratwürstchen, welche vorher eine Minute in kochendem Wasser lagen, dazu und lasse diese eine Viertelstunde langsam mitkochen, doch so, daß die Kastanien nicht zerfallen, nehme auch von dem Ragout das darauf befindliche Fett herunter; ist es Zeit zum Anrichten, dann lege die Flügel kranzartig auf die Platte, nehme das Lorberblatt, den Thymian und das Petersiliebouquet heraus, dann verrühre noch das Gelbe von 3 Eiern darunter, rüttle es unter einander, es darf aber nicht mehr kochen, und gebe alles über die Flügel.

498. Welscher Hahnenflügel en Soleil.

Gebe 12 Stück gereinigte, geflammte und ausgebeinte welsche Hahnenflügel mit ¼ Pfund Butter und etwas Salz in ein Geschirr und lasse sie einige Minuten schnell dämpfen, sie dürfen aber keine Farbe nehmen; dann gebe vier Trinkgläser voll gute weiße Sauce, ein Glas gute Fleischbrühe, ein Lorberblatt, etwas groben Pfeffer, zwei Gewürznägelein und ein Bouquet Petersilie dazu, dieß lasse kochen und schäume es auch ab; sind sie fast weich, dann nehme das Fett davon ab und lasse sie einkochen, bis die Sauce dick geworden ist; hierauf nehme das Bouquet und das Lorberblatt davon und rühre das Gelbe von drei Eiern und ein halb Ei groß Butter darunter, rüttle es auch über dem Feuer, bis die Eier gut angezogen haben, dann gebe die Flügel auf ein flaches Geschirr und streiche die Sauce darüber; ist es erkaltet, dann wende jeden Flügel in fein geriebenem Weißbrod um und drücke solches gut an; nun verklopfe einige Eier mit etwas Salz und Muskatnuß, wende sie auch darin und dann wieder in Reibbrod um. Eine Viertelstunde vor dem Anrichten backe sie dann in heißem Schmalz schön hochgelb, lege sie auf die Platte und gebe zwei Hände voll grüne abgezupfte Petersilienblätter, welche schnell in recht heißem Schmalz ausgebacken, dann eben so schnell aus dem Schmalz auf ein Tuch gelegt und mit feinem Salz bestreut wurden, darauf.

499. Blanquette von welschem Hahn.

Befreie die halbe Brust von einem gebratenen welschen Hahn von der Haut, schneide sie in dünne Blättchen, in der Größe und Dicke eines Sechsbätzners, und gebe sie in ein dazu passendes Geschirr; dann schneide zwei Hände voll schöne Champignons in dünne Scheiben, lege sie sogleich in ¼ Pfund zerlassener Butter mit etwas Salz und dem Saft einer oder zwei Citronen, damit sie weiß bleiben, lasse sie schnell einige Minuten dämpfen, bis keine Feuchtigkeit mehr daran zu sehen ist, dann gebe etwas Muskatnuß, groben Pfeffer und 3 Gläser voll gute weiße Sauce, auch ein Glas Consommé dazu, lasse dieß bis zur Hälfte einkochen, auch schäume es ab und nehme das Fett davon; dieß gebe nun zu dem geschnittenen Brustfleisch und stelle es heiß. Ist es Zeit zum Anrichten, dann verrühre das Gelbe von 2 Eiern in einem Eßlöffel voll Wasser, rühre es mit dem Blanquett sammt einer nußgroß Butter über dem Feuer gut untereinander, es darf aber nicht kochen; ist es gut im Salz, dann richte es schön auf die Platte und gebe darum Eier à la Minute. (Siehe Minuteneier bei den Garnituren.)

500. Poulard oder Kapaun en Poelé.

Ein gereinigter und leicht geflammter Kapaun wird am Kropf oder am innern Theil des Schlägels aufgeschnitten und ausgenommen, dann die Schenkel gegen Innen eingesteckt und der ganze Kapaun mit einer Tresir- oder Packnadel mit Bindfaden eingespannt, damit die Brust recht schön gewölbt in die Höhe kommt und der Kapaun ein schönes Ansehen erhält; alsdann gebe Speckbatten in ein dazu passendes Geschirr und lege den Kapaun darauf, dann gebe einige dünne Citronenscheiben auf die Brust und decke ihn mit Speckbatten zu, auch ein mit Butter bestrichenes Papier darüber; jetzt gebe in ein anderes Geschirr einige in Scheiben geschnittene Zwiebeln und gelbe Rüben, ½ Pfund rohes Kalbfleisch und Speck, in kleine Würfel geschnitten, etwas Thymian, ein Lorberblatt, 2 Gewürznägelein, ein Bouquet von Petersilie, und Salz, dieß alles lasse mit ¼ Pfund Butter eine Viertelstunde dämpfen, dann gebe einen Schöpflöffel voll Fleischbrühe dazu, lasse es aufkochen und gebe es über den Kapaun; lasse diesen nun zugedeckt eine Stunde dämpfen, ist er dann gut, so nehme ihn heraus, befreie ihn von den Bindfäden und richte ihn auf die Platte, darum aber gebe eine gute jus, oder warme Aspic, oder Krebssauce, oder Tomaté- oder Paradiesäpfelsauce, oder eine braune Coulis mit feinen Kräutern, oder auch gebämpfte Champignons.

501. Poulard oder Kapaun à la Saint-gars.

Ist der Kapaun wie der vorige gereinigt, geflammt, ausgenommen und eingespannt, dann wird Speck und abgekochte gesalzene Rindszunge in Fingergleich lange und stark Federkiel dicke Stücke geschnitten und mit fein gestoßenem Pfeffer, Allerhandsgewürz, Muskatnuß und Salz vermengt und diese Schnitten neben einander in die Kapaunbrust eingesteckt, und zwar zuerst ein Speckstück, dann ein Zungenstück, auf solche Art wird fortgefahren bis die ganze Brust voll gespickt ist, die Stücke dürfen aber nur Erbsen groß heraus stehen; lege jetzt den Kapaun in ein dazu passendes großes Geschirr auf Speckbatten, auf die Brust desselben aber lege einige dünne Citronenscheiben und auf diese wieder Speckbatten, dann auch ein mit Butter bestrichenes Papier darüber; nun wird es mit dem nämlichen Poelé wie beim vorigen aufgefüllt, dann eine Stunde vor dem Anrichten auf das Feuer gegeben, auch auf den Deckel glühende Kohlen gelegt und bis zum Anrichten gedämpft; ist er gut, dann nehme ihn aus dem Poelé heraus, mache die Bindfäden davon, gebe ihn auf die Platte und folgende Sauce darunter: Nehme Ei groß von der abgekochten gesalzenen Rindszunge, welche recht roth seyn muß, und stoße sie fein wie Teig, dann gebe ein halb Ei groß Butter, etwas Muskatnuß und Pfeffer darunter, stoße es nochmals unter einander und gebe es mit einem Anrichtlöffel voll weißer Sauce, zwei Anrichtlöffeln voll kräftiger Consommé und einer Nuß groß gut eingekochter Glace in ein kleines Geschirr, rühre es warm unter einander und streiche alles recht gut durch ein Haartuch in ein anderes kleines Geschirr und stelle es bis zum Gebrauch heiß, es darf aber ja nicht mehr kochen; ist die Sauce zu dick, dann rühre noch einen oder zwei Anrichtlöffel voll gute jus oder Consommé darunter und gebe es warm unter den Kapaun.

502. Kapaun oder Poulard mit Austern.

Der Kapaun wird auf dieselbe Art zubereitet und gedämpft wie der en Poelé, aber folgende Sauce darüber gegeben: Zwei oder drei Dutzend frische Austern und der Saft einer Citrone werden in einem kleinen Geschirr recht heiß gemacht, sie dürfen aber nicht kochen, sind sie etwas steif geworden, dann gieße sie auf ein Haarsieb und lasse den Saft davon in ein kleines Geschirr laufen; hierauf reinige die Austern gut ab, schneide den grauen Bart davon und lege sie dann zu dem abgegossenen Saft. Jetzt gebe in ein Geschirr 3 Gläser voll gut verkochte weiße Sauce sammt einem Glas weißem Wein, etwas grobem Pfeffer und zwei gut gereinigten und fein gehackten Sardellen, lasse die Sauce unter fortwährendem Umrühren etwas mehr als zur Hälfte schnell einkochen, winde sie durch ein Haartuch und lasse sie bis zum Anrichten heiß stehen; sodann verrühre das Gelbe von 4 Eiern recht gut und gieße die Austern sammt dem Saft darunter. Ist es Zeit zum Anrichten, dann wird der Kapaun, ist er gereinigt und von den Bindfäden befreit, auf die Platte gelegt, die Sauce aber wird kochend heiß gemacht und sammt den Austern mit dem Eiergelb und einer Nuß groß Butter darunter gerührt; dieses wird nun wohl über dem Feuer unter einander gerüttelt, es darf aber nicht kochen, und dann über den Kapaun gegeben.

503. Kapaun mit Reis.

Der Kapaun wird leicht geflammt und wieder gut mit einem reinen Tuch abgerieben, dann wird er von der Rückenseite aufgeschnitten und ausgebeint, die Füße aber werden an den Gelenken abgeschnitten; bei allem diesem muß man vorsichtig verfahren, damit Haut und Brust nicht zerschnitten oder zerrissen werden; alsdann nehme ½ Pfund Reis, reinige ihn einigemal in warmem Wasser und lasse ihn 10 Minuten in Fleischbrühe kochen, alsdann gebe ihn auf ein Haarsieb und lasse ihn wieder abtropfen; gebe nun in ein Geschirr ¼ Pfund Butter, lasse es zerschleichen und gebe den Reis sammt etwas Salz, Muskatnuß und etwas grobem Pfeffer darein, rühre dieses gut unter einander und dann das Gelbe von vier Eiern gut darunter. Nun lege den ausgebeinten Kapaun auseinander und fülle den erkalteten Reis darein, dann lege und nähe ihn wieder zusammen, damit er seine vorige Gestalt wieder erhält, auch spanne ihn schön ein; jetzt reibe ihn auf der

Brust mit Citronensaft ein, umbinde ihn auch mit Speckbatten, dann gebe ihn sammt dem Abgang in ein mit Speckbatten belegtes Geschirr, auf die Brust aber lege ein mit Butter bestrichenes Papier; dann gebe in ein anderes Geschirr ½ Pfd. rohes Kalbfleisch und ¼ Pfd. Speck, in kleine Stücke geschnitten, einige in Scheiben geschnittene Zwiebeln und gelbe Rüben, ein Bouquet Petersilie, ein Lorberblatt, etwas Thymian, 1 Knoblauchzinken und etwas ganzen Pfeffer und Allerhandgewürz, lasse alles dieses mit ¼ Pfd. Butter eine Viertelstunde dämpfen, dann gebe einen Schöpflöffel voll Fleischbrühe dazu und gieße alles, hat es aufgekocht, über den Kapaun, auch noch etwas Salz dazu, lasse ihn nun eine Stunde, zugedeckt mit einem mit glühenden Kohlen belegten Deckel, dämpfen, alsdann wird ¼ Pfund ausgewaschener, 10 Minuten in Wasser gekochter, wieder in kaltem Wasser abgekühlter und auf einem Sieb abgetropfter Reis in ein Geschirr zu ¼ Pfd. zerlassener Butter, fein geriebener Muskatnuß und Pfeffer gegeben und diesem von dem Saft, in welchem der Kapaun gedämpft wurde und welchen man vorher durch ein Sieb laufen ließ und vom Fett befreite, beigemengt; diesen Reis lasse nun weich dämpfen, dann gebe 2—3 Eßlöffel voll gut verkochte Coulis oder so viel heiße Consommé und 2 Hände voll geriebenen Parmesankäse darunter, gebe ihn auf die Platte und dann den Kapaun, wenn er vom Anhängenden gereinigt ist und die Bindfäden davon genommen sind, darauf.

504. **Poulard oder Kapaun à la Provençale.**

Von einem gereinigten, gestammten und ausgenommenen Kapaun werden die Brüste in zwei Theile, die Schlägel in 4 Theile und der Rücken in zwei Theile geschnitten; dann gebe in ein passendes Geschirr ein Trinkglas voll gutes Provenceröl, einen Knoblauchzinken und ein Ei groß geschabenen Speck, lasse das Oel sammt dem Speck mit einander warm werden und gebe die Kopaunstücke, auch die Flügel, neben einander darein, streue darüber zwei Eßlöffel voll fein gehackte Schalottenzwiebeln, halb so viel fein gehackte Petersilie, eine Hand voll abgedrehte Trüffeln, in der Form einer Muskatnuß, fein gestoßenes Allerhandgewürz, etwas grob gestoßenen Pfeffer, geriebene Muskatnuß, ein Lorberblatt und feines Salz und decke das Ganze mit einigen Speckbatten zu; ¾ Stunden vor dem Anrichten setze das Geschirr auf glühende Kohlen und lasse die Kapaunstücke dämpfen, bis sie fast weich geworden sind, dann nehme die Speckbatten davon, gebe zwei Hände voll gut geschälte und von der dünnen Haut befreite Kastanien dazu und lasse sie auch eine Viertelstunde damit dämpfen, dann richte die Stücke schön ordnungsmäßig auf die Platte, gieße das Fett davon herunter, drücke zu dem Uebrigen den Saft von zwei Citronen und gebe dann alles über das Geflügel.

505. Poulard en bigarrure.

Zu dieser Platte werden zwei schöne gemästete junge Hühner gereinigt, geflammt, ausgenommen und die Brüste sammt den Flügeln, welche an den Brüsten bleiben müssen, schön vorsichtig herunter geschnitten, damit sie ein schönes Ansehen erhalten, die Haut aber wird von den Brüsten herunter gelöst und solche dann schön perlenartig und fein gespickt; nun gebe in ein dazu passendes Geschirr einige Speckbatten, auf diese die 4 gespickten Brüste und bedecke sie mit einem mit Butter bestrichenen Papier; dann gebe darum einige Schnitten rohes Kalbfleisch, in kleine Stücke geschnitten, auch einige in Scheiben geschnittene Zwiebeln und gelbe Rüben, ein Bouqet Petersilie, ein Lorberblatt, etwas Thymian, drei Gewürznägelein und drei Trinkgläser voll Consommé, auch etwas Salz. Nun werden auch die Schlägel von den Körpern abgelöst, die Füße bis auf Fingergleich Länge davon abgehauen und die Knochen, ohne die Haut zu verletzen, herausgenommen; alsdann hacke vier Trüffeln recht fein, dämpfe sie einige Minuten auf schwacher Gluth mit etwas Salz, ein halb Ei groß Butter, etwas grobem Pfeffer und etwas fein gestoßenem Allerhandgewürz, lasse sie erkalten, fülle sie dann in die Schlägel und nähe solche schön zu, damit sie eine schöne Form erhalten und nichts herauslaufen kann, dann lasse sie in einem Geschirr mit einem Stück Butter, dem Saft einer Citrone, etwas Salz und feinem Pfeffer eine Minute schnell braten; hierauf gebe eine Speckbatte darüber, auch einige Blättchen rohen Schinken, etwas rohes Kalbfleisch, in dünnen Schnitten, einige in Scheiben geschnittene Zwiebeln und 3 Gläser voll gute kräftige Consemmé dazu; nun decke sie zu und lasse sie auf Kohlen dämpfen, bis sie gut sind, dann nehme sie heraus und lasse sie verkühlen. Jetzt schneide von Trüffeln und von einer geräucherten, abgekochten, kalten Rindszunge Fingergleich lange und Federkiel dicke Stückchen, spicke zwei von den Schlägeln mit Trüffelstückchen, die andern zwei mit den Rindszungenstückchen schön gleich; sodann wird der Saft, in welchem die Schlägel gedämpft wurden, durch ein Sieb gelassen, in diesen die Schlägel gelegt und bis zum Gebrauch heiß gestellt; ¾ Stunden vor dem Anrichten werden die Filets auf starke Gluth gesetzt, auch auf den Deckel Gluth gegeben, aber öfters wieder aufgedeckt und die Filets mit dem untern Saft begossen, bis der Speck gut glasirt ist, alsdann werden sie schön auf die Platte geordnet, so daß zwischen je ein Filets ein Schlegel zu liegen kommt; nun gebe noch zu den beiden Theilen, in welchen die Schlägel- und Filets gedämpft wurden, etwas Consommé, lasse beide Theile damit aufkochen, gieße es dann zusammen, lasse es durch ein Sieb, auch nehme das Fett davon, dann lasse alles ganz dick einkochen und glasire die Filets damit, zu dem Rest gebe einen Kaffelöffel voll fein gehackte Petersilie, zwei Trinkgläser voll gute weiße Sauce und den Saft einer halben Citrone, auch etwas groben Pfeffer, lasse es einigemal aufkochen und gebe es dann in die Mitte des Geflügels.

506. Poulard oder Kapaun à la Chevaliere.

Der Poulard wird gereinigt, geflammt, ausgenommen und ausgewaschen, dann das Brustbein von innen heraus gebrochen, doch so, daß die äußere Brust nicht beschädigt wird; dann verarbeite mit dem Kochlöffel ¼ Pfund Butter mit etwas feinem Pfeffer, Muskatnuß und Allerhandgewürz und stecke es in den Poulard hinein, schneide diesem nun die Füße und Flügel ab und spanne ihn mit einer Pack- oder Dresirnadel ein, damit er eine schöne Form erhält und die Brust recht gewölbt und hoch wird; alsdann wird die Brust auf einer Seite mit feinem Speck, die andere Seite mit feinen Trüffelstückchen gespickt und in ein dazu passendes Geschirr auf Speckbatten gelegt, ringsherum aber 1 Pfd. rohes Kalbfleisch, in kleine Stücke geschnitten, auch einige in Scheiben geschnittene Zwiebeln und gelbe Rüben, ein Lorberblatt, etwas Thymian, zwei Gewürznägelein, etwas Salz und ein Bouquet von Petersilie, darüber aber ein mit Butter bestrichenes Papier gegeben; fülle dieses nun mit einem Schöpflöffel voll guter Fleischbrühe auf und gebe es eine Stunde vor dem Anrichten auf das Feuer, auch einen Deckel mit glühenden Kohlen darauf; ist er gut und die Brust schön glasirt, dann ziehe ihn aus dem Poelé und mache die Bindfäden davon, den Saft aber, in welchem der Poulard gedämpft wurde, lasse durch ein Sieb laufen, nehme das Fett davon und lasse ihn ganz dick zu einer Glace einkochen, die Brust wird nun damit überstrichen, dann der Poulard auf die Platte gelegt und Folgendes darüber gegeben: 4 Trinkgläser voll gut verkochte weiße Sauce, zwei Trinkgläser voll gute Consommé, etwas Muskatnuß und ein Glas weißer Wein wird unter beständigem Umrühren auf starkem Feuer bis zur Hälfte eingekocht und durch ein Haartuch gewunden, dann gebe eine Hand voll gereinigte Hahnenkämme und Hahnennierchen, welche vorher in Butter, Citronensaft und etwas Fleischbrühe weich gedämpft und wieder abgetrocknet wurden, dazu, auch einige Poularden und Kapaunenlebern, auch ein Dutzend Krebsschwänze, eine Hand voll gereinigte und in Butter gedämpfte Champignons und einige in Hälften geschnittene und weich gedämpfte Artischockenböden und lasse alles dieses sammt etwas Salz und Muskatnuß in der Sauce einige Minuten langsam kochen, dann verrühre das Gelbe von 4 Eiern, eine Nuß groß gute Butter und den Saft einer halben Citrone darunter, es darf aber nicht kochen, sondern muß nur recht heiß über dem Feuer unter einander gerüttelt werden.

507. Poularden oder Kapaunenschlägel au Sauté de Champignons.

Zehn gereinigte Poulardenschlägel werden ausgebeint und die Flechsen heraus gemacht, dann wird ein Pfund Kalbfleisch ohne Haut, in kleine Stücke geschnitten, in einem Stückchen Butter weich gedämpft, es darf aber keine Farbe erhalten, und, ist es wieder erkaltet, fein gehackt; eben so werden zwei weich gekochte und wieder erkaltete Kalbseuter ebenfalls fein gehackt und beides mit einander eine Viertelstunde zu Teig gestoßen; dann gebe das Weiche von zwei in heißer Milch eingeweichten und wieder ausgedrückten Kreuzerwecken zu dem Kalbfleisch und Euter und stoße dieß sammt dem Gelben von vier Eiern, etwas Salz und Muskatnuß eine Viertelstunde unter einander, nehme alles nun aus dem Mörser und fülle damit die ausgebeinten Poulardenschlägel voll, gebe ihnen dann eine schöne Form und nähe sie wieder zusammen, auch stecke ein Füßchen, von welchem die Krallen ganz kurz abgeschnitten sind, an der dünnen Seite ein; sind alle auf solche Art zubereitet, dann gebe in ein Geschirr Speckbatten, auf diese die Schlägel und auf die Schlägel wieder Speckbatten, darum aber gebe einige rohe Kalbfleischschnitten, einige in Scheiben geschnittene Zwiebeln und gelbe Rüben, ein Lorberblatt, etwas Thymian, 2 Gewürznägelein und den Saft einer Citrone, auch etwas Salz, bedecke es jetzt mit einem mit Butter bestrichenen Papier

18.

und fülle es mit 6 Trinkgläsern voll Consommé oder guter Fleischbrühe auf; hierauf setze das Geschirr auf schwaches Kohlenfeuer, zugedeckt mit einem mit glühenden Kohlen belegten Deckel, und lasse es eine Stunde dämpfen; beim Anrichten nehme die Schlägel heraus, mache die Fäden davon, lasse den Saft, wenn er vom Fett befreit ist, durch ein Sieb laufen und dann ganz dick einkochen, mit diesem überstreiche dann die Schlägel und lege solche auf die Platte wie ein Kranz, in die Mitte aber gebe Folgendes: Drei Hände voll gereinigte Champignons werden, in dünne Scheiben geschnitten, mit ¼ Pfd. Butter und dem Saft einer Citrone, sammt etwas grobem Pfeffer und Salz eine Viertelstunde auf schwachem Feuer gedämpft und öfter unter einander geschüttelt, und diesem noch 3 Anrichtlöffel voll weiße Sauce und ein Kaffelöffel voll fein gehackte Petersilie beigegeben; hierauf läßt man sie einigemal aufkochen und rührt noch das Gelbe von 2 Eiern darunter, sie dürfen aber nicht damit kochen.

508. Gespickte Filets von Poularden mit Tomatésauce.

Von fünf jungen Poularden werden die Brüste herunter und eine jede in zwei Theile geschnitten, die Flügelbeinchen werden daran gelassen und dann die obere Haut davon gemacht; diese Filets spicke nun fein perlenartig, dann bestreiche ein dazu passendes Geschirr gut mit Butter und gebe 4 Anrichtlöffel voll stark eingekochte Consommé und einen Eßlöffel voll Glace dazu, lege die Filets neben einander darauf und gebe etwas geriebene Muskatnuß und Salz dazu, dann lege ein mit Butter bestrichenes Papier darüber. Eine Stunde vor dem Anrichten wird es mit einem mit glühenden Kohlen belegten Deckel zugedeckt und auf schwache Gluth gestellt, auf welcher es nicht stark, jedoch auch nicht zu langsam dämpfen muß; ist es nach ¾ Stunden nicht genug glasirt, dann gebe etwas stärkeres Feuer darunter, bis es schöne Glasur erhalten hat; hierauf lege es kranzartig auf die Platte und zwischen ein jedes der Filets eine in der Form wie die Filets dünn geschnittene und gelb in Butter ausgebackene Weckschnitte oder Crouton, folgende Sauce aber gebe in die Mitte: Befreie sechs Stück Tomaté- oder Paradiesäpfel vom Wasser und gebe sie in ein Geschirr mit etwas rohem, in Würfel geschnittenen Schinken, auch einigen in Scheiben geschnittenen Zwiebeln, einem Knoblauchzinken, einigen Pfefferkörnern und ¼ Pfd. Butter, lasse dieses eine Viertelstunde langsam mit einander unter öfterem Umrühren dämpfen, dann rühre einen Kochlöffel voll Mehl darunter und dämpfe auch dieses einige Minuten unter öfterem Umrühren, dann fülle es mit drei Trinkgläsern voll guter Fleischbrühe auf und rühre es bis es anfängt zu kochen; hierauf lasse es unter öfterem Umrühren noch eine halbe Stunde langsam dämpfen; alsdann treibe alles durch ein Haarsieb oder Tuch und gebe noch den Saft einer Citrone, eine Messerspitze voll feinen Pfeffer und etwas Salz dazu, rühre alles auf dem Feuer wohl untereinander, lasse es eine halbe Minute unter fortwährendem Umrühren aufkochen und gebe es in die Mitte der Filets.

509. Haches von Poularden à la Turque.

Dazu nehme zwei gebratene Poularden und schneide, wenn sie erkaltet sind, das Fleisch ohne Haut und Flechsen davon herunter, hacke es recht fein wie Mehl und gebe es dann in ein passendes Geschirr, sodann nehme 4 Anrichtlöffel voll gute Bechamell (s. Bechamell), auch ein Glas guten süßen Rahm in ein besonderes Geschirr, lasse es einige Minuten unter fortwährendem Umrühren verkochen und gebe es dann zu dem fein gehackten Fleisch sammt einem Ei groß guter Butter, etwas Salz, grob gestoßenem Pfeffer und fein geriebener Muskatnuß, alles wohl unter einander gerührt; stelle es nun, ohne es kochen zu lassen, recht heiß, und ist es Zeit zum Anrichten, dann gebe es recht heiß auf die Platte und garnire es mit verlorenen Eiern (s. verlorene Eier bei den Garnituren).

510. Majonnaise von Kapaunen oder Poularden.

Zwei gebratene und wieder erkaltete Poularden werden in schöne Theile geschnitten und die Haut gut davon abgeschält, damit sie recht weiß aussehen; gebe hierauf in eine irdene Schüssel 2 Trinkgläser voll gutes Provenceröl, auch eben so viel zerlaufene gute Aspic (s. Aspic oder saure Sulze), auch etwas feines Salz und eine Messerspitze voll grob gestoßenen Pfeffer; dieses stelle auf Eis und rühre es mit einem Kochlöffel so lange, bis es ganz dick und weiß geworden ist, gieße auch öfter etwas Citronensaft dazu; dann gebe die Geflügelstückchen alle darein und überstreiche jedes dick und schön glatt, damit sie ein schönes Ansehen bekommen; dann richte sie auf die Mitte der Platte schön auf und garnire sie schön mit einigen großen abgesottenen Krebsen, auch einigen in rothem Wein abgesottenen Trüffeln und mit 12 Stück Salatherzchen, welche vorher in Essig, Oel, Salz und Pfeffer gut eingetaucht wurden; hierauf stelle das Ganze, bis es zum Auftragen Zeit ist, auf Eis.

511. Galantine von Poularden.

Der Kapaun oder Poularde wird sorgfältig gereinigt und ausgebeint und auf dieselbe Art und mit denselben Zuthaten bereitet, wie der welsche Hahn (s. Galantine von welschem Hahn).

512. Kari von Poularden oder Kapaunen.

Von 3—4 Poularden oder Kapaunen werden Flügel, Rücken und Schlägel in schöne gleiche Theile geschnitten, ausgewaschen, einige Minuten in Wasser aufgekocht, wieder in frischem Wasser verkühlt und abgetrocknet; dann gebe in ein dazu passendes Geschirr ¾ Pfund Butter, ¾ Pfund in thalergroße und halb Finger dicke Stücke geschnittenen Halbspeck oder junges geräuchertes Dörrfleisch, von welchem die obere und untere Haut und die Brustknochen abgeschnitten sind, zwei Kaffelöffel voll fein gestoßenen indianischen Safran und 8 Körnchen spanischen Pfeffer, welcher mit etwas Salz, 2 Lorberblättern und 3 Gewürznägelein fein gestoßen wird, lasse dieß alles auf dem Feuer mit einander gut zergehen und gebe dann die Geflügelstückchen dazu; lasse es jetzt zwei bis drei Minuten auf dem Feuer unter öfterem Herumrütteln dämpfen, dann streue 3 Eßlöffel voll Mehl darunter und rüttle es wohl unter einander; hierauf fülle es nach und nach mit 3 Schoppen Fleischbrühe auf, lasse es aufkochen und gebe auch eine starke Hand voll gereinigte Champignons dazu; nun lasse es auf starker Gluth kochen bis das Geflügel fast gut ist, dann gebe folgende in Salzwasser abgekochte junge Gemüse dazu: Eine Hand voll kleine Zwiebeln, so viel zwei Fingergleich lange geschnittene grüne Bohnen, 6—8 Artischockenböden, etwas Blumenkohl und grüne Gurken; ist alles gut weich, dann ziehe das Geflügel und das dabei Befindliche schön ganz, ohne daß es zerrissen wird, in einen Suppentopf oder auf eine tiefe Platte, sodann verrühre das Gelbe von 5 Eiern unter die Sauce, rüttle sie gut über dem Feuer, ohne daß sie kocht, unter einander, und ziehe sie mit dem Löffel gut auf, dann gebe sie über das Ragout.

513. Junge gedämpfte Hahnen en Poelés.

Zwei junge Hahnen werden leicht geflammt, gereinigt und bei dem Kropf oder zwischen den Schlägeln gut ausgenommen, auch das innere Brustbein ausgebrochen, wobei man jedoch Acht geben muß, daß die Hahnen nirgends zerrissen werden, und dann ausgewaschen; nun werden sie mit einer Dresirnadel und Bindfaden gut eingespannt und die Schlägel nach Innen eingesteckt, damit die Brust schön erhaben ist; sodann nehme ein Ei groß Butter, etwas feines Salz, grob gestoßenen Pfeffer, auch etwas geriebene Muskatnuß und den Saft einer Citrone, vermenge dieß alles recht gut mit der Butter, dann stopfe es bei dem Hals oder Kropf der Hühner in den Körper ein, nähe die Haut bei dem Kropf gut übereinander, damit die Butter nicht heraus laufen kann, dann gebe in ein dazu passendes Geschirr einige Speckbatten, lege die Hahnen darauf und auf die Brüste derselben einige dünne Citronenscheiben und etwas Salz; decke sie auch mit Speckbatten zu und lege neben darum einige Scheiben rohes Kalbsfleisch, auch etwas in Scheiben geschnittenen rohen Schinken, einige Zwiebeln, mit zwei Gewürznägelein gespickt, eine gelbe Rübe, etwas Thymian und ein Lorberblatt, darüber aber gebe ein mit Butter bestrichenes Papier und fülle das Ganze mit so viel Fleischbrühe auf, daß sie gerade der Brust der Hahnen gleich ist; ³/₄ Stunden vor dem Anrichten gebe es auf das Feuer, sorge aber, daß es nicht aus dem Kochen kommt und fortwährend bis zum Anrichten kocht, dann ziehe sie auf die Platte, reinige sie von allem Anhängenden, nehme auch die Bindfäden davon, dann gebe eine heiße Aspic oder Tomatésauce, oder auch gedämpfte Champignons mit fein gehackter Petersilie und einigem Eiergelb legirt darunter.

514. Junge Hahnen mit Reis auf Petersburger Art.

Ein junger Hahn wird gereinigt, geflammt, ausgenommen und das Brustbein sorgfältig ausgebrochen, damit er nirgends verletzt wird, dann ausgewaschen und gut abgetrocknet; auch werden die Füße abgeschnitten und die Schlägel gegen Innen eingesteckt; sodann mache folgendes kleines Ragout: 20—30 Krebsschwänze, eine Hand voll Hahnenkämme, auch Nieren und Leber, werden mit einer starken Hand voll gereinigten Champignons, einigen in Scheiben geschnittenen Trüffeln, etwas Morcheln und einem Ei groß Butter eine Viertelstunde langsam gedämpft, dann, mit einem starken Kaffelöffel voll Mehl bestreut, wohl unter einander gerührt, hierauf mit einem starken Trinkglas voll guter Fleischbrühe aufgefüllt, auch etwas Salz und Muskatnuß dazu gethan; rüttle nun alles auf dem Feuer unter einander bis es kocht und lasse es noch eine Viertelstunde auf schwachem Feuer langsam kochen, dann rühre das Gelbe von 4 Eiern darunter, es darf aber nicht mehr kochen, sondern muß nur recht heiß unter einander gerüttelt werden, lasse es jetzt erkalten und fülle es dann in den Hahn ein, nähe diesen sorgfältig zu, daß nichts herauslaufen kann und spanne ihn mit einer Dresirnadel und Bindfaden gut ein, damit die Brust schön und hoch erhaben ist und der Hahn ein schönes Ansehen erhält, auch reibe die Brust mit dem Saft einer Citrone ein; hierauf gebe in ein dazu passendes Geschirr einige Speckbatten, lege das Huhn darauf und decke es auch mit Speckbatten zu, rings herum aber lege einige Scheiben rohes Kalbfleisch, in Scheiben geschnittenen rohen Schinken, drei Zwiebeln, zwei Gewürznägelein, etwas Thymian, ein Lorberblatt, zwei gelbe Rüben, auch ein mit Butter bestrichenes Papier darüber; gieße nun so viel gute Fleischbrühe dazu, daß solche Finger hoch darüber gehet, und gebe auch etwas Salz dazu; dieses lasse nun zugedeckt eine halbe Stunde auf dem Feuer kochen, ist es hierauf gut, dann ziehe es heraus, lasse es erkalten, die Brühe aber lasse durch ein Sieb laufen. Jetzt wird ein Pfund Reis gereinigt, ausgewaschen und eine Viertelstunde in Wasser abgekocht, dann wieder in frischem Wasser gut abgekühlt und auf einem Sieb abgetrocknet; diesen Reis nun gebe in ein passendes Geschirr mit etwas Salz, Muskatnuß, grobem Pfeffer und der durchgelassenen Brühe, sollte die Brühe nicht hinreichend seyn, dann gebe noch zwei Trinkgläser voll Fleischbrühe dazu, lasse den Reis damit eine starke Viertelstunde kochen, dann gebe ihn auf ein Haarsieb und lasse ihn abtropfen. Nun bestreiche eine dazu passende Form, in welche das Ganze eingefüllt werden kann, so daß sie gerade davon voll wird, mit Butter, dämpfe dann einen Eßlöffel voll fein gehackte Zwiebeln mit einem Ei groß Butter einige Minuten, sie müssen aber weiß bleiben, dann rühre zwei hart gesottene und ganz fein gehackte Eier und etwas groben Pfeffer darunter, dieses rühre unter den Reis und fülle die Hälfte davon in die mit Butter ausgestrichene Form, dann lege das Huhn, ist es von den Fäden befreit, auf die Brustseite in die Form und gebe den übrigen Reis eingedrückt darauf; eine Stunde vor dem Anrichten stelle ihn in einen mittelheißen Backofen, bedeckt mit einem mit glühenden Kohlen belegten Deckel und lasse ihn wie einen Reiskuchen backen. Bei dem Anrichten stürze ihn auf die Platte, dann gebe ein oder zwei Trinkgläser voll weiße Sauce zu dem Rest von dem Ragout, welches in das

Huhn gefüllt wurde, auch noch eine Hand voll in Butter gedämpfte Champignons oder Morcheln und lasse es einige Minuten verkochen; dann rühre noch das Gelbe von 3 Eiern sammt etwas Salz, Muskatnuß und etwas grobem Pfeffer darunter und gebe es um oder über den Reis.

515. Junge Hahnen à la Montmorency.

Zwei junge Hahnen werden auf dieselbe Art wie die à la Poelé zubereitet (siehe gedämpfte junge Hahnen à la Poelé), die Brüste derselben aber werden fein perlenartig gespickt und statt einer Speckbatte nur ein mit Butter bestrichenes Papier darauf gegeben, auch zugedeckt mit einem mit glühenden Kohlen belegten Deckel. ³/₄ Stunden vor dem Anrichten stelle sie auf das Feuer, sind sie gut, dann ziehe sie auf die Platte, befreie sie von den Bindfäden und glasire die Brüste mit dem Saft, worin die Hahnen gedämpft wurden und welchen man durch ein Sieb laufen und wieder ganz dick einkochen ließ. Bereite nun folgende Sauce: 2 Trinkgläser voll gut verkochte Coulis oder weiße Sauce (s. Coulis), ein Glas gute Consommé oder den Rest des eingekochten Hühnersaftes, auch ein halbes Glas weißen Wein und etwas groben Pfeffer lasse mit einander bis zu der Hälfte unter öfterem Umrühren einkochen, alsdann schneide die dünne Schale von einer oder zwei gelben bittern Orangen fein nudelartig, koche sie einige Minuten in Wasser ab, gieße sie auf ein Sieb und gebe sie dann in ein kleines Geschirr und die eingekochte Sauce durch ein Sieb dazu, lasse sie noch einige Minuten damit langsam kochen und gebe sie dann über oder unter die Hahnen.

516. Junge Hahnen en Paquet.

Dazu nehme zwei schöne gestopfte weiße junge Hahnen und bereite sie auf dieselbe Art wie die gedämpften jungen Hahnen à la Poelé (s. gedämpfte junge Hahnen à la Poelé), stopfe sie auch eben so mit Butter aus; dann bestreiche zwei Bogen Papier mit Butter, lege sie auf einander, darauf in die Mitte einige Speckbatten mit feinem Salz bestreut und auf diese die Hahnen neben einander; dann belege die Brüste mit dünn geschnittenen Citronenscheiben, streue auch etwas feines Salz darauf und decke sie mit dünnen Speckbatten zu; nun schlage das Papier auf vier Seiten darüber und klebe es mit einem dünnen Teig von Mehl und Wasser zusammen, damit es das Ansehen eines viereckigen

Packets erhält; hierauf bestreiche das ganze Packet mit Butter und bringe es eine Stunde vor dem Anrichten auf einem flachen Geschirr in einen mittelheißen Ofen, habe aber Acht, daß das Papier nicht zu braun wird oder gar verbrennt; nach einer Stunde sind die Hahnen darin gut, beim Anrichten schneide dann das Packet auf, nehme die Hahnen heraus auf die Platte, befreie sie von dem Anhängenden und den Bindfäden und gebe Folgendes darunter: 3 Trinkgläser voll gute braune und kräftige Consemmé, etwas Salz, auch grob gestoßenen Pfeffer, einen Eßlöffel voll Estragonessig sammt dem Weißen von einem Ei rühre auf dem Feuer unter einander bis es kocht, lasse es eine Viertelstunde langsam kochen, dann nehme es von dem Feuer und gebe einen Deckel mit glühenden Kohlen darauf; so bedeckt lasse es eine Viertelstunde stehen, dann decke es auf und gieße es langsam durch ein reines Tuch in ein kleines Geschirr; nun gebe 30—40 Estragonblätter, welche vorher einige Minuten in Wasser abgekocht, wieder in frischem Wasser abgekühlt, gut ausgedrückt und einigemal durchgeschnitten wurden, in die klare jus und diese dann recht heiß über die Hühner; auch kann man eine Krebs- oder Trüffelsauce darunter geben.

517. Fricassee von jungen Hahnen à la chevaliere.

Zwei schöne gestopfte junge Hahnen werden gereinigt und leicht geflammt, dann die Brüste davon geschnitten und solche fein perlenartig gespickt; dann gebe auf ein dazu passendes flaches Geschirr ¼ Pfund klar gemachte Butter, wende die vier gespickten Brüste in der Butter um und lege sie neben einander darauf, bestreue sie gut mit Salz und Muskatnuß, auch gebe ein mit Butter bestrichenes Papier darauf, das Uebrige der Hahnen aber schneide in schöne gleiche Theile; hierauf gebe in ein Geschirr ¼ Pfund Butter, lasse sie gut zergehen und lege die Hahnenstückchen schön neben einander darein, sammt etwas Salz und Muskatnuß, lasse sie auf starkem Feuer einige Minuten schnell auf beiden Seiten anziehen, damit die Stückchen in ihrer gleichen Form bleiben und eine hellblonde Farbe erhalten, dann bestreue sie mit einem starken Eßlöffel voll Mehl und rüttle es wohl unter einander, fülle es dann mit 4—5 Trinkgläsern voll heißer Fleischbrühe auf und rüttle alles wohl unter einander, bis es zu kochen anfängt, dann gebe eine Hand voll gereinigte Champignons, eben so viel kleine geschälte Zwiebeln von gleicher Größe, dann auch ein kleines Bouquet von Petersilie, ein Lorberblatt und zwei Gewürznägelein dazu, lasse es auf starker Gluth eine halbe Stunde langsam fortkochen, jedoch so, daß die Zwiebeln ganz bleiben; ist alles gut, dann ziehe die Hahnenstückchen sammt den Zwiebeln und Champignons in ein anderes Geschirr, das Bouquet und Lorberblatt aber nehme davon und winde die Sauce durch ein Haarsieb oder Tuch über das Fricassee; hierauf stelle es heiß und, ist es Zeit zum Anrichten, rühre das Gelbe von 4 Eiern und den Saft einer Citrone darunter, rüttle es auch wohl auf dem Feuer untereinander, damit das Eiergelb gut mit der Sauce vermengt wird, es darf aber nicht mehr kochen; richte es nun in schöner Ordnung auf die Platte, die gespickten Brüste aber setze in einen heißen Ofen oder auf starke Gluth, bedeckt mit einem mit glühenden Kohlen belegten Deckel; hat es auf diese Art 4—6 Minuten gedämpft und ist der Speck glasirt, dann sind sie gut (man kann auch die Brüste mit etwas Krebsbutter bestreichen), gebe sie nun auf die Mitte des Fricassee und garnire sie mit einigen schönen Krebsen.

518. Horli von jungen Hahnen.

Zwei schöne fette junge Hahnen werden gereinigt, geflammt, ausgenommen, ausgewaschen, wieder gut abgetrocknet und dann in schöne gleiche Portionen geschnitten, diese gebe in ein Geschirr sammt etwas Salz, grobem Pfeffer, einer halben Hand voll grüner Petersilienblätter, einigen in Scheiben geschnittenen Schalottenzwiebeln, 2 Lorberblättern und dem Saft von zwei Citronen und rüttle alles gut unter einander; eine halbe Stunde vor dem Anrichten reinige die Hahnenstückchen wieder von den beiliegenden Zuthaten, bestreue sie gut mit Mehl und schüttle sie auf einer Serviette recht gut mit dem Mehl unter einander, hierauf lege sie in nicht zu heißes Schmalz, lasse sie schön hochgelb darin backen und lege sie auf eine Serviette, damit das Fett abtrocknet; dann gebe sie auf die Platte und Folgendes darüber: 12 Stück große Zwiebeln von gleicher Größe werden in Scheiben geschnitten und aus diesen das Herz heraus gemacht, damit die Scheiben in gleiche Ringe zerfallen, dann gebe sie auch auf eine mit Mehl bestreute Serviette, schüttle sie wohl unter einander, lasse sie in recht heißem Schmalz schön hochgelb ausbacken und auf einer Serviette das Fett wieder abtrocknen; diese Zwiebeln gebe über die gebackenen Hahnen, auch eine heiße Aspic darunter, oder in Ermanglung der Aspic klare jus mit Citronensaft.

519. Junge Hahnen en Majonnaise auf Wiener Art.

Zerschneide zwei junge Hahnen, welche vorher in einem Poelé gedämpft und wieder abgekühlt wurden (s. junge Hahnen gedämpft en Poelé), in schöne gleiche Theile und gebe sie in ein Geschirr, alsdann gebe in ein anderes Geschirr 4 Trinkgläser voll gut verkochte und vom Fett befreite weiße Sauce, auch 2 Trinkgläser voll gute Aspic (s. Aspic oder saure Sulze), auch 2 Eßlöffel voll Estragonessig und etwas groben Pfeffer und Salz, lasse es miteinander zu einem Drittel unter fortwährendem Rühren einkochen, nach diesem gebe auch etwas fein gehackte Petersilie und Estragonblätter dazu, lasse auch dieß zweimal damit aufkochen und rühre dann das Gelbe von einem Ei darunter; gieße nun die Sauce über die geschnittenen Hahnen, rüttle alles wohl unter einander und lasse es erkalten, alsdann lege es schön auf die Platte, streiche die übrige Sauce darüber und garnire es mit kalter Aspic und mit einigen abgekochten Trüffeln und Krebsen.

520. Junge Hahnen à la Perigot.

Zwei bis drei schöne gemästete junge Hahnen werden gereinigt, leicht geflammt und ausgenommen, auch von dem Kragen und den Füßen befreit, dann die Oeffnung, wo sie ausgenommen wurden, wieder zugenäht; hierauf werden so viel Trüffeln, als zum Füllen der drei Hahnen nöthig sind, fein abgeschält und in Haselnuß große Theile rund abgedreht, der Abgang davon wird fein gehackt, dann gebe in ein Geschirr ein Pfund fein geschabenen oder fein gehackten Speck, ein Trinkglas voll gutes Provenceröl, einen Eßlöffel voll fein gehackte Petersilie, zwei Eßlöffel voll fein gehackte Schalottenzwiebeln, ein fein gehacktes Lorberblatt und die gehackten und abgedrehten Trüffeln dazu, und lasse alles etliche Minuten unter öfterem Umrühren auf dem Feuer dämpfen, dann gebe etwas Salz, eine Messerspitze voll groben Pfeffer, eben so viel gestoßenes Allerhandgewürz und etwas Muskatnuß dazu, rühre alles wohl unter einander und lasse es verkühlen, alsdann zerschabe eine halbe Gansleber und gebe sie sammt einem halben Trinkglas voll Arac darunter; das Ganze fülle nun bei dem Hals in die Hahnen ein und nähe dann die Haut über einander, damit nichts herauslaufen kann, die Schlägel aber stecke nach Innen und spanne die Hahnen mit einem Bindfaden ein, damit sie ein schönes Ansehen erhalten; hierauf gebe in ein dazu passendes Geschirr dünne Speckbatten, lege die Hahnen neben einander darauf und decke sie wieder mit Speckbatten zu, dann gebe in dünne Scheiben geschnittenen rohen Schinken, so wie auch rohes Kalbfleisch, auch einige in Scheiben geschnittene Zwiebeln, etwas Thymian, ein Lorberblatt und etwas ganzes Gewürz darum, auch Salz, den Saft einer Citrone, ein Glas Provenceröl und ein Glas gute Fleischbrühe darüber, lege auch ein mit Butter bestrichenes Papier darauf. Eine halbe Stunde vor dem Anrichten setze das Geschirr auf starkes Kohlenfeuer, zugedeckt mit einem mit glühenden Kohlen belegten Deckel, und lasse die Hahnen bis zum Anrichten dämpfen, hierauf reinige sie vom Anhängenden, nehme die Bindfäden davon, richte sie auf die Platte und gebe folgende Sauce darüber: 2 geschälte Trüffeln werden fein gehackt und mit einem halben Trinkglas voll weißem Wein gut eingekocht, diesem werden zwei Trinkgläser voll gute Coulis (s. Coulis), ein Glas Consommé, ein halbes Glas Madeirawein, etwas grober Pfeffer und Salz beigegeben, worauf man es bis zur Hälfte einkochen läßt.

521. Junge Hahnen à la Marengo.

Zwei schöne gemästete junge Hahnen werden gereinigt, geflammt und ausgenommen und dann jeder in sechs Theile geschnitten, nämlich zwei Brusttheile, zwei Schlägel, welche ausgebeint werden, und der Rücken in zwei Theile; dann gebe in ein dazu passendes, etwas flaches Geschirr zwei Trinkgläser voll gutes Provenceröl, lege die jungen Hahnenstückchen neben einander darein und zwei Hände voll kleine geschälte Zwiebeln, eben so viel geschälte und von der Haut gut befreite Kastanien, eben so viel in gleicher Größe rund abgedrehte Trüffeln, etwas feines Salz und zwei Messerspitzen voll gestoßenen Pfeffer dazu; eine halbe Stunde vor dem Anrichten lasse sie zugedeckt auf starkem Kohlenfeuer dämpfen, bis die Kastanien und Zwiebeln gut sind, sie dürfen aber keine Farbe erhalten; dann gebe den Saft von 2 Citronen und ein Trinkglas voll gute jus oder ein Ei groß Glace dazu und rüttle alles auf dem Feuer unter einander; hierauf richte die Hahnenstückchen kranzartig auf die Platte und gebe die Trüffeln, Zwiebeln und Kastanien in die Mitte, von dem Oel gieße etwas ab, das übrige aber gebe über die Hahnen.

522. Tauben en chipolata.

Vier bis fünf junge gemästete Tauben werden gereinigt, ge=

flammt, ausgenommen und denselben Kragen und Füße abgeschnitten, die Schlägel aber nach Innen eingesteckt und mit der Dresirnadel und Bindfaden eingespannt, damit die Brust schön erhaben wird, dann gebe in ein passendes Geschirr einige Speckbatten, auf diese die Tauben und decke sie auch mit Speckbatten zu, darum aber gebe etliche Schnitten rohes Kalbfleisch, 3 Zwiebeln, mit 2 Gewürznägelein gespickt, 2 Lorberblätter, etwas Thymian und Salz und fülle es mit 4 Trinkgläsern voll guter Fleischbrühe auf, lasse es eine Stunde dämpfen und ist es Zeit zum Anrichten, dann gebe die Tauben auf die Platte, mache die Bindfäden davon und gebe Folgendes darüber: 24 kleine geschälte Zwiebeln von gleicher Größe, eben so viel geschälte Kastanien und 2 Hände voll gereinigte Champignons gebe in ein passendes Geschirr und ¼ Pfund zerlassene Butter dazu, darüber etwas Salz und den Saft einer Citrone, lasse dieß 6 Minuten auf schwachem Feuer mit einander dämpfen; nun unterbinde 4 fingerdicke Bratwürste jede dreimal, lege sie zwei Minuten in kochendes Wasser und lasse sie dann wieder verkühlen, sodann schneide sie da auseinander, wo sie unterbunden sind und gebe sie auch zu dem Gedämpften und folgende Sauce darüber: Gebe in ein Geschirr ¼ Pfund rohes Kalbfleisch und eben so viel rohen Schinken, beides in Würfel geschnitten, einige in Scheiben geschnittene Zwiebeln, zwei Gewürznägelein, ein Lorberblatt, ein kleines Bouquet von Petersilie und ¼ Pfund Butter und lasse es mit einander einige Minuten auf starker Gluth, unter öfterem Umrühren dämpfen, dann rühre zwei Eßlöffel voll Mehl darunter und fülle es mit 6 Trinkgläsern voll guter Fleischbrühe auf; jetzt rühre das Ganze bis es anfängt zu kochen und lasse es dann eine halbe Stunde auf schwachem Feuer fortwährend kochen; hierauf winde die Sauce durch ein Haartuch oder Sieb über das Zubereitete, lasse dann alles mit einander eine Viertelstunde gut kochen, jedoch müssen die Kastanien und Zwiebeln schön ganz bleiben, schäume nun auch das Fett davon herunter und rühre dann das Gelbe von vier Eiern, den Saft einer Citrone und etwas Salz und Muskatnuß bei dem Anrichten darunter, rüttle es auch leicht unter einander, ohne daß es kocht, und richte es dann über die Tauben an.

523. Tauben à la Portugaise.

4—6 fette Nesttauben werden gereinigt, geflammt und ausgenommen, dann die Füße eingesteckt und mit einer Dresirnadel und Bindfaden schön eingespannt; hierauf gebe sie in ein passendes Geschirr nebst einem Viertelpfund Butter, etwas Salz, grobem Pfeffer und dem Saft von einer Citrone, lasse sie zugedeckt eine halbe Stunde auf schwachem Kohlenfeuer langsam braten, dann nehme die Tauben wieder aus dem Geschirr, gebe in' dasselbe zu der Butter einige dünne Speckbatten, lege die Tauben darauf und decke sie mit Speckbatten zu, dann gebe noch darum einige Scheibchen rohes Kalbfleisch, auch einige Scheiben rohen Schinken, einige Zwiebeln, ein Lorberblatt, etwas Thymian, einige Pfefferkörner, 2 Gewürznägelein und etwas Salz, dann fülle es mit einem Trinkglas voll weißem Wein und zwei Trinkgläsern voll Fleischbrühe auf; eine halbe Stunde vor dem Anrichten setze es auf das Feuer und lasse es eine starke Viertelstunde kochen, dann ziehe die Tauben, vom Anhängenden und den Bindfäden befreit, auf die Platte, garnire sie mit schönen Krebsen und Klößen von Geflügel oder Kalbfleisch (s. Klöße von Kalbfleisch) und gebe nachstehende Sauce darüber: ¼ Pfund gute frische Butter, das Gelbe von 3 Eiern, ein Eßlöffel voll Citronensaft, etwas Salz und eine Messerspitze voll groben Pfeffer lasse auf schwacher Gluth unter beständigem Umrühren warm, aber nicht heiß werden, habe aber Acht, daß sie nicht gerinnt, dann ziehe sie mit dem Anrichtlöffel schnell nach einander auf, bis die Butter sich mit dem Eiergelb vereinigt hat und gebe sie über die Tauben (die Sauce darf nicht eher gemacht werden, als bis sie zum Anrichten gebraucht wird).

524. Coteletten von Tauben=Sautées.

Von sechs gereinigten und geflammten Tauben werden die Brüste sorgfältig heruntergeschnitten und solche mit dem flachen Theil des großen Messers etwas geklopft, damit sie wie Coteletten aussehen, auch werden die Fasern rings herum etwas abgeschnitten, hierauf in jede Brust ein Beinchen, welche man von den Flügeln der Tauben nimmt, eingesteckt, nun werden die Brüste mit feinem Salz, Pfeffer und Allerhandgewürz bestreut, dann auf ein flaches Geschirr ¼ Pfund klar gemachte Butter gegeben und die Tauben=Coteletten neben einander darauf gelegt; im Augenblick des Anrichtens wird das Geschirr auf starkes Kohlenfeuer gebracht und die Brüste erst von einer Seite gebraten, dann werden sie auf die andere Seite gewendet und nur noch eine halbe Minute gebraten, dann franzartig auf die Platte gerichtet; zwischen jedes Cotelette wird nun ein in der Glace umgewendetes und in Schmalz gelb gebackenes Crouton, in der Form der Tauben-Coteletten, gelegt und eine klare Coulis mit etwas Glace, Citronensaft, Salz und grobem Pfeffer darunter gegeben; auch kann eine Sauce mit Trüffeln oder Oliven oder auch eine Tomate- oder Paradiesäpfelsauce darunter gegeben werden.

525. Junge Tauben à l'aurore.

Sechs junge Nesttauben werden gereinigt, geflammt und ausgenommen, auch die Füße nach Innen eingesteckt und die Tauben der Länge nach in der Mitte durchgeschnitten und etwas breit geklopft; dann gebe in ein passendes Geschirr ein Stück Butter, feines Salz, etwas groben Pfeffer, geriebene Muskatnuß, den Saft von einer Citrone und ein Lorberblatt, auf dieses lege die Tauben neben einander und stelle sie auf das Feuer, bis sie gut von allen Seiten gebraten sind; dann gebe einen halben Eßlöffel voll Mehl darauf und rütle es wohl unter einander, auch vier Trinkgläser voll gute Fleischbrühe oder Consommé, eine Handvoll fein gehackte Champignons und eine Zwiebel, mit einem Gewürznägelein gespickt, und lasse es auf starkem Ferer kochen; nach einer Viertelstunde nehme die Tauben aus der Sauce heraus, die Sauce aber lasse bis auf 1½ Trinkgläser voll einkochen, dann rühre das Gelbe von 4 Eiern darunter, nehme die Zwiebel und das Lorberblatt heraus und gebe sie über die Tauben; lasse sie nun erkalten und bestreiche die Tauben damit ganz dick. Jetzt wende sie in fein geriebenem Weißbrod um, auch drücke das Brod gut an, sodann verklopfe einige ganze Eier mit etwas Salz und Muskatnuß, wende die in Reibbrod umgewendeten Tauben in diesem, dann wieder in Reibbrod um, backe sie im Augenblick des Anrichtens in heißem Schmalz schön hochgelb und gebe sie kranzartig auf die Platte; dann zupfe zwei Hände voll Petersilienblätter von den Stielen und werfe sie in heißes Schmalz, rüttle sie drei- bis viermal untereinander, nehme sie dann schnell mit dem Schaumlöffel aus dem Schmalz wieder heraus, lege sie auf ein Tuch und menge etwas feines Salz ganz leicht darunter; dieses gebe dann in die Mitte der Tauben.

526. Tauben auf dem Rost gebraten.

Vier bis fünf gemästete Nesttauben werden gereinigt, geflammt, ausgenommen und die Füße nach innen eingesteckt, sodann werben sie der Länge nach in zwei Theile geschnitten, dann mit dem breiten Theil des Hackmessers breit geklopft, und von beiden Seiten mit feinem Salz und Pfeffer bestreuet; dann gebe ein Stück zerlassene Butter in ein Geschirr, wende die Tauben darin und dann in fein geriebenem Weißbrod um, drücke es auch an; lege sie nun auf die Brustseite auf den Rost und lasse sie eine halbe Stunde vor dem Anrichten auf schwachem Kohlenfeuer langsam von beiden Seiten schöne hellbraune Farbe nehmen, träufle auch öfters etwas zerlassene Butter darauf, sind sie gut, dann lege sie kranzartig auf die Platte und gebe folgende Sauce in die Mitte: Zwei Eßlöffel voll fein gehackte Schalottenzwiebeln, drei Eßlöffel voll guten Essig, ein halbes Trinkglas gute Consommé, etwas Salz, eine Messerspitze feinen Pfeffer und einen Eßlöffel voll fein geriebene Weißbrodkruste lasse zwei bis drei Mal aufkochen und gebe es unter die Tauben; auch kann man eine klare jus darunter geben.

527. Tauben à la Chasseur mit Trüffeln.

4 — 5 gemästete Nesttauben werden gereinigt, geflammt und ausgenommen, und die Füße nach Innen eingesteckt; dann gebe in ein passendes Geschirr ¼ Pfund Butter, lasse sie zergehen, gebe die Tauben sammt einem Lorberblatt, etwas grobem Pfeffer und etwas Salz, auch zwei Zwiebeln, mit zwei Gewürznägelein gespickt, und eine Hand voll in Scheiben geschnittene Trüffeln dazu, und lasse alles ¼ Stunde unter öfterm Umrütteln dämpfen, sodann röste zwei Hände voll fein geriebenes Schwarzbrod mit einem Ei groß Butter recht hochbraun, dann gebe einen Eßlöffel voll fein gehackte Schalottenzwiebeln und einen Kaffelöffel voll Mehl darunter, und röste auch dieses eine halbe Minute damit, hierauf gebe es zu den gedämpften Tauben, dann gieße eine Bouteille guten rothen Wein darüber, rüttle es recht gut untereinander bis es zu kochen anfängt, dann schneide in dünne Scheiben eine halbe Citrone ohne Kernen darauf, lasse es auf starkem Kohlenfeuer ½ Stunde kochen und gebe noch 2 Hände voll kleine Zwiebeln, welche vorher in Butter hochgelb gedämpft wurden, dazu lasse auch diese einige Minuten damit langsam dämpfen, nehme dann das Fett davon, richte die Tauben kranzartig auf die Platte und gebe das Uebrige in die Mitte.

528. Tauben mit Krebsen und Champignons.

4—5 junge gemästete Nesttauben werden gereinigt, geflammt und ausgenommen, dann jede in 4 Theile geschnitten, auch die Lebern und Mägen, nachdem sie gereinigt sind, dazu gegeben, das Ganze wird nun gut ausgewaschen, eine Minute in Wasser aufgekocht, dann wieder in frischem Wasser abgekühlt und gut abgetrocknet, jetzt gebe in ein dazu passendes Geschirr ¼ Pfund Butter, lasse sie zergehen und gebe die Tauben sammt zwei Händen voll gereinigten Champignons, einem Lorberblatt, zwei Zwiebeln, mit zwei Gewürznägelein gespickt, 6—8 Artischockenböden, einem Bouquet von Petersilie und etwas Salz hinein und lasse es zugedeckt auf schwachem Feuer ¼ Stunde unter öfterm Untereinanderrütteln dämpfen, dann streue 2 Eßlöffel voll Mehl darunter, rüttle es nochmals und fülle es mit 5 Trinkgläsern voll Fleischbrühe oder Wasser und 2 Gläsern weißem Wein auf, rüttle es nun auf dem Feuer bis es kocht, dann lasse es auf starkem Kohlenfeuer ½ Stunde kochen, ziehe hierauf die Tauben, Champignons und die Artischockenböden mit einem kleinen Schaumlöffel aus der Sauce in ein anderes Geschirr und dann gebe 20—30 gereinigte Krebsschwänze und 20—30 geschälte kleine Zwiebeln, welche vorher in Salzwasser einige Minuten gekocht wurden, dazu; sodann gebe die Sauce in welcher alles gekocht und welche vom Fett befreit wurde, durch ein Haarsieb über das Ragout, lasse es noch eine Viertelstunde damit langsam kochen, und ist es Zeit zum Anrichten, dann verrühre das Gelbe von 4 Eiern, etwas Salz, Muskatnuß, den Saft einer halben Citrone und ½ Ei groß Krebsbutter darunter, rüttle alles über dem Feuer untereinander, bis die Krebsbutter sich gut damit vermengt hat, es darf aber nicht kochen, dann richte es schön nach der Ordnung auf die Platte und garnire es mit ausgebrochenen Krebsen.

Zubereitung von verschiedenen Fischarten.

529. Blaugesottener Salmen.

Reinige 3—4 ℔ frischen Salmen sorgfältig und umbinde ihn dann mit einem Bindfaden, damit er nicht aus seiner Form kommt und bei dem Herausziehen nicht zerrissen werden kann; hierauf gebe ihn in ein dazu passendes Geschirr mit 3 in Scheiben geschnittenen gelben Rüben, 2 in Scheiben geschnittenen Zwiebeln, einem Büschel grüner Petersilie, 3 Lorberblätter, 3 Gewürznägelein, etwas Thymian, einem Bouquet Fenchel, einer Hand voll Salz und zwei Bouteillen weißem Wein, dann decke ihn mit einem Papier zu und lasse ihn 1 Stunde auf starker Gluth dämpfen; ist es Zeit zum Anrichten, dann ziehe ihn recht heiß, von allem Anhängenden gereinigt, auf eine Platte, auf welcher eine feine Serviette liegt, und gebe grüne Petersilie darum; wird aber der Salmen als Abwechslung für das Rindfleisch gegeben, dann gebe keine Serviette darunter, sondern richte ihn heiß auf die Platte und folgende Sauce darüber: gebe ¼ Pfund Butter in ein Geschirr und menge einen starken Eßlöffel voll Mehl darunter, diesem setze 6 Trinkgläser voll von der Brühe, in welcher der Salmen gedämpft wurde, zu, und rühre es auf dem Feuer bis es kocht, dann gebe eine Messerspitze voll groben Pfeffer dazu, lasse es bis zur Hälfte einkochen und winde dann die Sauce durch ein Haartuch in ein besonderes Geschirr, jetzt gebe 4—6 kleine Essiggurken oder Cornichons, in dünne Blättchen geschnitten, 4 Stück gereinigte Sardellen in Stückchen geschnitten, auch einen starken Eßlöffel voll feine Kapern und in Essig eingemachte Kapucinerkernen in die Sauce, stelle solche recht heiß, ohne sie kochen zu lassen, und gebe sie, wenn sie gebraucht wird, über den Salmen.

530. Salmen à la genoise.

Dieser Salmen wird eben so wie der vorhergehende bereitet, statt des weißen Weines wird jedoch dunkelrother genommen, auch wird er nicht so stark gesalzen und ¾ Stunden langsam gesotten; ist dieß geschehen, dann gebe in ein Geschirr ¼ Pfund Butter und menge 2 Eßlöffel voll Mehl darunter, dann fülle es mit 6 Trinkgläsern voll von der Brühe, in welcher der Salmen gekocht und welche vorher durch ein Haarsieb gegossen wurde, auf, rühre es auf dem Feuer bis es kocht und lasse sie unter fortwährendem Umrühren bis zu der Hälfte einkochen, dann winde sie durch ein Haartuch in ein besonderes Geschirr und stelle sie heiß, sie darf aber nicht mehr kochen; ist es Zeit zum Anrichten, dann gebe den Salmen recht heiß auf die Blatte, in die Sauce aber gebe ein halb Ei groß Sardellenbutter und ziehe sie mit einem Löffel über dem Feuer auf, bis die Butter sich gut mit der Sauce vermengt hat, sie darf aber nicht kochen, dann gebe sie recht heiß über den Salmen.

531. Salmen mit Kapern.

Ein Stück Salmen von 3—4 Pfund wird gereinigt, ausgewaschen und wieder abgetrocknet; hierauf wird es in einem passenden Geschirr mit 1½ Trinkgläsern voll gutem Oel, einer Hand voll Schalottenzwiebeln, 6—8 Petersiliensträußchen, feinem Salz und grobgestoßenem Pfeffer eine Stunde von allen Seiten langsam gedämpft, wobei man Acht geben muß, daß es nicht zerrissen wird, dann wird es auf die Platte und eine gute Buttersauce mit dem Saft einer Citrone darüber gegeben, auch mit feinen Kapern bestreut.

532. Salmen à la Provençale.

Gebe in ein passendes Geschirr anderthalb Trinkgläser voll Provenceröl, 2 Eßlöffel voll fein gehackte Schalottenzwiebeln, halb so viel fein gehackte, ausgewaschene und in einer Serviette ausgedrückte Petersilie und zwei Eßlöffel voll fein gehackte Trüffeln, dann lege ein Stück gereinigten, ausgewaschenen und wieder abgetrockneten Salmen von 3—4 Pfd. darauf und über diesen eine in dünne Scheiben geschnittene Citrone ohne Kern, auch feines Salz und viel groben gestoßenen Pfeffer und lasse ihn zugedeckt auf schwacher Gluth ¾ Stunden langsam dämpfen, gebe auch öfters einige Eßlöffel voll weißen Wein dazu, damit die Kräuter keine Farbe erhalten; ist es Zeit zum Anrichten, dann belege die Platte mit dünn geschnittenen und in Butter gelb ausgebackenen Weckschnitten oder Croutons, lege den Salmen ohne ihn zu zerreißen darauf, und gieße etwas von dem Oel, welches bei den Kräutern ist, über den Salmen und lege die dabei befindlichen Citronenscheiben darauf.

533. Salmen à la Majonnaise.

2—3 Pfund Salmen, gereinigt und ausgewaschen, wird in schöne Portionen geschnitten; dann gebe ihn in ein passendes Geschirr, eine Bouteille weißen Wein, zwei in Scheiben geschnittene gelbe Rüben, zwei in Scheiben geschnittene Zwiebeln, zwei Lorberblätter, ein Büschelchen Petersilie, auch ein Büschelchen Fenchel, 3 Gewürznägelein und Salz, lasse dieß eine halbe Stunde gut miteinander langsam verdämpfen und wieder verkühlen, alsdann ziehe die Salmenstücke auf eine reine Serviette und lasse sie darauf abtrocknen, hierauf richte sie schön kranzartig auf die Platte, und gebe Folgendes darüber: Bringe in eine passende irdene Schüssel zwei Trinkgläser voll Provenceröl, drei Gläser voll gute Aspic (s. Aspic oder saure Sulze), welche vorher etwas zergangen ist, den Saft einer Citrone, auch etwas feines Salz und grob gestoßenen Pfeffer, dieses stelle auf gestoßenes Eis und rühre darin bis es recht weiß und dick geworden ist, dann streiche es recht dick über den Salmen und stelle hierauf die Platte wieder auf Eis oder an einen kalten Ort und garnire ihn nun in der Mitte mit kalter und etwas zerhackter Aspic, einer Hand voll Kapern, einer Hand voll in dünne Blättchen geschnittenen Cornichons und einer Hand voll grünen in Blättchen von den Steinen abgeschnittenen Oliven.

534. Salmen en Russie.

2—3 Pfund frischer Salmen wird gereinigt, in schöne Portionen oder Scheiben geschnitten, dann in Salzwasser abgekocht, damit er schön roth bleibt, alsdann läßt man ihn wieder verkühlen, zieht ihn sorgfältig auf ein Tuch heraus und läßt ihn abtrocknen, sodann wird er kranzartig auf eine Platte gelegt und darum gehackte Aspic (s. Aspic) gegeben, in die Mitte aber wird Folgendes nach schöner Zeichnung gelegt:

Zwei Hände voll kleine und ganz gleiche Zwiebeln werden in Salzwasser abgekocht, bis sie beinahe weich sind, eben so werden zwei Stöcke Blumenkohl in mehrere Theile geschnitten, auch in Salzwasser fast weich abgekocht; sodann werden noch zwei Hände voll olivenartig abgedrehte gelbe Rüben, eine mittelgroße frisch geschälte, von den Kernen befreite und in 2 Fingergleich lange ovale Stückchen geschnittene Gurke, und zwei Hände voll grüne, in Fingergleich lange Stückchen geschnittene Bohnen ebenfalls in Salzwasser einzeln abgekocht, alle diese Gemüse werden in kaltem Waſſer wieder abgekühlt und auf einem Tuch abgetrocknet; dann gebe ſie in eine irdene Schüſſel und zwei Trinkgläſer voll gutes Oel, ein Trinkglas voll guten Wein oder Eſtragoneſſig, auch fein geſtoßenes Salz und groben Pfeffer darüber, rüttle alles gut untereinander und laſſe es ¼ Stunde in der Sauce liegen; bei dem Anrichten nehme alles aus der Sauce heraus und gebe es in die Mitte des Salmen, dann garnire noch 8—10 Stück ſchöne feſte Salatherzchen, welche auch in der Sauce umgewendet werden müſſen, darum, und gebe die übrige Sauce darüber, dazu aber gebe eine Ravigoteſauce in einem Saucengeſchirr. (ſ. **Sauçe ravigote**).

535. Fricandos von Salmen mit ſaurem Rahm.

Dazu nehme 3—4 Pfund friſchen Salmen vom Mittelſtück, ſchuppe ihn ab und ſchneide ihn dem Rückgrath nach in zwei Theile, ſodann ſchneide von den zwei Theilen die obere Haut ganz dünn herunter und ſpicke ſie recht ſchön auf die gewöhnliche Art, nur nehme dazu ſtatt des Speckes Sardellen Sind die Salmenſtücke möglichſt vollgeſpickt, dann lege ſie auf ein dazu paſſendes flaches Geſchirr nebeneinander; ſodann ſchneide einige Peterſilienwurzeln, einige gelbe Rüben und 3—4 Zwiebel in dünne Scheiben, gebe dieß zuſammen in ein Geſchirr, nebſt einem Viertelpfund Butter und laſſe es auf dem Feuer ¼ Stunde dämpfen, bis alles eine gelbe Farbe erhalten hat, dann gebe eine halbe Bouteille weißen Wein, 2 Lorberblätter, etwas Thymian, einige Gewürznägelein, groben Pfeffer, Salz und eine halbe Citrone in Scheiben geſchnitten ohne Kernen dazu, laſſe es ¼ Stunde langſam verkochen, dann gieße es durch ein Sieb über den geſpickten Salmen; ſtelle ihn hierauf in einen heißen Ofen und begieße ihn mit ſeinem eigenen Saft bis derſelbe eingekocht iſt, ſodann begieße die Salmenſtücke mit ½ Schoppen ſaurem Rahm, und von Zeit zu Zeit mit dem untern Saft bis die Fricandos eine gelbe Farbe erhalten haben, dann richte ſie vorſichtig, damit ſie nicht zerreißen, auf die Platte, zu dem Uebrigen, in welchem ſie gebraten wurden aber gebe noch ein Trinkglas voll weißen Wein, eben ſo viel ſauren Rahm und etwas groben Pfeffer, auch ein halb Ei groß Sardellenbutter; dieß alles rühre auf dem Feuer eine Minute lang untereinder, treibe es hierauf durch ein Haarſieb und gebe es unter die Fricandos.

536. Salmen en Salade.

2 Pfund Salmen werden gereinigt, in Salzwasser abgekocht und wieder verkühlt, dann in kleine schöne Portionen getheilt, sodann gebe in eine neue irdene Schüssel 4 Eßlöffel voll guten Weinessig, 4 Eßlöffel voll zergangene Aspic, 10 Eßlöffel voll feines Oel, einen Eßlöffel voll fein gehackte Petersilie, 2 Eßlöffel voll fein gehackte Schalottenzwiebeln, einen Eßlöffel voll fein gehacktes Kerbelkraut, eben so viel fein gehackte Estragonblätter, auch einen Löffel voll fein gehackte Kapern und etwas feines Salz und groben Pfeffer, dann gebe den Salmen dazu und menge alles leicht unter einander, hierauf lege es schön auf die Mitte der Platte, gebe die übrige Sauce darüber und garnire es mit Folgendem: einige in Viertel geschnittene Salatherzchen, eine Hand voll ganze Kapern, zwei Hände voll Oliven, welche in dünne Blättchen von den Steinen abgeschnitten sind, dann auch eine Hand voll in Blättchen geschnittene Cornichons und 10—12 Stück Sardellen, welche gut gereinigt und in 2 Theile zerrissen wurden, werden nach Willkühr schön um den Salmen herum garnirt und noch sechs Eßlöffel voll Oel, 3 Eßlöffel voll Essig und etwas Salz und Pfeffer untereinander gekläppert und über die Garnitur gegeben.

537. Forellen blau, au court-bouillon.

Soviel Forellen, als zu einer Platte bestimmt sind, werden beim Kopf ausgenommen, damit sie ganz bleiben und dann die Köpfe mit Bindfaden umbunden; hierauf werden sie ausgewaschen, dann auf ein flaches Geschirr neben einander gelegt und mit kaltem Essig übergossen; jetzt gebe in ein dazu passendes Geschirr zwei Maaß Wasser, eine Bouteille weißen Wein, 3 in Scheiben geschnittene Zwiebeln, 2 Lorberblätter, etwas Thymian, eine halbe in Scheiben geschnittene Citrone ohne Kernen, 3 Gewürznägelein und ein Bouquet von Petersilie und lasse es mit einander eine halbe Stunde kochen, dann lasse die Forellen hinein rutschen, damit sie nicht mit der Hand berührt werden und das Blaue nicht verwischt wird; lasse sie nun eine Stunde langsam an der Seite des Feuers kochen, und lege sie bei dem Anrichten recht heiß auf eine Platte, auf welcher eine Serviette liegt, und garnire sie mit grüner Petersilie; in zwei besondere Saucengeschirre gebe aber, in eines gute Buttersauce mit etwas grobem Pfeffer, und in das andere eine Ravigotesauce. (s. **Sauce ravigote.**)

538. Forellen à la Cardinal.

3—4 Pfund Forellen von mittlerer Größe werden der Länge nach durchgeschnitten, dann solche mit einem dünnen scharfen Messer von Gräten und Haut befreit, so daß jede Forelle zwei schöne Filets giebt, auch wird von beiden Seiten das Ungleiche, Faserige davon geschnitten; nun gebe in ein dazu passendes flaches Geschirr 12 Loth klare Butter, mit etwas Krebsbutter vermischt, dann schneide ein jedes der Forellenfilets quer in der Mitte durch und stecke in das vordere Ende eines jeden Stückchens eine Krebsschere; die so bereiteten Forellenstückchen lege dann neben einander auf die klare Butter und bestreue sie gut mit Salz und Muskatnuß, bedecke sie hierauf mit einem mit Butter bestrichenen Papier und lasse sie kurz vor dem Anrichten eine Minute auf dem Feuer dämpfen; sind sie hierauf gut, dann richte sie kranzartig auf die Platte, doch so, daß die Krebsscheren nach oben sehen; nun mache folgende Buttersauce: Ein Ei groß Butter und ein Eßlöffel voll Mehl wird gut vermengt, dann mit vier Trinkgläsern voll von der durch ein Sieb gelassenen Forellenbrühe aufgefüllt, dieses wird auf dem Feuer gerührt, bis es kocht, dann so lange fortgerührt, bis es zur Hälfte eingekocht ist; hierauf läßt man es durch ein Sieb laufen und giebt etwas groben Pfeffer und ein Ei groß gute Krebsbutter dazu, ziehet sie dann mit einem Löffel auf dem Feuer gut auf, bis die Krebsbutter sich gut mit der Sauce verbunden hat, sie darf aber dabei nicht kochen, und giebt nun die Krebsschwänze und eine Hand voll gereinigte und gut verdämpfte Champignons dazu; diese Sauce wird nun in die Mitte der Forellen gegeben.

539. Forellen à la genoise.

2—3 Pfund Forellen von mittlerer Größe werden ausgenommen und ausgewaschen, dann jede mit dem Kopf und Schwanz zusammen geheftet oder genäht, damit sie ein rundes Ansehen erhalten; sind es aber größere Forellen, so werden sie der Quere nach in 2—3 Stücke geschnitten, dann in ein dazu passendes Geschirr gethan und 2 Lorberblätter, 3 Zwiebeln, etwas Thymian, ein Bouquet von Petersilie, 3 fein gestoßene Gewürznägelein, ein Ei groß frische Butter, etwas Salz und 3 Schoppen dunkelrother Wein dazu gegeben; nun werden sie zugedeckt und auf starkem Feuer eine starke Viertelstunde gekocht; sind sie hierauf gut, bann ziehe sie ganz trocken in ein anderes Geschirr und gebe zu dem Zurückgebliebenen ein Ei groß Butter, mit einem Eßlöffel voll Mehl gut vermengt, in kleinen Stückchen darunter und verrühre es auf dem Feuer bis das Ganze zur Hälfte eingekocht ist, dann winde die Sauce durch ein Haartuch über die Forellen, gebe auch eine Nuß groß Sardellenbutter in kleinen Theilen dazu und stelle es heiß bis zur Zeit des Anrichtens, es darf aber nicht mehr kochen.

540. Forellen mit französischem Salat.

Zwei große Lachsforellen werden ausgenommen, ausgewaschen und die Köpfe derselben mit Bindfaden umbunden, dann werden sie mit kaltem Essig übergossen, damit sie recht blau werden; sodann gebe in ein dazu passendes langes Geschirr zwei Maas Wasser, eine Bouteille weißen Wein, 2 Lorberblätter, 3 in Scheiben geschnitene Zwiebeln, eine halbe in Scheiben geschnittene Citrone ohne Kernen, ein Bouquet Peterfilie, einige Gewürznägelein, etwas Thymian und eine halbe Hand voll Salz, dieß lasse eine halbe Stunde kochen, dann lasse die Forellen darein rutschen, damit sie nicht mit der Hand berührt werden, lasse sie nun eine Stunde langsam an der Seite des Feuers kochen und wieder verkühlen; sind sie erkaltet, dann gebe sie abgetrocknet neben einander auf eine lange Platte und Folgendes schön darum: Eine Hand voll gut gereinigte, in zwei Theile zerschlitzte und wieder aufgerollte Sardellen, zwei Hände voll grüne und von den Steinen in Blättchen abgeschnittene Oliven, zwei oder drei Bricken, Fingergleich lang geschnitten, 6—8 in dünne Blättchen geschnittene und in rothem Wein abgekochte Trüffeln, auch eine Hand voll feine Kapern, so viel eingemachte grüne Essigbohnen, eine Hand voll in Blättchen geschnittene Cornichons, zwei in Viertel geschnittene harte Eier, einige Stücke in Salzwasser abgekochter Blumenkohl, zehn schöne feste Salatherzchen und eine Hand voll Krebsschwänze werden in schönen Bouquets symmetrisch darum gelegt, sodann folgende Sauce darüber gegeben: 8 Eßlöffel voll Estragonessig, 12 Löffel voll feines Oel, ein hälber Kaffelöffel voll grob gestoßener Pfeffer und so viel feines Salz als nöthig ist, werden recht gut unter einander verkläppert und alles über die Garnitur gegossen.

541. Aal à la poulette.

Der Aal wird abgezogen, dann in dreidaumenbreite Stücke geschnitten und sein Inneres herausgemacht, ohne daß er aufgeschnitten wird, hierauf wird er ausgewaschen, abgetrocknet und dann in ein passendes Geschirr nebst Salz, grob gestoßenem Pfeffer, zwei Lorberblättern, zwei Salbeiblättern, einem Bouquet Petersilie, einigen Zwiebeln und einer Bouteille weißem Wein gegeben; mit diesem lasse ihn zugedeckt eine halbe Stunde kochen, dann ziehe ihn ganz trocken aus der Sauce heraus in ein anderes Geschirr, die Sauce aber lasse durch ein Haarsieb laufen; jetzt gebe in ein Geschirr ¼ Pfund Butter und zwanzig kleine Zwiebeln, lasse sie einige Minuten damit dämpfen, sie müssen aber weiß bleiben, dann streue einen Eßlöffel voll Mehl darüber und rüttle es wohl auf dem Feuer unter einander; nun gieße die durchgelassene Aalbrühe dazu, rüttle es nochmals auf dem Feuer unter einander bis es zu kochen anfängt, dann gebe zwei Hände voll gereinigte Champignons dazu und lasse alles kochen, bis die Zwiebeln gut sind, sie dürfen aber nicht zerfahren; nehme hierauf die Zwiebeln sammt den Champignons, wohl abgereinigt, mit einem Schaumlöffel aus der Sauce heraus und gebe sie zu dem Aal, dann lasse die Sauce, nachdem das Bouquet gut ausgedrückt und herausgenommen ist, unter beständigem Umrühren noch etwas einkochen; jetzt verrühre noch das Gelbe von 3 Eiern darunter, ohne daß es weiter kocht, gebe sie dann durch ein Sieb über den Aal und lasse das Ganze heiß stehen bis zum Anrichten, dann belege die Platte mit gelb ausgebackenen dünnen Weckschnitten und richte den Aal kranzartig darauf, das andere aber gebe in die Mitte und garnire es mit Krebsen.

NB. Es werden auch 12—20 Stück Fischklöße (siehe Fischklöße) dazu gegeben.

542. Aal au beur noir.

Wenn der Aal abgezogen ist, schneide ihn in Finger lange Stücke, dann mache das Innere, ohne ihn aufzuschneiden, heraus, hierauf wird er ausgewaschen und wieder abgetrocknet, sodann umwinde die Stücke gut mit Salbeiblättern und Bindfaden, gebe sie dann in ein Geschirr sammt einem Trinkglas voll gutem Oel, einer Citrone, in dünne Scheiben geschnitten, ohne Kernen, auch einer Hand voll in Scheiben geschnittenen Schalottenzwiebeln, einer

halben Hand voll Petersilienblätter, feinem Salz und zwei Messer=
spitzen voll grobem Pfeffer, dieß alles rüttle untereinander, und
lasse es eine Stunde ruhen; eine halbe Stunde vor dem Anrich=
ten lege die Aalstücke auf den Rost und brate sie von allen Sei=
ten schön hochgelb, unter öfterem Nachgießen von der Brühe;
dann nehme den Bindfaden davon und lege die Stücke kranzartig
auf die Platte; lasse jetzt ¼ Pfund Butter recht heiß werden,
gieße dann ein halbes Trinkglas voll Estragon= oder guten Wein=
essig dazu und lasse es mit etwas feinem Salz und einer Messer=
spitze voll grobem Pfeffer aufkochen, dieß gebe unter den Aal und
garnire ihn mit Citronenschnitzen.

543. Aal au vin rouge.

Der Aal wird abgezogen, in Zoll lange Stücke geschnitten,
dann das Innere, ohne ihn aufzuschneiden, herausgemacht, dann
gut ausgewaschen und abgetrocknet; so zubereitet gebe ihn in ein
passendes Geschirr nebst einer Hand voll Nuß groß und rund ab=
geschnittenen Trüffeln, auch einer Hand voll gereinigten Champig=
nons, zwei Lorberblättern, zwei Zwiebeln mit zwei Gewürznägelein
gespickt, einem kleinen Bouquet Petersilie und etwas Thymian
darein gebunden, auch ¼ Pfund Butter und Salz. Dieß lasse
einige Minuten unter öfterem Umschütteln auf starkem Feuer däm=
pfen, dann gebe eine Bouteille dickrothen Wein und eine Hand
voll etwas in Butter gedämpfter Zwiebeln dazu; decke jetzt das
Geschirr zu und lasse das Ganze nochmals auf starkem Feuer eine
halbe Stunde kochen; dann ziehe alles trocken in ein anderes Ge=
schirr aus der Sauce heraus und gebe auch eine Handvoll Krebs=
schwänze dazu, dann werden Hechtklöße in der Größe einer Nuß
gemacht, in Salzwasser abgekocht, dann auf ein Tuch oder Sieb
gelegt und abgetrocknet, auch diese werden zu dem Aal gegeben;
gebe nun in ein Geschirr ein Ei groß Butter und einige in Schei=
ben geschnittene Zwiebeln und lasse sie dämpfen, bis sie hochgelb
geworden sind, dann rühre einen Eßlöffel voll Mehl darunter
und gebe es zu dem, in welchem der Aal gekocht hat, rühre darin
bis es kocht und lasse es dann an der Seite des Feuers kochen,
nehme auch das Fett davon ab und lasse das Ganze ein Drittel
einkochen, dann gebe es durch ein Sieb über das Aalragout und
ein halb Ei groß Sardellenbutter in kleinen Theilen dazu; hier=
auf stelle es bis zum Anrichten recht heiß, ohne daß es jedoch
kocht, beim Anrichten rüttle es leicht über dem Feuer unterein=

ander, richte es auf eine tiefe Platte schön an und garnire es schön mit Krebsen und gelb in Schmalz ausgebackenen Croutons.

544. Aal à la Majonnaise.

Dazu wird ein großer dicker Aal genommen, ist er abgezogen und ausgenommen, dann wird er in Finger lange Stücke geschnitten und ausgewaschen, dann aus jedem Stück [die Gräten] herausgeschnitten; sodann mache eine Hechtfarce oder Filet (s. Hechtfarce bei den Klößen), lege die ausgegräteten Aalstücke auf einem Tuch auseinander, damit sie abtrocknen, überstreiche das Innere der ausgebreiteten Aalstücke halb Finger dick mit der Farce und streue klein gewürfelte Trüffeln und feingehackte, gut ausgewaschene und wieder ausgedrückte Petersilie darüber; jetzt rolle jedes der gefüllten Aalstücke wieder zu seiner vorigen Gestalt auf, wickle es in ein Papier ein und umbinde es mit Bindfaden; lege nun die Stücke in ein passendes Geschirr, in ein anderes aber gebe ¼ Pfund Butter, drei in Scheiben geschnittene Zwiebeln, zwei gelbe Rüben, zwei Lorberblätter, 3 Gewürznägelein, etwas groben Pfeffer, Thymian und ein Bouquet von Petersilie und lasse es einige Minuten auf dem Feuer dämpfen, dann fülle es mit einer Bouteille weißem Wein auf und lasse es auch mit diesem eine halbe Stunde langsam kochen, dann gieße es heiß über den Aal, gebe Salz dazu und lasse es nochmals langsam eine Stunde kochen, dann in der Brühe verkühlen; sodann nehme die Aalstücke aus der Brühe heraus, mache das Papier davon und trockne jedes Stück sorgfältig ab; sodann gebe in eine irdene Schüssel zwei Trinkgläser voll Provenceröl, drei Gläser voll gute und leicht zerlaufene Aspic (s. Aspic oder saure Sulze), den Saft einer Citrone, etwas feines Salz und eine Messerspitze voll groben Pfeffer, stelle es auf Eis und rühre beständig darin, bis es recht weiß und dick geworden ist, dann umstreiche die Aalstücke recht dick damit und stelle alle so bestrichenen Stücke auf die Mitte der Platte nebeneinander, streiche den Rest der gerührten Sauce gut darüber und garnire darum recht schön einige große Krebse, auch ungeschälte, aber gut gewaschene und in rothem Wein abgekochte Trüffeln, einige gut angemachte Salatherzchen und etwas kalte und in runder oder dreieckiger Form ausgestochene Aspic darum, hierauf stelle es recht kalt, bis es aufgetragen wird.

545. Aal mit feinen Kräutern.

Nachdem der Aal abgezogen ist, wird er in Finger lange Stücke geschnitten, dann das Innere herausgemacht, ohne ihn aufzuschneiden, hierauf gut ausgewaschen und abgetrocknet, dann gebe die Stücke in ein passendes Geschirr neben einander und ¼ Pfd. klar gemachte Butter, zwei Eßlöffel voll fein gehackte Schalottenzwiebeln, einen Eßlöffel voll fein gehackte Petersilie, einen Kaffelöffel voll fein gehackten Estragon, drei gehackte oder fein geschnittene Sardellen, eine Messerspitze voll groben Pfeffer und feines Salz dazu; dieß lasse zugedeckt auf schwacher Gluth eine halbe Stunde, unter öfterem Umrütteln, dämpfen, dann gebe zwei Trinkgläser voll weißen Wein dazu und lasse es damit einige Mal aufkochen, dann verrühre das Gelbe von vier Eiern mit dem Saft einer Citrone darunter und rüttle es nochmals unter einander, es darf aber nicht kochen; hierauf belege die Platte mit dünn geschnittenen und in Butter gelb ausgebackenen Weckschnitten, gebe den Aal sammt der Sauce darüber und garnire Croutons von gebackenem Butterteig darum.

546. Aal à la tartare.

Schneide den von der Haut befreiten Aal in stark Finger lange Stücke, nehme das Innere, ohne ihn aufzuschneiden, heraus, wasche ihn gut aus, lasse ihn wieder abtrocknen und lege ihn in ein Geschirr; in ein anderes Geschirr gebe ¼ Pfd. Butter, drei in Scheiben geschnittene Zwiebeln, einige Petersilienwurzeln, in Scheiben geschnitten, zwei Lorberblätter, etwas Thymian, groben Pfeffer und zwei in Scheiben geschnittene gelbe Rüben, dieß lasse einige Minuten dämpfen, dann rühre einen Eßlöffel voll Mehl darunter, fülle es mit 4 Trinkgläsern voll weißem Wein auf und lasse es unter fortwährendem Umrühren zum Kochen kommen, dann auf schwacher Gluth eine halbe Stunde kochen, sodann treibe es durch ein Sieb über den Aal und gebe etwas Salz und groben Pfeffer dazu; lasse es nun noch eine halbe Stunde kochen, rühre dann das Gelbe von 3 Eiern darunter und rüttle es wohl über dem Feuer, dann lasse es erkalten, bestreiche alsdann jedes Stück mit Sauce und wende es in fein geriebenem Weißbrod um, auch drücke solches gut an; jetzt werden einige ganze Eier mit etwas Salz und Muskatnuß verklopft und die Aalstücke darin, dann wieder in dem Reibbrod umgewendet; eine Viertelstunde vor dem Anrichten legt man sie auf einen Rost, gibt schwache Gluth darunter und läßt sie unter stetem Umwenden von allen Seiten Farbe nehmen, hierauf werden sie auf die Platte gelegt und eine Ravigotesauce darunter gegeben (s. Sauce ravigote), auch kann man eine Paradiesäpfelsauce oder klare Butter mit Senf darunter geben.

547. Hecht à l'arlequin.

Dazu nehme einen 3—4 Pfund schweren Hecht, reinige ihn mit einem scharfen Messer von den Schuppen und ziehe von der Seite, wo er gespickt wird, die Haut leicht herunter, dann nehme ihn aus, wasche ihn, sodann spicke ihn, am Kopf anfangend, drei Finger breit mit Speck fein perlenartig, eben so breit mit Trüffeln, eben so mit Sardellen, auf gleiche Art mit gesalzener und abgekochter Rindszunge, welche recht roth ist, endlich wieder mit Speck, welcher den Schluß macht; nun umbinde den Kopf mit Bindfaden, damit er in seiner Form bleibt, und eben so den ganzen Hecht, damit er nicht zerrissen werden kann, und lege ihn dann in ein dazu passendes langes Geschirr; jetzt gebe in ein besonderes Geschirr $1/4$ Pfund Butter, sechs in Scheiben geschnittene Zwiebeln, so viel auf gleiche Art geschnittene gelbe Rüben, $1/4$ Pfund rohen in Würfel geschnittenen Schinken, drei in Stücke geschnittene Petersilienwurzeln, einen Kaffeelöffel voll groben Pfeffer, drei Lorberblätter, ein Bouquet Fenchelkraut, lasse dieß unter öfterem Umrühren eine Viertelstunde verdämpfen, es darf aber keine Farbe nehmen, dann gieße zwei Bouteillen weißen Wein nebst einem Eßlöffel voll Salz dazu und lasse es eine halbe Stunde gut verkochen, gieße nun alles durch ein Sieb über den Hecht, bedecke das Geschirr mit einem mit glühenden Kohlen belegten Deckel und lasse das Ganze nun eine Stunde langsam kochen, begieße den Hecht auch öfter mit dem untern Saft; ist es Zeit zum Anrichten, dann gebe ihn sehr behutsam, damit er nicht zerrissen wird, ganz trocken auf die Platte, mache die Bindfäden davon und bestreiche ihn auf der gespickten Seite mit Krebsbutter, darum aber gebe Folgendes: Vermenge in einem Geschirr zwei Eßlöffel voll Mehl mit einem Ei groß Butter auf dem Feuer etwas warm, dann rühre 5 Trinkgläser voll von der Hechtbrühe und einen halben Schoppen guten dicken sauren Rahm darunter und rühre es auf dem Feuer ab, bis die Sauce ein Drittel eingekocht ist, sodann verrühre das Gelbe von 3 Eiern nebst einer Nuß groß Sardellenbutter gut darunter, es darf aber nicht mehr kochen, dann garnire den Hecht mit guten Hechtknöteln von der Größe einer Nuß, auch mit Krebsschwänzen und ganzen Krebsen und gebe die Sauce recht heiß durch ein Sieb darüber (s. Hechtfarce oder Knötel).

548. Hecht mit Sauce à la portugaise.

Ein gereinigter, ausgenommener und ausgewaschener Hecht von 2—3 Pfund, auch mehr oder weniger, je nachdem man nöthig hat, wird in ein dazu passendes Geschirr mit drei in Scheiben geschnittenen Zwiebeln, drei auf dieselbe Art geschnittenen gelben Rüben, auch so viel geschnittenen Petersilienwurzeln, 2 Lorberblättern, Fenchelkraut, etwas Thymian, zwei Eßlöffeln voll Salz und einigen Citronenscheiben ohne Kern, auch grobem Pfeffer und einigen Gewürznägelein, dann mit einer Bouteille weißem Wein aufgefüllt, zugedeckt mit einem Papier, eine halbe Stunde auf dem Feuer gedämpft; ist es Zeit zum Anrichten, dann gebe ihn recht heiß, vom Anhängenden befreit, auf die Platte und folgende Sauce darüber: ¼ Pfd. Butter, das Gelbe von 3 Eiern, ein Eßlöffel voll Citronensaft, etwas grober Pfeffer, etwas Muskatnuß und feines Salz wird in einem Geschirr auf ganz schwacher Gluth gerührt bis es etwas warm geworden ist, alsdann wird die Sauce stark mit einem Anrichtlöffel recht schnell hinter einander aufgezogen, bis sich die Butter mit dem Eiergelb gut verbunden hat, sollte sie aber zu dick werden, dann gebe einen Eßlöffel voll Wasser dazu; diese Sauce gebe über den heiß angerichteten Hecht.

549. Hecht à l'allemande.

Dazu werden kleine halbpfündige Hechte gereinigt, ausgenommen, dann jeder in 3 oder 4 Theile geschnitten und gut ausgewaschen; diese werden in ein Geschirr gegeben mit drei in Scheiben geschnittenen Zwiebeln, einigen in Stücke geschnittenen Petersilienwurzeln, oder einem Bouquet Petersilienblätter, einigen ganzen Schalottenzwiebeln, drei Gewürznägelein, zwei Lorberblättern, etwas Thymian, einem Bouquet von Fenchelkraut, einem Eßlöffel voll Salz und einer Bouteille weißem Wein und, zugedeckt, ½ Stunde gut gedämpft, dann zurückgezogen und die Hechtstücke, vom Anhängenden befreit, in ein anderes Geschirr gelegt, die Brühe aber durch ein Sieb gelassen, wieder über den Hecht gegeben und bis zum Anrichten heiß gestellt, beim Anrichten werden sie recht trocken auf die Platte gelegt und folgende Sauce darüber gegeben: ¼ Pfd.

Butter wird in einem Geschirr mit einem kleinen Eßlöffel voll Mehl, etwas geriebener Muskatnuß und etwas grobem Pfeffer gut vermengt, dann 1½ Trinkgläser voll von der Hechtbrühe dazu gegeben und auf dem Feuer gerührt, bis es einige Minuten gekocht hat; dann wird noch das Gelbe von drei Eiern gut darunter gerührt, es darf aber nicht mitkochen und die Sauce durch ein Sieb über den Hecht gegeben.

550. Sauté von Hechtfilets.

3—4 Stück ordinäre Hechte werden in der Mitte der Länge nach durchgeschnitten und von Haut und Gräten befreit, dann jeder Theil in zwei oder drei gleich große Stücke der Quere nach geschnitten; diese Stücke werden auf ein dazu passendes flaches Geschirr neben einander gelegt, dann gebe einen Eßlöffelvoll fein gehackte Schalottenzwiebeln und eben so viel fein gehackte Petersilie in eine Serviette, drücke diese gut aus und streue sie über die Hechtfilets, sodann auch etwas groben Pfeffer, geriebene Muskatnuß und feines Salz, über dieses gieße ¼ Pfund klare Butter; in dem Augenblick des Anrichtens werden sie auf das Feuer gegeben und eine Minute darauf gedämpft, dann umgewendet und noch eine halbe Minute gedämpft, sind sie hierauf gut, dann stelle das Geschirr etwas schräg, damit die Butter davon ablaufen kann und richte die Filets mit den Kräutern schön franzartig auf die Platte, in die Mitte aber gebe folgende Sauce: Gebe in ein Geschirr einen Eßlöffel voll fein gehackte Petersilie, halb so viel fein gehackte Schalottenzwiebeln, eben so viel fein gehackte Champignons, ein Ei groß Butter, 2 Trinkgläser voll weißen Wein und lasse dieß bis zur Hälfte einkochen, alsdann gebe 4 Trinkgläser voll weiße Sauce, ein Glas voll Consommé und etwas groben Pfeffer dazu, lasse alles wieder zur Hälfte einkochen, schäume es ab und nehme das Fett davon, siehe auch zu daß sie gut gesalzen sind.

551. Gespickte Hechtfilets mit Tomatesauce.

Dazu nehme 2—3 Pfund mittelgroße Hechte, schneide sie auf und nehme sie aus, dann werden sie der Länge nach durchgeschnitten und von Gräten und Haut befreit; sie werden nun der Quere nach in dreifingerbreite Stücke geschnitten und oben am dicken Theil mit feinem Speck schön perlenartig gespickt, dann auf ein flaches Geschirr neben einander gelegt, gut mit Muskatnuß und feinem Salz bestreut und 12 Loth klare Butter darüber gegossen; hierauf werden sie mit einem mit Krebsbutter bestrichenen Papier zugedeckt; ¼ Stunde vor dem Anrichten bringe sie in einen mittelheißen Ofen oder auf schwache Gluth und bedecke sie mit einem mit glühenden Kohlen belegten Deckel, in einer Viertelstunde sind sie gut; richte sie nun schön kranzartig auf die Platte, bestreiche sie mit Krebsbutter und gebe folgende Sauce in die Mitte: ¼ Pfund Butter, 3 Zwiebeln, 2 gelbe Rüben, etwas roher Schinken, alles in dünne Scheiben geschnitten, 2 Lorberblätter, ein Knoblauchzinken, grob gestoßener Pfeffer, 5 Stück ausgedrückte Paradies- oder Tomateäpfel werden in einem Geschirr eine Viertelstunde auf dem Feuer gedämpft und öfters darin umgerührt, dann rühre einen Eßlöffel voll Mehl darunter, fülle es mit sechs Trinkgläsern voll guter Fleischbrühe auf und rühre es auf dem Feuer untereinander bis es kocht, dann lasse es eine halbe Stunde auf schwacher Gluth unter öfterem Umrühren verkochen, nach diesem durch ein Haarsieb laufen und gebe den Saft einer Citrone, etwas Salz und groben Pfeffer dazu, hierauf lasse es an der Seite des Feuers noch ein Drittel einkochen und nehme das Fett davon.

552. Hecht à la bon eau mit Senfbutter.

Dazu nehme einen Hecht von 2—3 Pfund, oder auch halbpfündige, welche rund gemacht werden; ist der Hecht ausgenommen und ausgewaschen, so lege ihn in ein passendes Geschirr, in ein anderes aber gebe ¼ Pfd. Butter, 8—10 Petersilienwurzeln, in dünne Scheiben geschnitten, eine Hand voll Schalottenzwiebeln und ein Lorberblatt, dieß lasse einige Minuten mit einander langsam dämpfen, dann gieße 1½ Maß Wasser sammt einer kleinen Hand voll Salz dazu, lasse es eine halbe Stunde gut verkochen, gieße alles über den Hecht und lasse ihn mit diesem auch eine halbe Stunde kochen, dann nehme ihn zurück von dem Feuer und lasse das Ganze bis zum Gebrauch heiß stehen, sobann gebe ihn auf die Platte und bestreue ihn mit etwas fein gehackter Petersilie, dann verrühre 12 Loth klare Butter mit vier Eßlöffeln voll gutem Senf und gebe dieß darüber, darum aber lege eine starke Portion rund abgeschnittene, in Salzwasser abgekochte Kartoffeln, in der Größe einer kleinen Nuß, auch kann über diesen Hecht von der Brühe, in welcher er gekocht wurde, mit etwas abgekochten Petersilienblättern, und in einem Saucengeschirr klare Butter dazu gegeben werden.

553. Blauer Karpfen auf französische Art.

Ein großer und schöner Karpfen wird nicht abgeschuppt, aber bei einer kleinen Oeffnung ausgenommen, wobei man Acht geben muß, daß die Galle nicht zerrissen wird, dann wird der Kopf mit Bindfaden umbunden und derselbe in ein dazu passendes Geschirr gelegt; gebe nun so viel rothen Wein, daß er über den Karpfen geht, in ein Geschirr, lasse ihn aufkochen und schütte ihn recht heiß über denselben, auch sechs in Scheiben geschnittene Zwiebeln, eben so vier gelbe Rüben, ein Bouquet grüne Petersilie, sechs Lorberblätter, etwas Thymian, ein kleines Bouquet Fenchelkraut, drei Gewürznägelein, Salz und groben Pfeffer dazu, lasse dieß langsam auf starker Gluth eine Stunde kochen und wieder verkühlen, sodann richte eine Serviette auf eine Platte, gebe den Karpfen darauf und garnire ihn mit grüner Petersilie. Statt des rothen Weins kann auch heißer Essig und Wasser genommen werden.

554. Karpfen, crillirt mit Kapernsauce.

Ein Karpfen von 3—4 Pfund wird abgeschuppt und ausgenommen, dann werden auf beiden Seiten des Karpfen feine Einschnitte gemacht und derselbe auf ein flaches Geschirr gelegt, auch eine Hand voll abgezupfte Petersilie, einige in Scheiben geschnittene Zwiebeln, eine in Scheiben geschnittene halbe Citrone, einige Lorberblätter und Thymian, feines Salz, grober Pfeffer und ein Trinkglas feines Oel dazu gegeben; in diesem, wohl unter einander gerüttelt, läßt man den Karpfen eine Stunde liegen, ³/₄ Stunden vor dem Anrichten wird er dann auf den Rost gelegt und auf schwacher Gluth, unter öfterem Nachgießen von Oel, gebraten; ist er nach ³/₄ Stunden gut von allen Seiten gebraten, dann wird er auf die Platte gelegt und folgende Sauce darüber gegeben: Drei Eßlöffel voll guten Essig, einen Eßlöffel voll fein gehackte Schalottenzwiebeln, ½ Ei groß Butter und etwas groben Pfeffer läßt man in einem Geschirr so lange kochen bis der Essig ganz eingekocht ist, dann giebt man noch zwei Trinkgläser voll gut verkochte Coulis (s. Coulis), drei Eßlöffel voll feine Kapern und etwas Salz dazu und läßt es gut aufkochen.

555. Karpfen à la Chambord.

Dazu nehme einen 3—4 Pfund schweren Milchnerkarpfen, reinige ihn von den Schuppen und nehme ihn aus, die Milch und die Leber nebst Salz und feinem Pfeffer bringe wieder in den Karpfen und nähe ihn hierauf zu; sodann schneide sorgfältig von einer Seite des Karpfens die Haut herunter und spicke die ganze Seite schön mit Speck perlenartig, dann gebe ihn auf ein dazu passendes Geschirr und vier Schoppen weißen Wein darüber, auch Salz, groben Pfeffer, drei Gewürznägelein, etwas Thymian, drei Petersilienwurzeln, drei Zwiebeln, drei gelbe Rüben, alles in dünne Scheiben geschnitten, und ein Bouquet von Fenchelkraut dazu, den Kopf bedecke mit einer Speckbatte; jetzt gebe ein nasses Papier über den Karpfen und stelle ihn auf starke Gluth bis er kocht, dann gebe einen Deckel mit starkem Kohlenfeuer darauf und lasse ihn eine Stunde dämpfen, ist er nun gut, so gebe ihn schön auf die Platte, befreie ihn von den Bindfäden und überstreiche das Gespickte mit Krebsbutter, garnire ihn auch schön mit Hechtklößen (s. Hechtklöße), großen Krebsen und glasirten Kalbsbrießlen, dann gebe in ein Geschirr vier Trinkgläser voll gut verkochte Coulis (s. Coulis), vier Trinkgläser voll von der Brühe, in welcher der Fisch gedämpft wurde und welche man durch ein Sieb laufen ließ, dann lasse alles bis zur Hälfte einkochen, gebe eine Hand voll Krebsschwänze, eine Hand voll in Scheiben geschnittene Trüffeln, gut gereinigte Hahnenkämme und Leber, welche drei letzten Theile vorher in Butter weich gedämpft wurden, in die Sauce und diese recht heiß um den Karpfen herum.

556. Karpfen en Matelote vierge.

Dazu nehme so viel, als zu einer Platte nöthig sind, Karpfen, Hechte und Aale in gleichen Theilen, schneide auch jeden der Fische, nachdem sie gut gereinigt und ausgewaschen sind, in gleich große Stücke, gebe diese in ein passendes Geschirr und einige Zwiebeln, ein Bouquet von Petersilie und Fenchelkraut, zwei Lorberblätter, groben Pfeffer, Salz, drei gestoßene Gewürznägelein und Thymian dazu, dann fülle das Ganze mit so viel weißem Wein auf, daß er über die Fische geht, hierauf lasse alles auf starkem Feuer ein Drittel einkochen und dann wieder etwas verkühlen; ziehe nun alle Fischstücke trocken und gut abparirt in ein anderes Geschirr, die Sauce aber lasse durch ein Sieb laufen; dann gebe in ein Geschirr ¼ Pfund klare Butter und 20 geschälte kleine Zwiebeln, lasse sie eine Minute mit der Butter dämpfen, sie dürfen aber keine Farbe nehmen, dann streue zwei Eßlöffel voll Mehl darunter, rüttle es wohl unter einander und gieße die durchgelaufene Fischbrühe dazu, rüttle es nun untereinander bis es kocht, dann gebe eine starke Hand voll gereinigte Champignons dazu und laſſe es wieder ein Drittel damit einkochen, nehme auch das Fett davon ab; hierauf werden mit einem kleinen Schaumlöffel die Zwiebeln und Champignons herausgenommen und zu den Fiſchen gegeben; iſt die Sauce nun zu dünn, dann laſſe ſie noch etwas einkochen und verrühre das Gelbe von 5 Eiern ſammt einer Nuß groß Sardellenbutter heiß darunter, es darf aber, wenn die Eier darunter gerührt ſind, nicht mehr kochen; es wird nun durch ein Sieb über das Fiſchragout gegeben, dieſes leicht umgerüttelt und bis zum Anrichten in heißes Waſſer geſtellt, alsdann ſchön auf eine Platte gegeben und mit Krebſen garnirt.

557. Karpfen en Matelote à la Marinière.

Die in voriger Nummer angegebenen Fiſcharten werden eben ſo wie jene bereitet und dann mit einer ſtarken Hand voll kleiner, eine Minute in Butter gedämpfter Zwiebeln, zwei Lorberblättern, einem Bouquet Peterſilie und Fenchelkraut, etwas Thymian, fein gehackt, auch fein geſtoßenem Pfeffer, drei Gewürznägelein und einer Hand voll gereinigten Champignons in ein paſſendes Geſchirr gegeben, dann mit ſo viel rothem Wein aufgefüllt, daß er fingerhoch über die Fiſche geht, auch nach Gutdünken Salz dazu; dieß laſſe auf ſtarkem Feuer kochen, bis es ein Drittel eingekocht iſt, dann nehme drei Ei groß Butter, menge zwei Eßlöffel voll Mehl darunter und gebe es in kleinen Stückchen zu den Fiſchen, rüttle es leicht über dem Feuer unter einander, bis die Butter ſich gut mit der Sauce vermengt hat, dann nehme das Bouquet, welches vorher gut ausgedrückt wird, und die Lorberblätter heraus, richte den Matelot ſchön regelmäßig auf die Platte, gebe Croutons oder dünne, rund oder oval ausgeſtochene und in Butter gelb ausgebackene Weckſchnitten darum, und die noch etwas eingekochte Sauce darüber.

558. Böhmiſcher Karpfen.

Ein großer und fetter Karpfen, ein Milchner, wird gereinigt ausgenommen, dann in Stücke geſchnitten und ſammt der Milch in ein paſſendes Geſchirr gelegt, dann gebe in ein anderes Geſchirr 6—8 in Scheiben geſchnittene Peterſilienwurzeln, eben ſo viel Zwiebeln, in Scheiben geſchnitten, 2 Lorberblätter und ¼ Pfund Butter, laſſe dieß auf ſchwacher Gluth dämpfen, bis alles hochgelb geworden ist, dann fülle es mit zwei Bouteillen gutem Bier auf, gebe ¼ Pfund braune ordinäre Lebkuchen und etwas Salz, groben Pfeffer, die äußere Schale einer halben Citrone und einige gestoßene Gewürznägelein dazu, lasse alles eine halbe Stunde gut verkochen und treibe es dann durch ein Sieb, dieses gebe über den Karpfen und lasse ihn langsam eine halbe Stunde damit auf schwacher Gluth dämpfen, dann gebe noch eine starke Hand voll in Butter gelb gedämpfte kleine Zwiebeln dazu und lasse auch diese noch einige Minuten damit dämpfen; hierauf richte die Karpfenstücke schön auf eine Platte und gebe die Zwiebeln darum und die Sauce darüber.

559. Gemischtes Fisch=Ragout mit Madeirawein.

Lasse in einem Geschirr ¼ Pfund Butter zergehen, dann gebe zwei Hände voll rund abgeschnittene Trüffeln, in der Größe einer kleinen Nuß, zwei Hände voll gereinigte Champignons, ein Lorberblatt, den Saft einer Citrone und etwas Salz dazu, und lasse es auf schwacher Gluth langsam eine Viertelstunde, unter öfterem Untereinanderschütteln, dämpfen, dann gebe einen großen Karpfenmilchner und einige Hechtlebern, alles in Daumengleich lange Stücke geschnitten, zu den Trüffeln und lasse sie auch damit eine Minute dämpfen, dann gebe auch die Hälfte von einem pfündigen Hecht, welcher von Haut und Gräten befreit ist, in rund ausgestochenen Stücken in der Größe eines kleinen Thalers dazu, es darf aber nicht mit dämpfen, dann auch zwei Bricken, in Fingergleich lange Stücke geschnitten, auch eine halbe Hand voll Krebsschwänze, eine Hand voll von den Steinen abgedrehte Oliven, eine Messerspitze voll weißen Pfeffer, 4 Trinkgläser voll gut verkochte und vom Fett befreite Coulis (s. Coulis) und ein Trinkglas voll Madeirawein und etwas Salz, lasse dieß zusammen auf starkem Feuer eine Viertelstunde kochen; von der andern Hälfte des Hechtes bereite nun Klöße in der Größe eines Taubeneis, koche sie in Salzwasser ab, ziehe sie heraus und lasse sie auf einem Sieb abtrocknen, diese menge dann ganz leicht unter das Fischragout, rüttle alles etwas unter einander und stelle es bis zum Anrichten in heißes Wasser; beim Anrichten gebe das Ragout dann schön auf eine tiefe Platte und von Butterteig im Ofen ausgebackene Croutons darum.

560. Berſching à la bonne eau.

Die gereinigten und ausgenommenen Berſchinge werden mit Kopf und Schwanz zuſammengeheftet, dann einige Einſchnitte auf der äußeren Seite gemacht, damit ſie nicht bei dem Kochen zerreißen und dann in ein paſſendes Geſchirr gelegt; ſodann gebe in ein anderes Geſchirr ¼ Pfund Butter, 6—8 in Scheiben geſchnittene Peterſilienwurzeln, eine Hand voll grüne Peterſilie, eine Hand voll ganze Schalottenzwiebeln und ein Lorberblatt, laſſe dieß mit der Butter einige Minuten dämpfen und gieße dann 2 Maß Waſſer ſammt einer Hand voll Salz dazu, laſſe es eine halbe Stunde gut kochen, dann gieße es heiß über die Berſchinge und laſſe dieſe eine halbe Stunde darin langſam kochen (**NB.** die Brühe muß eine halbe Hand hoch über den Fiſch gehen); iſt es Zeit zum Anrichten, dann ziehe ſie auf die Platte, gebe von der Brühe zwei Trinkgläſer voll in ein Geſchirr und eine halbe Hand voll von den Stielen abgezupfte Peterſilienblätter dazu, laſſe dieſe damit einigemal aufkochen und gebe ſie dann über die Berſchinge.

Anmerkung: Eben ſo bereitete Berſchinge können auch, wenn ſie auf der Platte ſind, mit fein gehackter Peterſilie beſtreut und eine klare Butter darüber gegeben werden, oder auch fein gehackte Sardellen, welche in klarer Butter etwas gedämpft wurden; auch kann man eine gelbe Fiſchſauce oder klare Butter, mit einigen Löffeln voll Senf vermengt, darüber geben.

561. Schleien auf dem Roſt.

So viel Schleien, als man auf eine Platte nöthig hat, werden geb..... und von den Schuppen gereinigt, auch kann man ihnen, wenn man unten an den Köpfen einen Einſchnitt macht, die Haut abziehen; ſchneide nun aus beiden Seiten die Gräten heraus, dann nehme ſo viel Butter, als man dazu nöthig hat, ſammt fein gehackter Peterſilie, laſſe ihn damit zergehen und verrühre dieß wohl mit feinem Salz und Pfeffer; wende nun die Schleien erſt darin und dann in fein geriebenem Weißbrod um, drücke es auch an, ſodann lege ſie auf einen Roſt und gieße den Reſt der Butter darüber; eine Viertelſtunde vor dem Anrichten gebe ſchwache Gluth darunter und laſſe ſie ſchöne braungelbe Farbe nehmen, dann wende ſie ſorgfältig um, laſſe ſie auch auf der andern Seite braten und gebe ſie dann auf die Platte und folgende Sauce darunter: ¼ Pfund Butter, ein Kaffelöffel voll Mehl, eben ſo viel fein gehackte Petersilie, eben so viel Schalottenzwiebeln, etwas Salz, grober Pfeffer und der Saft einer Citrone wird in einem Geschier unter einander gemengt, dann mit einem Trinkglas voll Wasser aufgefüllt und in dem Augenblick des Anrichtens auf dem Feuer gerührt, bis es zwei Minuten gekocht hat.

562. Schleien à la Poulette.

So viel Schleien, als man auf eine Platte nöthig hat, werden eine Minute in heißem Wasser gebrüht, dann mit dem Messer von den Schuppen befreit, in beliebige Stücke geschnitten, ausgewaschen und wieder abgetrocknet; dann gebe ein Stück gute Butter in ein Geschirr und in diese die Fischstücke, wenn sie zergangen ist, und lasse sie eine Minute auf dem Feuer dämpfen; dann streue einen Eßlöffel voll Mehl darüber, rüttle sie unter einander und gebe nun eine Bouteille weißen Wein, Salz, groben Pfeffer, ein Lorberblatt, ein Bouquet von Petersilie, eine Hand voll kleine Zwiebeln und eben so viel gereinigte Champignons dazu; das Ganze lasse nun auf starkem Feuer schnell kochen, bis der Fisch und die Zwiebeln gut sind, dann verrühre das Gelbe von 4 Eiern darunter und rüttle es über dem Feuer, ohne daß es kocht, hierauf nehme das Bouquet und Lorberblatt wieder heraus, richte den Fisch auf die Platte und gebe das Uebrige darüber.

563. Barbe, crilirt mit Kapernsauce.

So viel Barben, als auf eine Platte nöthig sind, werden geschuppt, ausgenommen, ausgewaschen und wieder abgetrocknet, dann mache auf beiden Seiten der Fische vom Kopf bis auf den Schwanz feine Einschnitte, gebe ihn auf eine Platte mit fein gehackter Petersilie, Schalottenzwiebeln, von jedem einen Eßlöffel voll, auch feines Salz und Pfeffer und ein Trinkglas voll gutes Oel darüber, dieß menge wohl unter einander und lasse es eine Stunde ruhen; ¾ Stunden vor dem Anrichten gebe sie auf den Rost und glühende Kohlen darunter, sind sie von allen Seiten gut gebraten, dann gebe folgende Sauce darüber: 3 Eßlöffel voll Essig, ein Eßlöffel voll fein gehackte Schalottenzwiebeln, so viel fein gehackte Petersilie, auch groben Pfeffer und ½ Ei groß Butter lasse einkochen, bis kein Essig mehr zu sehen ist, dann gebe 2 Trinkgläser voll gut verkochte Coulis (s. Coulis), 3 Eßlöffel voll feine Kapern und etwas Salz dazu und lasse es eine Minute mit einander verkochen.

564. Häringe gut zu mariniren.

12 — 16 schöne große Häringe werden ausgenommen und ihnen die Haut abgezogen; hierauf werden sie 2—3 Tage in Milch gelegt, so, daß die Milch darüber geht, alsdann werden sie aus der Milch herausgenommen, und vermittelst eines Bindfadens an den Schwänzen aufgehängt, so läßt man sie nun 48 Stunden abtrocknen, sie dürfen sich aber bei dem Zusammenhängen nicht berühren; nach diesem werden sie auf ein flaches Geschirr gelegt und feines Oel darüber gegossen, auch gut untereinander gerüttelt; sodann nehme eine starke Hand voll reine schöne Strohhalme, lege sie neben einander auf einen starken Rost, doch etwas auseinander, und auf diese die in Oel gut umgewendeten Häringe neben einander, gebe schwache Gluth darunter und lasse sie von allen Seiten braungelbe Farbe nehmen; sind alle auf solche Art gebraten, dann lege sie nebeneinander auf eine flache Platte; nun vermenge eine Hand voll fein gehackte Petersilie, zwei Hände voll fein gehackte Schalottenzwiebeln, auch so viel fein gehackte Kapern, einen starken Kaffelöffel voll gestoßenen Pfeffer, und streue es über die Häringe, dann gebe sie in eine tiefe irdene Schüssel sammt allen den Kräutern, auch einen Eßlöffel voll fein gehackten Estragon darunter und zwei in Scheiben geschnittene Citronen ohne Kernen lagenweis dazwischen und darauf, auch noch zwei Hände voll feine ganze Kapern, 8 — 10 Lorberblätter, eine Bouteille gutes Oel und ein Trinkglas voll Estragonessig; so lasse sie nun 2 Tage stehen, dann sind sie gut; wenn man davon gebraucht, wird jedesmal von der Sauce dazu gegeben.

565. Laberdan à la Maitre d'hôtel.

Der Laberdan wird 48 Stunden in frisches Wasser gelegt und vom Salz befreit, dann wieder von den Schuppen gereinigt und in beliebige Stücke geschnitten; hierauf bringe ihn in ein Geschirr mit frischem Wasser, auch einige Petersilienwurzeln und einige Zwiebeln dazu und lasse ihn an der Seite des Feuers langsam kochen; ist er gut, dann ziehe ihn auf ein Tuch und trockne ihn ab, sodann gebe in ein dazu passendes Geschirr ein gutes Stück Butter in kleine Stücke getheilt, einen Eßlöffel voll fein gehackte Petersilie, eben so viel fein gehackte Schalottenzwiebeln, etwas groben Pfeffer und geriebene Muskatnuß, auch einen Kaffelöffel voll Mehl und rühre alles gut untereinander, auf dieses gebe dann die Laberdanstücke und ein halbes Trinkglas voll von dem Fischwasser dazu; ist es Zeit zum Anrichten, dann stelle es über das Feuer und rüttle es so lange bis es heiß geworden und die Butter sich gut mit den Kräutern vermengt hat, ist es zu dick so gebe noch einen Anrichtlöffel voll von dem Fischwasser dazu, dann richte es auf die Platte und menge den Saft einer Citrone darunter.

566. Laberdan à la Provençale.

Der Laberdan wird wie der vorhergehende zubereitet und auf dieselbe Art in Wasser abgekocht; dann gebe in ein passendes Geschirr ein Stück Butter, in mehrere kleine Stückchen getheilt, auch etwas groben Pfeffer, geriebene Muskatnuß, einen Eßlöffel voll fein gehackte Petersilie, eben so viel fein gehackte Schalottenzwiebeln, einen zerdrückten Knoblauchzinken, die fein gehackte Schale von einer halben Citrone und einen starken Anrichtlöffel voll gutes Oel dazu, rüttle alles gut untereinander, dann gebe den abgekochten Laberdan abgetrocknet darauf; im Augenblick des Anrichtens wird er über starker Gluth beständig umgerüttelt bis alles recht heiß geworden und die Kräuter sich gut mit der Butter vermengt haben, dann richte ihn schön auf die Platte, und drücke den Saft einer Citrone darüber.

567. Laberdan à la Bechamelle.

Auch dieser wird eben so wie der obige zubereitet und auf dieselbe Art in Wasser abgekocht, dann gebe in ein passendes Geschirr ein Stück Butter, einen Eßlöffel voll Mehl, etwas feines Salz, groben Pfeffer, geriebene Muskatnuß, einen Eßlöffel voll fein gehackte Petersilie und eben so viel fein gehackte Schalottenzwiebeln, welche beide Theile in einer Serviette ausgewaschen und gut ausgedrückt werden müssen, menge alles gut untereinander und gebe dann ein starkes Glas voll süßen Rahm dazu, und rühre es auf dem Feuer bis es einige Mal aufgekocht hat, ist die Sauce zu dick, dann gebe noch etwas Rahm dazu, daß es wie dünner Brei wird, dann gieße es über den gekochten, abgetrockneten und von Gräten befreiten Laberdan und stelle es recht heiß, ohne daß es jedoch kocht; beim Anrichten gebe ihn heiß auf die Platte, und klein gewürfeltes Weißbrod, gelb in Butter ausgebacken, darum.

568. Laberdan in Buttersauce.

Der Laberdan wird wie der obige zubereitet, in Wasser gekocht, dann zur Zeit des Anrichtens recht heiß und abgetrocknet auf die Platte gelegt und folgende Sauce darüber gegeben: Nehme ¼ Pfd. frische Butter, einen Kochlöffel voll Mehl, einen Eßlöffel voll fein gehackte Petersilie, etwas groben Pfeffer, den Saft einer Citrone und ein wenig Salz, vermenge alles gut untereinander, gebe 2 Trinkgläser voll Wasser dazu, rühre es auf dem Feuer und lasse es eine Minute gut verkochen.

569. Laberdan à la Flamande.

Der Laberdan wird wie oben zubereitet und in Wasser abgekocht, sodann schneide 15—20 abgekochte und wieder erkaltete Kartoffeln in gleich runde Blättchen oder in runde und nußgroße Kugeln und gebe sie mit ½ Pfund Butter, einem Eßlöffel voll fein gehackter Petersilie, Salz und etwas grobem Pfeffer in ein Geschirr und lasse es zusammen ¼ Stunde unter öfterm Umrütteln dämpfen; ist es Zeit zum Anrichten, dann gebe recht heiß und gut abgetrocknet den Laberdan auf die Platte, die Kartoffeln sammt der Butter darum und folgende Sauce darüber: ¼ Pfd. frische Butter, das Gelbe von 4 Eiern, der Saft einer Citrone, etwas Salz und feiner Pfeffer wird in einem kleinen Geschirr mit einander verrührt, dann ein Trinkglas voll Wasser dazu gegeben, dieß wird auf dem Feuer stark verrührt, bis es anfängt dick zu werden, es darf aber nicht kochen.

570. Stockfisch en Bechamelle.

Nehme so viel Stockfisch, als zu einer Platte nöthig und siede ihn wie gewöhnlich in Salzwasser bis er gut ist, dann gieße ihn auf ein Sieb und nehme die Gräten davon, hierauf lege ihn in ein Geschirr; dann gebe in ein Geschirr ein Viertelpfund Butter, einige in Scheiben geschnittene Zwiebeln, auch einige Petersilienwurzeln in Scheiben geschnitten, ein Lorberblatt und groben Pfeffer; dieses alles dämpfe einige Minuten mit einander auf schwacher Gluth, es darf aber keine Farbe nehmen, dann rühre 2 Eßlöffel voll Mehl gut darunter, sodann auch 5 Trinkgläser voll aufgekochten süßen Rahm und verrühre es gut bis es kocht auf dem Feuer, lasse es auch eine halbe Stunde auf schwacher Gluth fortkochen, hierauf verrühre das Gelbe von 3 Eiern darunter, es darf aber dabei nicht kochen, und winde es nun durch ein reines Haartuch über den Stockfisch, gebe auch etwas geriebene Muskatnuß, groben Pfeffer und einen Kaffeelöffel voll fein gehackte gut ausgedrückte Petersilie, feines Salz und ein Ei groß frische Butter in kleine Stücke getheilt, dazu, setze nun das Gefäß bis zum Anrichten in heißes Wasser, und dieses auf glühende Asche, dann gebe den Stockfisch auf die Platte und Croutons von gebackenem Butterteig darum.

571. Kabeljau mit Kräuterbutter und Kartoffeln.

Dazu nehme so viel guten frischen Kabeljau, als zu einer Platte erforderlich ist und reinige ihn und wasche ihn aus, sodann lege ihn in ein Geschirr und gebe viel Wasser und Salz dazu (er kann nicht zu stark gesalzen werden, weil er nicht mehr annimmt, als er vertragen kann), stelle nun das Geschirr an die Seite des Feuers und lasse ihn langsam kochen, ist es Zeit zum Anrichten, so ziehe ihn trocken auf die Platte; dann gebe in ein Geschirr ½ Pfd. Butter, 2 Eßlöffel voll fein gehackte und wieder ausgedrückte Petersilie, etwas feines Salz, groben Pfeffer, 2 Eßlöffel voll frisches Wasser und den Saft von zwei Citronen, rühre dieß auf dem Feuer, bis sich alles gut vermengt hat und recht warm geworden ist, dieß gebe über den Fisch und garnire ihn mit rund abgeschnittenen und in Salzwasser abgekochten Kartoffeln; auch kann man eine gut verkochte Buttersauce mit Austern, einigen Eiergelb und Citronensaft darüber geben.

572. Soles auf der Platte.

So viel Soles als man zu einer Platte nöthig hat, werden gereinigt, ihnen die Haut auf beiden Seiten abgezogen und der Kopf abgeschnitten, auch abgetrocknet; sodann gebe auf die Platte ¼ Pfd. klar gemachte Butter, einen Eßlöffel voll fein gehackte Petersilie, eben so viel fein gehackte Schalottenzwiebeln, etwas feines Salz, groben Pfeffer und geriebene Muskatnuß, in diesem werden die Soles umgewendet und dann ein Trinkglas voll guter weißer Wein darüber gegeben, oben darauf bestreue sie mit fein geriebener Weisbrodkruste, und träufle noch etwas klare Butter darüber; eine Viertelstunde vor dem Anrichten gebe sie in einen Ofen oder auf schwache Gluth und bedecke sie mit einem, mit glühenden Kohlen belegten Deckel; in einer guten Viertelstunde sind sie gut.

573. Gebackene Soles.

So viel Soles als zu einer Platte nöthig sind, werden auf obige Art bereitet und in ordentliche Stücke oder Portionen geschnitten, dann mit feinem Salz und Pfeffer eingesalzen, eine Viertelstunde vor dem Anrichten werden sie in Mehl umgewendet und dieses angedrückt, dann in frisches Wasser schnell eingetaucht und gleich wieder in fein geriebenem Weißbrod umgewendet; hierauf werden sie in heißem Schmalz schön braungelb ausgebacken, dann auf eine mit einer Serviette belegte Platte gelegt und gebackene Petersilie darüber gegeben, auch einige Citronenschnitze darum garnirt.

574. Soles en Majonnaise.

So viel Soles, als zu einer Platte nöthig sind, werden gereinigt, von beiden Seiten von der Haut befreit, auch ihnen die Köpfe abgeschnitten, ausgewaschen und abgetrocknet; hierauf werden sie auf ein flaches Geschirr mit klarer Butter gelegt und auf beiden Seiten gebraten, dann verkühlt; sodann schneide von den Soles die Filets herunter und den Rückgrat heraus; dann gebe in eine irdene Schüssel 4 Trinkgläser voll etwas zergangene gute Aspic (s. Aspic), 3 Gläser voll Provenceröl, etwas groben Pfeffer, feines Salz und den Saft einer Citrone, stelle es auf Eis und rühre mit einem Kochlöffel so lange darin, bis es schön weiß und dick geworden ist, dann wende die Fischfilets darin um, damit sich die Sauce recht dick daran hängt, sodann lege sie kranzartig auf die Platte, die übrige, etwas zergangene Sauce darüber; noch besser aber ist es, wenn die Filets statt auf die Platte in eine dazu passende Form gelegt werden und diese dann auf Eis gestellt wird, auch hier wird die übrige etwas zergangene Sauce darüber gegossen; die Form läßt man bis zum Anrichten auf dem Eis stehen, taucht sie dann schnell in etwas warmes Wasser und stürzt sie auf die Platte heraus; dieß wird nun schön mit fein gehackter Aspic, Kapern, Sardellen, in Blättchen geschnittene und in rothem Wein gekochte Trüffeln, auch in Blättchen geschnittene Cornichons und Krebsschwänzen schön garnirt.

575. Lombrin à la Provençale.

Ist dieser Fisch ausgenommen und gut gesalzen, dann lasse ihn einige Stunden liegen; hierauf gebe in ein passendes Geschirr 2 Trinkgläser voll gutes Provenceröl, einige Zwiebeln, einige Schalottenzwiebeln, 2 Lorberblätter, etwas Basilicum, Thymian, groben Pfeffer und zwei Trinkgläser voll weißen Wein, zu diesem gebe den Fisch und lasse ihn zugedeckt $1/2$ Stunde auf schwacher Gluth unter öfterm Umwenden dämpfen, hierauf schneide eine Hand voll Trüffeln in dünne Scheiben, gebe sie in ein Geschirr und lasse sie mit einem Eßlöffel voll fein gehacktem Rockenbol, einem Eßlöffel voll fein gehackter Petersilie und $1/2$ Glas gutem Oel auf schwachem Feuer dämpfen, sodann gieße den Saft von dem Fisch herunter und lasse ihn durch ein Sieb laufen, nehme auch das Oel von dem Saft und gebe es wieder zu dem Fisch und lasse es recht heiß bis zum Anrichten stehen; der Saft aber wird zu den gedämpften Trüffeln sammt zwei Trinkgläsern voll gut verkochter Coulis gegeben und einige Minuten damit an der Seite des Feuers gekocht, auch das Fett davon genommen und der Saft einer Citrone dazu gegeben; ist es Zeit zum Anrichten, dann gebe den Fisch ganz trocken und von allem Anhängenden befreit heiß auf die Platte und die Sauce ebenfalls heiß darüber.

576. Hausen auf Wiener Art.

Dazu nehme ein Stück Hausen von 4—5 Pfund, wenn er gereinigt und abgetrocknet ist, schneide ihn in der Mitte durch und durchspicke die zwei Theile recht gut mit Sardellen, dann gebe in ein dazu passendes Geschirr ein Trinkglas voll gutes Oel, einige Zwiebeln, Petersilienwurzeln, eine Selleriewurzel, einige gelbe Rüben, alles in Scheiben geschnitten, etwas Thymian, Basilicum, 2 Lorberblätter, eine in Scheiben geschnittene Citrone ohne Kern, Salz, weißen Pfeffer, ein Trinkglas voll weißen Wein und zwei Eßlöffel voll Estragonessig, lasse alles dieß einige Minuten miteinander dämpfen und lege dann den Hausen nebeneinander darauf; lasse ihn nun zugedeckt eine Stunde auf schwacher Gluth dämpfen, und gieße öfters von dem untern Saft oben darauf; ist es Zeit zum Anrichten, dann gebe den Fisch auf die Platte, reinige ihn vom Anhängenden und gebe folgende Sauce darüber: 2 Trinkgläser voll gut verkochte Coulis (s. Coulis) eine halbe Hand voll in Scheiben geschnittene Schalottenzwiebeln, 2 Eßlöffel voll Estragonessig und etwas grober Pfeffer wird sammt dem Saft, in welchem der Fisch gedämpft wurde, und welchen man vorher durch ein Sieb laufen ließ und vom Fett befreite, einige Minuten gut gekocht, dann etwas Sardellen Butter und fein gehackte Kapern darunter gerührt.

577. Hausen erillirt.

Dazu nehme 3—4 ℔ Hausen und schneide ihn wenn er gereinigt und abgetrocknet ist, in schöne daumendicke Scheiben, gebe diese in ein Geschirr und darüber eine halbe Hand voll in Scheiben geschnittene Schalottenzwiebeln, einen Eßlöffel voll fein gehackte Petersilie, 2 Lorberblätter, etwas Thymian und Basilicum, eine in Scheiben geschnittene Citrone, groben Pfeffer, feines Salz und ein Trinkglas voll feines Oel, schüttle auch alles gut untereinander; dann eine halbe Stunde vor dem Anrichten lege ihn auf einen Rost und das dabei Befindliche darauf und lasse ihn auf starker Gluth so lange braten, bis er schöne braungelbe Farbe erhalten hat, dann wende ihn um und lasse ihn auch auf der andern Seite Farbe nehmen, bis er gut durchgebraten ist, hierbei muß öfters Oel nachgeträufelt werden; nun werden 6 Eiergelb ein Trinkglas voll feines Oel, vier Eßlöffel voll guter Senf, der Saft einer Citrone, feines Salz und grober Pfeffer gut verrührt bis sich alles vermengt hat und dick geworden ist, diese Sauce wird auf die Platte gegeben und der gebratene Hausen darauf gelegt.

578. Fischotter à la Provençale.

Die abgezogene, ausgenommene und gut ausgewaschene Fischotter wird in Stücke geschnitten und in ein dazu passendes irdenes Geschirr gegeben, sammt einigen Petersilien- und Selleriewurzeln, in Scheiben geschnitten, einer Hand voll Schalottenzwiebeln und einem Büschel Rockenbol, sechs Lorberblättern, Thymian und Basilicum, gestoßenem Allerhandgewürz, grobem Pfeffer, einigen Gewürznägelein, Salz und einem Schoppen Essig, auch einer in Scheiben geschnittenen Citrone; hat man nun dieß alles recht wohl unter einander vermengt, so läßt man es 24 Stunden zugedeckt stehen, damit die Otter den widerlichen Fischgeschmack verliert; sodann gebe in ein dazu passendes Geschirr 3 Trinkgläser voll gutes Oel, eine Hand voll fein gehackte Schalottenzwiebeln ein Büschelchen Rockenbol, eine Hand voll fein gehackte Petersilie, eben so viel fein gehackte Kapern, 6—8 gereinigte und fein geschnittene Sardellen, fein gehackten Thymian und Basilicum und Salz, lasse alles einige Minuten in dem Oel langsam dämpfen, darauf lege die Fischotterstücke sammt etwas grobem Pfeffer darein, stelle sie zugedeckt auf schwache Gluth und lasse sie unter fortwährendem Umwenden eine halbe Stunde langsam dämpfen, dann gieße eine Bouteille guten alten weißen Wein dazu, lasse sie stärker dämpfen, bis die Sauce halb eingekocht ist, dann gebe sechs Trinkgläser voll gut verkochte Coulis (s. Coulis) dazu, lasse es nochmals mit einander dämpfen, bis die Fischotter weich geworden ist; ist es Zeit zum Anrichten, dann gebe sie schön auf die Platte, von der Sauce aber nehme alles Fett ab, ist es noch zu viel Sauce, dann lasse sie unter fortwährendem Umrühren noch ein Drittel einkochen, gebe noch zwei Eßlöffel voll Estragonessig und den Saft einer Citrone dazu und ziehe sie über dem Feuer auf, lasse sie auch wohl einmal aufkochen, dann gebe sie über die Fischotter.

579. Turbot au court bouillon.

Der Turbot, welcher recht frisch und auf einer Seite weiß und ohne Flecken seyn muß, wird gereinigt, abgeschuppt, ausgenommen, ausgewaschen und abgetrocknet, dann auf der weißen Seite mit Citronensaft eingerieben, auch auf der schwarzen Seite in der Gegend des Kopfes ein Einschnitt gemacht, damit er beim Kochen nicht zerreißen kann, der Kopf aber wird mit Bindfaden zusammen geheftet; so zubereitet wird der Fisch auf einem dazu bestimmten Blech in ein dazu passendes Geschirr gelegt, und folgende Courtbouillon darüber gegeben: so viel Wasser, als nöthig ist, daß es stark Hand hoch über den Fisch geht, 12 in Scheiben geschnittene Zwiebeln, eine Hand voll grüne Petersilie, auch eine kleine Hand voll Thymian und ein Pfund Salz wird eine halbe Stunde mit einander gekocht und dann durch ein Sieb gelassen, worauf man es ruhen läßt bis es sich gesetzt hat, und dann über den Turbot gießt; man bringt das Gefäß nun an das Feuer und läßt den Fisch eine Stunde langsam sieden, aber nicht kochen; 10 Minuten vor dem Anrichten wird er vom Feuer zurückgestellt und das runde Blech sammt dem Fisch herausgezogen, hierauf läßt man ihn abtropfen, reinigt ihn vom Anhängenden und bringt ihn sorgfältig auf eine Platte, dann wird er mit 2 Eßlöffeln voll fein gehackter Petersilie, dem fein gehackten Gelben von vier hart gesottenen Eiern, beides mit einander vermengt, bestreut und ein halbes Pfund klar gemachte Butter darüber gegeben; in einem Saucengeschirr wird nun noch eine gut verkochte Buttersauce und auf einer besondern Platte rund abgedrehte und in Salzwasser abgekochte Kartoffeln in der Größe einer Nuß dazu gegeben.

580. Makrelen.

3 Makrelen, so viel sind für eine Platte hinlänglich, werden an der Oeffnung in der Mitte des Leibes aufgeschnitten und ausgenommen, dann mit einer nassen Serviette ausgerieben und gereinigt, sodann werden sie auf der Rückseite von dem Kopf bis auf den Schwanz durchgespalten und nun auf eine irdene Platte gelegt, füge ihnen nun bei: etwas feines Salz, groben Pfeffer, eine Hand voll kleine Zwiebeln, eine Hand voll grüne Petersilie mit den Stengeln und ein Trinkglas voll feines Oel und rüttle alles wohl untereinander; eine halbe Stunde vor dem Anrichten gebe sie auf einem Rost auf schwache Guth, sind sie von einer Seite gebraten, dann lege sie sorgfältig auf die andere Seite, sind sie auch auf dieser gut, dann gebe sie sorgfältig, damit sie nicht zerreißen, auf die Platte; nun bringe in ein Geschirr ein Stück gute Butter, einen Eßlöffel voll Mehl, auch einen Eßlöffel voll fein gehackte Petersilie, eben so viel fein gehackte Schalottenzwiebeln, etwas Salz und groben Pfeffer, den Saft einer Citrone und ein halbes Trinkglas voll Wasser, gebe dieß auf das Feuer und rühre darin bis es anfängt zu kochen, dann lasse es einmal aufkochen und gebe es über die Fische.

581. Sauté de filets von Makrelen.

Schneide die Filets oder die Fleischseiten von den Fischen, ohne Gräten herunter, es müssen aber die Filets schön ganz bleiben und dürfen nicht zerrissen werden, und löse auch mit einem dünnen und scharfen Messer die Haut davon ab, dann lege sie der Länge nach neben einander auf ein flaches Geschirr, bestreue sie mit etwas feinem Salz und grobem Pfeffer und einem Eßlöffel voll fein gehackter Petersilie und Schalottenzwiebeln, dann gebe auch ein Stück klar gemachte Butter darüber; im Augenblick des Anrichtens gebe das Geschirr auf starke Gluth und lasse sie unter öfterem Umrütteln, damit sie nicht anhängen können, auf einer Seite heiß werden, dann wende sie vorsichtig auf die andere

Seite; sind sie dann gut, dann lege sie schön auf die Platte. Nun gebe in ein Geschirr ¼ Pfund frische Butter, das Gelbe von 3 Eiern, einen starken Anrichtlöffel voll gut verkochte weiße Buttersauce, den Saft von zwei Citronen, etwas Salz und Pfeffer, fein geschnittenen Knoblauch, einen Kaffelöffel voll fein gehackten Estragon, Pimpinel und Kerbelkraut, dieß rühre alles gut untereinander und lasse es dann auf schwacher Gluth, unter fortwährendem Umrühren, recht heiß werden, es darf aber nicht kochen, dann gebe es recht heiß über die Filets; man kann auch eine Tomatésauce oder Austern, auch eine Sauce mit Butter und Senf dazu geben.

582. Merlen à la bonne au.

So viel Merlen, als man zu einer Platte nöthig hat, werden ausgenommen, abgeschaben und mit einem feuchten Tuch gereinigt, auch die Köpfe und Schwanzenden abgeschnitten; dann gebe sie in ein dazu passendes Geschirr sammt einer halben Hand voll grüner Petersilie mit den Stengeln, 3—4 kleinen ganzen Zwiebeln, einem Lorberblatt, Salz und Wasser, welches etwas darüber gehen muß, lasse sie eine Viertelstunde auf Kohlenfeuer dämpfen, dann gebe sie auf die Platte; in ein anderes Geschirr gebe nun etwas von dem Fischwasser und etwas grüne von den Stengeln abgezupfte Petersilienblätter dazu, lasse sie einige Minuten darin kochen und gebe dieß dann über die Fische.

583. Filets von Merlen.

Dazu nehme so viel Merlen als nöthig sind, schneide die Seiten schön ganz von den Gräten herunter und befreie sie mit einem dünnen und scharfen Messer von der Haut, dann lege sie der Länge nach neben einander auf ein flaches Geschirr, bestreue sie mit feinem Salz, grobem Pfeffer, einem Eßlöffel voll fein gehackter Petersilie und eben so viel fein gehackten Schalottenzwiebeln und gieße auch ein halbes Pfund klar gemachte Butter darüber; im Augenblick des Anrichtens stelle sie nun auf starke Gluth und lasse sie eine Minute dämpfen, dann wende sie vorsichtig, damit sie nicht zerreißen, um, haben sie auch hier eine Minute gedämpft, dann gebe sie auf die Platte und folgende Sauce darüber: Ein Eßlöffel voll fein gehackte Petersilie, eben so viel fein gehackte Schalottenzwiebeln, auch so viel fein gehackte Champignons, ein Ei groß Butter und zwei Trinkgläser voll weißer Wein lasse schnell bis zu einem halben Glas voll einkochen, dann gebe 4 Trinkgläser voll gut verkochte Buttersauce dazu, lasse alles bis zu der Hälfte einkochen, schäume es ab und gebe etwas Salz und Pfeffer dazu.

584. Austern en coquilles.

Dazu nehme 3—4 Dutzend frische Austern aus den Schalen, reinige sie, gebe sie in ein Geschirr und den Austernsaft durch ein Sieb darüber und lasse sie auf dem Feuer stark heiß werden, ohne daß sie kochen; alsdann gebe in ein anderes Geschirr ½ Pfund geschabenen oder fein gehackten Speck, 6 Eßlöffel voll feines Oel, ¼ Pfd. Butter und 4 Eßlöffel voll fein gehackte Champignons, dämpfe dieß einige Minuten mit einander und gebe dann 2 Eßlöffel voll fein gehackte Schalottenzwiebeln dazu, lasse sie auch damit eine Minute dämpfen, gebe dann 2 Eßlöffel voll fein gehackte Petersilie dazu, und lasse alles noch eine Minute mit einander dämpfen, dann gebe etwas Salz und groben Pfeffer dazu und rühre die Austern darunter; nun nehme die Austernschalen, trockne sie ab und fülle jede mit den so zubereiteten Austern halb voll, dann bestreue sie mit fein geriebenem Weißbrod; ¼ Stunde vor dem Anrichten gebe sie in einen heißen Ofen oder auf einem Rost auf starke Gluth und lasse sie oben vermittelst einer glühenden Schaufel etwas Farbe nehmen; sie werden nach der Suppe aufgetragen.

585. Meerkrebs oder Hummer auf Wiener Art.

Von einem großen und frischen Hummer werden die Füße und die großen Scheeren abgeschnitten, dann die Röhren der Füße aufgeschnitten und das Fleisch herausgenommen, die großen Scheeren aber werden der Länge nach aufgesägt und auch das Fleisch in großen Stücken heraus gemacht; dann wird der ganze Krebs der Länge nach in zwei Theile zerlegt, sodann nehme auch das ganze Fleisch aus den getheilten Schwänzen in schönen Stücken heraus, die darin befindlichen Eier werden besonders herausgenommen und so fein wie Butter gestoßen; dann gebe das Gelbe von 3 hart gesottenen Eiern, 3—4 fein gehackte Sardellen und einen Eßlöffel voll fein gehackte Schalottenzwiebeln dazu und stoße auch diese einige Minuten damit; dieß gebe nun in ein kleines irdenes Geschirr und rühre 4 Eßlöffel voll Senf, 6 Eßlöffel voll gutes Oel, 4 Eßlöffel voll Estragonessig, etwas feines Salz und groben

Pfeffer darunter; ist alles gut vermengt, dann gebe alles Krebs=
fleisch dazu und schüttle alles gehörig unter einander, dieß fülle
nun in die leeren Krebsschwänze und Krebsscheeren ein, richte
alles recht schön auf eine Platte, worauf eine schön gefaltete Ser=
viette liegt und dazwischen grüne Petersilie.

Zubereitung von verschiedenen Compotes.

586. Miroton von Aepfeln.

8 — 10 schöne gleich große Aepfel werden mit einem stark
Finger dicken Ausstecher vom Butzen bis zum Stiel ausgestochen,
sodann schön rund und gleich abgeschält, dann in schwach Messer=
rücken dicke Scheiben geschnitten und diese Scheiben schichtenweise
in eine Schüssel gelegt, zwischen jede Schichte fein gestoßener Zucker,
Zimmt, Citronensaft und etwas Kirschwasser gegeben; die so zu=
bereiteten Aepfel läßt man nun zugedeckt eine Stunde stehen und
richtet sie dann auf folgende Art in ein Compotgeschirr: Man
legt eine Portion von den Aepfelblättchen so zusammen, als wolle
man wieder Aepfel daraus formiren und streicht dann die runde
Oeffnung ganz voll mit Aprikosen=Marmelade; sind die Aepfel=
blättchen alle vollgestrichen, dann lege sie schräg neben einander,
damit es eine runde dicke Rolle bildet, auf dieselbe Art gebe auch
eine zweite Rolle in die Mitte und gieße dann den zurückgeblie=
benen Saft darüber; eine Viertelstunde vor dem Anrichten stelle
das Geschirr in einen gelind heißen Ofen und gebe sie dann auf
die Tafel.

587. Weißes Compot von Birnen.

20—24 schöne sogenannte Bestebirnen werden schön wie ab=
gedreht geschält und jede einzeln nach dem Schälen in ein Geschirr
mit reinem Wasser gelegt, damit sie weiß bleiben; sodann wird
in ein Geschirr ¼ Pfund Zucker, die Schale von einer halben
Citrone, etwas ganzer Zimmt und so viel weißer Wein, daß er
gerade über die Birnen geht, zu diesem gegeben, und solche auf

schwacher Gluth gekocht, bis sie weich, jedoch noch ganz sind; hierauf zieht man sie auf ein Sieb heraus, läßt sie abtropfen und stellt sie schön neben und übereinander in das Compotgeschirr, daß die Stiele nach oben sehen, dann wird der Saft durch ein Sieb gelassen, hierauf zu einem Trinkglas voll eingekocht und über die Birnen gegeben.

588. Weißes Pariser Compot von Aepfeln.

10—12 Stück gute saure Aepfel, welche nicht so leicht beim Kochen zerfahren, werden schön geschält, in der Mitte durchgeschnitten und von den Kernhäusern befreit; auch wird jeder halbe Apfel mit dem Saft einer halben Citrone abgerieben und dann in reines Wasser gelegt, sind alle auf solche Art bereitet, dann gebe in ein passendes Geschirr eine Maas Wasser, eine halbe Bouteille Wein, die dünne abgeschnittene Schale einer halben Citrone, auch etwas ganzen Zimmt und die Aepfelschalen, lasse es eine halbe Stunde mit einander kochen und dann durch ein Sieb laufen; nun gieße das Wasser von den Aepfeln ab, gebe sie in ein Geschirr und die durchgelassene Aepfelbrühe darüber, lasse sie darin langsam an der Seite des Feuers kochen, bis sie weich geworden sind, sie müssen aber ganz bleiben; ziehe sie nun nach und nach, wie sie weich werden, mit einem kleinen Schaumlöffel auf ein Sieb heraus, damit sie abtrocknen können, sind sie dann erkaltet und abgetrocknet, dann richte sie schön piramidenförmig oder kranzartig in eine Compotière oder Compotschale und gebe Folgendes darüber: $^1/_4$ Pfund Zucker und ein Trinkglas voll von dem Aepfelsaft wird bis zur Hälfte zu einem weißen Syrup eingekocht, alsdann der Saft einer Citrone und 3 Eßlöffel voll altes Kirschenwasser darunter gegeben und mit dem Löffel gut aufgezogen.

589. Gemischtes Aepfel=Compot mit Gelee.

12 schöne Reinettenäpfel ohne Flecken werden schön rund abgeschält und jeder in zwei Theile geschnitten, auch die Kernhäuser heraus gemacht, dann jeder Theil mit Citronensaft gut abgerieben und in frisches Wasser gelegt, sind alle auf diese Art bereitet, dann gebe die Aepfelschalen in ein Geschirr und eine Bouteille Wasser, die fein abgeschnittene Schale einer Citrone und etwas ganzen Zimmet dazu, lasse dieß eine halbe Stunde langsam miteinander kochen und winde es dann durch eine Serviette in ein dazu passendes Geschirr; in dieses gebe nun die abgetrockneten Aepfel und

eine Bouteille weißen Wein und ein halbes Pfund Zucker dazu, lasse sie darin langsam kochen bis man sie greifen kann, man muß dabei behutsam seyn, damit sie nicht zu weich werden und ganz bleiben; hierauf werden sie mit einem kleinen Schaumlöffel herausgezogen und zum Abtropfen auf ein Sieb neben einander gelegt, der Saft aber, worin die Aepfel gekocht wurden, wird durch ein Tuch gelassen, dann auf starkem Feuer bis zur Syrupdicke eingekocht, sodann wird der Saft einer Citrone darunter gedrückt und das Ganze einigemal mit einem Löffel aufgezogen, man gießt es nun auf eine Porzellainplatte, welche vorher mit etwas Citronensaft abgerieben wurde und läßt es erkalten, hierauf werden die Hälfte der Aepfel in einem dick eingekochten rothen Saft, welcher von spanischem Flor oder Tournesol mit etwas Wasser und Zucker bereitet wird, umgewendet, damit sie schön rosenroth werden, die so bereiteten Aepfel werden nun schön franzartig ein rother, dann ein weißer in ein Compotgeschirr gegeben; jetzt werden noch Aprikosen- oder Hagenbuttenmark, ein Löffel voll geschälte und fein geschnitzelte Mandeln, eben so viel Pistazien, soviel in Würfel geschnittene eingemachte Quitten, so viel in Würfel geschnittene eingemachte Orangenschale, auch so viel in Würfel geschnittene eingemachte Nüsse und 2 Eßlöffel voll Arac untereinander gemengt und in die Mitte der Aepfel gegeben, alsdann werden von dem Aepfelgelee der ganzen Länge nach schmale Riemen geschnitten und ein schönes Gitter über die Mitte der Aepfel geflochten, auch ein Rand von Gelee zwischen die Aepfel und das Gitter gelegt.

590. **Compot von süßen Orangen auf Wiener Art.**

Von 8—10 schönen süßen Orangen von mittlerer Größe wird die gelbe Schale und dann die weiße Haut ganz dünn abgeschnitten, die geschälten Orangen werden dann in stark messerrückendicke Scheiben geschnitten und franzartig in eine Compotschüssel gelegt, dann werden zwei bis drei Hände voll fein gestoßener Zucker darüber gestreut; die fein abgeschnittene gelbe Schale aber wird fein nudelartig geschnitten und in kochendem Wasser vier Minuten lang abgekocht, dann wieder abgegossen und abgetrocknet in ein Geschirr, sammt zwei Händen voll gestoßenem Zucker, einem Glas voll altem weißen Wein und zwei Eßlöffeln voll Arac bis zur Hälfte einkocht und über und in die Mitte der Orangen gegeben, nach dem Erkalten wird es aufgetragen.

591. Glasirtes Apfelcompot.

12—16 Aepfel werden geschält, dann in Hälften geschnitten, von den Kernhäusern befreit und in reinem Wasser abgewaschen; sodann wird in einem dazu passenden, etwas vertieften Geschirr ein Schoppen weißer Wein, ein Viertelpfund Zucker, der Saft einer Citrone, etwas ganzer Zimmt und fein abgeschnittene Citronenschale aufgekocht, in dieses werden die geschälten Aepfel nebeneinander gelegt und auf schwacher Gluth gedämpft, bis der Wein eingedämpft ist und sie unten etwas gelb glasirt sind, dann werden die Aepfel sorgfältig auf die andere Seite gewendet, und nun, wenn sie auch hier hochgelb sind, auf einen Teller oder in eine Compotschale gerichtet. Auf dieselbe Art werden auch nicht zu reife Pfirsige als Compot zubereitet.

592. Pariser Aepfelscharlot.

12 schöne saure Aepfel werden geschält, dann ein jeder in vier Schnitze getheilt und die Kernhäuser ausgeschnitten, hierauf werden sie in ganz dünne Blättchen geschnitten und in ein Geschirr mit 4 Händen voll fein gestoßenem Zucker, etwas fein gestoßenem Zimmt und der auf dem Reibeisen abgeriebenen Schale einer Citrone ¼ Stunde auf schwacher Gluth etwas zusammengedämpft, ohne daß darin gerührt wird, doch müssen sie einigemal untereinander geschüttelt werden; gebe nun alles auf ein Sieb und lasse es darauf erkalten; bestreiche jetzt eine dazu passende runde hohe Form mit Butter, sodann schneide von Weißbrod halb Federkiel dicke und 2 Finger breite Schnitten in der Höhe wie die Form ist, dann zerlasse frische Butter in diese und wende die Weckschnitten darin um; dann belege damit den Boden der Form kranzartig, so breit er ist, auch die ganze Wand auf dieselbe Art, so daß die ganze Form mit den Schnitten gut ausgelegt ist, dann gebe eine zwei Finger dicke Lage von den Aepfeln darein, dann eine dünne Lage von eingemachtem Aprikosen= oder Hagebuttenmark dazu, sodann eine Haud voll gut gereinigte Sultanini oder Schachtelzibeben, dann wieder eine Lage Aepfel und fahre auf diese Art fort, bis die Form voll ist, decke solche auch mit Weckschnitten zu; man stellt nun die Form zugedeckt ¾ Stunden lang in einen heißen Ofen und stürzt dann das Ganze mit der Form im Augenblick des Anrichtens auf eine Platte und läßt die Form eine Minute darauf stehen, hierauf wird solche sorgfältig abgenommen.

593. Compot d'Orange anf Pariſer Art.

Sechs ſchöne ſüße Orangen werden mit einer reinen Serviette abgerieben, dann jede in vier Theile geſchnitten und die Kernen herausgemacht; dann gebe drei Maas friſches Waſſer darüber, laſſe ſie darin kochen bis die Schale weich geworden iſt, ziehe ſie dann wieder heraus in friſches Waſſer und laſſe ſie verkühlen; nun bringe die gekochten Orangen trocken in ½ Pfund mit zwei Gläſern voll Waſſer geläutertem und abgeſchaumtem Zucker und laſſe ſie 2 Minuten darin kochen, dann ſtelle ſie wieder vom Feuer und laſſe ſie verkühlen, hierauf bringe ſie nochmals auf das Feuer und laſſe ſie weitere zwei Minuten kochen und wieder verkühlen, ſodann nehme ſie heraus und bringe ſie in die Compotſchale; der Syrup wird nun noch ein wenig eingekocht und dann kalt über die Orangen gegeben.

Zubereitung von Gelee.

594. Gelee von Erdbeeren.

6—8 Hände voll Walderdbeeren ſammt einem halben Kaffelöffel voll grob geſtoßenem Zimmt und einer halben Bouteille gutem altem weißem Wein werden in ein paſſendes Geſchirr gegeben und zugedeckt einige Stunden ſtehen gelaſſen; unterdeſſen werden drei Loth Hauſenblaſe mit zwei Trinkgläſern voll Waſſer zwei Stunden auf ſchwacher Gluth gekocht bis ſie ganz hell und ganz aufgelöst iſt, nun wird auch ½ Pfund Zucker mit einem Trinkglas voll Waſſer und der Hälfte von einem Eiweiß klar gekocht, alsdann beide Theile, nämlich der Zucker und die klar verkochte Hauſenblaſe zuſammen gegoſſen und noch einige Minuten mit einander langſam gekocht; hierauf wird es vom Feuer zurückgeſtellt und halb verkühlt; jetzt gieße auch die Erdbeeren ſammt dem Wein durch ein Sieb, laſſe es gut durchtropfen, ohne darin zu rühren, dann gieße alles zuſammen und gebe den Saft einer Citrone und ein Trinkglas voll Wein dazu, ziehe es gut mit einem Eßlöffel auf, dann ſeie es durch eine reine Serviette in die dazu bestimmte Form und gebe eine Hand voll schöne gereinigte Erdbeeren darunter, auch einen Deckel mit Eis darauf; im Augenblick des Anrichtens wird die Form mit dem Gelee in halb heißes Wasser einen Augenblick eingetaucht, dann auf eine recht kalte Platte gestürzt und die Form herunter genommen.

595. Gelee von süßen Orangen.

Dazu werden acht süße Orangen genommen, von dreien die Schale ganz dünn abgeschnitten, aber der Saft von allen ausgedrückt und durch ein reines Sieb oder Tuch in ein besonderes Geschirr geseiet; dann gebe ½ Pfund Zucker in ein anderes Geschirr sammt den dünn abgeschnittenen Schalen, auch 2 Trinkgläser voll Wasser und das Halbe von einem Eiweiß, lasse es eine halbe Stunde auf schwacher Glut langsam kochen bis der Zucker recht klar geworden und von den Schalen einen guten Geschmack erhalten hat, dann lasse es auch durch eine reine Serviette laufen; zu gleicher Zeit wird 3 Loth klein geschnittene Hausenblase mit 3 Trinkgläsern voll Wasser zwei Stunden auf schwacher Gluth langsam gekocht, bis sie schön klar und ganz aufgelöst ist, auch dieses läßt man durch eine reine Serviette laufen, es darf aber nicht gewunden werden; dann gieße den Saft und den Zucker sammt der Hausenblase zusammen, gebe noch den Saft von zwei Citronen durch eine Serviette und 6 Trinkgläser voll alten weißen Wein dazu, ziehe sie gut mit einem Eßlöffel mehrere Male auf, dann fülle sie in Gelee- oder Kaffebecher ein, auch kann man sie in eine dazu passende Form geben, dann in Eis stellen und einen Deckel mit Eis darauf geben; ist sie in einer Form, so wird solche, wenn das Gelee gebraucht wird, in halb heißes Wasser schnell eingetaucht, dann auf die Platte umgestürzt und die Form davon abgehoben.

596. Gelee mit Rheinwein.

3 Loth klein geschnittene Hausenblase wird mit 3 Trinkgläsern voll Wasser zwei Stunden auf schwacher Gluth langsam gekocht, bis sie recht klar und ganz aufgelöst ist, sodann wird ein halbes Pfund Zucker mit 2 Trinkgläsern voll Wasser sammt der dünn abgeschnittenen Schale einer Citrone und etwas ganzem Zimmt nebst dem Halben von einem Eiweiß auf schwacher Gluth langsam eine halbe Stunde gekocht bis der Zucker recht klar geworden ist, dann gieße den Zucker und die gekochte Hausenblase zusammen

durch eine Serviette, gieße auch 6 Trinkgläser voll **guten Rhein-wein** darunter und den Saft einer Citrone, welcher durch ein Sieb gelassen wird, ziehe alles gut mit einem Löffel auf, dann gebe es in Becher oder eine dazu passende Form, stelle es in Eis und gebe einen Deckel mit Eis darauf; ist es Zeit zum Auf=tragen, dann wird die Form in halb heißes Wasser schnell einge-taucht, auf eine kalte Platte gestürzt und von der Gelee herunter genommen. Eine Gelee von Champagnerwein wird auf dieselbe Art zubereitet, nur statt des Rheinweins wird so viel guter ächter Champagner dazu genommen, auch darf keine Citronenschale und kein Zimmt dazu genommen werden.

597. Gelee von Vanille.

Dazu gebe in ein Geschirr ½ Pfd. Zucker, zwei Trinkgläser voll Wasser, eine Stange in kleine Stücke geschnittene Vanille und das Halbe von einem Eierweiß, lasse es mit einander eine halbe Stunde auf schwacher Gluth kochen bis der Zucker schön klar ge-worden ist, dann stelle es von dem Feuer zugedeckt zurück; zu derselben Zeit gebe in ein anderes Geschirr 3 Loth klein geschnit-tene Hausenblase und drei Trinkgläser voll Wasser, lasse auch dieß auf schwacher Gluth eine halbe Stunde langsam kochen bis die Hausenblase ganz aufgelöst und hell wie Wasser geworden ist, dann gieße den Zucker sammt der Vanille dazu und 5 Trinkgläser voll guten alten weißen Wein und den Saft von zwei Citronen darunter, ziehe es mit dem Löffel auf und lasse es dann durch eine reine Serviette laufen, sodann fülle es in dazu bestimmte Geleebecher ein und stelle es in das Eis.

598. Punsch=Gelee.

Dazu gebe in ein Geschirr 3 Loth klein geschnittene Hausen-blase und 3 Trinkgläser voll Wasser, lasse sie auf schwacher Gluth 1½ Stunden langsam kochen, bis sie ganz aufgelöst und wie Wasser so klar geworden ist; zu gleicher Zeit gebe in ein anderes Geschirr ½ Pfund Zucker, die dünn abgeschnittene Schale einer Citrone und zwei Trinkgläser voll Wasser, auch die Hälfte von einem Eierweiß, lasse es eine halbe Stunde auf schwacher Gluth langsam kochen bis der Zucker schön klar geworden ist, dann gieße ihn sammt der Citronenschale zu der klar gekochten Hausenblase, auch vier Trinkgläser voll weißen alten Wein, ein Trinkglas voll guten Arrac und den Saft von zwei Citronen dazu, ziehe es gut mit einem Löffel auf, lasse es durch eine ganz reine Serviette laufen, fülle es in die dazu bestimmten Geleebecher ein und stelle es in Eis.

699. Gelee von Johannisbeeren.

Ein Pfund Johannisbeeren werden von den Stielen abgezupft, sodann in einem Mörser gestoßen, dann in eine Serviette gegeben und gut ausgepreßt, so daß man 2 Trinkgläser voll Saft erhält, dann gebe in ein Geschirr 3 Loth klein geschnittene Hausenblase, 3 Trinkgläser voll Wasser und lasse es auf schwachem Feuer 1½ Stunden langsam kochen, bis sie schön hell und aufgelöst ist; unterdessen gebe in ein anderes Geschirr ½ Pfd. Zucker, 2 Trinkgläser voll Wasser und die Hälfte von einem Eierweiß und lasse auch dieß eine halbe Stunde langsam auf schwacher Gluth zu einem klaren Syrup kochen, dann gebe den Zucker, die gekochte Hausenblase und die 2 Trinkgläser voll Saft der Johannisbeeren, sammt 3 Trinkgläsern voll altem gutem weißem Wein und dem Saft einer Citrone zusammen, ziehe alles recht gut mit einem Löffel auf und lasse alles durch eine reine Serviette laufen, fülle es in die dazu bestimmten Geleebecher ein und setze es in Eis.

600. Gelee von Maraskino.

Dazu gebe in ein Geschirr 3 Loth fein geschnittene Hausenblase und 3 Trinkgläser voll Wasser, lasse sie 1½ Stunden auf schwacher Gluth langsam kochen, bis sie so hell wie Wasser geworden ist und sich gut aufgelöst hat; unterdessen gebe in ein anderes Geschirr ½ Pfd. Zucker, etwas ganzen Zimmt, die Hälfte von einem Eierweiß und 2 Trinkgläser voll Wasser, lasse es eine halbe Stunde auf schwacher Gluth langsam kochen, bis der Zucker sich ganz klar gekocht hat; dann gieße den Zucker zu der klar gekochten Hausenblase und 5 Trinkgläser voll alten weißen Wein nebst einem halben Trinkglas voll gutem Maraskino und dem Saft einer Citrone dazu, rühre es unter einander, lasse es durch eine reine Serviette laufen, fülle es in die dazu bestimmten Geleebecher ein und setze es in Eis.

601. Früchte-Gelee mit Malaga.

Eine Quantität eingemachte Quittenschnitze werden in der Größe eines Kreuzers ausgestochen und in kreuzerdicke Scheiben geschnitten, dazu auch eingemachte grüne, so wie auch gelbe Orangen werden auf dieselbe Art ausgestochen, auch eine Portion eingemachte Nüsse werden in dünne Blättchen oder in Schnitze geschnitten und dann noch eingemachte Pfirsiche und eingemachte grüne Reineclauden werden ebenfalls in Schnitze geschnitten. Nun nehme 3 Loth klein geschnittene Hausenblase, gebe sie in ein Geschirr sammt 3 Trinkgläsern voll Wasser und lasse sie 1½ Stunden langsam auf schwacher Gluth kochen, bis sie so hell wie Wasser geworden und sich ganz aufgelöst hat; unterdessen gebe in ein anderes Geschirr ½ Pfund Zucker, 2 Trinkgläser voll Wasser und etwas ganzen Zimmt, lasse es auch eine halbe Stunde auf schwachem Feuer langsam kochen, alsdann gieße den klar gekochten Zucker und die gekochte Hausenblase zusammen und gebe 5 Trinkgläser voll Malaga und den Saft einer Citrone dazu, rühre es mit einem Eßlöffel unter einander und gieße es durch eine reine Serviette; jetzt stelle eine dazu passende runde Form in Eis, gieße eine fingerdicke Lage Gelee in solche und lasse es fest gestehen, dann lege kranzartig in die Form von den ausgestochenen Quittenschnitzen und in die Mitte einen Stern von den Nußschnitzen, sodann gebe ganz langsam von der Gelee, welche vorher auf Eis etwas verkühlt und dick geworden ist, eine fingerdicke Lage darüber, sodann wieder nach schöner Zeichnung von den Früchten darauf, auf diese wieder Gelee, und fahre so fort, bis Früchte und Gelee ganz eingefüllt sind, Gelee aber den Schluß macht; nun gebe um die Form Eis und auch einen Deckel mit Eis darauf, im Augenblick des Gebrauches wird die Form in halb heißes Wasser einige Mal schnell eingetaucht, dann auf eine recht kalte Platte gestürzt und die Form herunter gezogen.

Zubereitung von Creme.

602. Russische Creme.

Gebe in eine irdene Schüssel 2 Trinkgläser voll eingemachte Apricosen oder Hagebuttenmark, den Saft einer Citrone, 2 Hände voll fein gestoßenen Zucker, ein halbes Glas voll guten Arac und rühre es auf Eis eine halbe Stunde lang; unterdessen wird ein

Loth Hausenblase in kleine Stücke geschnitten und 1½ Stunden mit 2 Trinkgläsern voll Wasser auf schwacher Gluth langsam gekocht bis sie klar und gut aufgelöst ist, dann durch ein reines Tuch gewunden und wieder auf dem Feuer bis auf ein halbes Trinkglas voll eingekocht; diese wird nun etwas warm unter das gerührte Mark gerührt, auch ein halber Schoppen guter süßer Doppelrahm, welcher vorher in einem kleinen Kessel auf Eis gestellt und zu einem steifen dicken Schnee geschlagen wurde, ganz leicht darunter gemengt; dann wird eine schöne gerippte oder auch eine ganz runde und glatte Geleeform mit schmaler Confectbiscuit, so hoch als die Form ist, ausgelegt, der Boden aber mit etwas fein gehackter Biscuit bestreut und die Creme hineingegossen; man stellt nun die Form auf Eis und gibt einen Deckel mit Eis darauf und läßt sie stehen bis alles recht fest geworden ist; ist es Zeit zum Auftragen, dann wird die Form einige Augenblicke in heißes Wasser getaucht, auf eine kalte Platte gestürzt und die Form davon abgehoben.

603. Gestürzte Chocolade-Creme auf hessische Art.

2 Loth Hausenblase wird ganz klein geschnitten, mit 3 Trinkgläsern voll Wasser 1½ Stunden auf schwacher Gluth langsam gekocht bis sie klar und gut aufgelöst ist, dann durch ein Tuch gewunden und wieder bis auf ein halbes Glas eingekocht, dann gebe in ein besonderes Geschirr 12 Loth gute Chocolade, einen halben Stengel in kleine Stücke geschnittene Vanille, 4 Hände voll fein gestoßenen Zucker, eine Bouteille guten rothen Wein und die gekochte Hausenblase dazu, lasse es eine Viertelstunde gut miteinander verkochen, dann durch ein Haarsieb in eine dazu passende Form laufen, diese stelle in Eis und gebe auch einen Deckel mit Eis darauf bis die Creme fest geworden ist; ist es Zeit zum Gebrauch, dann wird die Form einige Augenblicke in halb heißes Wasser getaucht, dann auf eine kalte Platte gestürzt und die Form davon abgehoben, die Creme aber wird mit kleinem Confect garnirt.

604. Gestürzte Erdbeeren-Creme.

Ein Loth gute Hausenblase wird in kleine Stücke geschnitten und mit 2 Trinkgläsern voll Wasser auf schwacher Gluth langsam gekocht, bis sie gut aufgelöst und ganz klar gekocht ist, dann durch ein Tuch gewunden und wieder bis auf ein halbes Trinkglas voll eingekocht; sodann drücke von einem Schoppen Walderdbeeren das Mark durch ein Haarsieb und verrühre es gut mit 4 Händen voll fein gestoßenem Zucker, dem Saft einer Citrone und einem halben Kaffelöffel voll fein gestoßenem Zimmt; nun gebe einen halben Schoppen guten süßen Doppelrahm in einen kleinen Kessel, stelle diesen auf Eis und schlage den Rahm zu einem dicken Schnee, diesen menge ganz leicht unter das gerührte Erdbeerenmark und gebe solches sammt der verkühlten, aber dennoch flüssigen Hausenblase, gut und leicht unter einander gemengt, in eine dazu bestimmte Form, stelle solche auf Eis und gebe auch einen Deckel mit Eis darauf bis die Creme fest geworden ist; beim Gebrauch wird dann die Form einige Augenblicke in warmes Wasser getaucht, dann auf eine kalte Platte gestürzt und die Form davon abgenommen, die Creme auch mit schönen Erdbeeren garnirt.

605. Gestürzte Creme mit Maraskino.

Ein Loth klein geschnittene Hausenblase wird mit 3 Trinkgläsern voll Wasser auf schwacher Gluth gekocht bis sie ganz aufgelöst und klar gekocht ist, hierauf wird sie durch ein Tuch gewunden und wieder bis auf ein halbes Glas eingekocht; alsdann wird ein halber Schoppen guter süßer Doppelrahm in einen kleinen Kessel gegeben, solches auf Eis gestellt und der Rahm zu einem steifen guten dicken Schnee geschlagen; unter diesen menge nun ganz leicht vier Hände voll fein gestoßenen Zucker, $1/4$ Trinkglas voll guten Maraskino und die eingekochte Hausenblase, welche gut verkühlt, aber dennoch flüssig seyn muß, dann gieße alles in eine dazu passende Form, stelle solche auf Eis und gebe einen Deckel mit Eis darauf; ist die Creme fest geworden und ist es Zeit zum Auftragen, dann tauche die Form einige Augenblicke in warmes Wasser, stürze sie sodann auf eine kalte Platte und nehme die Form davon ab, garnire es auch schön mit gutem Confect.

606. Gestürztes Blanc-manger à la Vanille.

Ein Pfund geschälte und mit etwas Milch fein wie Teig gestoßene Mandeln, worunter acht Stück bittere, werden mit zwei Schoppen süßem kochendem Rahm, in welchem ein Stengel Vanille einige Minuten gekocht hat, und 12 Loth fein gestoßenem Zucker unter einander gerührt und durch eine Serviette gewunden, daß die Mandeln ganz trocken zurückbleiben; unterdessen werden 3 Loth klein geschnittene Hausenblase mit 4 Trinkgläsern voll

Waſſer auf ſchwacher Gluth zwei Stunden gekocht, iſt ſolche gut aufgelöst und klar, ſo wird ſie durch eine Serviette gewunden und unter den Mandelrahm gegeben, dann gut unter einander gerührt und in eine dazu paſſende Form gegeben, hierauf in Eis geſtellt und ein Deckel mit Eis darauf gegeben; iſt ſie feſt geſtanden, ſo wird die Form vor dem Anrichten einige Augenblicke in warmes Waſſer getaucht, dann auf eine kalte Platte umgeſtürzt und die Form davon abgehoben. Damit die Blancmange ein ſchönes Anſehen bekommt, ſo wird, ehe man ſie in die Form einfüllt, ein Viertel davon genommen und dieſes in zwei Theile abgeſondert; hierauf verkoche 3 Loth gute Chocolade mit einem halben Trinkglas voll Waſſer recht dick bis es ſchwarzbraun geworden, dann rühre den einen abgeſonderten Theil unter die Chocolade; hierauf nehme auch ein Stück rothen ſpaniſchen Flor oder Tourneſol und laſſe ihn mit einem halben Glas Waſſer einige Minuten kochen, dann drücke aus dem Tourneſol die rothe Farbe aus und rühre darunter den andern abgeſonderten Theil; nun ſtelle die leere Form in Eis, damit ſie vorher recht kalt wird, dann gieße von der rothen Creme eine Federkiel dicke Lage darein und laſſe es feſt werden, dann gieße eine Fingergleich dicke Lage darüber, laſſe es feſt werden und über dieſes eine Federkiel dicke Lage von Chocolade-Creme; iſt auch dieſes feſt geworden, dann gebe eine Federkiel dicke Lage von der rothen Creme darüber, und fahre ſo fort, bis alles in die Form eingefüllt iſt; nun gebe auch einen Deckel mit Eis darauf, ſtürze es vor dem Gebrauch auf eine kalte Platte und garnire es mit roth und weiß geröſteten Mandeln.

607. Cremebecher mit Orangenblüthen.

Zu einer Platte Creme nehme 10 Kaffe- oder Cremebecher voll ſüßen Rahm, 8 Loth Zucker und 2 Eßlöffel voll verzuckerte Orangenblüthen und laſſe es mit einander ein oder zwei Mal aufkochen, hierauf decke es zu und laſſe es verkühlen, alsdann verrühre das Gelbe von 10 Eiern (ſind die Becher klein, dann ſind 8 Eier genug) und gebe den verkühlten Rahm darunter; laſſe nun alles 3 bis 4 Mal durch ein Sieb laufen und fülle es in die Becher ein, dieſe ſtelle in ein dazu paſſendes Geſchirr, welches halb mit kochendem Waſſer angefüllt iſt, doch ſo, daß das Waſſer nicht in die Becher eindringen kann, das Gefäß ſtelle nun auf ſchwache Gluth und gebe einen Deckel mit glühenden Kohlen darauf, damit es ganz langſam dämpft; in 10 Minuten ſind ſie gut und fest, alsdann nehme die Becher aus dem Wasser, trockne sie ab, lasse sie abkühlen und stelle sie auf eine mit einer Serviette belegte Platte.

608. Kaffe=Creme in Bechern.

Gebe in ein passendes Geschirr 10 Kaffebecher voll süßen Rahm und lasse ihn aufkochen, dann gebe ¼ Pfd. Zucker dazu und stelle ihn zugedeckt und recht heiß in die Nähe des Feuers, sodann röste 4 Loth guten Kaffe auf gewöhnliche Art schön gelb-braun und gebe ihn ganz heiß in den gekochten Rahm, decke ihn zu und lasse ihn verkühlen; ist er dann ganz kalt, dann gieße ihn durch ein Sieb, damit die Bohnen zurückbleiben, hierauf verrühre das Gelbe von 8 bis 10 Eiern, je nach der Größe der Creme=becher, und rühre den Kafferahm darunter; treibe nun das Ganze 2 bis 3 Mal durch ein Haartuch und fülle es sodann in die Kaffe= oder Cremebecher ein; diese setze in ein passendes flaches Geschirr mit kochendem Wasser, doch so, daß das Wasser nicht in die Becher dringen kann; das Geschirr wird nun mit einem mit glühenden Kohlen belegten Deckel bedeckt und auf schwacher Gluth 10 Minuten langsam gedämpft; ist die Creme hierauf fest geworden, so werden die Becher herausgenommen, abgetrocknet und verkühlt, dann auf eine mit einer Serviette belegte Platte gegeben.

609. Creme von Pistazien in Bechern.

Gebe in ein Geschirr 10 Creme= oder Kaffebecher voll guten süßen Rahm und lasse ihn aufkochen, dann gebe ¼ Pfd. Zucker dazu und lasse ihn heiß beim Feuer stehen; nun stoße ¼ Pfund gut geschälte Pistazien recht fein wie Teig und verrühre sie gut mit dem kochend heißen Rahm, lasse sie auch ein Mal damit aufkochen und dann wieder erkalten; sodann verrühre in einem anderen Geschirr ein ganzes Ei mit dem Gelben von vier weiteren und rühre die Pistazienmilch und einen Kaffelöffel voll Spinatgrün darunter; es wird nun alles nochmals verrührt, dann 5—6 Mal durch ein Haartuch getrieben und nun in die Becher eingefüllt, die Becher werden hierauf in ein passendes flaches Geschirr in kochendes Wasser gestellt, doch so, daß das Wasser nicht in die Becher eindringen kann; das Gefäß wird nun auf schwache Gluth gestellt und ein Deckel mit glühenden Kohlen darauf gegeben und die Creme 10 Minuten lang gedämpft bis sie fest geworden ist, worauf man sie erkalten läßt, sodann die Becher abtrocknet und die Platte giebt.

NB. Das Spinatgrün wird auf folgende Weise bereitet: Man gebe eine starke Hand voll ausgesuchten und ausgewaschenen Spinat in eine Maas kochendes Wasser, lasse ihn aufgedeckt, unter öfterem Abschäumen, kochen bis er weich ist, alsdann wird er abgegossen und in kaltem Wasser abgekühlt, sodann wieder abgegossen, in einer Serviette ausgedrückt und durch ein Haarsieb mit einem Kochlöffel durchgestrichen; von diesem Durchgestrichenen wird ein Kaffelöffel voll zu der Creme genommen.

610. Italienische Creme.

Gebe in ein dazu passendes Geschirr einen Schoppen frischen süßen Doppelrahm, 2 frische Eier, 3 Eßlöffel voll feingestoßenen Zucker und ein wenig Orangenblüthenwasser, dieß schlage mit einem Schneebesen recht gut unter einander bis der Rahm dick geworden ist, dann fülle ihn auf eine tiefe Platte und bestreue ihn mit feinem Zucker, die Platte stelle auf heiße Asche und gebe einen tiefen Deckel mit Feuer darauf, welches unterhalten werden muß bis die Creme gut ist, hierauf lasse ihn erkalten und trage ihn auf.

611. Gestürzte englische Creme.

Dazu nehme 1 Loth klein geschnittene Hausenblase und lasse sie mit 2 Trinkgläsern voll weißem Wein auf schwacher Gluth langsam dämpfen oder kochen bis sie sich ganz aufgelöst hat, dann winde sie durch ein Tuch und gebe sie in einen dazu passenden glasirten Topf, sammt dem Gelben von 8 Eiern, ¼ Pfund fein gestoßenem Zucker, einer Messerspitze voll fein abgeriebener Citronenschale, einem Kaffelöffel voll in kleine Würfel geschnittenem Zitronat, dem Saft einer Citrone und einem halben Trinkglas voll gutem weißem Rahm, den Topf stelle auf schwache Gluth und schlage das darin Befindliche mit einem Schneebesen bis alles ganz schaumig dick und heiß geworden ist, es darf aber ja nicht kochen, sondern nur recht heiß werden; ist es nun recht steif und schaumig, dann wird es in eine dazu passende Form eingefüllt und auf Eis gestellt; ist es fest geworden, dann wird die Form in halb heißes Wasser einige Augenblicke eingetaucht, dann auf eine kalte Platte umgestürzt, die Form davon gehoben und die Creme mit schönem Confect garnirt.

612. Geschlagene Creme.

Gebe in ein dazu passendes Geschirr einen halben Schoppen guten frischen süßen Doppelrahm, 4 Eßlöffel voll fein gestoßenen Zucker, einen halben Kaffelöffel voll fein gestoßenen Gummi-Traganth und 3 Eßlöffel voll Orangenblüthenwasser, stelle das Geschirr auf Eis und schlage alles mit einander mit einem Schneebesen bis es recht dick und steif geworden ist, alsdann richte es auf eine Platte pyramidenartig und garnire es schön mit eingemachten grünen und gelben nudelartig geschnittenen Orangenschalen.

613. Creme von Himbeeren.

Dazu nehme einen Schoppen guten frischen ungekochten süßen Doppelrahm, stelle ihn auf Eis und schlage ihn mit einem Schneebesen bis er ganz dick und steif geworden ist; sodann drücke einen halben Schoppen Himbeeren durch ein Haarsieb und rühre 4 Hände voll fein gestoßenen Zucker darunter, dieses menge leicht unter den geschlagenen Rahm und fülle das Ganze pyramidenartig in eine Compotschale, garnire es auch mit schönen rothen und gelben Himbeeren.

614. Türkische Creme.

Dazu wird ¼ Pfund gereinigter und gewaschener Reis 10 Minuten in Wasser abgekocht, dann wieder in kaltem Wasser gut abgekühlt und auf einem Sieb abgegossen und abgetrocknet; dieser Reis wird nun mit einem Schoppen guter Milch, etwas ganzem Zimmt und etwas fein geschnittener Citronenschale recht weich gekocht; dann rühre noch einen Schoppen abgekochten süßen Rahm sammt dem Gelben von 8 Eiern gut darunter und treibe alles durch ein Sieb oder Haartuch, dann gebe 3 Hände voll fein gestoßenen Zucker und eine Hand voll fein in Würfel geschnittenen Citronat unter den durchgetriebenen Reis, rühre es wohl unter einander und fülle es in Kaffe- oder Cremebecher ein, diese stelle in ein dazu passendes Geschirr mit kochendem Wasser, doch so, daß das Wasser nicht in die Becher bringen kann; das Geschirr stelle nun auf schwache Gluth, gebe einen Deckel mit glühenden Kohlen darauf und lasse es 10—12 Minuten langsam kochen; ist die Creme fest, dann lasse sie erkalten und gebe die Becher gut abgetrocknet auf die Platte.

615. Kaiser-Creme.

Laſſe 14 Kaffe- oder Cremebecher voll ſüßen Rahm aufkochen und gebe dann 4 Loth ſüße und bittere Mandelmacronen, eben ſo viel Biscuit, 2 Loth geſtoßenen Zucker, etwas ganzen Zimmt und Citronenſchale darein, laſſe auch dieſes einige Minuten mit einander kochen und wieder verkühlen, ſodann rühre das Gelbe von 10 Eiern darunter, treibe hierauf alles recht gut durch ein Haarſieb oder Haartuch; rühre es unter einander und fülle es in die Becher ein; wie oben werden nun die Becher in kochendes Waſſer geſetzt, wieder verkühlt und auf die Platte geſtellt.

Früchte und Gemüſe für den Winter einzumachen und aufzubewahren.

---

616. Mirabellen, Weichſelkirſchen und Reineclauden als Compot.

Es werden Einmachgläſer, welche gewöhnlich ein Pfund der angegebenen Früchte halten und eine Oeffnung in der Größe eines Kaffebechers haben, dazu genommen; dieſe Gläſer werden mit friſchen ſchönen Amorellen oder mit rothen oder braunen Weichſelkirſchen, von welchen die Stiele etwas abgeſchnitten ſind, vollgefüllt, ſodann in jedes der Gläſer 20 Loth fein geſtoßener Zucker gegeben, dann werden die Gläſer mit vorher in Waſſer eingeweichten Rindsblaſen feſt zugebunden, doch ſo, daß die Blaſe in der Mitte nicht zu feſt angezogen wird, auch wird die Blaſe oben darauf mit etwas Oel beſtrichen, damit ſie nicht beim Kochen zerplatzt; ſtelle nun die Gläſer in ein dazu paſſendes Geſchirr, doch ſo, daß ſie einander nicht berühren und ſtopfe die Zwiſchenräume mit Heu aus; fülle nun das Geſchirr mit kaltem Waſſer etwas über die Hälfte an, ſo daß die Gläſer über die Hälfte im Waſſer ſtehen, ſetze es auf das Feuer und laſſe es dann langſam eine halbe Stunde kochen, nehme auch öfter ein Glas heraus, um zu ſehen, ob es ſchon Saft hat; iſt in einem Glas zwei Finger breit

Saft, dann ziehe das Geschirr vom Feuer und laffe die Gläfer darin erkalten, fodann nehme fie heraus und bewahre fie an einem trockenen Ort auf, oder auch im Keller auf einem Schaft; werden die Kirfchen zu Compot gebraucht, dann wird eines aufgemacht und die Kirfchen in eine Compotfchale fammt dem Saft gegeben. Auf diefe Art werden auch die Mirabellen und die grünen Reineclauden zubereitet.

617. Weichfelkirfchen in Effig zum Rindfleifch.

Dazu werden gleich weite und große Einmachgläfer genommen und fchöne frifche Weichfelkirfchen oder Amorellen, an welchen die Stiele mit der Scheere etwas abgekürzt worden, leicht hineingefüllt; der Rand des Glafes muß Finger breit leer bleiben, über die Kirfchen wird ein Gitter von dünnen Holzftäbchen gelegt, damit die Kirfchen nicht in die Höhe fteigen können; alsdann wird fo viel guter Weineffig, als man für die Gläfer nöthig hat, genommen und zu etwa 3 Pfund Kirfchen, 1 Pfund Zucker, ½ Loth Gewürznägelein und ½ Loth Zimmt in den Effig gegeben, dieß wird mit einander ein oder zwei Mal aufgekocht und, ift es wieder erkaltet, über die Kirfchen gegoffen, damit das Glas bis an den Rand voll wird, das Glas wird nun mit einer eingeweichten Rindsblafe und über diefer mit einem Papier zugebunden, und nachdem es einige Tage in der Helle geftanden hat, in dem Keller auf einem Schaft oder fonft an einem kühlen Ort aufbewahrt; wird fpäter davon gebraucht, fo wird mit einem reinen blechernen Löffel fo viel als man nöthig hat herausgenommen und dann das Glas wieder gut zugebunden. Zwetfchgen werden auf diefelbe Art bereitet, nur müffen folche frifch gebrochen und es darf das Blaue darauf nicht verwifcht feyn.

618. Aprikofen, Mirabellen und grüne Reineclauden zum Rindfleifch.

Die Aprikofen dürfen nicht zu reif, doch müffen fie ohne Flecken feyn, auch muß man fie, ehe fie in die Gläfer eingefüllt werden, abwägen, damit man den Zucker darnach bemeffen kann; nun werden die Aprikofen mit einem reinen Tuch abgerieben und in das dazu beftimmte Einmachglas fchön eingelegt; hierauf gebe in ein gut verzinntes Geschirr fo viel guten Weineffig, als nöthig ift, um die Gläfer damit voll zu füllen, dann gebe auch zu je

3 Pfund Aprikosen 1 Pfund Zucker, ½ Loth Gewürznägelein und ½ Loth ganzen Zimmt in den Essig, lasse ihn ein bis zwei Mal damit aufkochen, dann wieder gut erkalten, sodann gieße ihn über die Aprikosen, daß die Gläser bis an den Rand voll werden; wie bei den Kirschen, müssen auch hier dünne Holzstäbchen oben darauf gelegt werden, damit sie nicht schwimmen können; ist dieses geschehen, dann werden sie mit einem Blatt Papier zugedeckt und bis zum andern Tage stehen gelassen, dann wird sorgfältig der Essig davon abgegossen und wieder aufgekocht, solcher auch wieder gut verkühlt und kalt über die Aprikosen gegossen; den andern Tag wird dieses wiederholt und dann zu dem Essig ein Trinkglas voll guter Französischer Weingeist gegossen, dieses wird nun über die Aprikosen in die Gläser gegeben; sollten die Gläser nicht mehr voll davon werden, dann gebe noch etwas Essig mit etwas fein gestoßenem Zucker dazu und umbinde die Gläser mit einer eingeweichten Rindsblase und über dieser mit einem weißem Papier; so werden die Gläser an einem kühlen Ort aufbewahrt und beim Gebrauch mit einem reinen blechernen Löffel so viel herausgenommen, als man nöthig hat, auch immer etwas Saft dazu gegeben.

NB. Die Mirabellen und die Reineclauden werden auf die nämliche Art bereitet, nur werden die Stiele daran gelassen, auch dürfen sie nicht zu reif seyn.

619. Melonen in Essig zum Rindfleisch.

4—6 gute reife mittelgroße Melonen werden in ordentliche Schnitze geschnitten, der innere kernige Theil herausgemacht und die äußere Schale davon abgeschnitten; sind alle Schnitze auf solche Art zubereitet, dann lege sie in eine reine irdene Schüssel und bestreue sie gut mit vier Händen voll fein gestoßenem Zucker, rüttle sie unter einander und lasse sie zugedeckt über Nacht stehen, dann gebe in ein reines Geschirr 1½ Maas guten Weinessig, 1½ Pfund Zucker, ½ Loth Gewürznägelein und ½ Loth ganzen Zimmt, lasse es mit dem Essig gut aufkochen und gieße es kochend über die Melonenschnitze, lege über diese ein Papier und lasse sie über Nacht stehen; den andern Tag läßt man die Schnitze auf einem blechernen oder kupfernen Seier ablaufen, der Zuckeressig aber wird wieder aufgekocht, dann kochend in die Schüssel gegeben und die Schnitze wieder darein gelegt und wieder mit dem Papier zugedeckt über Nacht stehen gelassen; alsdann werden die Schnitze nochmals auf ein Seier gegossen, auch der Saft noch=

mals aufgekocht und wieder heiß darüber gegeben, auch deckt man sie wieder mit Papier zu und läßt sie über Nacht stehen; man gießt jetzt die Schnitze nochmals auf den Seier, läßt sie abtropfen und legt sie in ein dazu passendes Einmachglas; ist es noch zu viel Saft, so wird dieser noch eingekocht und gut abgeschaumt; ist dieß geschehen, dann gieße ein Trinkglas voll guten ächten Französischen Weingeist darunter und lasse es ganz kalt werden, dieses gebe nun über die Schnitze, so daß das Glas bis an den Rand voll wird, dann gebe ein in Kirschenwasser getauchtes rundes Papier darauf; auch hier müssen, wie bei den Kirschen, dünne Hölzchen darüber gelegt werden, damit die Schnitze nicht schwimmen können; das Glas binde nun erst mit eingeweichter Rindsblase und über dieser mit Papier zu und bewahre es auf an einem trockenen und kühlen Ort.

620. Preiselbeeren in Essig zum Rindfleisch.

4—6 Maas Preiselbeeren werden gereinigt und die kleinen Blättchen und unreinen Beeren heraus gelesen; dann werden zwei Maas guter Weinessig, 2½ Pfd. Zucker, 1 Loth Gewürznägelein und 1 Loth ganzer Zimmt mit einander aufgekocht und in die Preiselbeeren gegeben; diese läßt man nun auch damit aufkochen, wobei sie öfter mit dem Schaumlöffel untergetaucht werden müssen; hierauf wird alles in eine irdene Schüssel gegossen und ein Papier darauf gelegt. So läßt man es über Nacht stehen und schüttet das Ganze den andern Tag durch einen Seier auf ein Geschirr, der durchgelaufene Saft wird dann aufgekocht und die im Sieb zurückgebliebenen Beeren wieder darein gegeben; solche werden nun auf dem Feuer mit dem Schaumlöffel öfters untergetaucht und nur ganz wenig aufgekocht, dann wieder in die Schüssel eingeschüttet und, mit Papier zugedeckt, über Nacht stehen gelassen; den andern Tag werden die Beeren nochmals abgegossen, der Saft wieder aufgekocht und gut abgeschaumt, die Beeren wieder hinein gelegt und ein wenig mit dem Saft aufgekocht; man gibt nun Alles in eine Schüssel, läßt es erkalten und füllt es recht kalt in ein großes Einmachglas, gibt ein rundes in Kirschenwasser eingetauchtes Papier darauf und bindet es mit eingeweichter Rindsblase zu; die Gläser werden nun an einen trocknen und kalten Ort gestellt und bis zum Gebrauch gut aufbewahrt.

621. Eingemachte Gelee von Himbeeren, Johannisbeeren, Trauben und Kirschen.

Die Früchte werden von den Stielen abgezupft und ausgewaschen, dann in einen dazu passenden neuen Topf gethan, dieser wird sorgfältig zugedeckt und ringsum zugeklebt, dann in ein Geschirr mit kochendem Wasser gestellt und einige Stunden lang gekocht; haben die Früchte nach einigen Stunden Saft genug, dann läßt man alles durch ein Haarsieb laufen und gut austropfen; zu einem Pfund von diesem Saft werden nun ¾ Pfund Zucker genommen und dieses in einem neuen Stollhafen gekocht, auch gut abgeschäumt; hat es eine Zeit lang gekocht, dann gebe einen halben Eßlöffel voll als Probe auf einen Teller, sulzt es sich, dann ist die Gelee gut, gieße sie dann (aber nicht zu heiß) in die dazu bestimmten kleinen Geleegläser ein; ist sie darin erkaltet, dann werden die Gläser mit Papier zugebunden und aufbewahret.

622. Kirschensaft zu gutem Weichselwein.

Dazu nehme gute reife saure Kirschen und stoße sie mit den Kernen recht fein, dann presse den Saft durch ein dichtes Tuch in eine neue irdene Schüssel oder steinernen Topf und lasse ihn bis zum andern Tag darin stehen, damit er schön hell wird; nun binde auf eine andere tiefe Schüssel ein nicht zu dichtes Tuch und lasse den Saft ungezwungen ganz hell durchlaufen und gut austropfen, dann nehme auf eine Maas Saft ¾ Pfund fein gestoßenen und durchgesiebten Zucker, rühre solchen mit dem Saft eine Stunde lang, aber immer von einer Seite, mit einem neuen Kochlöffel, bis der Zucker ganz zerschmolzen ist, dann fülle den Saft in starke Bouteillen, doch so, daß die Bouteille 2 Finger breit leer bleibt, und gebe in jede der Bouteillen 3 Gewürznägelein und etwas ganzen Zimmt; die Flaschen werden nun zugepfropft und verpicht, dann in den Keller in Sand gelegt, damit der Saft an den Pfropfen anstößt; auf diese Art kann er lange aufbewahrt werden. Er wird mit Wein als Weichselwein getrunken.

623. Himbeersaft auf Wiener Art.

Gebe in einen Topf so viel Himbeeren, daß solcher noch vier Finger breit leer ist, über diese so viel guten Weinessig, bis der Topf voll ist; dann lasse ihn zugedeckt an einem gelind warmen

Ort drei Tage, ohne darin zu rühren oder zu drücken, stehen, alsdann wird eine nicht zu dichte Serviette über einen Stuhl gespannt, unter diese eine irdene Schüssel gestellt und die Himbeeren auf die Serviette aufgeschüttet, es darf aber nicht darin gerührt noch gedrückt werden; ist aller Saft durchgetropft, dann gebe zu einem Pfund Saft ¾ Pfund fein gestoßenen und durchgesiebten Zucker und rühre so lange darin, bis der Zucker sich in dem Saft aufgelöst hat; dann fülle ihn in starke Bouteillen, pfropfe ihn zu und bewahre ihn auf; dieser Saft bleibt immer gut, so alt er auch wird.

624. Cornichons oder kleine Essiggurken auf den Winter.

So viel Cornichons oder kleine Essiggurken (die schwäbischen sind die besten), als man einmachen will, werden recht rein abgewaschen und abgetrocknet, sodann mit Salz bestreut und unter einander geschüttelt; dann läßt man sie über Nacht in einer irdenen Schüssel stehen und legt sie den andern Tag, von dem Salzwasser gut abgetrocknet, in einen dazu passenden steinernen Topf sammt 2 Knoblauchzinken, einer starken Hand voll Fenchelblumen mit dem Kraut und einer Citrone, in Vierteln geschnitten; dann gebe in einen kupfernen Kessel, im Verhältniß zu den Gurken, guten Weinessig, 1 Loth ganzen Pfeffer, ½ Loth Gewürznägelein, halb so viel Muskatblüthen und 6 Lorberblätter und lasse alles in dem Essig aufkochen; dieß gieße kochend über die Gurken, damit der Essig Hand hoch über dieselben geht, bedeck sie nun mit einem Papier und lasse sie über Nacht stehen; den andern Tag wird der Essig wieder von den Gurken abgegossen, wieder in dem kupfernen Kessel aufgekocht und nochmals kochend über die Gurken gegossen; man läßt sie nun wieder bis zum andern Tag stehen, gießt den Essig nochmals ab und gibt ihn ebenfalls kochend darüber; nun läßt man das Ganze wieder erkalten und gibt dann eine Hand voll grüne Estragonblätter dazu; der steinerne Topf wird dann mit einer eingeweichten Rindsblase zugebunden und an einem trocknen und kühlen Ort aufbewahrt.

625. Salzgurken einzumachen.

Dazu nehme halbgewachsene Gurken; wasche sie sauber ab und gebe sie lagenweise, abwechselnd mit Traubenblättern, Lorberlaub, Till, Fenchel, ganzem Pfeffer, Allerhandgewürz, Estragonblättern, einer Citrone, in Schnitze geschnitten, und Salz, in einen dazu passenden steinernen Topf und lasse sie zugedeckt einen Tag stehen; dann mache so viel Salzwasser, als zu dieser Portion nöthig ist, auf folgende Art: Zu einer halben Maas Wasser wird eine starke Hand voll Salz und ¼ Trinkglas voll Essig genommen, dieses wird aufgekocht und gut abgeschäumt, hierauf läßt man es erkalten und gießt so viel über die Gurken, daß es Hand hoch darüber geht; es wird dann ein rundes Brettchen darauf gelegt und dieses mit einem Stein beschwert. Sie werden an einem kühlen Ort aufbewahrt.

626. Champignons in Essig aufzubewahren.

Dazu nehme schöne kleine und fest geschlossene Champignons, schneide die Stiele und die Haut davon, damit sie schön weiß werden, und wasche sie recht rein; dann lasse sie in einem großen Geschirr in gut gesalzenem Wasser aufkochen, sie müssen aber beständig, bis sie aufkochen, mit einem Schaumlöffel untergetaucht werden, damit sie weiß bleiben; haben sie einmal aufgekocht, dann ziehe sie mit dem Schaumlöffel auf ein reines Tuch heraus und breite sie auseinander, damit sie erkalten können; sind sie erkaltet und mit dem Tuch gut abgetrocknet, dann werden sie in ein dazu passendes Einmachglas gegeben, mit gutem kaltem Weinessig aufgefüllt, damit er zwei Finger breit darüber geht, und oben darauf 3 Lorberblätter, eine halbe Hand voll grüne Estragonblätter, etwas Pimpinel, ein Kaffelöffel voll ganzer Pfeffer, etwas Muskatblüthe und ein halbes Trinkglas voll gutes Oel gegeben. Das Gefäß wird mit einer eingeweichten Rindsblase zugebunden und an einen kühlen Ort oder in den Keller gestellt.

627. Zwiebeln in Essig zum Rindfleisch auf den Winter.

Ein oder zwei Meßlein kleine Zwiebeln in der Größe eines hart gesottenen Eiergelb werden schön abgeschält und oben und unten etwas abgeschnitten, alsbann gut ausgewaschen und in kochendem Salzwasser 15 Minuten langsam gesotten, dabei müssen sie beständig mit dem Schaumlöffel untergetaucht werden, damit sie nicht aufspringen oder auseinander fahren können; hierauf werden sie vom Feuer zurückgestellt, mit dem Schaumlöffel auf ein reines Tuch heraus gezogen und auseinander gelegt; man läßt sie nun einige Stunden liegen, bis sie ganz erkaltet und abgetrocknet sind, sodann legt man sie sorgfältig in ein dazu passendes Einmachglas und füllt sie mit gutem kaltem Weinessig auf, damit er zwei

Finger breit darüber geht, darauf aber werden 4 Lorberblätter, ein Eßlöffel voll ganzer Pfeffer, etwas Muskatblüthe, eine halbe Hand voll grüne Estragonblätter, Pimpinell und ein halbes Trinkglas voll gutes Oel gegeben. Das Glas wird dann mit einer eingeweichten Rindsblase gut zugebunden und an einem trockenen und kühlen Ort aufbewahrt.

628. Grüne Bohnen in Essig zum Rindfleisch auf den Winter.

Dazu nehme von den sogenannten schmalen und nicht zu großen Johannisbohnen, ziehe die Fäden davon und wasche sie recht rein, sodann lasse sie 10 Minuten in Salzwasser kochen, hierauf in frischem Wasser abkühlen, dann gieße sie auf ein Sieb und trockne sie mit einem Tuch ab; lege sie nun schön in das dazu bestimmte Einmachglas, gebe darauf eine Hand voll geschälte Schalottenzwiebeln, einen Eßlöffel voll ganzen weißen Pfeffer, etwas Muskatblüthe, 6 Lorberblätter, etwas Thymian, eine halbe Hand voll grüne Estragonblätter und Pimpinell; nun gieße auch vorher in einem kupfernen Kessel aufgekochten und in einer irdedenen Schüssel erkalteten Weinessig darüber, daß solcher 2 Finger breit darüber geht, dann auch noch ein Trinkglas voll gutes Oel. Das Glas umbinde mit eingeweichter Rindsblase und bewahre es an einem kühlen und trockenen Ort auf.

629. Pot-pourri auf den Winter zum Rindfleisch.

6 Hände voll junge Carotten oder kurze etwas dicke gelbe Rüben in der Größe eines Fingergleichs werden gereinigt und das Ungleiche mit einem scharfen Messer davon abgedreht, solche auch oben und unten schön abgeschnitten, damit sie eine gleiche Form erhalten, sind sie aber etwas zu dick, dann werden sie der Länge nach durchgeschnitten; so zubereitet werden die gelben Rüben zehn Minuten lang in kochendem Salzwasser abgekocht, dann in kaltem Wasser abgekühlt, gut abgetrocknet und in eine irdene Schüssel gelegt. Nun werden auch 3 Hände voll von den Fäden befreite und gereinigte grüne Johannesbohnen in Salzwasser 10 Minuten abgekocht, in kaltem Wasser abgekühlt, abgegossen und abgetrocknet und zu den gelben Rüben gelegt; auch werden 3 Hände voll kleine Zwiebeln, in der Größe einer starken Muskatnuß, geschält, 10 Minuten in Salzwasser abgekocht, in kaltem Wasser abgekühlt, abgetrocknet und dazu gegeben; auch zwei Stöcke fester Blumen=

kohl, in kleine Sträußchen geschnitten und gereinigt, werden einige Minuten halb weich in Salzwasser abgekocht, dann auf einem Tuch gut abgekühlt und auch zu dem Uebrigen gegeben; eben so werden 4 Hände voll junge Welschkornkolben, in der Größe und Dicke eines kleinen Fingers, abgerieben und oben etwas abgeschnitten, dann in Salzwasser eine Viertelstunde gekocht, in frischem Wasser abgekühlt, damit sie schön weiß bleiben, dann gut abgetrocknet, auch dazu gelegt; auch 2 Hände voll grüne Kernen von der Kapucinerblume werden eine Viertelstunde in Salzwasser abgekocht, wieder verkühlt und abgetrocknet und dazu gegeben; ferner 2 Hände voll gereinigte und einige Minuten in Salzwasser abgekochte Champignons, 2 Hände voll gereinigte und abgewaschene kleine Monatrettige, 12—16 Stück rothe und grüne spanische Pfefferschoten und 2 Hände voll von den Steinen abgeschälte und wieder aufgerollte grüne Oliven; dieß alles wird ganz leicht unter einander gemengt, alsdann in ein dazu passendes weißes Einmachglas leicht eingelegt und ein Eßlöffel voll ganzer weißer Pfeffer, so viel Muskatblüthen, einige Gewürznägelein und eine Hand voll grüner Estragon und Pimpinell darauf gegeben; nun wird in einem kupfernen Geschirr aufgekochter und in einer irbenen Schüssel wieder erkalteter Weinessig und ein Trinkglas voll gutes Oel darüber gegossen, damit es zwei Finger breit darüber geht; das Glas wird dann mit einer eingeweichten Rindsblase zugebunden und an einem trocknen und kühlen Ort aufbewahrt.

630. Eingemachte Endivie.

Von 100 Stück schöner gelber Endivie werden Ende Septembers die äußeren rauhen oder harten Blätter und oben die Storzen etwas abgeschnitten, doch so, daß die Stöcke nicht zerfallen, solche auch gut ausgewaschen; dann fülle einen großen Kessel mit Wasser und gebe zwei starke Hände voll Salz hinein, in dieses Wasser gebe die Endivie und lasse sie 10 Minuten kochen, sie muß aber immer untergetaucht werden, damit sie oben nicht grau oder roth wird, alsdann ziehe sie schön in frisches Wasser und lasse sie verkühlen; nehme nun jeden Stock einzeln aus dem Wasser und drücke solches heraus; die ausgedrückten Endivienstöcke werden jetzt in einen steinernen Topf oder in ein dazu passendes Fäßchen oder

Ständer lagenweise eingelegt und zwischen jede Lage Salz gestreut; ist das Geschirr auf diese Art vollgefüllt, dann wird ein genau passendes reines Brettchen darauf gelegt und solches mit einem Stein beschwert, auch ein Tuch darüber gedeckt. Sie wird im Keller aufbewahrt und vor dem Gebrauch 2 Stunden in frisches Wasser gelegt. Auf dieselbe Art kann die Endivie in das dazu bestimmte Gefäß schön eingelegt werden, statt Salz aber wird eine Salzlake gemacht und darüber gegossen, damit es 2 Finger breit darüber geht, sodann wird das Gefäß mit klarer Butter oder Butterschmalz zugegossen; ist das Schmalz fest darauf gestanden, dann wird der Topf mit einem Pergament oder Papier zugebunden und an einem kühlen Ort aufbewahrt.

631. Grüne Bohnen auf den Winter.

Die Bohnen werden ringsherum abgeschnitten und fein geschnitzelt, dann wird ein Kessel mit Wasser gefüllt und eine Hand voll Bohnenkraut, so viel Traubenblätter, so viel Nußblätter, so viel Fenchel oder Till, auch so viel Thymian und etliche Knoblauchzinken darin aufgekocht; dieß wird kochend in den Ständer oder das Faß, in welchen die Bohnen gelegt werden, gegossen und solches mit einem Tuch zugedeckt, worauf man es über Nacht darin stehen läßt, alsdann wird es wieder ausgeschüttet und das Faß mit einem reinen Tuch ausgerieben; nun belege den Boden des Ständers oder Fäßchens mit Traubenblättern, Bohnenkraut und Fenchel, auch etwas grob gestoßenem Pfeffer, auf dieses gebe eine Lage geschnitzte Bohnen und einige Hände voll Salz darauf, drücke es auch mit der flachen Hand fest zusammen; so wird fortgefahren, bis die Hälfte der Bohnen darin sind, dann werden sie mit einem Stempfel ganz leicht eingestoßen, bis sie alle lagenweis mit Salz eingefüllt sind; hierauf werden sie mit Rebeblättern zugedeckt, dann ein passender Deckel darauf gelegt und mit Steinen beschwert; haben die Bohnen nach 24 Stunden kein Wasser oben darauf, so gebe etwas frisches Wasser dazu. Sie werden nun mit einem Tuch bedeckt, in den Keller gestellt und beim Gebrauch jedesmal 2 Stunden vorher in frisches Wasser gelegt, alsdann mit viel Wasser gekocht bis sie weich sind. Sie schmecken wie frische Bohnen.

632. Grüne Erbsen auf den Winter.

Die Erbsen werden aus den Schoten gemacht, gut gereinigt und die größeren davon abgesondert, weil nur die kleinen und feinen gebraucht werden können, diese fülle in starke Bouteillen ein, pfropfe solche mit guten neuen Pfropfen fest zu und umbinde die Bouteillen auch mit Bindfaden, alsdann stelle sie in einen dazu passenden Kessel und stopfe die Zwischenräume mit Heu aus, damit sie beim Kochen nicht aneinanderstoßen und zerbrechen; den Kessel fülle nun mit kaltem Wasser auf, damit es bis an den Hals der Bouteillen gehet; dann stelle ihn auf das Feuer und lasse die Erbsen eine halbe Stunde kochen, alsdann stelle sie wieder zurück und lasse sie in dem Kessel wieder erkalten, nehme nun die Bouteillen aus dem Wasser heraus, befestige die Pfropfen mit feinem Drath und tauche die Hälse der Bouteillen in heißes Pech. Sie werden im Keller aufbewahrt und beim Gebrauch in kaltem Wasser gekocht, bis sie weich sind, alsdann auf die gewöhnliche Art wie die frischen zubereitet.

633. Artischocken auf den Winter.

Wasche die Artischocken und lasse sie wieder abtrocknen, dann breche die Stiele heraus und schneide mit einem scharfen Messer von dem Boden die rauhe Schale recht fein herunter; hierauf fülle in einen Kessel kaltes Wasser, gebe zwei Hände voll Salz darein und lasse es kochen, dann gebe die Artischocken dazu; haben sie eine Viertelstunde gekocht, dann ziehe sie wieder von dem Feuer und gebe sie sorgfältig in frisches Wasser, worin sie 4—5 Stunden liegen müssen, alsdann stürzt man sie verkehrt auf ein Tuch und läßt sie abtrocknen; hierauf lege sie in einen großen steinernen Topf und gebe so viel Salzlake darüber, daß diese zwei Finger breit über die Artischocken geht; gieße auch so viel gutes Oel darauf, daß es Finger dick über dem Salzwasser steht; der Topf wird nun mit Papier zugebunden und an einem kühlen Ort aufbewahrt. Beim Gebrauch werden die Artischocken in kaltem Wasser gekocht bis sie weich sind, dann werden sie in kaltem Wasser abgekühlt und das innere Wollige herausgenommen; sie werden nun wieder heiß gemacht und dann eine Sauce nach Geschmack darein gefüllt.

634. Trüffeln auf den Winter.

4—6 Pfund schöne große Trüffeln werden gewaschen, alsdann mit einer recht steifen Bürste in frischem Wasser rein abgebürstet und nochmals ausgewaschen, worauf sie auf folgende Art zubereitet werden: Gebe auf den Boden eines dazu passenden Geschirrs so viel Speckbatten, daß solcher ganz bedeckt ist, und die Trüffeln darauf, sammt einem Büschel Thymian, 6 Lorberblättern, einer Hand voll geschälten Schalottenzwiebeln, etwas ganzem Pfeffer, 4 Gewürznägelein, ½ Pfund fettem rohem Schinken, in Scheiben geschnitten, einem halben Eßlöffel voll Salz und so viel rothem Wein, daß er 3 Finger breit darüber geht, dieß decke wieder mit Speckbatten zu und stelle es auf's Feuer; fängt es an zu kochen, dann schaume es ab, gebe einen passenden Deckel darauf und verklebe diesen ringsherum mit Papier; nun lasse das Ganze auf schwacher Gluth langsam 3 Stunden dämpfen, dann ziehe es vom Feuer zurück und lasse es über Nacht zugedeckt stehen; den andern Tag gieße alles auf ein Sieb, reinige die Trüffeln vom Anhängenden, gebe sie in ein dazu passendes Einmachglas und die durchgelaufene Brühe darüber; sollte solche nicht ganz darüber gehen, dann gebe noch etwas rothen Wein darauf. Zu dem zurückgebliebenen Fett und Speck hacke noch ein weiteres Pfund Speck, lasse ihn auf dem Feuer zergehen und heiß werden, dann durch ein Sieb laufen, und gebe auch diesen über die Trüffeln, damit er Finger breit darüber geht; ist das Fett gut und fest darauf geworden, dann wird das Glas mit eingeweichter Rindsblase zugebunden und an einem kühlen Ort aufbewahrt.

635. Tomaté- oder Liebesäpfel in Essig, auf den Winter zum Rindfleisch.

Schöne nicht aufgesprungene Liebesäpfel werden vorsichtig von Butzen und Stiel befreit, dann mit einer reinen Serviette trocken abgerieben; hierauf werden sie in Einmachgläser gelegt und dazu gegeben für je ein Glas zwei geschälte Knoblauchzinken, zwei Lorberblätter, ein Sträußchen grüner Estragon, auch Pimpinell, 4 bis 6 Muskatblüthen, ein halber Eßlöffel voll weißer ganzer Pfeffer und 10 Stück Gewürznägelein; nun wird so viel guter Weinessig darüber gegossen, daß er über die Aepfel geht und dann noch ein Trinkglas voll gutes Provenceröl dazu gegeben. Ueber die Gläser binde eine vorher in Wasser eingeweichte Rindsblase und stelle sie an einen trocknen Ort.

636. Puré von Tomaté- oder Liebesäpfeln auf den Winter zu Saucen.

Dazu nehme sechs gereinigte Selleriewurzeln, 12 Stück dicke Petersilienwurzeln, 10 Stück gereinigte Lauchstengel, 12 Stück gelbe Rüben, 12 Stück geschälte große Zwiebeln, 4 Hände voll gereinigte Schalottenzwiebeln, eine Hand voll gereinigte Knoblauchzinken und ein Pfund rohen Schinken, dieses alles wird in dünne Scheiben zusammengeschnitten und mit 30—40 schönen, von Butzen und Stiel befreiten Paradies- oder Liebesäpfeln in ein dazu passendes Geschirr, nebst einem Loth grob gestoßenem weißem Pfeffer, drei geriebenen Muskatnüssen und zwei Bouteillen altem weißen Wein zudeckt auf ein gelindes Feuer gestellt, bis es zu kochen anfängt, dann lasse es 2 bis 3 Stunden fortwährend kochen, bis alles weich ist, man muß aber öfters darin umrühren, damit es nicht anhängen kann; ist dann alles wie ein Brei gut verkocht, dann stelle es von dem Feuer, lasse es etwas verkühlen, alsdann drücke alles durch ein großes Haarsieb, damit nur die Kernen der Aepfel zurück bleiben und das Durchgetriebene das Ansehen eines dicken rothen Breis erhalten hat; das Durchgetriebene gebe in ein anderes dazu passendes Geschirr, stelle es auf gelindes Feuer und lasse es unter beständigem Umrühren, damit es nicht anhängen kann, noch eine halbe Stunde eindämpfen; ist es dann zu einem dicken Brei oder Puré eingedämpft, dann lasse es gut verkühlen, fülle es hierauf in die Einmachgläser und gebe ein mit Oel getränktes Papier darauf, auch gutes Provenceröl Fingerdick darüber. Die Gläser werden dann mit in Wasser eingeweichter Rindsblase zugebunden und an einem trocknen Ort aufbewahrt. Beim Gebrauch wird ein starker Eßlöffel voll, zu allen Fleisch- und Geflügelgattungen, mit etwas guter Coulissauce vermengt, angewendet und als vorzügliche Sauce gegeben.

637. Schalottenzwiebeln in Essig eingemacht zum Rindfleisch.

Dazu nehme von den schönsten und größten Schalottenzwiebeln, diese werden geschält und in viel mit einer starken Hand voll Salz gesalzenes Wasser eingelegt; darin läßt man sie 3 Mal aufkochen, doch muß man sie mit dem Schaumlöffel immer untertauchen, damit sie nicht aufspringen; nach dem Aufkochen werden sie mit dem Schaumlöffel auf ein weißes Tuch herausgezogen und auseinander gelegt, damit sie erkalten; sind sie erkaltet, so werden sie in die dazu bestimmten Einmachgläser eingefüllt und drei Lorberblätter, ein oder zwei Stengel Estragon, etwas Pimpinell, ein halber Eßlöffel voll weißer ganzer Pfeffer und einige Stückchen Muskatblüthe dazu gegeben; es wird nun jedes Glas mit gutem kaltem Weinessig aufgefüllt, doch so, daß sie zwei Fingerbreit leer bleiben, dann wird auch noch ein Trinkglas voll gutes Provenceröl darüber gegossen. Die Gläser werden mit vorher eingeweichter Rindsblase zugebunden und an einem trocknen Ort aufbewahrt.

638. Blumenkohl in Essig.

Schöner fester weißer Blumenkohl wird gereinigt, auch die Stiele bis an den festen Käs abgeschält, sodann in Salzwasser gekocht bis er fast weich ist, dann wird er auf ein weißes Tuch herausgezogen, wo man ihn liegen läßt bis er erkaltet ist; so zubereitet lege den Blumenkohl schön trocken in das Einmachglas, so, daß das Glas noch drei Finger breit leer bleibt, dann fülle es mit gutem kaltem Weinessig auf, bis er darüber geht, und gebe auch 3 Lorberblätter, etwas grünen Estragon, einen halben Eßlöffel voll ganzen weißen Pfeffer, etwas Muskatblüthe und ein Trinkglas voll Provenceröl dazu. Das Glas wird mit einer vorher eingeweichten Rindsblase zugebunden und an einem trocknen Ort aufbewahrt.

639. Quittenschnitze.

Von 24 schönen Quittenäpfeln werden 16 Stück in schöne gleiche Schnitze geschnitten, dann geschält und die Kernen herausgemacht; diese Schnitze werden mit der Schale, aber ohne Kern, mit kaltem Wasser in einem dazu passenden Kupfergeschirr auf das Feuer gestellt und langsam gekocht bis Schnitze und Schalen weich sind; um das Zerplatzen der Schnitze zu verhüten, muß man dieselben öfters, wenn sie kochen, mit dem Schaumlöffel untertauchen, sind nun die Schnitze zum Greifen weich, dann nimmt man das Geschirr vom Feuer und läßt sie erkalten. Die übrigen 8 Aepfel werden auf einem Reibeisen ungeschält bis auf den Butzen gerieben; dieß füllt man in eine irdene Schüssel und läßt es zugedeckt über Nacht stehen; die Schnitze werden nach dem Erkalten alle auf ein Sieb oder Seier schön rein herausgezogen; die Schalen aber sammt dem Saft durch eine starke Serviette in eine Schüssel gepreßt und die Schnitze dareingelegt, worauf man sie mit einem Papier zudeckt und bis zum andern Tag stehen läßt, alsdann wird der über Nacht gestandene geriebene Quittensaft auch recht stark durch eine starke graue Serviette gepreßt und zu dem übrigen Saft der Quittenschnitze gegossen; die Schnitze aber werden auf ein Sieb wieder herausgezogen und gewogen; auf das Pfund Schnitze werden nun ¾ Pfund Zucker genommen, dieser wird geläutert und dann der Saft dazu gegossen; Saft und Zucker läßt man nun bis zur Hälfte einkochen, gibt alsdann die Schnitze darein und läßt auch diese 6—8 Mal unter öfterem Abschaumen aufkochen; hierauf zieht man sie von dem Feuer zurück und läßt sie über Nacht in einer irdenen Schüssel mit Papier zugedeckt stehen. Den folgenden Tag werden die Schnitze aus dem Syrup auf ein Sieb heraus gezogen, dieser aber wieder langsam gekocht, bis er anfängt Perlen zu werfen; dann werden die Schnitze wieder alle hineingelegt. Man läßt nun noch 6—8 Wallungen darüber gehen, zieht das Geschirr vom Feuer und füllt die Quitten, wenn sie erkaltet sind, in einen steinernen Topf; in diesem läßt man sie vollendes erkalten und deckt ein mit Kirschwasser befeuchtes Papier darauf. Der Topf wird alsdann mit doppeltem Papier gut zugebunden und an einen trocknen Ort gestellt.

640. Quitten=Marmelade.

Dazu nehme schöne gelbe und mürbe Quitten, schäle sie und schneide die Kernen heraus, dann gebe sie in ein dazu passendes Geschirr mit frischem Wasser auf das Feuer und lasse sie darin weich kochen, sind sie weich, dann stelle sie vom Feuer zurück, ziehe sie auf ein Sieb und lasse sie abtropfen, dann drücke sie alle recht sauber durch das Sieb, damit nichts auf demselben zurückbleibt und die Marmelade das Ansehen eines Breis erhält. An Gewicht so viel Zucker als durchgetriebene Quitten werden nun in einem dazu passenden Kupfergeschirr gekocht und abgeschaumt, bis er anfängt Perlen zn zeigen, und wenn man als Probe mit dem Finger in das kalte Wasser taucht und dann schnell in den Zucker und so schnell wieder in das Wasser, so muß er an dem Finger so hart wie Glas werden; hat der Zucker diese Eigenschaft, dann ist er gut, streiche alle die durchgetriebene Marmelade darunter und rühre es mit einem hölzernen Spatel auf dem Feuer, bis es von demselben schnell abfällt; hierauf fülle die Mar=

melade in einen irdenen Topf, oder auch in kleine Töpfchen, gebe auf jeden ein mit Kirschenwasser angefeuchtetes Papier, binde jeden Topf mit Papier zu und bewahre sie an einem trocknen Ort auf.

641. Marmelade von Aprikosen.

Zu 20 Pfund Aprikosen werden 15 Pfund Zucker auf folgende Art geklärt: Das Weiße von drei Eiern wird nach und nach gut mit einem Glas frischem Wasser verkläppert und dann mit weiteren 6 Gläsern voll wohl unter einander gerührt, dann wird der Zucker in Stücke gehauen und in ein dazu passendes Kupfergeschirr gethan, auch das Wasser mit dem Eierweis darüber gegossen; das Geschirr wird nun auf gelindes Feuer gestellt, bis der Zucker zerschmolzen ist, fängt er an zu schäumen, dann wird er abgeschäumt und noch ein Glas kaltes Wasser dazu gegossen, damit der Schaum sich wieder in die Höhe macht; dieses wird nochmals wiederholt, bis der Zucker keinen weißen Schaum mehr zeigt und hell wie Wein ist; schneide nun die Aprikosen in kleine Stücke, gebe sie in den geläuterten Zucker und lasse sie darin kochen, bis sie ganz weich und einem Brei ähnlich sind, dann gebe sie auf ein Haarsieb und drücke sie durch, daß die Haut zurück bleibt; ist alles durchgestrichen, dann gebe es wieder auf die Gluth und rühre beständig darin, damit es nicht anhängen kann, so lange bis die Marmelade ganz dick von dem Löffel abfällt; dann fülle sie in einen oder mehrere steinerne Töpfe und lege auf jeden ein rundes in Kirschenwasser getauchtes Papier. Die Töpfe werden mit doppeltem Papier zugebunden und an einem trocknen Ort aufbewahrt.

NB. Die Reineclauden werden auf dieselbe Art behandelt.

642. Marmelade von Kirschen.

Dazu nehme schöne reife Weinkirschen oder sogenannte Amorellen, befreie sie von Stielen und Steinen und gebe sie dann in einen kupfernen oder messingenen Kessel auf schwaches Feuer, daß der Saft sich langsam herauszieht, dann rühre sorgfältig mit einem hölzernen Löffel oder Spatel darin, bis alles zur Hälfte eingekocht ist. Für je ein Pfund Kirschen werden nun zwei Pfund Zucker gut geläutert bis zu dem Grad, daß er sich perlenartig zeigt, dann werden die eingekochten Kirschen sorgfältig darunter gemengt und mit dem Spatel bei immerwährendem langsamem Dämpfen herumgerührt, bis man unter dem Rühren den Boden des Kessels erblicken kann; hierauf nehme das Geschirr vom Feuer und fülle die Marmelade in die Töpfe, gebe auch auf jeden ein in etwas Kirschenwasser feucht gemachtes Papier; binde sie hierauf mit Papier zu und bewahre sie an einem trocknen Ort auf.

643. Marmelade von Himbeeren.

Dazu nehme an Gewicht doppelt so viel Himbeeren als Zucker, streiche das Mark der Himbeeren durch ein Haarsieb, gebe es in einem Kessel auf das Feuer und rühre darin mit einem hölzernen Spatel bis es zur Hälfte eingedämpft ist, alsdann mische es unter den voher geläuterten und bis zu Perlen eingekochten Zucker recht sorgfältig mit dem Spatel, damit alles gut vermengt wird, dann gebe es wieder auf das Feuer und lasse es noch einige Mal durchkochen; hierauf fülle sie in kleine Töpfe und gebe auf oder in jedes Töpfchen ein rund geschnittenes, mit etwas Kirschenwasser angefeuchtetes Papier, binde die Töpfchen wie gewöhnlich mit Papier zu, und bewahre sie an einem trocknen Ort auf.

644. Aprikosen in Weingeist.

Dazu nehme schöne Aprikosen, welche noch etwas kernhaft und noch nicht mürbe sind, gebe sie in einem dazu passenden kupfernen oder messingenen Geschirr mit kaltem Wasser auf das Feuer bis das Wasser damit heiß geworden ist und die Aprikosen in die Höhe schwimmen, dann ziehe sie behutsam mit dem Schaumlöffel wieder in kaltes Wasser, gebe sie sogleich wieder auf das Feuer und lasse noch einmal eine Wallung darüber gehen, dann lasse sie abkühlen und darauf auf einem Haarsieb abtropfen. Es wird nun auf 12 Pfund Früchte 3 Pfund Zucker geklärt und gekocht, bis er Perlen wirft; in diesen geklärten Zucker gibt man nun die Aprikosen und läßt 5 — 6 Wallungen darüber gehen; hierauf zieht man sie wieder aus dem Syrup auf einen Seier und läßt sie gut abtropfen, sind sie erkaltet, dann werden sie sorgfältig, damit sie nicht zerreißen, in einen dazu passenden Topf oder große Gläser gelegt; ist der Zucker nicht genug eingekocht, so lasse noch einige Wallungen darüber gehen, bis er Perlen wirft, dann ziehe ihn wieder vom Feuer und nehme den darauf befindlichen Schaum davon; hierauf gieße 9 Bouteillen guten 22grädigen französischen Weingeist oder guten Cognac unter den Syrup und ziehe ihn mit einem Löffel auf, damit sich beides gut vermengt; gieße dieses, wenn es erkaltet ist, über die Früchte, mache gut schließende Stöpsel von Korkholz auf die Gefäße und umbinde solche mit feuchtem Pergament. Sie werden an einem trockenen Ort aufbewahrt.

NB. Auf dieselbe Art werden auch die Pfirsiche behandelt, sie müssen aber vorher sorgfältig mit einem ganz reinen Tuch abgerieben werden, damit das Wollige davon abgeht; auch werden sie mit einer starken Nadel rings herum bis auf den Stein durchstochen.

645. Kirschen in Weingeist.

Dazu nehme schöne, auserlesene, gesunde, frisch gebrochene Kirschen, welche nicht zu mürbe sind, schneide von den Stielen die Hälfte herunter und gebe sie in ein dazu passendes Geschirr, in welchem sie aufbewahrt werden, auch einige Gewürznägelein und ganzen Zimmt dazu. Kläre nun auf je 1 Pfd. Kirschen ¼ Pfd. Zucker und lasse diesen so lange kochen, bis er hart wird, wenn man den in kaltes Wasser getauchten Finger in den Zucker und dann wieder in kaltes Wasser taucht; in diesen Zucker gebe nun eine Bouteille 22grädigen französischen Weingeist oder eben so starken Cognac und menge beides wohl unter einander, lasse es ganz erkalten und gieße es dann über die Kirschen; pfropfe und binde sie auch auf die bekannte Art zu.

646. Reineclauden in Weingeist.

Von 12 Pfund schönen großen, frisch gebrochenen und nicht zu mürben Reineclauden ohne Flecken schneide die Stiele halb ab und stupfe sie mit einer Gabel etwas, dann stelle sie mit so viel frischem Wasser in einen dazu passenden kupfernen Kessel auf das Feuer, daß sie leicht darin schwimmen können, tauche sie auch öfters mit einem hölzernen Löffel leicht unter; ist das Wasser so heiß, daß man den Finger nicht mehr darin leiden kann, dann ziehe das Geschirr vom Feuer und gebe eine Hand voll Salz oder noch besser ein Glas voll Essig in das Wasser, nach Belieben auch eine Hand voll Spinat, jetzt decke das Gefäß zu und lasse es 24 Stunden erkalten; den folgenden Tag stelle es 2—3 Stunden auf eine ganz schwache Gluth und menge es von Zeit zu Zeit mit dem hölzernen Löffel ganz leicht unter einander, aber sorgfältig, damit die Früchte nicht gedrückt oder beschädigt werden; das Wasser darf hierbei so heiß werden, daß man den Finger nicht mehr darin leiden kann. Sind nun die Reineclauden schön grün geworden, dann mache das Feuer etwas stärker, und wenn sie in die Höhe steigen, dann ziehe den Kessel zurück; findet man jetzt beim Greifen die Reineclauden weich, so wird das heiße Wasser abgegossen und solches durch kaltes ersetzt; zu derselben Zeit werden 4 Pfd. Zucker geklärt und eingekocht, bis er Perlen wirft; in diesen werden nun die auf ein Seier gegossenen und abgetropften Reineclauden gegeben. Man läßt nun alles 24 Stunden ruhen, damit die Früchte von dem Zucker wohl durchdrungen werden, nach dieser Zeit werden die Früchte wieder auf ein Sieb oder Seier gegossen, damit sie abtropfen; man läßt nun den Zucker wieder kochen, bis er Perlen wirft, gibt die Früchte darein und läßt noch eine Wallung darüber gehen. Den dritten Tag werden sie nochmals auf den Seier gegossen oder sorgfältig herausgezogen, der Zucker wieder gekocht bis er Perlen wirft und die Früchte wieder hineingelegt; man läßt sie darin etwas anziehen, gibt sie dann in eine irdene Schüssel und deckt solche mit einem Papier zu. Den vierten Tag werden die Früchte wieder abgegossen und vorsichtig in die dazu bestimmten Einmachgläser eingelegt, dann der Syrup wieder, bis er Perlen wirft, gekocht, und wenn er ganz erkaltet ist, auf je einen Schoppen Syrup ¾ Schoppen Weingeist von 22 Grad oder guter französischer Cognac darunter gemengt; dieses wird dann über die Früchte gegossen. Die Gläser werden dann auf die bekannte Art zugemacht und an einem trocknen Ort gut aufbewahrt.

NB. Sollte der Syrup mit dem Weingeist nicht hinreichend seyn zum Auffüllen, dann gieße so viel Weingeist dazu, daß er über die Früchte geht.

647. Gelee von Quitten.

Dazu nehme schöne gelbe, noch nicht ganz reife Quitten, reibe mit einem Tuch das Wollige davon ab, schneide sie in Viertel und mache die Kernen heraus, dann setze sie mit so viel kaltem Wasser, daß sie darin weich kochen können, in einem dazu passenden kupfernen Geschirr auf das Feuer; wenn sie weich sind, dann gebe die gekochten Schnitze sammt dem dabei befindlichen Saft ganz heiß auf ein Haartuch oder Sieb, welches auf eine Schüssel gestellt wird, und drücke nach und nach den Saft gut durch; nach diesem lasse es durch einen Filtrirbeutel laufen. Jetzt wird in gleichem Gewicht Zucker geklärt und eingekocht, bis er, wenn man den Finger in kaltes Wasser, dann in den kochenden

Zucker und gleich wieder in kaltes Wasser taucht, hart wird; er wird dann vom Feuer genommen und der Quittensaft darunter gegeben; es wird nun alles mit dem Schaumlöffel auf dem Feuer wohl unter einander gerührt und so lange gekocht und mit dem Schaumlöffel aufgezogen, bis der Zucker dick von dem Löffel abfällt; hierauf nimmt man ihn vom Feuer, läßt ihn verkühlen und gießt ihn in kleine Töpfchen oder Gläser. Den folgenden Tag werden diese zugebunden und an einen trockenen Ort gestellt.

648. Gelee von Johannes= und Himbeeren.

Eine gute Portion schöne rothe Johannesbeeren, auch zum vierten Theil weiße und zum achten Theil Himbeeren werden in einem dazu passenden Kupferkessel mit einem starken Trinkglas voll Wasser auf das Feuer gestellt und unter fortwährendem Umrühren, damit sie nicht anhängen, gekocht, bis sie gut zusammen gefallen sind, dann lasse sie noch einige Mal aufkochen und ziehe sie wieder von dem Feuer zurück; nun stelle ein Haarsieb auf eine irdene Schüssel, gieße das Gekochte darauf, und lasse es 3 bis 4 Stunden darin bis alles durchgelaufen ist; den durchgelaufenen Saft lasse jetzt durch einen Filterirbeutel laufen und menge ihn unter eine an Gewicht gleiche Quantität Zucker, welcher auf die beim Quittengelee angegebene Art geklärt und eingekocht wurde, beides zusammen wird nun nochmals so lange gekocht, und immer mit dem Schaumlöffel untergetaucht weil der Saft sonst überlaufen würde, bis es von dem Schaumlöffel dick abfällt, wenn es mit solchem in die Höhe gezogen wird; ziehe nun das Geschirr von dem Feuer zurück, gieße den Saft in Becher oder Gläser und lasse ihn erkalten, dann schneide runde Papiere, welche in den Rand der Töpfe oder Gläser passen, feuchte sie gut mit Kirschenwasser an, dann lege auf einen jeden der Becher eines auf die Gelee, umbinde die Becher dann mit einem doppelten Papier und bewahre sie an einem trocknen Ort auf.

649. Gelee von Aepfeln.

Hierzu werden Reinettenäpfel geschält und die Kernhäuser ausgeschnitten, dann solche mit so viel frischem Wasser, daß sie darin schwimmen können, in einem kupfernen Kessel gekocht; sind sie recht weich gekocht, dann werden sie auf ein reines Haarsieb unter welchem eine Schüssel stehet, gegeben, in diese Schüssel läßt man den Saft zuerst und dann durch einen Filtrirbeutel laufen;

der durchgelaufene Saft wird nun mit gleichem Gewicht geläutertem und nach oben angegebener Art gekochtem Zucker vermengt und mit diesem eingekocht, wobei man ihn mit dem Schaumlöffel immer aufziehen muß, damit er nicht über den Rand heraus läuft, bis der Saft dick von dem Schaumlöffel abfällt; hierauf ziehe das Geschirr vom Feuer, und fülle den Saft in Töpfchen oder Gläser, diese binde erst den andern Tag zu und bewahre sie alsdann an einem trocknen Ort auf.

Marinirte Fische zum Aufbewahren.

650. Aal.

Zweipfündige sind hiezu die besten; sie werden nicht abgezogen, sondern nur ausgenommen, dann in zwei fingergleich lange Stücke geschnitten, ausgewaschen und recht gut abgetrocknet, sodann jedes Stück mit Salbeiblätter umbunden, sind alle auf diese Art bereitet, so werden sie in eine irdene Schüssel gelegt und dazu gegeben: Einige Citronen in dünne Scheiben geschnitten, ohne Kern, ein Eßlöffel voll grob gestoßener weißer Pfeffer, feines Salz, eine halbe Bouteille Provenceröl, ein Eßlöffel voll fein gehackte Petersilie, eben so viel fein gehackte Estragonblätter, so viel fein gehacktes Tillkraut oder Fenchel, zwei Trinkgläser voll feine Kapern, zwei Hände voll in dünne Scheiben geschnittene Schalottenzwiebeln und 10 Lorberblätter; dieses alles läßt man dann zugedeckt vierundzwanzig Stunden ruhen, nach dieser Zeit werden die umbundenen Aalstücke nach und nach auf dem Rost gebraten, damit sie von allen Seiten schöne braungelbe Farbe erhalten; hierauf werden sie von den Bindfäden, womit der Salbei umbunden ist, befreit und wieder zu dem Uebrigen in die Schüssel mit einer weitern halben Bouteille Oel gegeben; so läßt man sie erkalten, legt sie in einen dazu passenden steinernen Topf schön lagenweis ein, und giebt das Uebrige darüber. Das Gefäß wird mit einem Pergament oder einer vorher eingeweichten Rindsblase gut zugebunden und an einem trocknen Ort aufbewahrt.

651. Salmen.

So viel Salmen, als man aufbewahren will, werden gereinigt, in schöne fingerdicke Scheiben geschnitten, und in einer dazu passenden irdenen Schüssel mit denselben Zuthaten, wie der Aal 24 Stunden stehen gelassen. Man nimmt nun schöne ganze Strohhalme, schneidet sie gerade so lang als der Rost, bestreicht sie alsdann mit Oel und belegt den Rost der Art damit, daß je ein Strohhalm neben den andern zu liegen kommt, auf dieses werden alsdann die Salmenschnitten neben einander und die Citronenscheiben darauf gelegt, und auf einer Seite gut gebraten, die Gluth darunter darf aber nicht zu stark seyn, damit das Stroh nicht in Flammen geräth. Hat nun der Salmen schöne braungelbe Farbe erhalten, so wird der Rost einige Minuten von den Kohlen hinweggestellt, und wenn die Salmenscheiben etwas erkaltet sind solche auf die andere Seite gewendet, die Citronenscheiben nochmals darauf gelegt, sind sie auch auf dieser Seite schön gebraten, so werden sie vom Stroh befreit, und schön ganz wieder in die Schüssel gelegt, sind sie darin erkaltet, so werden sie lagenweise in einen steinernen Topf und immer von der dabei befindlichen Zuthat dazwischen gelegt; sind alle eingefüllt, so wird so viel Provenceröl dazu gegossen, daß es zwei fingerhoch darüber gehet; der Topf wird alsdann mit einer vorher eingeweichten Rindsblase gut zugebunden und an einem trocknen Ort gut aufbewahret.

---

652. Italienischer Salat auf Neapolitaner Art.

Für eine Tafel von 12 Couverts werden 10—12 Stück schöne Sardellen gewaschen und in der Mitte durchgeschlitzt, dann die Gräten davon gemacht und jede Hälfte aufgerollt; sind sie auf diese Art alle zubereitet, dann werden sie nebeneinander auf einen Teller gestellt und etwas feines Oel darüber gegeben, dann werden auch zwei Bricken gereinigt und in fingergleich lange Stückchen geschnitten, ferner werden zwei Häringe gereinigt und von den Gräten befreit, auch in fingergleich lange und in federkieldicke Riemen geschnitten, sodann auch vier Loth in Oel marinirter Tonfisch, eben so wie die Häringe geschnitten, eben so wird die Brust von einem gebratenen Hahn auf die=

selbe Art abgeschnitten, auch der vierte Theil von einer abgekochten und gesalzenen recht rothen Rindszunge, sodann werden zwei Hände voll grüne Oliven in Scheiben von den Steinen abgeschnitten, auch 4—6 in rothem Wein abgekochte Trüffeln in dünne Scheiben geschnitten, ferner 6—8 kleine Essigcornichons in dünne Blättchen geschnitten, wie auch eine Hand voll Krebsschwänze, 4 Eßlöffel voll feine Kapern, 3 hart gesottene und fein gebackte Eier und eine Hand voll in Essig eingemachte Champignons, dieses alles wird abwechselnd und nach schöner Zeichnung in eine Salatschüssel gelegt und die aufgerollten Sardellen und Kapern als Garnitur darum gegeben, dann werden 8 Eßlöffel voll feines Oel, das Gelbe von 3 rohen Eiern, 4 Eßlöffel voll guter Senf, etwas feiner Pfeffer, Salz und 3 Eßlöffel voll Estragon-Essig gut untereinander gerührt und darüber gegossen.

---

653. Gutes Pökelfleisch und gesalzene Rindszunge.

Von gutem Ochsenfleisch nehme kurze Rippen, Brustkern oder Schwanzfeder, überhaupt gute Stücke, zu 10—12 Pfd. werden nun drei Hände voll Salz, eine starke Hand voll gestoßener Salpeter, eben so viel gestoßene Wachholderbeeren, etwas grob gestoßener Pfeffer, Gewürznägelein und Allerhandgewürz, auch vier Zinken Knoblauch, etwas Rosmarin, Geraniumblätter, auch einige Lorberblätter und ein Eßlöffel voll Koriander genommen, dieses alles wird gut untereinander gemischt, und das Fleisch damit tüchtig eingerieben, hierauf wird es in ein dazu passendes Holzgeschirr gethan und gut zugedeckt, dann mit einem Stein beschwert und 18 Tage liegen gelassen, auch öfters von der untern Brühe oben aufgegossen, oder das Fleisch öfter umgewendet, hat es nicht Brühe genug, dann wird $\frac{1}{2}$ Maß Wasser mit 2 Händen voll Salz einige Minuten aufgekocht und kalt über das Fleisch gegeben, nach 18 Tagen wird es aus der Brühe heraus gethan, und in die Rauchkammer oder in die Küche aufgehängt, auch öfters ein Wachholderrauch darunter gemacht, auf dieselbe Art werden Rindszungen und Schweinefleisch behandelt.

654. Schwarzwild zum Aufbewahren.

Hiezu werden vornehmlich Rückenstücke oder der sogenannte Ziemer, auch Bug und Schlegel genommen. Das Fleisch wird in warmem Wasser gut gewaschen und mit Bimsstein die gebrannte Haut rein abgerieben, dann werden sorgsam die darin befindlichen Knochen herausgelöst (es darf keines größer als 5 bis 6 Pfund seyn) und jedes Fleischstück einzeln, die Schwarte nach außen, aufgerollt; die aufgerollten Stücke werden nun mit starkem Bindfaden umwunden, und sammt den herausgeschnittenen Knochen, auch 3 Stück gebrühten und etwas zerhauenen Ochsenfüßen und 4 Kalbsfüßen in einen dazu passenden kupfernen Kessel oder besser in einen solchen irdenen Hafen gelegt, ist der Hafen halbvoll mit Fleisch, so wird er fast voll mit Wasser angefüllt; hierauf bringt man ihn zum Feuer, und läßt ihn ins Kochen kommen, wo dann das Fleisch gut abgeschäumt wird, ist dieses geschehen, dann gebe eine Maß guten Essig, zwei Maß rothen Wein, vier Hände voll Salz, eine starke Hand voll Wachholderbeeren, zwei Eßlöffel voll ganzen Pfeffer, einen Eßlöffel voll Gewürznäglein, 4—6 in Scheiben geschnittene Zwiebeln, 3 Stück starke Gelberüben, 12 Lorberblätter, ein Bouquet Thymian und zwei in Scheiben geschnittene Citronen ohne Kernen dazu, und lasse alles zugedeckt 6 Stunden langsam kochen, doch muß man zuweilen nachsehen, ob die Wildstücke nicht zu weich werden, und man probirt deßwegen öfters mit einer Gabel; wenn dann die Stücke weich sind und oben auf schwimmen, dann muß man sie behutsam herausziehen und auf eine Platte legen, auf welcher man das Fleisch erkalten läßt; sollten die Füße noch nicht ganz weich seyn, so müssen solche noch vollends weich gekocht werden; lasse nun die Brühe durch einen Seier laufen und wenn dieses geschehen ist, dann lege eine Serviette über ein dazu passendes Geschirr und gieße alle die Brühe gut und rein durch, lasse sie erkalten, und schlage ein oder zwei ganze Eier sammt der Schale in ein dazu passendes Geschirr, gieße die erkaltete Brühe dazu und gebe ein Viertel-Trinkglas voll schön braun gebrannten mit einem halben Trinkglas Wasser aufgekochten Zucker dazu, um der Sulze eine schöne Farbe zu geben, alsbann gebe das Geschirr auf das Feuer, und rühre darin mit einem hölzernen Löffel bis es anfängt zu kochen, dann ziehe es etwas von dem Feuer zurück, und lasse es an der Seite des Feuers ganz langsam eine Viertelstunde kochen, alsbann ziehe es ganz von dem Feuer und decke es mit einem mit glühenden Kohlen belegten Deckel zu, lasse es auf diese Art eine Viertelstunde stehen; hierauf gieße alle diese Brühe nach und nach durch eine reine über einen umgekehrten Stuhl aufgespannte Serviette in Schüsseln, sie wird wie rother Wein aussehen; von dem gekochten Wild, wenn es erkaltet ist, werden nun die Bindfäden heruntergemacht, die Fleischstücke in einen dazu passenden Hafen gegeben, und die durchgelaufene und helle Brühe alle darüber gegossen; jetzt legt man ein Papier darüber, und läßt es bis den andern Tag stehen, wo dann das Ganze fest gesulzt seyn wird.

NB. Die Brühe wird, wenn sie von den Ochsenfüßen abgegossen ist, von dem darauf befindlichen Fett sorgfältig befreit, damit kein Auge mehr darauf zu sehen ist; nachdem sie aber gesulzt ist, wird ein oder zwei Pfund leicht zergangenes Schweineschmalz etwas verkühlt, über die Sulze gegossen, damit sie daumendick damit bedeckt ist; dieses läßt man dann erkalten und fest werden; alsdann bindet man den Hafen gut mit einem Doppelpapier zu, und bewahrt ihn an einen kalten Ort auf.

655. Gefüllte Schnecken.

Nachdem 50 Schnecken gut ausgewaschen sind, stelle sie mit kochendem Wasser auf das Feuer und lasse sie 4—6 Mal aufkochen, dann nehme sie wieder vom Feuer und ziehe die Schnecken mit einer Gabel aus den Häuschen heraus; schneide jetzt von allen Schnecken die obere Haut und den unteren futtlichen Theil davon, und sind sie auf diese Art alle geputzt, dann rühre ein halbes Pfund Butter mit einem Eßlöffel voll fein gehackter Petersilie, eben so viel fein gestoßenem und durchgesiebtem Majoran, auch so viel fein gehackten Schalottenzwiebeln, diesem setze noch zu 4—6 fein gehackte Sardellen, etwas fein gehackte Citronenschale, etwas feines Salz, Pfeffer und Muskatnuß, und rühre nun alles mit einander recht schaumig; dann gebe noch zwei Hände voll fein geriebenes Milchbrod darunter. Sind die Schneckenhäuschen gut ausgewaschen und getrocknet, dann wird ein jedes der Häuschen mit dieser gerührten Masse halb voll angefüllt, dann eine geputzte Schnecke dareingesteckt und wieder von der Masse darauf gestrichen bis das Häuschen voll ist, hierauf wird jedes oben darauf mit etwas geriebenem Milchbrod bestreut; sind sie auf diese Art alle zubereitet, dann lege sie aufrecht in ein dazu passendes flaches Geschirr neben einander und auf jede Schnecke eine Bohne groß Butter, dann decke sie gut zu und gebe oben und unten Gluth darauf; nach Verlauf einer halben Stunde sind sie fertig.

Bereitung von Liqueuren.

656. Liqueur von vielerlei Früchten.

20 Pfund Kirschen, 10 Pfund Johannisbeeren, 5 Pfund Himbeeren und 3 Pfund schwarze Johannisbeeren werden miteinander in einer Presse ausgepreßt und in dem Saft zu je einer Bouteille 12 Loth fein gestoßener Zucker aufgelöst, diesem wird so viel Saft, so viel guter Branntwein, ein Quentchen Gewürznägelein und ein halbes Quentchen Muskatblüthe zugesetzt, dann alles in ein dazu passendes Geschirr gefüllt und dieses gut zugebunden an einen sichern Ort gestellt, bis es sich gut gesetzt hat und schön klar geworden ist, dann wird es sorgfältig in Bouteillen abgelassen gut zugepfropft und aufgehoben.

657. Ratavia von Himbeeren.

Dazu nehme 8 Bouteillen guten Branntwein, 4 Schoppen ausgepreßten Himbeersaft, 1 Schoppen Kirschensaft und 4 Pfd. Zucker; nachdem der Zucker in dem Saft der Früchte gut aufgelöst oder geschmolzen ist, gieße den Branntwein dazu, und wenn er in einem dazu passenden Geschirr oder einer großen Flasche gut zugebunden geruht und schön hell geworden ist, dann binde ihn wieder auf und gieße ihn in Bouteillen, diese werden zugepfropft und aufbewahrt.

658. Ratavia von Pfirsichen.

Dazu nehme 9 Bouteillen guten Branntwein, 4 Schoppen Pfirsichsaft und 4 Pfund klein gehackten Zucker; die recht reifen und mürben Pfirsiche werden von den Steinen befreit und in einer starken ungebleichten Serviette ausgepreßt; der ausgepreßte Saft wird nun mit dem Branntwein in einer dazu passenden großen Flasche zugebunden 5 bis 6 Wochen ruhig gestellt, nach dieser Zeit wird der vorher gut aufgelöste oder geschmolzene Zucker dazu gegeben, dann alles filterirt und in Bouteillen gefüllt, welche zugepfropft und aufbewahrt werden.

659. Ratavia von Quitten.

Dazu nehme 6 Bouteillen guten Branntwein, 3 Schoppen Quittensaft, 3 Pfund klein gehackten Zucker und klein gebröckelten Zimmt und Gewürznägelein, von jedem ein Quentchen. Die Quitten werden auf einem Reibeisen gerieben, unterdessen aber Gewürz und Zimmt in den Branntwein gebracht, die geriebenen Quitten läßt man dann zugedeckt 24 Stunden stehen und preßt sie nach dieser Zeit durch eine starke ungebleichte Serviette, bis aller Saft heraus ist, diesen gießt man nun unter den Branntwein und läßt ihn einen Monat zugebunden in der Flasche stehen; nach dieser Zeit wird die Flasche wieder aufgemacht und der vorher aufgelöste Zucker hinein gegossen; das Ganze wird dann gut filtrirt, in die Bouteillen eingefüllt und gut zugepfropft aufbewahrt.

660. Ratavia von Wacholderbeeren.

Dazu nehme 8 Bouteillen guten Branntwein, 2 Pfd. Zucker, 1 Schoppen Flußwasser, 24 Loth schöne frische Wacholderbeeren, Anis, Zimmt, Koriander und Gewürznägelein, von jedem ein Quentchen, zerstoße die Wacholderbeeren und das übrige Gewürz etwas und gebe es mit dem Branntwein in eine große Flasche; in dieser lasse es 3 Wochen zugebunden stehen. Nach dieser Zeit lasse es durch ein Haarsieb laufen und gebe den Zucker, welcher vorher in Flußwasser aufgelöst wurde, dazu; filtrire nun das Ganze und fülle es in Bouteillen, welche zugepropft aufbewahrt werden.

661. Ratavia von schwarzen Johannisbeeren.

Dazu nehme 6 Bouteillen 22grädigen Branntwein, 1 Bouteille Flußwasser, 2 Pfund schwarze Johannisbeeren, 3 Pfund klein gehackten Zucker, 1 Pfund schöne Heidelbeeren, 12 Loth Blätter von schwarzen Johannistrauben, 1 Quentchen Zimmt und eben so viel Gewürznägelein; dieses alles wird fein zerdrückt und zerbrochen und sammt dem Branntwein in ein dazu passendes Geschirr gefüllt, in welchem man es gut zugebunden einen Monat stehen läßt; nach dieser Zeit öffne das Geschirr und gebe den vorher in Wasser aufgelösten oder geschmolzenen Zucker dazu, dann lasse alles durch einen Filtrirbeutel laufen, fülle es in die Bouteillen ein und bewahre es zugepfropft auf.